# 地方史誌から
# 世界を読む

小二田 章〈編〉—————————————KONITA Akira

勉誠社

序論
# 「地方」から「世界」に進むために

小二田　章

　地方を歴史的に描く総合的書物「地方史誌」は、人々が歴史を叙述する際によく用いる形式である。自分たちの属する場の歴史を叙述することで、歴史を自分たちに結びつけてきたのだ。しかし、これらは概してある「地方」の何かの事柄を検討するために用いられる史料としてのみ認識され、それ自体の歴史性の検討があまりなされてこなかった。また、検討が行われたとしても、その「地方」の属する領域にのみ止まり、比較の視座をもたないままであった。しかし、世界に目を向けてみれば、「地方史誌」は各地でその文化・集団に即する形で形成され、特に東アジアにおいては相互の影響関係も垣間見えるものとなっている。

　そこで、「地方史誌」の世界史的視野からの比較検討の必要性を感じた編者は「地方史誌」という概念と枠組の提示を行い、最初の一歩として論文集『地方史誌から世界史へ』(勉誠社、2023年)を刊行した[1]。

　しかし、文字通り手探りの模索の続く地方史誌の比較研究において、まだまだ明らかにせねばならないことは多く、また、既存の研究があったとしても、比較検討のための概念をすりあわせていく上で多大な困難が生じ、なかなかその「議論の土俵」を作り上げることができなかった。

　そのような立ち上がりの困難に見まわれた「地方史誌」の比較研究を、より明確な議論に導くためには、今後、どのような検討を重ねていくべきか。本書はその模索の結果であり、新たな可能性をひらくための一歩である。領域と内容を広げ、「地方」の記述に即した研究・検討からそれぞれの

(1)

「地方史誌」の内包する「世界」を読み取ることを心掛ける。その方法を通じて、描かれた「地方」の時代性を明らかにし、より歴史のなかに位置づけていく。そして最終的に「地方」と「世界」の繋がりを見いだそうと試みることが、本書の目的である。

## 1. 「地方史誌」を再考する——東アジア性を超えて

　本プロジェクトでは「人はなぜ（地方の）歴史を編むのか」という普遍的命題にアプローチすることを目指し、「地方史誌」の比較研究を進めてきたが、「地方」と「世界」の間を簡単につなげることができないことをその過程のなかで実感することとなった。特に、前提となる概念の共有の必要性を痛感させたのは、ミニシンポジウム「東アジアのそとの地方史誌」における議論であった。総括コメントの森山央朗氏から東アジアの「地方」の概念を無邪気に他地域に当てはめることの危険性を指摘されたこと、さらにコメンテーターの赤坂恒明氏から、ユーラシア諸地域の「歴史」に対する認識の隔たりを指摘されたことである。中国史から研究を始め、「地方」という言葉が実態を持って当然のごとく存在する環境の中で議論を重ねてきた者として、そうではない地域においてこの「地方」という言葉を適用することに、十分に慎重にならなければならなかった。また「地方史誌」は、「歴史の国」である中国の「地方志」を基礎のモデルとして編纂されたものであり、これまた「歴史」を自明の存在として考えているものだった[2]。「地方史誌から世界史へ」という課題に進んでいくためには、「地方」及び「歴史」の比較を行うための前提の理解、及び「地方史誌」という概念の定義を比較可能な段階に調整することが必要である。

　そこで、本書の議論をより有効なものにするために、この序文では、「地方」「歴史」及び「地方史誌」の概念を集中的に検討し、併せて本書の概要を述べることで、「地方」が「世界」に関係を取り結ぶことができるかを考えてみたい。

　まず、「地方史誌」という用語を改めて考え直してみる[3]。

(2)

序論　「地方」から「世界」に進むために

　「地方史誌」とは、「地方を歴史的に描く総合的書物」である。中国の地方志[4]などの書物、近代の地方史や地域資料などがその中に当てはまる。この定義の範囲は、東アジアでは地方志とそれに触発された書物[5]としてイメージされるものであり、狭義の地方志・全国志がその中心にあると言えよう。この「地方史誌」という名付けにあるように、「地方」(何らかの領域の部分)を描くものであるが、東アジアにおいては、それは行政区域であることが多い。即ち、人々の認識には「地方」が先行する枠組として存在し、「地方」の概念を前提に、異なる領域区分として「地域」が設定されることが多いのである。

　「地方史誌」という用語の来歴は、20世紀初の日本において、「地方史」と「地方誌」を統合した語として使われたのが始まりである[6]。当時の行政において、前近代の書物に代わる近代学術(歴史学・地理学)に則った領域を描く資料が必要とされていたが、そこで編まれる「地方」を描く書物をまとめる概念も必要となったことを示している。その後、日本史(特に地域史研究者)の研究領域内でこの用語は使用され、資料種を示す語としてある程度定着していった[7]。その用語のありかたに変化と転機をもたらしたのは論文集『日中地方史誌の比較研究』に至るプロジェクト研究の試みであった[8]。日本史の地域史研究者により行われたプロジェクトは、日本と中国の地域史史料を比較する上で、それらを統合的に分析するためのひとつの資料種を指す概念として「地方史誌」という用語を使用したのである。この時、初めて「地方史誌」という概念と、異なる地域の史料を比較する試みがなされたと言える。

　より「地方史誌」の背景を理解するための助けとして、中国の「地方志」の歴史的展開を概観してみる。中国においては[9]、「歴史」と地方統治のシステムが共に早期に成立した。即ち、王朝国家の理念を作った周にて、領域の分割統治と結びついた「地方」の概念が成立し、その周の衰退と理想化のもとで、儒を代表とする歴史的回顧と記録の慣習が成立した。その後、後漢において儒は王朝国家の中心理念となったが、それに続く長い民族集団の混在と非統一の時代(魏晋南北朝)に、漢までの伝統の危機が叫ばれ、歴

史と記録への関心が高まり、その一端として人々の見聞した地方の記録「記」が作られた[10]。非統一を制し、多民族を画一的システムで治めようとした非漢系のルーツを持つ唐朝において、地方行政のシステムも整理され中央に結びつけられるものであり、任期制の地方官の情報共有と中央への情報集約を兼ねた「図経」という地方の「地図と案内」の制作が制度化された。この唐の制度を漢族領域にて引き継いだ宋朝（北宋）では、次第に現状と適合しなくなる唐制度を改革し、地方を行政の枠を越え、より深く人々を把握する必要があった。その制度的模索を行った新法改革期にて最初の「地方志」を制作した[11]。女真族の金に華北を制圧され、南のより限られた領域にて、地方把握の必要が増大した南宋では、地方志の形式・内容の模索が行われ、後の時代に続く形式が確立した。金・南宋を打倒し領域を再統合した、モンゴル政権・元は、漢族領域の全体把握を試み、全国誌編纂をかかげて、全国に材料としての地方志編纂と提出を命じた。元の実質制度を多く引き継いだ漢族王朝・明でもこの「一統志」という全国誌編纂がなされた結果、南宋に原点を持つ地方志編纂は全国化を果たした[12]。明の後期、地方志編纂が全国に定着し、また出版革命と文化の大衆化により人々に歴史文化が定着したが、各地の名勝景蹟を扱う名勝志など、隣接書籍が現れた。明を打倒し、満洲族王朝を建てた清は、多数の漢族を支配するための文化統治を遂行したが、その一環として、地方志の編纂を推進し、また歴史の管理を行った[13]。その中で、地方志は「歴史」の中に位置付けられるようになり、名実ともに伝統の一端となった。王朝の終焉と近代の始まりである清末民国期には、伝統の再確認を目的にした地方志が編纂される一方、近代の価値観を取り入れた地方志も制作され、後の新編地方志に繋がる手がかりとなった。一方で、地方志編纂の伝統は今に至るまで維持され、地方行政の一環として編纂部局「地方志辦公室」が設置される状況下、そこで編まれる「新編地方志」に資することが学術研究にも要請されている。さらには、地方志編纂を国家的に推進するプロジェクトがこれまで三回実施され、関連する研究成果が多数公刊された。この状況のもと、地方志に関する歴史的研究も進展したが、編纂過程を扱うものは新編地方志

序論 「地方」から「世界」に進むために

に偏り、また領域を越える研究は極めて僅かである。

このように、「地方史誌」という言葉はもともと東アジアの伝統・文化に根ざしたものであり、その内容には国家と統治という要素が強く結びついている[14]。

では、東アジア以外の地域にこの「地方史誌」という概念を当てはめることは可能か。まずは、東アジアの歴史叙述の前提としてあった「統治領域」「行政に由来する制度」という枠組みを外し、東アジアのそと[15]を含めた世界各地において「地方」の「歴史」を記した書物がなぜ編纂されるのか、という普遍的な問題を前提から改めて検討してみたい。

## 2. 「地方」の「歴史」とは？

さまざまな地域の人々が「地方」の「歴史」を叙述するのは何故か。ここではその理由を考えてみたい。そもそも「歴史」を叙述するのは、例えば中国の「史書」に代表されるように、王朝、政権、集団の正当性根拠とするため、というのが最も考えやすい[16]。それを突き詰めれば、ある個人の正当性根拠というものが最小単位として想定できるであろう。そのような正当性根拠を叙述する行為は、「地方」という領域やそこに根付いた文化を対象とする場合において、どのような位相を持つのであろうか。

まず、「地方」として描かれる対象は何かを考えてみよう。

対象として想定されるのは、①人々の集団、②地理的な領域、③人々による文化的営為などであろう。このうち①人々の集団であれば、ある地理的な領域に結びつきあるいは根付く、「地方」というまとまりでくくられる人間集団が想定される。②地理的領域であれば、何らかの全体に対する部分の区画、「地方」という全体のなかの区画が想定される。③文化的営為であれば、「地方」にて自立する文化が想定される。では、それらの歴史を述べる、つまり集団・領域・文化などの形成過程に正当性根拠を見いだそうとするのは、どのような意義・意図に基づいてのことなのか。

これは部分にどのような価値を見いだすのかという問題でもある。即ち、

(5)

全体の中の部分として、全体に収束する価値を求めるのか。あるいは部分
自体が何らかの全体を体現するものとして部分自体の価値を求めるのか。
イスラーム世界における歴史(「普遍史」)が須くイスラーム世界という全体
を前提にすることと[17]、東アジアにて宗教性を帯びて編まれた名山の歴
史と説明、即ち「山志」が、それぞれの山の歴史からその聖性(=正当性)を
述べようとするのが対比的であろう[18]。

## 3. 「地方」の何を述べるのか？

　何を「地方」の価値として位置付けようとするのか、何を述べるのか、は
「地方史誌」の歴史叙述の意義を考える上で重要な手がかりとなる。即ち、
「部分」「全体」の何を価値づけようとするのか、が明らかになるからである。
　大まかな傾向を言えば、東アジアは対象領域が行政領域であることによ
り、「行政」または「政治的価値」を中心に内容を選択し、地理・文化へと広
げていくのが一般的である。より細かく見れば、東アジアの中でも日本の
寺社・朝鮮の士族・ヴェトナムの民族など、地域性を持った項目を取り込
み、それぞれ独自化・分化していくと言える[19]。
　これらはなべて、「行政」「政治的価値」を通じて、「地方」という「部分」を
「全体」に結びつけ、同じように振る舞うものと言えるだろう。
　一方で、東アジアのそとに出た際は、中央アジアの集団とその叙事、西
アジアのイスラーム普遍史、ヨーロッパのキリスト教会史といった異な
る中心概念の影響を経て、その下の「部分」として構築される。これは、普
遍世界の「部分」として地方・国家・集団を描く、イスラーム世界の「タァ
リーフアルバラド」[20]やキリスト教世界の「教会史」[21]などが表す「地方」
だろう。
　ここで注目すべきは、東アジア・そのそと、いずれの地域においても、
「描いた歴史」を通じて、その場である「地方」と「中央」「世界」との結びつき
を描こうとしている、という点である。
　しかし、各地で紡がれてきた歴史の伝統は、近代という、グローバル化

(6)

を強制する時代において、同じく強制される「近代国家」「国民」「民族」により被覆された。歴史は「国家史」「民族史」への変転を余儀なくされた[22]。前近代の伝統であった「地方史誌」は、近代の学問として要請された「歴史学」「地理学」とその産品である「地方史」「地誌」に、自分の場所を明け渡すかその踏み台になることを甘んじるかになった。近代によってその位相と意義を変えられた「地方史誌」は、再編された「地方」を近代のあり方に読み替えて示すものになった。その意味では、「地方史誌」は「地方」と「近代」の結びつきを描くものになったのである[23]。

## 4. 改めて「地方」とは何か？

　ここで改めて「地方」という概念を問い直す必要がある。これまで見てきたように、東アジアのそとにも、ある領域の事柄をのべる書物が存在する。これらを包み込むために、「地方」はどのように定義されねばならないのか。

　「地方史誌」の「地方」とは、何らかの「全体」を前提に、その「中心（中央）」と影響関係を持つ「部分」ということができる。ここで意識すべきなのは、研究において「地方」と対置されてきた「地域」という言葉が、同様に「全体」を前提としながらも、「中心（中央）」との影響関係は自明ではなく、むしろその自立性が焦点化されている、ということである。これは、日本史研究において、（前近代の）統治領域を主に扱う「地方史」と、社会・経済・文化など自立性を持つ基準で領域が語られる「地域史」との使い分けにわかりやすく表れている[24]。

　その意味で、「地方」は「中央（中心）」と明確に繋がるもの、と言える。この基準において、東アジアの「政治的支配」、中央アジアの「集団関係」、西アジアの「イスラーム世界」、ヨーロッパの「キリスト教世界」、それぞれの各地において「部分たる位置」を主張する書物として、「地方史誌」を設定することができるのではないか。

　一方で、これら「地方史誌」は、単純に地方から世界に矢印を伸ばしているだけではない。それは、東アジアのみならず各地の地方史誌が「全体」

(7)

「中央(中心)」を描く書物の似姿(同じような形式・項目立て)として作られていることに表れている。清朝の歴史理論家・章学誠は「地方志もまた史書」と地方志を史書に繋げたが[25]、その意識は13世紀エジプトの地方史誌をイスラーム普遍史の中に位置づけようとしたマクリィーズィーとの共通点たりえるものである[26]。

　語弊をおそれずに言い換えれば、地方史誌により「地方」は自らを「中心(中央)」にした「世界」を形作っている。それ故に、「地方」は「地方」でありかつ「世界」でもあるのだ。そして、それは「地域」が至り得ないものであるのだ。

　ようやく、右往左往した議論が、「地方」から「世界」にたどり着いたように思う。「地方史誌」という「世界」への可能性を内在させた書物を手がかりにすることで、「閉じた」地方から「全体(中心)」世界への道筋を作り出せるのである。それは、近代以降に概念され、いまの私たちを取り巻く「グローバル」とも一線を画したものであり、新たな視座となりうるものだろう。

　考えるべきなのは、この道筋、「地方」から「世界」への手順が、「地方史誌」を手がかりに「全体」を見渡す・比較するという作業を通じて可能になるということである。故に「地方史誌」は比較的に研究されねばならないのである。

　この「比較」という視座は、事実という起点・根拠を追究する「歴史(学)」という視座によって可能になるものであり、かつてベンヤミンの述べた「コンステラツィオン(星座)」の概念のように、個別(地方史誌)・層次(全体・世界)を並列し蓄積し、配列することが必要である[27]。

　そして、その過程において、描いた「全体(世界)」が「地方」に必ずフィードバックされてくるので、それを見据え、比較の中に位置づけていくことが必要である。例えば、大凡の場で「地方史誌」を集積して作られる「全国誌」の位置づけと影響関係に始まり、近代の「国家史」と「グローバリゼーション」のあいだで織りなされる関係、さらには「部分」/「中央(中心)」が

いかにして自らを「部分」/「中央(中心)」に位置づけるか、といった問題を探求することで、徐々に明らかにされるだろう。

　では、それらを受け入れる「個別(地方)」はどのように影響され自らを定義づけるのか？　それらを明らかにしていくことが、現代という「脱中心/汎中心」の時代において、「地方史誌」の研究として果たしうる最大の事柄ではないだろうか。

## 5. 本書の構成

　これまで本書の目的を述べてきたが、ではそれぞれの論考において、地方とその時代はどのように描かれるのか。各地域の概観を兼ねて述べていく。

　まず、第一部の「「地方」とはどこか」では、「地方」の描き方とその性質及び「場」についての主張に関する論文を取り上げる。
　荒井悠太「前近代アラビア語圏における歴史Ta'rīkhと地誌Khiṭaṭ——エジプトにおけるその展開」は、前近代アラビア語圏の地方史誌の代表的著者とされる15世紀のひとマクリィーズィーを手掛かりに、彼らの著した15世紀の地方史誌に至るイスラーム圏の「地方」の描き方と歴史Ta'rīkh／地誌Khiṭaṭの分野形成を述べる。
　渡部良子「13〜14世紀イルハン朝期イラン「地方史」少考——モンゴルの支配は地方からどう見えたか」は、ペルシア地域の歴史伝統とモンゴル統治下の諸王国の記載の結合から、その「地方」の描き方を述べる。ひとつ前の荒井論文と時期的には前後するものであるが、アラビア語・ペルシア・モンゴルの異なる文化伝統の重なりから見出されるのは、「地方」をいかなるものとして描こうとするのかという地方史作者の選択である[28]。
　唐澤晃一「「ビザンティン・コモンウェルス」と中世バルカン半島の知識人——文化伝播における中央・地方の関係を中心に」は、ビザンツ帝国と

(9)

正教会の宗教的「場」の描写を通して、宗教と帝国における「地方」の認識を述べる。ビザンツ帝国の「全体」としての概念[29]と、「地方」として描かれる「聖山」アトス山の修道院の対比は、地理的条件とは異なる文化的「地方」性の表れを描き出す。

苅米一志「日本中世における「地方史誌」の可能性——『峯相記』を中心に」は、日本中世の仏教寺院とその「場」である山を述べる文献を通じて、中世の「地方」の有りようを検討する。唐澤論文と同じく「山」を述べる論考となり、「地方」として述べられるものの意義を比較し明らかにするうえで好適な条件となっている。

高井康典行「「邪馬臺国」と「邪馬一国」——『大明一統志』日本国の条の史料源と明中期の学術」は、明代中国の全国志である『大明一統志』のなかの「日本」に関する記載を通して、明朝の「世界」における「地方」の歴史の描き方を考える。中国がそとをどのように描くかという好例であると同時に、（中華世界の）「地方」として描くあり方をその記載から見て取ることができる。一方でそれは、例えば「教会史」のような、キリスト教世界の「地方」を描くあり方と共有するものを多分にもっているように思われる。

第二部の「「地方」の何を描くのか」は、各地の地方史誌が、「地方」の何を描くのかをテーマに論考を取り上げる。

長峰博之「『テュルク系譜』3写本に増補されたクリミアのハンたちに関する記述について——付クリミア・ハン国史書簡介」は、中央アジアのクリミア・ハン国の歴史記載から、オスマン帝国の宗主下にあって、自らをモンゴルの「世界」と「歴史」のなかに位置づけようとするあり方を述べる。クリミア・ハン国という場を「チンギスの系譜」「オスマン帝国の宗主」という要素によって描き出そうとしたのである。

真島望「八代市立博物館未来の森ミュージアム蔵『八代名所集』について」は、16世紀半ばに編まれた熊本八代の俳諧集であり名勝志である『八代名所集』の版本来歴を考えることで、八代という「場」を俳諧の系譜のなかに位置づけようとするあり方を見出す。八代という場を「貞門俳諧の系譜」「名勝を通じた文化統治」という要素で描こうとしたものであろう[30]。

張繼瑩「政治環境と清代・大同における志書の編纂」は、中国の明清交替期にあって、反乱と虐殺という事象を大同という場の歴史にどのように配置(排除)したかを述べる。清朝の文化統治による政治的諸力の影響下、大同という場がまさしく「ポリコレ地方志」という形で描かれたことを述べる。

　李在斗「朝鮮後期における邑誌編纂事業の概観」は、朝鮮王朝後期の「邑誌」編纂を概観し、その編纂と邑誌の政治的位置づけの変遷を述べる。朝鮮国王を含めた政治闘争のもと、ともすれば遠心化しやすい「地方」を邑誌編纂とその集約・叢書化という形で繋ぎとめようとする「中央」の意図が描き出されていると言えよう。

　岡田雅志「近世ベトナム王朝の地方誌に見る知識人の世界観――『興化処風土録』から『興化記略』へ」は、ヴェトナムの興化地方の地方史誌の変遷を述べ、その描く対象の変化と「地方」の変容を述べる。ヴェトナムにおいて、「地方」を描くことは「中央」の支配体制の再確認であるほか、その「地方」のなかに内包される異民族あるいは自立した集団を自らの一部に組み込もうとする試みであり、図らずも重層的な視線を有するものである[31]。

　そして、第三部の「「地方史誌」の向かう先」は、「近代」とその影響のもと、「地方史誌」がどのように変容し意義を改めていったかについて、論考をまとめる。

　吉川和希「18世紀後半〜19世紀初頭に成立したベトナム北部山地関連史料について――『諒山団城図』・『高平実録』を中心に」は、近代の影響にさらされながらヴェトナムの最後の王朝の時期にまとめられた地方史誌とその意義づけを述べる。近代の圧力に抗しながら、「国家」に集束する「地方」を第二部の岡田論文で述べられた「地方史誌」というあり方で描くことの意義は、近代が地方史誌に与えた影響のひとつを鮮明に描き出す。

　大河原知樹「オスマン帝国における「一統」の在り方――『国家年鑑』と『州年鑑』」は、オスマン帝国の国家・州政府の「年鑑(salname)」編纂が、近代以降の地方史に移行していく過程を描き出す。オスマン帝国の(特に辺縁部の)「地方」統治にて制作された「年鑑(salname)」が、中国の全国志・地方志と似たような形態をとりながら[32]、その形式・あり様を変えて近代以降の地

方史に流入していく過程は、一部では地域の自立とあいまって地域の民族史・国家史の基盤となっていくという点も含めて大変に興味深い。

　塩谷哲史「近代移行期中央アジアにおける歴史叙述の転換——ユースポフ『歴史』を中心に」は、近代移行期に中央アジア諸国がどのように自らとその「場」の歴史叙述を変化させていったのか、を述べる。ひとつ前の大河原論文と共通するところだが、近代における「帝国」からの離脱という文脈において、地域が民族・集団を軸に独立した政権・国家をつくる際に、「帝国」の「地方」史であったものを自らの「民族」「国家」史の基盤に変えていく活動が見られる。中央アジアにおける「歴史」との関わり方の変化は、則ち「地方史誌」とされてきたものの近代における意味づけの変化であろう[33]。

　本書の研究を通じて、「地方」から「世界」へ、その架け橋となる手がかりを示せればと思う。読者の方々におかれては、興味のある地方・時代のいずれから始めても問題なく、ただその周囲にある「さまざまな地方」を比較の目線で考え併せていただければ幸いである。

　　注
　1)　本プロジェクトは、科学研究費(学術研究助成基金助成金)基盤研究(C)「地方史誌研究の基盤形成」及び公益財団法人JFE21世紀財団2022年度アジア歴史研究助成「東アジア地方史誌の研究」(ともに研究代表者：小二田章)の支援により運営された。これまでの進行概要は、小二田章編『地方史誌から世界史へ』(勉誠社、2023年)の「序論　地方史誌学宣言」を参照。また、本論文集はシンポジウム「地方史誌研究の現在2」(於早稲田大学戸山キャンパス＋Zoomオンライン会議、2023年3月13日)、ミニシンポジウム「東アジアのそとの地方史誌」(於昭和女子大学＋Zoomオンライン会議、2024年2月28日)の議論を軸にまとめられたものである。
　2)　前掲小二田章「序論」にて、「2.　東アジア地方史誌形成史概観」として中国を中心とした東アジアの地方史誌形成史を述べているが、これも東アジアであれば「形成史」という共通した歴史概念のなかで考えることができるものであったからである。

序論　「地方」から「世界」に進むために

3) 理解の助けとして、以下前掲小二田章「序論」を適宜引用して説明を行う。

4) 中国にて現在も編まれる、行政領域を対象とした総合的書物のこと。

5) 例えば、日本の「風土記」や藩史・国志、朝鮮の邑誌、ヴェトナムの風土録・郡記などである。また、中国のカテゴリでいえば、首都を述べる都城志、名所旧跡を中心に述べる名勝志、宗教的場所・施設を述べる山志・寺観志、あるいは外国を述べる外域志なども広い意味での地方史誌に含まれるだろう。

6) 管見の限りでは、本庄栄治郎『日本経済史文献』(内外出版、1924年)の中で使用されているのが初めてである。なお、佐藤大悟氏の教示によれば、20世紀初めに用例の初出は遡ることができる。

7) 児玉幸多ほか編『地方史マニュアル1　地方史の思想と視点』(柏書房、1976年)の中で芳賀登氏はこの「地方史誌」を史料研究のカテゴリのひとつに位置づけている。

8) 齊藤博・来新夏編『日中地方史誌の比較研究』(学文社、1995年)に結実する獨協大学の日本地域史研究のプロジェクト。しかし、近代学術の概念を軸に日本の地域史を論じる日本の研究者と、前近代の伝統を背景に中国の地方志を論じる中国の研究者の間では認識に大きな隔たりがあり、最初の比較の試みは空中分解に終わってしまった。

9) 黄葦編『方志学』(上海：復旦大学出版社、1993年)を参照。

10) 竹内洋介、大室智人編『『華陽国志』の世界』(東洋大学アジア文化研究所、2018年)を参照。

11) 須江隆「『呉郡圖經續記』の編纂と史料性」(『東方学』116輯、2008年)など参照。

12) 小二田章「「一統志」の「時代」を語るために」(同ほか編『書物のなかの近世国家』、勉誠社、2021年)を参照。

13) 小二田章「『西湖志』にみる清初期杭州の地方志編纂——清朝の文化統治政策を中心に」(『東洋文化研究』21号、2019年)を参照。

14) 国家と統治の表れ方については、本書の張継瑩論文を参照。

15) 筆者は中国からそとの地域を(中華世界の)「地方」として描こうとする書物のことを「外域志」として定義し、その初探的発表を行った(小二田章「中国の「そと」を描く地方志——外域志初探」、於昭和女子大学国際文化研究所グローバルプロジェクト「中国をめぐる国際関係と対中国観の変遷」第2回研究会「近代以降の周辺諸国の対中国観」、2023年11月8日)。近日そのさらなる展開を報告する予定である。

16) 「史書」とその正当性の追究については、稲葉一郎『中国史学史の研究』（京都大学学術出版会、2006年）を参照。

17) イスラーム世界の歴史叙述、及び「普遍史」については、大塚修『普遍史の変貌』（名古屋大学出版会、2017年）あるいは森山央朗「ムスリムたちによるアラビア語地方史誌の色々」（前掲『地方史誌から世界史へ』）などを参照。

18) 「山志」については、本書の苅米一志論文、あるいは酒井規史「宋元時代の道教と地誌」（前掲『書物のなかの近世国家』）を参照。地域は異なるが、本書の唐澤晃一論文も同様の状況を述べており、興味深い。

19) これらの独自性については、前掲『地方史誌から世界史へ』『書物のなかの近世国家』の各地域の地方史誌を扱った論考を参照。

20) 森山央朗「古典期イスラーム世界における地方史誌」（前掲『書物のなかの近世国家』）を参照。

21) 例えば、成川岳大「一二世紀スカンディナヴィア世界における「宣教大司教座」としてのルンド」（『史学雑誌』120巻12号、2011年）とその『北欧史研究』に連載した翻訳などを参照。

22) 近代による国家史・民族史への転向は、本書の塩谷哲史・大河原知樹の各論文、及び前掲『地方史誌から世界史へ』の小原淳・佐藤大悟・佐藤仁史の論文を参照。また、史料状況において、本書の李在斗論文も「近代」の地方史誌に与える影響を活写している。

23) 前掲佐藤大悟論文、及び岡田雅志「周縁から見た一統志」（前掲『書物のなかの近世国家』）などを参照。

24) 児玉幸多ほか編『地方史マニュアル1　地方史の思想と視点』（柏書房、1976年）、あるいは地方史研究協議会編『地方史・地域史研究の展望』（名著出版、2001年）にて描かれた「地方史」「地域史」のカテゴリを参照。

25) 稲葉一郎「第六部　章学誠と『文史通義』」（前掲『中国史学史の研究』）を参照。

26) 本書の荒井悠太論文を参照。

27) 三島憲一『ベンヤミン―破壊・収集・記憶』（講談社、1998年）を参照。なお、ベンヤミンが実際に「コンステラツィオン」という言葉を使っている例としては、「パサージュ論 初期覚書集」（浅井健二郎編訳『ベンヤミン・コレクション6 断片の力』、筑摩書房、2012年）のp626に収録された〈M-14〉稿などがある。

28) さらにこの問題を興味深くまた複雑なものにするのは、モンゴル帝国という集団のもたらした東部ユーラシアの影響もその中に潜んでいる

序論　「地方」から「世界」に進むために

ことである。大塚修ほか訳注『オルジェイトゥ史』(名古屋大学出版会、2022年)、宮紀子『モンゴル時代の知の東西』(名古屋大学出版会、2018年)を参照。

29)　本論集のなかで、次に"commonwealth"という術語・概念が現れるのが、19世紀ヴェトナムの「儒的共同体」においてであることも、両者の比較の手掛かりとして興味深い。岡田論文を参照。

30)　この問題に附して考えるべきは、同時期が江戸幕府の推奨による各藩の地方史誌編纂ブームの時期と重なることである。それらの藩史・国志には、中国の地方志の影響を受ける形で、領域内の名勝・旧蹟あるいは文芸などが先行する支配者などと結びつけられて語られる。白井哲哉『日本近世地誌編纂史研究』(思文閣出版、2017年)を参照。

31)　この状況が端的に表れているのが、「風土」という言葉を書名に用いていることであり、それは中国の影響のもと、辺境あるいは他者との接点として「地方」を描くものである。この問題を、ミニシンポジウム「風土記の位置」(2025年9月開催)にて集中的に議論する予定である。

32)　この意味において、東アジアとの「帝国」と「地方」の意義の比較ということが可能になるように思われる。小二田章「序論——「一統志」の「時代」を語るために」(前掲『書物のなかの近世国家』)を参照。

33)　近代における「地方史誌」の意味づけの変化については、白井哲哉「日本近世地誌の地名記載」(前掲『書物のなかの近世国家』)、「日本地誌研究史のこころみ」(前掲『地方史誌から世界史へ』)が有効な比較になる。

(15)

目　次

序論
「地方」から「世界」に進むために ……………………小二田　章 (1)

# 1. 「地方」とはどこか

前近代アラビア語圏における歴史Taʾrīkhと地誌Khiṭaṭ
　──エジプトにおけるその展開 …………………………………荒井悠太 3

13〜14世紀イルハン朝期イラン「地方史」少考
　──モンゴルの支配は地方からどう見えたか ……………… 渡部良子 25

「ビザンティン・コモンウェルス」と中世バルカン半島の知識人
　──文化伝播における中央・地方の関係を中心に ……………… 唐澤晃一 49

日本中世における「地方史誌」の可能性──『峯相記』を中心に
　……………………………………………………………… 苅米一志 67

「邪馬臺国」と「邪馬一国」
　──『大明一統志』日本国の条の史料源と明中期の学術 ……… 高井康典行 95

# 2. 「地方」の何を描くのか

『テュルク系譜』3写本に増補された
クリミアのハンたちに関する記述について
　──付クリミア・ハン国史書簡介……………………………… 長峰博之 123

(17)

八代市立博物館未来の森ミュージアム蔵『八代名所集』について
……………………………………………………………………真島　望 145

政治環境と清代・大同における志書の編纂………………張繼瑩 167

朝鮮後期における邑誌編纂事業の概観…………李在斗（訳：金鉉洙）191

近世ベトナム王朝の地方誌に見る知識人の世界観
　——『興化処風土録』から『興化記略』へ……………………岡田雅志 221


# 3.「地方史誌」の向かう先

18世紀後半〜19世紀初頭に成立した
ベトナム北部山地関連史料について
　——『諒山団城図』・『高平実録』を中心に……………………吉川和希 243

オスマン帝国における「一統」の在り方——『国家年鑑』と『州年鑑』
……………………………………………………………………大河原知樹 267

近代移行期中央アジアにおける歴史叙述の転換
　——ユースポフ『歴史』を中心に………………………………塩谷哲史 301


編集後記………………………………………………………小二田　章 317

Summary ……………………………………………………………… 319

執筆者一覧……………………………………………………………… 329

# 1. 「地方」とはどこか

# 前近代アラビア語圏における歴史
## Ta'rīkh と地誌 Khiṭaṭ
### ——エジプトにおけるその展開

荒井悠太

## はじめに

　本稿は、主に東アジア史研究のなかで概念化が進められてきた「地方史誌」と称する史料類型について、その西部ユーラシアから北アフリカにかけてのアラビア語圏における応用乃至比較の可能性を模索するための試論である。本稿ではまず、近代以前のアラビア語圏において、ある特定の「地域／地方」について記述するという営みが諸学問や各種の史料類型のなかでいかなる意味を有していたかを概観する。そのうえで、エジプトにおいてとくに発展がみられた地誌 khiṭaṭ という史料の分析を通じて、地方の記述がいかになされていたかを具体的に考察する。

## 1. アラビア語歴史叙述の展開と「地方」の位置付け

　アラビア語圏における「地方史誌」を考える上では、まず歴史と地方という二つの主題について記述するという知的営為が、アラビア語圏における学知の体系のなかでいかに位置付けられるのかという問題から出発する必要があろう。小二田章は、地方史誌とは「地方を歴史的に描く総合的書物」である一方、単なる地図や、狭義の地誌、個人の伝記家譜などは含まれないとする[1]。筆者が研究対象とする中世のアラビア語圏における学問分類のなかでは、歴史学 'ilm al-ta'rīkh、と地理学 al-Jūghrāfīyā はいずれも高度な発展がみられ、その他にも各地方を対象とした旅行記 riḥla や驚異譚 'ajā'ib などが盛んに著されてきた。しかしながら、「総合的」という点がやや問題であり、

3

1.「地方」とはどこか

　これらの史料類型が小二田の定義に直ちに該当するか否かは議論の余地があると思われる。上記の定義に比較的近しいと考えられるものを敢えて挙げるとすれば、地方史と地誌の二つとなるであろう。

　この二つの史料類型について、アラビア語圏における歴史学と地理学という二つの学問の展開を踏まえつつ、その性格を考えてみよう。

　そもそもムスリムによるアラビア語での歴史叙述は、その黎明期には預言者ムハンマドや彼の教友達の事績を記録することに始まり、やがてはそれを世界史のなかに位置付けることを目指していったとされる。かかる営みはイブン・イスハーク(767年没)の『預言者ムハンマド伝』に至って明確な歴史叙述として確立し、後にタバリー(923年没)の手になる『預言者達と王達の歴史』に至ってひとつの完成を迎えた。この頃までに完成をみたアラビア語史書においては、アダムに始まる人類の系譜、ムハンマドに至るまでの預言者達の系譜、そしてムハンマド以降のイスラーム共同体(ウンマ)の歴史からなる全体史——「イスラーム世界史」——を記述することが主流であったとされる。やがてアッバース朝中期以降、ムスリムの政治権力の分裂とともに出現してきたのが、記述対象を個別の王朝や地域に限定した史料類型が「王朝史」や「地方史」である[2]。

　森山央朗は、マムルーク朝期の学識者サハーウィー(1497年没)の手になる著作『歴史学を非難する者に対する反論の証明』における歴史書の分類を考察し、「特定のバラド(balad、特定の都市ないし地方)の歴史」に分類される地方史人名録、美質、地方事件史の三つの類型を地方史誌に該当するものとして挙げた。同氏はこれらの史書の分析に際し、地方史誌の執筆にかかわった学識者達の歴史観や社会的背景を様々な角度から論じたうえで、前近代のアラビア語圏においては、地方史誌の地方史誌たる所以はあくまで記述対象の限定の仕方にあるとの見解を示した[3]。またイスラーム史の碩学S.ハンフリーズはアラビア語地方史について、「地方史とは一つのジャンルではなく、関心の所在なのである」と評している[4]。すなわち、形式・内容上の固有の特徴を有する独立した史料類型というよりも、歴史叙述が対象とする空間的範囲を「地方」を基に規定したものこそ、研究者が「地方史」と称してきた史料類型であったとみることができよう。したがって地方史とはいっても、歴史上の事件や系譜、伝記といった構成要素の点

4

では、(むろん著述家ごとの個性はあるにせよ)「イスラーム世界史」との間にあきらかな差異はさほど認められないということになる。

　また、アラビア語圏における地理学はアッバース朝時代に確立をみたとされるが、その背景には正統カリフからウマイヤ朝期にかけての大征服に伴うムスリムの地理認識の拡大に加え、インドやギリシアといった外来の地理学の深い影響があったことが指摘される[5]。それゆえ地理学は哲学諸学に相当する「理性の諸学 al-'ulūm al-'aqlīya」に分類され、クルアーンやハディースといった宗教に関連する主題を扱う「伝承の諸学 al-'ulūm al-naqlīya」に分類される歴史学とは異なる発展を遂げてきた。しかし一方で、マスウーディー(956年頃没)やイブン・ハルドゥーン(1406年没)のように、歴史書のなかに体系的な地理的情報を取り入れる歴史家も少なからず存在するなど、両分野の垣根は難なく越え得るものでもあった。

　アラビア語歴史叙述の類型と内容からみて、森山らの捉え方は相当に的を得たものである一方で、小二田の定義する地方史誌と、アラビア語で書かれた上記のような地方史を一律に同一視してよいかとなると、現時点では性急な結論は差し控えたい。その理由は二点ある。第一は、地方について記述する史料類型においては、地方という単位を基準として取捨選択される歴史的情報と地理的情報、すなわち気候風土といった土地自体にまつわる要素の取り扱い方に、著者ごとに異なる特徴が見出されるためである。兼岡は日本における風土記の編纂について、基本的には国司がその任を務め、漢籍に倣った統一的な形式が定められたことを説明している[6]。しかし前近代のアラビア語地方史や地誌の場合には、たとえ著者が政府の役人であったとしても個々の著作の間には形式上の差異が少なからずみられ、行政上の必要から編纂されたものとは断定し難いのである。

　とりわけ、14世紀から15世紀にかけてのエジプトについてみると、カルカシャンディー(1410年没)による『夜盲の黎明』に代表される、諸学問の知見を統合した百科全書的著作の編纂が盛んとなり、その潮流とも重なって歴史的知識と地理的知識を高度に統合した「地誌khiṭaṭ」と称されるジャンルが発展をみたのである。その白眉といえるのは、『歴史序説』の著者イブン・ハルドゥーンの薫陶も受けたと伝わるマムルーク朝の代表的歴史家のひとりマクリーズィー(1442年没)が著した『地誌と遺跡の叙述による警告

1. 「地方」とはどこか

と省察の書』、通称『エジプト地誌』である。管見では、かかるジャンルの著作群こそが本論集の掲げる「地方史誌」という史料類型に相当に近い内容と構成を有しているように思われる。

　そして二点目の問題は、「地方」が、ある特定の地理的空間という意味には留まらないのではないかという問題である。地方というときには、それは政治的中心に対する周縁、もしくは「イスラーム世界」のような全体の構成要素としての地方など、関係論的な意味での地方を同時に想定する必要があると考えられる。こうした、当時の人々の世界観における全体もしくは中心と地方の関係についても、森山は興味深い指摘を行っている。すなわち、ハディース学の展開のなかで形成・発展をみたウラマーによる地方史人名録においては、記述対象とする都市・地方はイスラーム的世界観・歴史観のなかに位置付けられているのに対し、アディーブ（文人）やカーティブ（書記・官僚）による地方史や地方事件史においては、イスラーム的世界観・歴史観といった宗教的要素があまりみられないという[7]。このことは、史料の書き手やジャンルによっても著述の背景にある世界観が異なっており、政治的中心や世界全体に対する意識の程度にも差異がみられることを示している。

　以上の点は、アッバース朝中期時代以降における政治的統一の解体、そしてアッバース朝の滅亡による、政治的・宗教的にも広く中心と考えられていたカリフ位の消滅という歴史的経緯を勘案するとき、非常に深刻な問題として立ち現れてくる。中心が消失した時代において、果たして地方とは何処を指すのであろうか。

　本稿で焦点を当てるのは、地誌という史料類型が高度に発展をみた前近代のエジプトである。地方という見方をエジプトに当て嵌める場合には、例えば具体的な地理空間としては存在しない理念的な「イスラームの館」を全体と捉え、その構成要素たる一地方としてエジプト全土を射程とすることがあり得るであろう。あるいは、アイユーブ朝やマムルーク朝といった個々の王朝を全体と捉え、その政府が置かれたカイロを中心とするならば、カイロという中心に対するエジプト内の各地方に焦点を当て、ナーブルスィー（1261年没）の『ファイユームとその村々の歴史』のような史料を用いることが考えられる[8]。しかし地方を後者の意味に捉えた場合、前近代の

エジプトでは活用可能な叙述史料はかなり限られてしまい、「地方史誌」という一つの文学ジャンルに関して十分な議論を行うことは困難といわざるを得ない[9]。以上の事情を踏まえ、本稿ではカイロやフスタートといった都市を中心にしつつも、エジプト全体を視野に収めた史料類型である地誌を活用し、エジプト全体を一つの「地方」と捉えて論ずることとする。

## 2. イスラーム政権支配下のエジプトと地誌khiṭaṭの発展

### (1) 地誌khiṭaṭとは何か

考察に先立ち、広く地誌と訳出されるアラビア語、khiṭaṭの語義について概観しておく。アラビア語のkhiṭaṭとは、都市内の街区を意味するkhiṭṭaの複数形である。街区を意味する語としてはḥāraやmaḥallaのほか、khiṭṭaと同一の語根であるkhuṭṭ／akhṭāṭなどもある。近代以前の西アジアや北アフリカにおいては、都市民の居住区はしばしば街区の集合からなっており、街区は住民生活のうえできわめて重要な意味をもっていた[10]。

しかし、例えば『イスラーム百科事典』*Encyclopedic of Islam*に複数形であるkhiṭaṭの語形のまま立項されていることなどからも窺えるように、この語は史料類型としての地誌の意味にも用いられるようになってゆく。後述するように、こちらの用法はアッバース朝期に執筆された征服史のなかには既に見出すことができる[11]。史料類型としてのkhiṭaṭが包摂する内容は多岐にわたる。語の由来である街区にかんする記述もむろん含まれてはいるが、街区に加えて都市自体の起源、都市を支配した歴代の君主や王朝の歴史、金曜モスク(ジャーミィ)やモスク(マスジド)、学院(マドラサ)、公衆浴場や市場といった建造物、そしてナイル河に代表される河川、運河、庭園などに至るまで、都市を構成する種々の要素が網羅的に扱われるのである。

エジプトにおけるイスラーム支配の歴史的な経緯、及び地誌の出現について概観しよう。エジプトの北部地域に関しては、早くも7世紀の大征服期にはイスラーム勢力の支配下に組み込まれていた。エジプトの征服を成したアムル・ブン・アース(663年没)は、預言者ムハンマド(632年没)からウマイヤ朝初代カリフ・ムアーウィヤ(680年没)の時代にかけて活躍した

## 1. 「地方」とはどこか

人物である。アムル率いる征服軍は第2代カリフ・ウマル（644年没）の時代にエジプトへ侵攻してアレクサンドリアを征服し、またナイル河の東岸に都市フスタート al-Fusṭāṭ の礎を築いた。その後、イフリーキーヤ（現リビア以西〜チュニジア北部一帯を指す歴史的呼称）に成立したファーティマ朝が勢力を拡大すると、969年にはアッバース朝傘下のイフシード朝が統治していたエジプトを征服し、フスタートに近接した新たな首府としてカイロ（カーヒラ）al-Qāhira を建設したのである。建設当初カイロはカリフや支配階級の都市であり、フスタートは民衆の生活区画、商業の中心として並存していたが、次第にフスタートは縮小し、都市機能の中心はカイロに移行していった[12]。現在のエジプト・アラブ共和国の首都カイロの起源は、ファーティマ朝のエジプト征服時に建設されたこの都市なのである。

　フスタートとカイロはともにエジプトにおけるイスラーム支配の中心都市であったことから、エジプトに関する地方史・地誌のなかでも必然的に最も大きな比重が置かれている。アッバース朝時代の前半には、既にイブン・アブドゥルハカム（870 or 71年没）の『エジプト征服史』が著されており、そのなかにはフスタートとギザ、アレクサンドリアの「地誌」の項目が含まれている。また、エジプトでは「地誌 khiṭaṭ」の名を冠する著作も比較的早い時期に出現し、マムルーク朝時代まで書き継がれていたことが窺える。13世紀のカイロで書かれた重要な地誌『ムイッズのカイロの地誌にかんする美しく輝く庭園』（以下『カイロ地誌』）の著者イブン・アブドゥッザーヒル（1292年没）は、同書の序文のなかで、エジプトの地誌執筆の先達としてキンディー（961年没）、クダーイー（1062年没）、そしてシャリーフ・ジャウワーニー（1092年没）の3名の名、及び彼らが著したエジプトの地誌のタイトルを挙げている[13]。より後代のマクリーズィーもまた『エジプト地誌』の序のなかで、イブン・アブドゥッザーヒルも含めた地誌の先達に言及している[14]。既に佐藤次高が紹介している通り、エジプトにおける地誌の展開についてはアイマン・フアード・サイイドが詳しく解説している[15]。

　以上のように、エジプトにおいては百科全書的著作が出現する以前から、歴史書のみならず地誌を編纂する伝統が存在しており、地誌の執筆者達は、先行する地誌の存在を意識しながら自らの地誌を編纂していたことが窺えるのである。

前近代アラビア語圏における歴史 Ta'rīkh と地誌 Khiṭaṭ（荒井）

　以下では、イブン・アブドゥッザーヒルとマクリーズィーの手になる二つの地誌を取り上げ、その内容を比較しつつ、地誌の性格を検討してみたい。

## （2）イブン・アブドゥッザーヒルと『カイロ地誌』

　イブン・アブドゥッザーヒル Muḥyī al-Dīn, 'Abd Allāh b. Nashwān, Ibn 'Abd al-Ẓāhir はバフリー（前期）マムルーク朝君主バイバルス（在位1260～77年）からハリール（在位1290～93年）の治世にかけて、官吏としても著述家としても活躍した人物である。マムルーク朝政府では秘書長 kātib al-sirr また文書庁長官 ṣāḥib dīwān al-inshā を務めた経歴を有し、彼の職掌は宮廷にもたらされるあらゆる文書に目を通し、また重要な文書を起草することであったとされる[16]。バイバルスらマムルーク朝君主の伝記も複数著したと伝わる。彼が著した『カイロ地誌』はアイマン・フアード・サイイドによって校訂されており、その史料改題のなかでイブン・アブドゥッザーヒルは、マクリーズィー以前にカイロの地誌について記述した最も重要な人物であると評されている。『カイロ地誌』の大きな特徴は、イブン・アブドゥッザーヒル自身がマムルーク朝の官吏であるにもかかわらず、ファーティマ朝やアイユーブ朝といった過去から筆を起こしている点であろう[17]。これは地理的情報のみを記述する地理書と、過去へ遡った記述を行う地誌との重要な相違点であろう。これらの点を踏まえつつ、『カイロ地誌』の内容を概観しよう。

　『カイロ地誌』の内容を簡略に俯瞰すれば以下のようになる。

　　・序文
　　・ムイッズ（カイロに遷都したファーティマ朝第4代カリフ・ムイッズ）の栄光について
　　・カイロの諸地区 al-khiṭaṭ について
　　・宮城 al-Qaṣr ならびに宮城のカリフ達について
　　・カイロの内側の各種建造物（金曜モスク、学院、廟、etc.）について
　　・カイロの運河 al-kharīj について
　　・カイロの外側について（街区 ḥāra など）

　その書名が示している通り、『カイロ地誌』の内容の大半を占めるのは、

9

1. 「地方」とはどこか

ムイッズが宮廷を移して以降のカイロの諸施設や街区の説明であり、これ
に歴代のファーティマ朝カリフに関する記述を組み合わせるという構成が
とられる。『カイロ地誌』を編纂した意図については、イブン・アブドゥッ
ザーヒル自身が同書の序文であきらかにしている。以下に引用しよう。

> 私（イブン・アブドゥッザーヒル）がキンディーとクダーイー――神が彼ら
> を慈しみ給いますように――［の書物］に目を向けた時、実に彼らは護
> られし軍営都市（ミスル）とその墓地群（カラーファ）について記していたのであった。シャ
> リーフ・ナッサーバ（ジャウワーニー）――神が彼を慈しみ給いますよう
> に――が彼らの後に続いた。すなわち、彼は『地誌における贈物』を著
> したのである。彼の『贈物』は前二者の天道から離れることなく、前二
> 者の足跡から逸脱せず…（中略）…

> 私は、護られしカイロこそが真の軍営都市（ミスル）であり、そこは、そこへ
> 集う神の被造物らのために建てられた都市であることを見出した。と
> いうのも、かつては誰もがこの都市を、その有益さについて見逃して
> おり、この都市について記述することから両の目を背けていたのであ
> る[18]。

先に触れたフスタートとカイロそれぞれの造営の経緯を踏まえて上記の
序文を検討すると、ファーティマ朝の遷都以前に没したキンディーはとも
かく、その後のクダーイーやジャウワーニーもまたフスタートの記述に主
眼を置いていたことが窺える。アイマン・フアード・サイイドが彼を重要
人物と評価するのは、フスタートではなくファーティマ朝遷都後のカイロ
について網羅的に記述した最初の人物であるがゆえである。

この序文のなかでもう一点注目すべきは、イブン・アブドゥッザーヒル
が地理ではなく、歴史ta'rīkhを記述する意図をあきらかにしている点であ
る。

> 私（イブン・アブドゥッザーヒル）は本書において、語り手まで遡ること
> の可能な事柄、伝達者へと帰せられる事柄を収集した。私は［知識の］
> 増大への願望によって、また有益なるものへの研ぎ澄まされた探求心
> によって［そうしたのである］。知るがよい。主題とは移ろいゆくもの
> である。それはとりわけ歴史ta'rīkhについて記される事柄に基づいて
> いる[19]。

前近代アラビア語圏における歴史 Ta'rīkh と地誌 Khiṭaṭ（荒井）

『カイロ地誌』にムイッズをはじめ歴代ファーティマ朝カリフに関する記述が含まれているのは事実であるが、比率でいえば地区や街区などの都市空間や建造物の記述が圧倒的に多くを占めている。それにもかかわらず、著者がかくも明瞭に「歴史」を記述しているとの認識を示している点は重要であると考えられる。次に考察するマクリーズィーも同様であるが、地誌の著者は地理学者とは異なり、歴史や伝記に類する著作を多く遺すことがしばしばある。彼らは都市や建造物について記述する場合にも、都市・建造物の来歴や造営に携わった人物など、歴史的な要素により重点を置く傾向にあるのである。

## (3) マクリーズィーと『エジプト地誌』

続いて、マクリーズィーと『地誌と遺跡の叙述による警告と省察の書』、通称『エジプト地誌』についてみてゆこう。マクリーズィー Taqī al-Dīn, Aḥmad b. 'Alī al-Maqrīzī は後期（ブルジー／チェルケス）マムルーク朝を代表する歴史家であり、歴史にかんする幾多の著作を遺したことで知られる。その生涯と精力的な著述活動[20]、またマムルーク朝都市社会史の第一級史料である『エジプト地誌』についても、既に多くの研究がなされている。マクリーズィーに対する佐藤次高の評を以下に引用しよう。

> スルタン・シャーバーン二世(在位1363～77年)治下のカイロに生まれ、マムルーク軍閥の抗争やペストの流行によるエジプト社会の混乱と経済の危機を身をもって体験した。先人の著書からの引用(naql)、古老から収集した情報(riwāya)、自らの体験(mashāhid)を区別した歴史記述をおこない、イスラーム史の全体を眺めてみても、社会変容の実態をきわめて具体的に記している点で、他の歴史家の追随を許さない存在であるといえよう[21]。

マクリーズィーは伝統的なイスラーム諸学を修め、カイロの幾つかのモスクやマドラサで説教師、教授等を務めている他、市場監督官(ムフタスィブ)を長く務めた経験により[22]、マムルーク朝の都市社会、経済生活を深く洞察した人物である。彼の社会観はまた、人間社会 al-'umrān al-basharī に関する体系的な理論を提示したイブン・ハルドゥーンの「序説」(『歴史序説』)からも影響を受けていることが指摘されている[23]。

11

1.「地方」とはどこか

『エジプト地誌』は、イブン・アブドゥッザーヒルの『カイロ地誌』を主要
な典拠のひとつとしていながらも、『カイロ地誌』より遥かに包括的で大部
な著作である。その全ての項目をここに挙げることはできないが、主な内
容を順に要約すれば以下の通りとなる。

- 八つの緒言
- 大地(地球)の形状、気候帯、地上におけるエジプトの位置、エジプ
  トを囲む境域や海
- エジプトの美質、驚異、住民の性質
- ナイル河に関連する事項：水位、灌漑土手、驚異、運河ほか
- エジプトの初期の時代：アラブのエジプトへの定住、ハラージュ
  税、官庁、財政ほか、ピラミッドとスフィンクス、エジプトの山々、
  街々、その他各地方ついて
- アレクサンドリアについて：歴史、アレクサンドリアの歴代支配者、
  征服ほか
- 歴史：イスラーム以前のエジプトの諸民族、コプト暦からヒジュラ
  暦への移行ほか
- フスタートの建設、由来、諸地区、歴史、フスタートの荒廃ほか
- ファーティマ朝歴代カリフについて
- ムイッズのカイロについて：カイロの建設、諸道、街路、城壁、諸
  門ほか
- カリフ達の宮城について：教宣組織al-da'wa、諸官庁ほか
- カイロの街区、地区、小路ほか
- カイロの施設：邸宅、浴場、市場、隊商宿ほか
- 山城について：軍隊、官職ほか
- 山城建設以降のエジプトの諸王(アイユーブ朝、マムルーク朝歴代君主)
  について
- カイロの建造物：モスク、金曜モスク、修道場、教会ほか

『エジプト地誌』の記述範囲は『カイロ地誌』のそれに比して、時間的にも
空間的にも大幅に拡張されている。空間的範囲についてみると、『カイロ
地誌』がムイッズの時代以降のカイロに記述を限定しているのに対し、『エ
ジプト地誌』の記述範囲はエジプト全体の説明から筆を起こし、その後は

フスタートとカイロを中心としながらも、アレクサンドリアをはじめとするエジプト各地域の都市を広く扱っている。また時間的範囲をみても、ファーティマ朝によるカイロ建設から筆を起こす『カイロ地誌』に対し、『エジプト地誌』はイスラームによる征服以前の古代からマムルーク朝時代までの記述が含まれている。但しマクリーズィーは、ファーティマ朝については『信仰者達への忠言』、アイユーブ朝やマムルーク朝を含む年代記『諸王朝の知識の道程』、古代史については『人類に関する報告』といった別の歴史書を複数著しており、本格的な歴史叙述はこれらの著作のなかで行われている。そのため、『エジプト地誌』の歴史叙述はそれらに比してかなり簡略化されたものではある。また『エジプト地誌』における歴史の要素は通時的にではなく、アレクサンドリアとフスタートに関する箇所では古代史、カイロの宮城の箇所ではファーティマ朝、山城の箇所ではアイユーブ朝・マムルーク朝の君主というように分散して記述されていることからも、地理や建造物の記述に付随する副次的な位置付けである印象を受ける。また君主や有力者以外の人物への関心も高いとは思われず、地方史人名録としての性格は希薄である。それに対して、地理的情報を配列する仕方は高度に体系的であり、最初に地上の全体像とエジプトの位置、エジプトを囲む境域や海域を明示したうえで、エジプトの各地域や街々、フスタートとカイロのそれぞれについて順次説明するという構成となっている。

　イブン・アブドゥッザーヒル同様、マクリーズィーもまた『エジプト地誌』を記述するに際して「歴史」という要素を強く意識していることが窺える。『エジプト地誌』冒頭の「八つの緒言」から一部引用してみよう。

　　本書の位置付けに関していえば、それは理性の諸学と伝承の諸学という二つの分類に属している。したがって本書を研究し、それが警告するところについて熟考するならば、そのために読者諸君が必要とする伝承の諸学と理性の諸学を十分に修めた後にそうせねばならない。…（中略）…

　　本書がいずれの学問に属するのかといえば、それは歴史的報告についての学 'ilm al-akhbār である。この学問によってこそ、至高なる神の定め給うた諸法が知られ、預言者達と使徒達の言行は記憶されるのである[24]。

1.「地方」とはどこか

「八つの緒言」では『エジプト地誌』執筆の目的、名称の意味、本書の有益さといった内容が述べられている。ここでマクリーズィーは、『エジプト地誌』が歴史的報告（アフバール）を取り扱う学問に類する著作であることを銘記している。また彼は同書が「理性の学及び伝承の学という二つの分類に属している」とも述べており、かかるマクリーズィーの立場はイブン・ハルドゥーンが歴史学における内面的真理の探究を重視し、その位置付けを再解釈したことに通ずると森本公誠は指摘している[25]。歴史学に対するこうした立場は、確かにイブン・ハルドゥーンの影響を窺わせるものである。但し、マクリーズィーはここでイブン・ハルドゥーンをはじめとする歴史家達が歴史(学)の意に用いている二つの語のうち、「時を定めること」に由来する ta'rīkh ではなく、元々は広義の情報、報告といった意味の akhbār（単数形 khabar）を用いている。『エジプト地誌』中の各項目をみても、「エジプトの地の報告 akhbār arḍ Miṣr」や「エジプトの気候帯の報告 akhbār Iqlīm Miṣr」のように、過去の人間の営為ではなく地理空間や気候風土に関する説明に際しても akhbār の使用が散見される。以上のように、akhbār は王朝や君主、事件、人物といった主題のみならず、地域や都市の過去にまつわる情報も包摂したより広い意味である可能性が指摘できるのである。

事実、マクリーズィーもイブン・アブドゥッザーヒルと同様、エジプトの地誌や建造物を単に描写するのではなく、旧都フスタートやファーティマ朝時代の宮城など、過去に遡った記述を行なっており、純粋な地理学的な記述とは一線を画している。

例えば『エジプト地誌』校訂版第2巻には、カイロの都市構造およびその建造物や街区の配置について俯瞰した箇所が存在する。そこではマクリーズィーは、まずカイロの主要な幹線道路の配置を描写し、次いでそれらに通ずる街区や小路をひとつひとつ挙げ説明するという手順を取る。この記述を例として、彼が地理的情報のなかにいかに歴史的情報を組み込んでいるかを検討してみよう。

　現在存在しているカイロの道路と街路についての記述。

　　我々はカイロの諸地区について記す前に、カイロの主要な道路と街路[の記述]から始めることにしよう。それらの道路や街路からは、街区や地区、路地、小路、その他のものとして知られる路地、街区へと

道が通じているのである。それらについては後に記すであろう。神が望み給うならば。

　カイロの城邑内で最も大規模な街路は、ズワイラ門から「両宮殿の間」地区へと通ずる街路である。そこにはフルンフィシュ門ともフルンシフ門ともいわれる門がある。フルンフィシュ門のある地点からは、右側には二つの道が伸びている。一つは「香り高き門柱」へと続く道であり、もう一つはイード門の広場からナスル門へと続く道である。また左側には、アクマル・モスクへ、そしてバルジャワーン街区を経てフトゥーフ門へと続く道がある[26]。

ズワイラ門について。
①ズワイラ門はかつて、軍司令官ジャウハルがカイロを建設した時には、現在ではサーム・ブン・ヌーフ（ノアの子セム）の名で知られているモスクに接した二つの門であった。②［ファーティマ朝第4代カリフ］ムイッズがカイロに到着したとき、そのうちの一つの門から入ったのである。それは現在まで残るモスクに接していた。…（中略）…
①H485年、［ファーティマ朝第8代カリフ］ムスタンスィル・ビッラーヒの宰相であった軍司令官バドル・ジャマーリーが大ズワイラ門を建設したのである。③これこそ現存するズワイラ門である。…（中略）…
④イブン・アブドゥッザーヒルは『カイロ地誌』の書のなかで語った。このズワイラ門はムイッズの子［ファーティマ朝第5代カリフ］アズィーズ・ビッラーヒ・ニザールが建設［に着手］し、軍司令官［バドル・ジャマーリー］がこれを完成させたのであると[27]。

　マクリーズィーの記述方法はこのように、主要な道路とそこから派生する街路や建造物を紐づけるかたちで位置関係を記述したうえで、各々の建造物や小路、街区について項目を立てて、①建設の経緯、②歴史上の事件や逸話、③15世紀当時の状況、そして④異説や補足的な情報がある場合には、その典拠を示しつつ言及する。ここに引用したのは典型的な一例のみであるが、彼による地域や建造物の記述をみると、程度の差はあれど同様の傾向が看取される。このような記述方式は確かに、イブン・ハルドゥーンが述べる「歴史家は過去の状態と現在の状態との類似点と相違点

1. 「地方」とはどこか

を比較しなければならない」[28]を実践したものといえるだろう。

ここまで、イブン・アブドゥッザーヒルとマクリーズィーを中心に、エジプトにおける地誌のあり方を垣間みてきた。マクリーズィーの『エジプト地誌』がきわめて網羅的であり、エジプトにおける地誌編纂のひとつの到達点と位置付けられることは、既に多くの研究者の認めるところであろう。『エジプト地誌』はイブン・タグリービルディー(1470年没)やスユーティー(1505年没)をはじめとする後代の歴史家達によって広く参照され続け、19世紀エジプトの都市計画に携わった行政官アリー・パシャ・ムバーラク(1893年没)が新たに編纂した近代カイロとエジプト各地を網羅する新たな地誌、『エジプトとカイロのための新しきタウフィーク地誌 al-Khiṭaṭ al-Tawfīqīya al-jadīda li-Miṣr wa al-Qāhira』のなかでさえ少なからぬ頻度で参照されている。そして現在に至るまで、カイロやフスタートを中心としたエジプト各地の歴史を知る上での最重要史料となっているのである。

## 3. 地誌から地方史誌へ？——『エジプト地誌』以降の展開

では、『エジプト地誌』をエジプトにおける地誌編纂の白眉と位置付けるとしても、それ以降、エジプトにおいて地誌や地方史をめぐる新たな展開はみられなかったのであろうか。最後に、『エジプト地誌』以降の時代における地誌的な要素を含んだ歴史叙述のあり方について一つの例を紹介しておきたい。ここで取り上げるのはスユーティー Jalāl al-Dīn, Abū al-Faḍl ‘Abd al-Raḥmān al-Suyūṭī の手になる著作『エジプトとカイロの歴史に関する美しき講話 Ḥusn al-Muḥāḍara fī akhbār Miṣr wa al-Qāhira』(以下『美しき講話』)である。

スユーティーはマムルーク朝後期を代表する学識者である。マクリーズィーを越える多作家として知られ、一説によればその作品数は981点に及ぶとも推計されている[29]。幼少期より学問に長じ、弱冠18歳足らずで父の後任としてシャイフー・モスクの伝承学教師となった。長じてカイロのアッバース家カリフの知遇を得ると、一時はスンナ派四法学派のすべてのカーディーの上位にある大カーディー al-qāḍī al-Kabīr に任命されるまでに栄達した(後に撤回された)[30]。政敵や論敵との対立もあって後年には公

16

図　エジプト、アムル・モスクの柱廊(2018年筆者撮影)

職を辞し、学究生活を送った。彼はとりわけクルアーン解釈学・伝承学・法学の権威として知られており、その学問的名声は宗教諸学関連の著作に負うところ大であるが、歴史家としても『カリフ達の歴史』や、ここで考察する『美しき講話』といった著作を遺している。前者は正統カリフ、ウマイヤ朝とアッバース朝カリフそしてアッバース朝滅亡後にカイロで存続したアッバース家のカリフ達の通史であり、大部ではないが体系的に整理されている。『美しき講話』もまた『エジプト地誌』などに比すれば比較的小規模な著作ではあるが、古代から15世紀までのエジプトを対象とした歴史書である。

　『美しき講話』は地誌というよりは、あきらかに地方史と称すべき著作であると考えられる。というのも『美しき講話』では、『エジプト地誌』とは対照的に通史の記述を主軸に据えた構成であることに加え、『エジプト地誌』には存在しなかった、地方に所縁ある名士達の人名録が大きな比重を占めているためである。すなわち同書は森山のいう地方史人名録の特徴を備えている。その一方で、『エジプト地誌』との共通項も同時に備えているのである。例えばスユーティーは『美しき講話』の冒頭に、執筆に際して参照した文献を列挙しているが、そこには種々の歴史書や人名録に加えて、本稿で既に言及してきたイブン・アブドゥルハカムの『エジプト征服史』やク

1.「地方」とはどこか

ダーイーの地誌、そしてマクリーズィーの『エジプト地誌』も挙げられている[31]。

　同書の内容をみても、スユーティーはエジプトの遺跡、気候帯、驚異、ピラミッド、アレクサンドリアの建設や驚異、フスタートとアムル・モスクの建設といった地誌に該当する要素に少なからぬ紙幅を割いている。これらの内容は主に引用からなっており、スユーティー独自の記述が必ずしもなされているわけではないが、後代の歴史書において地誌が利用価値の高い史料であったことの証左であるといえよう。

　また『美しき講話』には、マムルーク朝時代までの地誌に加えて種々の官職や、エジプトの歴代のカーディー、アムル・モスクやイブン・トゥールーン・モスクといった主要な金曜モスク、学院、修道場などについても項目が立てられ、そこでは歴史的な由来等も説明されている。項目数でいえば『エジプト地誌』のそれに比してかなり小数であるが、記述の質は『エジプト地誌』などとはかなり異なっている場合がある。例えば学院や修道場の記事では、マクリーズィーの『エジプト地誌』などを基に施設の来歴を説明したうえで、歴代の教授や長老(シャイフ)職を務めた人物の名を順に列挙している。これは明らかに人名録に準じた要素であり、地誌と人名録を掛け合わせたような独特の記述方法が認められるのである[32]。

　全体として、『美しき講話』は、歴史と人名録を主軸とした、学識者の手になる典型的な地方史に、地誌の要素を取り込んだものと評することができるだろう。しかし一方で、『美しき講話』には『カイロ地誌』や『エジプト地誌』、そして多くの歴史書にも含まれない独特の要素が二点ほど見出されるため、最後にそれらを検討しておきたい。

　その第一は、「エジプトのイスラームの共同体に生じた驚くべき出来事、すなわち物価高騰ghalā'、伝染病wabā'、地震zalāzil、奇蹟āyāt、その他の出来事」と題される節にまとめられた、自然災害と人災の記録である。これは主題の上では、マクリーズィーが著した論攷『災禍の除去によるエジプト社会救済の書』Kitāb Ighātha al-umma bi-kashf al-ghumma と共通するものである。佐藤が指摘するように、同書は元来『エジプト地誌』の第7部として構想された内容であると推定されており[33]、マクリーズィーはそのなかで、エジプトを襲った歴史上の自然災害及び人災について列挙すると

18

前近代アラビア語圏における歴史 Ta'rīkh と地誌 Khiṭaṭ（荒井）

ともに、マムルーク朝を襲った経済不況の要因を貨幣の改鋳、とりわけ悪質な銅貨の発行にあると批判している[34]。市場監督官としての経験に裏打ちされた、経済状態に対する鋭い洞察力が窺われる著作である。

しかしスユーティーの記述をみると、その記述姿勢はマクリーズィーとは全く対照的であることが看取される。スユーティーが上記の箇所で記述している範囲は840H／1436～37年、すなわち彼自身が生まれる以前の時代に限られており、彼自身が直接観察したマムルーク朝社会に対する洞察は含まれていない。当該箇所は年表形式で記述されており、「H828年にはダミエッタで大火が起こった。ダミエッタの三分の一程の範囲が焼け、家畜も人も大勢死んだ。H833年には大規模な黒死病がエジプト地方を襲った。H844年には黒死病がエジプト地方を襲った」というように[35]、出来事の年月日と内容を淡々と列挙するに終始している。災害の時期と地点を特定するための基礎的なデータとしては有用であるかもしれないが、災害の社会的な影響や、それに対するスユーティーの個人的な見解はほとんど窺えない。

そして第二は、『美しき講話』の最後に置かれた「エジプトの地に存在する香草と花々にかんする記述、およびそれらについて述べた預言者の事績、文学的な詩、スーフィー的な解釈について」と題された項目である。ここには、エジプトに産するヘナや薔薇、水仙といった香料・染料に用いられる植物と、スイカやザクロ、バナナ、サトウキビといった食用の果樹、野菜や穀物類にまつわる様々な伝承や詩がまとめられている。その記述方法はあきらかに伝承学者のそれであり、植物の性質や効用、栽培方法等に関する博物誌的な記述とは異なっている。それでも、ここでは47種にも及ぶ植物が扱われており、15世紀当時のエジプトにおいていかなる植物が親しまれていたかをよく示している。かかる内容は『エジプト地誌』にも含まれておらず、スユーティーが独自に収集し、記録した情報であると見なせよう。

# おわりに

本稿の考察を通じて、エジプトでは歴史書のなかに都市やその構成要素

1. 「地方」とはどこか

にかんする記述を設ける方法が古くから存在していたこと、そして著述家達が先行する著者の地誌を参照しながらも、同時に自ら収集した情報を付加し、各々が独自のやり方で地誌の記述を拡充してきたことを俯瞰してきた。かかる地誌編纂の伝統のもとで、フスタートとカイロを中心としたエジプトの地理的情報と歴史的情報は統合され、体系的に整理されてきたのである。「地方を歴史的に描く総合的書物」という地方史誌の定義からみて、エジプトにおける地誌、とりわけマクリーズィーの『エジプト地誌』は十分にその要件を満たすものといえよう。但し、近代以前のアラビア語圏における地誌編纂は制度化されておらず、したがって必ずしも公的性格を有するものでもなければ、統一的な形式も存在していなかった点には留意する必要がある。エジプトにおける地誌の編纂は、個々の著述家が先達の事績を継承しつつ発展させてきたが、その公的性格の程は一概に言うことはできない。地方について記述するという営為自体はアラビア語圏では普遍的にみられたものの、情報をいかに編纂するかは「アクターとしての著者[36]」の創意や意図、社会的背景に応じて多様だったのである。


注

1) 小二田章「序論　地方史誌学宣言」（小二田章編『地方史誌から世界史へ——比較地方史誌学の射程』勉誠社、2023年）、2頁。

2) 林佳世子・枡屋友子編『記録と表象　史料が語るイスラーム世界』（東京大学出版会、2005年）、2-7頁。

3) 森山央朗「ムスリムたちによるアラビア語地方史の色々」（小二田章編『地方史誌から世界史へ——比較地方史誌学の射程』勉誠社、2023年所収）。

4) R. S. Humphreys, "Ta'rīkh" (*Encyclopaedia of Islam*, New Edition, eds. H. A. R. Gibb et all, Leiden: E. J. Brill, 1960-2009).

5) S. Maqbul Ahmad, "Djughrāfiyā" (*Encyclopaedia of Islam*, New Edition, eds. H. A. R. Gibb et all, Leiden: E. J. Brill, 1960-2009).

6) 兼岡理恵「風土記から見えるもの——古代日本における地域意識」（小二田章編『地方史誌から世界史へ——比較地方学の射程』勉誠社、2023年）、3-7頁。

7) 森山央朗「ムスリムたちによるアラビア語地方史の色々」（小二田章編『地方史誌から世界史へ：比較地方史誌学の射程』勉誠社、2023年所収）、

20

33頁。

8）　ナーブルスィー『ファイユームとその村々の歴史』については佐藤次高
『中世イスラム国家とアラブ社会──イクター制の研究』（山川出版社、
1986年）第三部一章を参照。

9）　前近代エジプトにおける中央・地方関係に関しては、灌漑制度を中心
として地方行政の実態を分析した吉村武典「マムルーク朝時代のエジ
プト統治に関する研究──ナイル治水と地方行政を中心に」（学位論文、
早稲田大学、2014年）がある。

10）　都市における街区の機能についてはアイラ・M.ラピダス『イスラーム
の都市社会』（三浦徹・太田啓子訳、岩波書店、2021年）、118-133頁。

11）　Claude Cahen, "Khiṭaṭ" (*Encyclopaedia of Islam*, New Edition, eds. H. A. R. Gibb et all, Leiden: E. J. Brill, 1960-2009).

12）　R. Cornevin, "al-Fusṭāṭ" (*Encyclopaedia of Islam*, New Edition, eds. H. A. R. Gibb et all, Leiden: E. J. Brill, 1960-2009).

13）　Ibn 'Abd al-Ẓāhir, *al-Rawḍa al-bahīya al-zāhira fī khiṭaṭ al-Mu'izzīya al-Qāhira* (Ayman F. Sayyid ed, Cairo: Dār al-'Arabīya al-Kitāb, 1996), p.3.

14）　al-Maqrīzī, *al-Mawā'iẓ wa al-i'tibār fī dhikr al-khiṭaṭ wa al-āthār al-Ma'rūf bil-khiṭaṭ al-Maqrīzīya* (3 vols., Muḥammad Zaynahum and Madīḥa al-Sharqāwī eds., Cairo: Maktaba Madbūlī, 1998), vol.1, pp. 11-15.

15）　以上のエジプトにおける地誌の展開についてはAyman F. Sayyid, "al-Muqaddima" (Ayman f. Sayyid ed. *Musawwada kitāb al-mawā'iẓ wa al-i'tibār fī dhikr al-khiṭaṭ wa al-āthār*, London: al-Furqan Islamic Heritage Foundation, 1995) を参照した。同書はマクリーズィー『エジプト地誌』の
草稿段階の校訂に付された序文であり、佐藤次高「マクリーズィー著
エジプト誌草稿本」（『東洋学報』79巻、1997年、290-295頁）のなかでも
紹介されている。

16）　J. Pedersen, "Ibn 'Abd al-Ẓāhir" (*Encyclopaedia of Islam*, New Edition, eds. H. A. R. Gibb et all, Leiden: E. J. Brill, 1960-2009).

17）　Ayman F. Sayyid, "al-Muqaddima" (Ibn 'Abd al-Ẓāhir, *al-Rawḍa al-bahīya al-zāhira fī khiṭaṭ al-Mu'izzīya al-Qāhira*, Ayman F. Sayyid ed, Cairo: Dār al-'Arabīya al-Kitāb, 1996), pp.2-5.

18）　Ibn 'Abd al-Ẓāhir, *al-Rawḍa al-bahīya al-zāhira fī khiṭaṭ al-Mu'izzīya al-Qāhira* (Ayman F. Sayyid ed, Cairo: Dār al-'Arabīya al-Kitāb, 1996), p.3.

19）　Ibn 'Abd al-Ẓāhir, *al-Rawḍa al-bahīya al-zāhira fī khiṭaṭ al-Mu'izzīya al-Qāhira* (Ayman F. Sayyid ed, Cairo: Dār al-'Arabīya al-Kitāb, 1996), p.4.

20）　マクリーズィーの生涯や著述活動についてはNasser Rabbat, "Who was al-Maqrīzī? A Biographical Sketch" (*Mamluk Studies Review* VII-2, 2003) ほ
か多数。またNasser Rabbatによる包括的なマクリーズィー研究である

## 1. 「地方」とはどこか

Nasser Rabbat, *Writing Egypt: al-Maqrizi and his Historical Project* (Edinburgh: Edinburgh University Press, 2022) が近年刊行された。

21) 佐藤次高「マクリーズィー著　エジプト誌草稿本」(『東洋学報』79巻、1997年)、295頁。

22) 市場監督官については、スペインの事例中心だが村田靖子「ヒスバの手引書に見るムフタスィブ——おもにアンダルスを中心として」(『西南アジア研究』39号、1-22頁)を参照。

23) イブン・ハルドゥーンは「序説」(『歴史序説』)のなかで独自の「人間社会(文明)の学」'ilm al-umrān al-basharī を展開し、人間社会の成り立ちと移り変わりに関する独自の理論体系を確立した。イブン・ハルドゥーンの思想とマクリーズィーの『エジプト地誌』のかかわりについては Nasser Rabbat, "Was al-Maqrīzī's *Khiṭaṭ* a Khaldūnian History?" (*Islam* 89/2, 2012: 118-140) を参照。

24) al-Maqrīzī, *al-Mawā'iẓ wa al-i'tibār fī dhikr al-khiṭaṭ wa al-āthār al-Ma'rūf bil-khiṭaṭ al-Maqrīzīya* (3 vols., Muḥammad Zaynahum and Madīḥa al-Sharqāwī eds., Cairo: Maktaba Madbūlī, 1998), vol.1, pp.8-9.

25) 森本公誠『イブン＝ハルドゥーン』(講談社、2011年)、428-430頁。

26) al-Maqrīzī, *al-Mawā'iẓ wa al-i'tibār fī dhikr al-khiṭaṭ wa al-āthār al-Ma'rūf bil-khiṭaṭ al-Maqrīzīya* (3 vols., Muḥammad Zaynahum and Madīḥa al-Sharqāwī eds., Cairo: Maktaba Madbūlī, 1998), vol.2, p.83.

27) al-Maqrīzī, *al-Mawā'iẓ wa al-i'tibār fī dhikr al-khiṭaṭ wa al-āthār al-Ma'rūf bil-khiṭaṭ al-Maqrīzīya* (3 vols., Muḥammad Zaynahum and Madīḥa al-Sharqāwī eds., Cairo: Maktaba Madbūlī, 1998), vol.2, pp. 98-99. 引用文中の番号と下線は筆者による。

28) イブン＝ハルドゥーン『歴史序説』(森本公誠訳、全4巻、岩波書店、2001年)第1巻、92頁。

29) E. Geofroy, "al-Suyūṭī" (*Encyclopaedia of Islam*, New Edition, eds. H. A. R. Gibb et all, Leiden: E. J. Brill, 1960-2009).

30) マムルーク朝においては、シャーフィイー、ハナフィー、マーリク、ハンバルのスンナ派四法学派それぞれの大カーディー qādī al-quḍā が任命される制度があった。かかる制度の形成については Joseph H. Escovitz, *The Office of Qāḍī al- Quḍāt in Cairo under the Baḥrī Mamlūks* (Berlin: Klaus Schwarz Verlag, 1984) を参照。ここでスユーティーが任命された大カーディー al-qādī al-kabīr とは、各法学派の大カーディー qādī al-quḍā とは異なり、四法学派すべてのカーディーの上位という意味である。

31) al-Suyūṭī, *Ḥusn al-muḥāḍara fī akhbār Miṣr wa al-Qāhira* (Muḥammad Abū Faḍl Ibrāhīm ed., 2 vols., Cairo: Dār Iḥyā' al-Kutub al-'Arabīya, 1968-69), vol.1, pp. 3-4.

前近代アラビア語圏における歴史 Ta'rīkh と地誌 Khiṭaṭ（荒井）

32) 例えば「エジプトの首府における母なる学院と偉大なる修道場にかんする記述」などにこうした傾向が強く認められる。al-Suyūṭī, *Ḥusn al-muḥāḍara fī akhbār Miṣr wa al-Qāhira* (Muḥammad Abū Faḍl Ibrāhīm ed., 2 vols., Cairo: Dār Iḥyā' al-Kutub al-'Arabīya, 1968-69), vol.2, pp. 255-273.

33) 佐藤次高「マクリーズィー著　エジプト誌草稿本」(『東洋学報』79巻、1997年)、294頁。

34) 『エジプト社会救済の書』については、佐藤次高「マクリーズィーと「エジプト社会救済の書」(西アジア研究)」(『東洋文化』54号、1974年、109-129頁)を参照。

35) al-Suyūṭī, *Ḥusn al-muḥāḍara fī akhbār Miṣr wa al-Qāhira* (Muḥammad Abū Faḍl Ibrāhīm ed., 2 vols., Cairo: Dār Iḥyā' al-Kutub al-'Arabīya, 1968-69), vol.2, 309.

36) 「アクターとしての著者」についての考え方は Konrad Hirschler, "Introduction" (Medieval Arabic Historiography: Authors as Actors. London, New York: Routledge, 2006) を参照。

# 13 〜 14世紀イルハン朝期イラン 「地方史」少考
―― モンゴルの支配は地方からどう見えたか

渡 部 良 子

## はじめに

　本稿は、イスラーム期西アジア、特にイラン高原を中心とするペルシア語圏の「地方史誌」編纂を考える一事例として、西アジアにおけるモンゴル帝国の一ウルス(国)、イルハン朝の時代(c.1260〜1357)に焦点を当てる。

　イスラーム期のペルシア語歴史叙述は、9世紀以降、イラン高原とマー・ワラー・アンナフル(中央アジア南部オアシス地域)におけるイラン系ムスリム諸王朝の台頭と、近世ペルシア語(アラビア文字表記ペルシア語)の成立・発展とともに始まった。ガズナ朝(977〜1187)、セルジューク朝(1038〜1194)などテュルク系軍事王朝の時代、イスラーム的世界観・歴史観にイスラーム以前のイラン世界の歴史観を融合させた独自のペルシア語イスラーム普遍史叙述が形成され[1]、また特定地域の地誌・歴史を著す「地方史」作品も登場して、以後、多数の作品が近代まで編まれ続けることになった[2]。

　ただし、イラン史研究においてやや漠然と「地方史」(local histories)と呼ばれてきたこれらの史書群が、一つの作品類型としてとらえるのが困難な多様性を持っていたことは、ペルシア語歴史叙述研究を精力的に牽引してきたメルヴィル(Ch. Melville)などにより指摘されてきた[3]。アラビア語でまず発展したイスラーム的普遍史は、ムスリム社会が共有するイスラームの一神教的歴史像を映す一定の叙述形式を形成・継承してきた[4]。しかし「地方史」は、森山央朗がアラビア語地方史誌に関し指摘したように、地方史誌の編纂という限られた行為を超えたより広い知的実践を背景に、多様な動機、構成・内容を持つ作品として発展してきたものであった[5]。アラ

25

1. 「地方」とはどこか

ビア語地方史誌を範として成立したペルシア語「地方史」の編纂形式も、同様の性格を帯びることになったと考えられる。さらにハナオカ(M. Hanaoka)は、黎明期からモンゴル襲来期前後までのイラン高原のペルシア語「地方史」が、聖典やハディース、預言者一族の聖性や聖所参詣を媒介に、イスラームの大きな物語へ地方を組み込む役割を担ったことを明らかにしている[6]。

　本稿では、「地方史」をめぐるこれらの議論を踏まえた上で、ある地方において、その地方を舞台とする歴史を著した作品をとりあえず「地方史」とみなすこととし、特定の時代状況がその編纂にどのような影響を与えるのか、13〜14世紀イルハン朝下の作品群を対象に検討する。いうまでもなくイルハン朝期は、西アジアのムスリム社会にとって未知の異教徒として襲来したモンゴルの支配の時代であり、同時にその宮廷でジュワイニー('Aṭā Malik Juwaynī, 1283年没)『世界征服者の歴史(Tārīkh-i Jahān-gushā)』やラシード・アッディーン(Rashīd al-Dīn Hamadānī, 1318年没)『集史(Jāmi' al-Tawārīkh)』をはじめとする活発な史書編纂が行われた、ペルシア語歴史叙述の黄金期でもあった。本稿は、イルハン朝期からその解体期の地方で編まれた「地方史」作品を概観したうえで、これらの作品がモンゴルの征服、支配をどのように描写しているか検討することを試みる。イルハン朝期ペルシア語歴史叙述で従来おもに注目されてきたのは、普遍史形式の発展・変革であり[7]、「地方史」に関してはアナトリア、カスピ海沿岸地域など地域ごとの編纂活動に関する研究はあるものの[8]、モンゴル支配下の「地方史」編纂を俯瞰的に捉えることを試みた研究は、史学史概説を除きほぼ存在しない。本稿の試みにも、一定の意義があると考えられる[9]。

# 1. 13〜14世紀イルハン朝期のペルシア語「地方史」作品

## (1) イルハン朝の「中央/地方」とペルシア語「地方史」群

　イルハン朝は、チンギス・ハン(在位1206〜27)とホラズムシャー朝(1077〜1231)の対立により開始されたモンゴル帝国の西方侵攻(1219年〜)以後、イラン高原を中心に成立したモンゴルの西アジア征服地を、第4代皇帝モンケ(在位1251〜59)により西方遠征に派遣された弟フレグ(Hūlāgū, 初代イルハ

26

1 イルハン朝期～解体期のペルシア語「地方史」作品

| 地方 | 作品 | 著者 | 献呈 |
|---|---|---|---|
| アナトリア | 『尊厳な国事における尊厳な命令』（1280/1）<br>*al-Awāmir al-ʿAlāʾīya fī al-Umūr al-ʿAlāʾīya* | Ibn Bībī<br>文書庁官僚 | イルハン朝高官<br>ʿAṭā Malik Juwaynī |
| | 『月夜史話と善き同行者』（1323）<br>*Musāmarat al-Akhbār wa Musāyarat al-Akhyār* | Āqsarāʾī<br>ディーワーン官僚 | イルハン朝アミール<br>Tīmūrtāsh b. Chūbān |
| | 『セルジューク朝の歴史』（1364/5まで）<br>*Tārīkh-i Āl-i Saljūq* | 著者不明 | 不明 |
| ファールス | 『シーラーズの書』（1343/4まで）<br>*Shīrāz-nāma* | Zarkūb Shīrāzī<br>学者・文人 | イーンジュー朝宰相<br>Qawām al-Dīn Tamghāchī(?) |
| シャバーン カーラ | 『歓喜の帳簿』（1325以前成立）<br>*Daftar-i Dilgushā* | Ṣāḥib<br>不明（王家に仕えた詩人？） | シャバーンカーラ君主<br>Niẓām al-Dīn Ṭayyib-shāh |
| キルマーン | 『王の歴史』（現存部分は1270まで）<br>*Tārīkh-i Shāhī* | 著者不明<br>恐らく官僚 | カラヒタイ朝君主<br>Pādshāh Khātūn |
| | 『最高権威のための崇高の緒』（1316/7）<br>*Simṭ al-ʿUlā li'l-Ḥaḍrat al-ʿUlyā* | Nāṣir al-Dīn Munshī Kirmānī<br>文書庁官僚 | イルハン朝アミール<br>Īsan-qutlugh |
| ホラーサーン | 『ヘラート史記』（1321まで）<br>*Tārīkh-nāma-ʾi Harāt* | Sayfī Harawī<br>不明（カルト朝に仕えた文人） | カルト朝君主<br>Ghiyāth al-Dīn Muḥammad |
| カスピ海南岸 | 『ルーヤーン史』（1362頃）<br>*Tārīkh-i Rūyān* | Awliyā-Allāh Āmulī<br>不明（文人） | バードゥスパーン朝君主<br>Shāh Ghāzī |

ン：在位1260～65）が、モンケ没後の帝位争いのなか自らの所領として掌握したことにより成立した。イラン高原、イラク、アナトリア、コーカサス地域に及んだその版図の「中央」は、遊牧君主であるイルハンのオルド（urdū 天幕、宮廷）が季節移動するイラン北西部アゼルバイジャン地方とその周辺地域であり、夏営地で王都のタブリーズ、スルターニーヤ、冬営地バグダードなどの諸都市と移動するオルドが、統治と史書編纂活動をふくむ文化の中心であった。

　では、その「中央」統治下の「地方」では、どのような「地方史」作品が編纂されたのだろうか。イルハン朝が成立した13世紀後半から、実質的な最後のイルハンであるアブー・サイード（Abū Saʿīd, 第9代：在位1316～35）没後のモンゴル・アミール（amīr 部将）の抗争が収束する14世紀半ばまで、約

27

1. 「地方」とはどこか

100年間に成立したペルシア語「地方史」の現存作品は、**表1**の9作品となるだろう(地方における普遍史、イスラーム以前の古代イラン史の編纂や、イルハン朝以前のアラビア語「地方史」作品のペルシア語訳は、ここでは対象としない[10])。史書作品中に言及のみされている作品もあることを考えれば[11]、実際にはこれ以上の作品が編まれていたと推測される。作品が成立した地域は、イラン高原北東部ホラーサーン地方(1作品)、南西部ファールス(1)、シャバーンカーラ(1)、南東部キルマーン(2)、カスピ海南岸ルーヤーン(マーザンラダーン地方西方地域)(1)、アナトリア(3)である。「中央」から地理的に離れ、かつイルハン朝に臣従した地方諸王朝に統治が委ねられていた(ただし、その一部はイルハン朝により廃絶された)地方で作品編纂が行われたという傾向が、まず見て取れる。

## (2)「地方史誌」と「地方王朝史」

では、これら9作品が、「地方史」としてどのような形式を取っているかを検討しよう。

森山が詳しく論じた、「美質もの(ファダーイル faḍā'il)」地誌、地方人名録、地方事件史などのアラビア語地方史誌の諸形式は、ペルシア語「地方史」編纂でも踏襲され、現存最古のペルシア語「地方史」である『スィースターン史(Tārīkh-i Sīstān)』(11世紀)、『ファールスの書(Fārs-nāma)』(12世紀初)やアラビア語『ブハラ史(Tārīkh-i Bukhārā)』ペルシア語訳(1128年)、地方人名録『バイハク史(Tārīkh-i Bayhaq)』(1168年)などの形式に影響を与えた[12]。イルハン朝期の現存作品で、このような「地方史誌」の形式を明確に備えているのは『シーラーズ』であるが(表2)、その構成は、著者ザルクーブがあるハマダーンの文人によるバグダードの「美質もの」地誌に感銘を受け、シーラーズの「美質もの」編纂を勧められた時、それを範としたものであったという[ShN, 11-12]。その作品は現存しないが、範となる「地方史誌」の形式を共有し、作品を編む文人文化があったことがわかる。

しかし、『シーラーズ』以外の現存作品は、イスラーム普遍史の世界観に基づくムスリム諸王朝史の枠組みによる、地方王朝を志向した作品が多い。

キルマーンの2作品、『王』『崇高』は、チンギス・ハンに滅ぼされた西遼

## 2 『シーラーズ』構成

| |
|---|
| [序文]バグダードの卓越(mazāyā)／庇護されたるシーラーズの卓越と美徳の説明／章(faṣl)[ルクナーバード川の素晴らしさ]／本書執筆の動機 |
| シーラーズ地誌]序章[3章(faṣl)] |
| 第1章　ファールスの気候帯の他の諸気候帯に対する卓越についてとこの祝福された気候帯の美徳の説明[ファールス地方の地誌] |
| 第2章　シーラーズの風土とこの都市の大気の清浄さ、ルクナーバード川の特徴[都市シーラーズの創建と素晴らしさ] |
| 第3章　シーラーズ市の建設とその日付、都市の建設者である Muḥammad b. Yūsuf |
| シーラーズ地方史]第1原則(aṣl)[序章、5段(ṭabaqa)] |
| 序章　シーラーズ創建者 Muḥammad b. Yūsuf |
| 第1段【ブワイフ朝】／第2段【セルジューク朝】／第3段【サルグル朝】／第4段【サルグル朝断絶後のイルハン朝直接統治】／第5段【イーンジュー朝】／第6段【イーンジュー朝 Abū Isḥāq 治世】／第7段[1写本のみの加筆]【ムザッファル朝】 |
| 地方人名録]第2原則：シーラーズ市のイマーム達・偉大なシャイフ達についてと、ファールスの貴顕と名士たちの美徳と彼らの死去の日付・埋葬地の説明、この地方にある聖者たちの墓所[7段] |
| 終章(khātima)[2章]：第1章　シーラーズの偉大なサイイドたちの諸集団／第2章　その名が人口に膾炙するシーラーズの有名な参詣地(mazārāt) |

（カラ・キタイ 1132〜1218）の軍人バラク・ハージブ(Barāq Hājib, 在位1222〜35)が、ホラズムシャー朝、次いでモンゴル帝国に臣従してキルマーンに樹立したカラヒタイ朝(13世紀初〜1306)の歴史である(ただし同朝は第8代イルハン・オルジェイトゥ[Ūljāytū, 在位1304〜16]治世初期に廃絶され、『崇高』はその後に擱筆している)。『王』は、イルハン・アバカ(Ābāqā, 第2代：1265〜82)、ガイハトゥ(Gaykhātū, 第5代：1291〜95)と結婚し権力を握った女王パードシャー(Pādshāh Khātūn, 在位1292〜95)の治世に編まれたと考えられるが、イブン・ティクタカー(Ibn al-Ṭiqṭaqā, 1309年没)『ファフリー(al-Fakhrī)』[13]のような帝王学のための歴史書という形式が採られ、ペルシア語の伝統的な君主鑑の後に、カラヒタイ朝史が叙述されている(バラク・ハージブの後継者クトゥブ・アッディーン[Quṭb al-Dīn Muḥammad, 1235〜36, 1252〜57]の妃でパードシャーの母テルケン[Qutlugh Tarkān, 1257〜82]治世の第3巻のみが現存する)[14]。一方『崇高』は、序文でごく簡潔に正統カリフ、ウマイヤ朝、アッバース朝からイラン高原の諸王朝の流れを示し[SU, 1-8]、その延長にカラヒタイ朝の成立と歴代君主各治世の歴史を叙述するという、ペルシア語普遍史のムスリム諸王朝史の枠組みに則っている。

『歓喜』は、ブワイフ朝期(932〜1062)にイラン南西部の在地勢力として台頭し、ティムール朝期まで存続したシャバーンカーラ王家に献呈された王

1. 「地方」とはどこか

朝史である。古代イラン史とイスラームの預言者の歴史に関連づけられた王家の系譜と、フレグ西征時にモンゴル軍による包囲の中で戦死することになるムバーリズ・アッディーン（Mubāriz al-Dīn Muẓaffar, 在位？〜1260）の治世のモンゴル襲来直前までの歴史を、フィルダウスィー（Firdawsī, 1025年没）『王書（*Shāh-nāma*）』を模した叙事詩形式で描いている[15]。

アナトリアでは、セルジューク朝分家として11世紀からイルハン朝期まで存続したルーム・セルジューク朝（ca. 1081〜1308）のもと、ペルシア語文芸・著述活動が発展した。その3作品は、セルジューク朝史編纂の伝統に連なるとみなせるものである[16]。イルハン朝初期の『尊厳』は、カイホスロー1世（Ghiyāth al-Dīn Kaykhusraw, 在位 1192〜96）から同時代のカイホスロー3世（Ghiyāth al-Dīn Kaykhusraw, 在位 1266〜84）までのモンゴル統治開始期のルーム・セルジューク朝史である。イルハン朝末期、ルーム・セルジューク朝断絶後に成立した『月夜』は、第1部＝暦法論、第2部＝ムハンマド以後のカリフ史、第3部＝セルジューク朝史と1243年キョセ・タグの戦いまでのルーム・セルジューク朝史、第4部＝モンゴル支配下のルーム・セルジューク朝とアナトリアの1323年までの歴史という、イスラーム史・セルジューク朝史の形式をとっている。『セルジューク』はかなり短い作品だが、序で「本書はルームの過去の帝王達・セルジューク朝君主達（pādshāhān wa Saljūqīyān-i māḍī-i Rūm）の歴史からなる」[TAS, 39]と述べ、セルジューク朝の起源からルーム・セルジューク朝滅亡後1363/4年までの歴史を叙述している（ただし王都コンヤの指導者アヒー・アフマド・シャー Akhī Aḥmad-shāh の活躍と死を描く1299年の叙述[TAS, 131-132]以降は、主要事件と年号の列挙のみとになっている）。以上のような作品の形式に見出されるのは、ムスリム諸王朝史の枠組みであり、王朝が支配した地方を主要舞台としているといっても、その地方の歴史の編纂を志向した作品と性格づけることは難しい。

しかし一方で、地方王朝史を「地方の歴史」としての枠組みの中で編んでいる作品もある。『ヘラート』は、モンゴル帝国のイラン高原征服・支配期に台頭し、モンゴルに臣従してヘラートの統治権を獲得したカルト朝（1245〜1389）の第4代君主ギヤース・アッディーン（Ghiyāth al-Dīn, 在位 1308〜29）に献呈された、カルト朝史とみなせる作品である。だが、「帝王チンギス・ハンの時代からの[ヘラートの]史書がない」[TNH, 52]と、ヘラー

ト史を書き継ぐことを編纂動機とし、138章構成の本編(1220年のモンゴル軍のヘラート侵攻からギヤース・アッディーン治世1321/2年まで)は、第1章がヘラート創建の歴史、第2章が同市に関する預言者のハディースの引用という、「地方史誌」の伝統的構成要素で始められている。現存部分は第1巻(daftar-i awwal)とされ、第2巻の編纂が希望されているが[TNH, 780]、その続編には地誌が構想されていた可能性も考えられるだろう[17]。

『ルーヤーン』も、当時のルーヤーンの地方統治者ウスタンダールの王統であるバードゥスパーン朝(11〜16世紀)君主シャー・ガーズィー(Fakhr al-Dawla Shāh Ghāzī, 在位1360〜79)に献呈されている[TR, 6]。だが「歴史学('ilm-i tārīkh)の有益さ」と題した序章に始まる歴史叙述は、先行の「地方史」であるイブン・イスファンディヤール(Ibn Isfandiyār, 1220年頃没)『タバリスターン史(Tārīkh-i Ṭabaristān)』(1216年成立)に拠りつつ[18]、ルーヤーンとその王国(ustandārī)の創建(第1部)、イスラーム以前の歴史(第2部)、ウマイヤ朝、アッバース朝とカスピ海南岸地域のシーア派諸政権の時代(第3部)、そしてバードゥスパーン朝の系譜と同時代に至る歴史(第4〜7部)という構成をとり、地方王朝史は創建以来の「地方の歴史」の中に位置づけられるかたちで叙述されている。

この2作品に共通するのは、「地方の歴史」の枠組みとその先行作品を書き継ぐという志向だが、同様の志向は、実はキルマーン・カラヒタイ朝の2作品にも示されている。『王』の著者は自作を「キルマーンの歴史(tārīkh-i Kirmān)」と称しており[TSh, 105, 172]、『崇高』は序文で先行の「キルマーンの諸状況を記録する(ithbāt-i ḥālāt-i Kirmān)」史書(tawārīkh)に言及したのち[SU, 8]、本編に入る前にキルマーンの創建とカラヒタイ朝までの地方統治者の歴史を叙述する「地方史誌」的構成要素も組み込んでいる[SU, 17-30]。

以上、あくまで現存作品という範囲だが、イルハン朝下〜解体後にその版図の「地方」で編纂されたペルシア語「地方史」作品の傾向としてまず挙げられるのは、「地方王朝史」としての性格を持つ作品が多いことであり、その背景にはイルハン朝統治体制における地方王朝の役割の大きさが考えられる。大塚修は、ロレスターンの地方王朝ハザラースプ朝(1155〜1424)宮廷におけるペルシア語文芸・歴史叙述庇護の研究を通し、イルハン朝期ペルシア語文芸における地方王朝の役割への注目を促しているが[19]、これ

31

1. 「地方」とはどこか

は「地方史」編纂にもあてはめられるだろう。そのような「地方王朝史」は、イスラーム普遍史のムスリム諸王朝史や帝王学としての歴史学の形式を踏襲する傾向があり、必ずしも「地方の歴史」の叙述を志向していないのである。

だが、作品は現存しないが、『シーラーズ』のような「地方史誌」編纂の文化もあり、また『ヘラート』、『ルーヤーン』、キルマーン・カラヒタイ朝史2作品のような作品は、「地方の歴史」の枠組みにもよっていることに留意する必要がある。イルハン朝下地方王朝史の編纂にも、「地方史誌」の諸形式と、先行する「地方史」作品を書き継ぐという、モンゴル襲来以前に成立していたペルシア語「地方史」編纂の伝統が影響を与えていることが、見てとれるのである。

### (3) イルハン朝下「地方史」と「中央」の関係

イルハン朝下のペルシア語「地方史」編纂の背景には、同朝統治体制下における地方諸王朝の重要性がまず考えられる。だが同時に看過してはならないのは、「地方史」編纂活動のイルハン朝「中央」との関わりである。

9作品の著者は、出自を示すニスバや作品中の庇護者への献辞、断片的な自伝的情報から、多くが在地の文人や官僚と考えられ、ほとんどの作品が地方王朝君主・有力者に献呈されている。だが、3作品は、イルハン朝中央の要人に献呈されている。アナトリアの『尊厳』は、『世界征服者の歴史』著者ジュワイニーの命で編纂された[20]。『月夜』はアブー・サイード治世前半期の最高権力者チョバン(Chūbān, 1327年没)の子で、アナトリア総督に任命されたテムルタシュ(Tīmūr-tāsh, 1328年没)に、またキルマーン・カラヒタイ朝廃絶後擱筆した『崇高』は、オルジェイトゥ治世の有力アミール、エセンクトルグ(Īsan-qutlugh, 1319年没)に、それぞれ献呈されている。

『崇高』著者キルマーニーの著述活動は、イルハン朝期の文芸活動における中央・地方のつながりを示す事例として興味深い。カラヒタイ朝高官の父を持ち、自身も文書庁長官を務めたキルマーニーは、しかしカラヒタイ朝政庁では不遇であったようであり、主君のオルジェイトゥ宮廷への参内に随行した時に、宰相サーワジー(Sa'd al-Dīn Sāwajī, 1312年没)の側近の庇護を得ようと努めたり、美文体の宰相伝『伝記の微風(Nasā'im al-Akhbār)』を

32

チョバンに仕えた宰相ヌスラト・アッディーン（Nuṣrat al-Dīn Ṣā'in）へ、また
アラビア語学者伝『知恵の書棚続編(*Tatimmat Ṣiwān al-Ḥikma*)』のペルシア語訳
をアブー・サイードの宰相でラシード・アッディーンの子であるギヤー
ス・アッディーン（Ghiyāth al-Dīn Rashīdī, 1336年没）へ献呈するなど、「中央」の
学術・文芸庇護ネットワークに積極的につながろうとした[SU, xx-xxiii]。
『崇高』は「中央」でも読まれたようであり、宰相ギヤース・アッディーンに
仕えた史家ムスタウフィー（Ḥamd Allāh Mustawfī, 1344年頃没）の博物誌『心魂の
歓喜(*Nuzhat al-Qulūb*)』に利用され[NQ, II, 902]、またその最も古い写本(書写
752/1351年)は宮廷年代記『オルジェイトゥ史(*Tārīkh-i Ūljāytū*)』写本と合冊され
ている[21]。

　著者がイルハン朝宮廷との直接的関係を持たない「地方史」作品も、「中
央」の著作の参照というかたちで、その影響を受けていた。『王』はフレグ
に仕えたシーア派の大学者トゥースィー（Naṣīr al-Dīn Ṭūsī, 1274年没）の財政論
やバグダード征服記を引用しており[TSh, 39-45, 100-105]、『ヘラート』は
参照した史書として『世界征服者の歴史』や『集史』の名を挙げている[TNH,
96, 136, 328]。『集史』は編者ラシード・アッディーンにより写本を各都市
に配布する政策が取られたとされ、特に参照しやすい史書であったはず
である[22]。また『シーラーズ』も、先行の『ファールスの書』のほか、同郷
の史家ワッサーフ（Waṣṣāf al-Ḥaḍrat, 1334年没）の『ワッサーフ史(*Tārīkh-i Waṣṣāf*)』
を利用したと考えられる[ShN, xx-xxi]。イルハン朝「中央」の著作の地方に
おける流布は、モンゴル支配により流入し、宮廷史書で多用されたテュ
ルク・モンゴル語語彙(ヤルリグ yarlīgh「勅令」、ソユルガミシ suyūrghāmīshī「恩賜」、
ケンゲチュ kinkāj「協議」など)が、「地方史」諸作品でも自然に用いられているこ
とにもうかがわれる。

　また、「中央／地方」の間で歴史叙述に関わる交流・情報の共有があった
ことは、『王書』風韻文史の流行にも見出せるだろう。『歓喜』の『王書』を
模倣した叙事詩形式の歴史叙述は、『ガザンの書(*Ghāzān-nāma*)』『勝利の書
(*Ẓafar-nāma*)』『チンギス帝王の書(*Shahanshāh-nāma-'i Changīzī*)』など、「中央」で
盛んに編まれたものであった[23]。『ヘラート』著者サイフィーも、カルト
朝宮廷詩人ハティーブ（Khaṭīb Fūshanjī）の『カルトの書(*Kart-nāma*)』に言及し
[TNH, 416, 471, 476]、また自身でもヘラートの武将の叙事詩『サームの書

1.「地方」とはどこか

(*Sām-nāma*)』(後述)を編んでいる[TNH, 553]。

　以上のような「地方史」編纂への「中央」の影響が、イルハン朝統治下に特徴的なものであったのか、筆者には現在のところ判断する力はない。しかし、地方の歴史を編むという営みは、必ずしも地方のみにおいて自立的に行われたわけではなく、「中央」との往還の中で成立するものであったということにも、留意が必要であろう。

## 2.「地方史」作品が描くモンゴルの支配

　本節では、イルハン朝下の現存「地方史」諸作品が、モンゴルの支配をどのように描写したのかを検討する。

　イルハン朝時代、「中央」で活性化した史書編纂活動には、モンゴルという外来の征服者による統治をイスラーム的・イラン的歴史叙述の世界認識の中にいかに位置づけ、受容・正当化するかという政治的意義があった[24]。「モンゴルをどう描くか」は、この時代の歴史叙述の特徴的かつ重要なテーマであったといえる。本稿で検討する「地方史」諸作品中のモンゴルに関する叙述は、すでにイルハン朝期イラン史研究において、研究を重ねられてきた史料であることはいうまでもない。だがここでは、モンゴルの描写のありかたにどのように「地方史」の特徴が現れるかという視点から、(1)モンゴル襲来の叙述、(2)地方におけるイルハン朝支配の描写の2点について、検討してみたい。

### (1) モンゴル襲来の叙述

　13世紀前半のモンゴル襲来は、イブン・アスィール(Ibn al-Athīr, 1233年没)のアラビア語普遍史『完史(*al-Kāmil fī al-Tawārīkh*)』やジューズジャーニー(Minjāj b. Sarāj Jūzjānī, 1266年以後没)のペルシア語普遍史『ナースィル史話(*Ṭabaqāt-i Nāṣirī*)』など、同時代の史書により衝撃とともに記録された[25]。だが、モンゴルの支配を受容した地域の史書は、モンゴル襲来がもたらした被害・混乱も記録する一方、征服者モンゴルを悪しき敵としては描かなかった[26]。「地方史」も、同様の道を進んだといえる。

　モンゴル襲来を従来の秩序を揺るがす大変動とみなす認識は、「地方史」

13 〜 14 世紀イルハン朝期イラン「地方史」少考（渡部）

にも示されている。その典型的な例が、『歓喜』の結末であろう。イラン南部の地方諸王朝で、唯一モンゴル軍に征服されたシャバーンカーラ王家のために編まれた『歓喜』は、モンゴル襲来によりこれまでの世界が覆されるという予言の語りと、王ムバーリズ・アッディーンの殉教への覚悟で締め括られている[27]。キルマーンの『王』は、モンゴル軍包囲下でのムバーリズの戦死を称賛とともに詳述し[TSh, 168-172]、またフレグ西征軍によるバグダード征服とアッバース朝滅亡（1258年）についても、「この話はキルマーンの歴史から外れるが、この事件はイスラームの諸都市（bilād-i Islām）すべてにとっての普遍的な苦しみだったのだから、それを語らずにおきたくはなかった」[TSh, 105]と述べている。

　また「地方史」は、モンゴル軍の侵攻が地方に与えた打撃について、直接的な記録も残した。特に重要な例が、『ヘラート』第3〜12章のモンゴル襲来期の叙述である。1220年のチンギス・ハン第4子トルイによる征服の後、ヘラートは1221年、モンゴル軍政官殺害への報復として徹底的な破壊を受ける。1236/7年の第2代皇帝オゴデイ（在位1229〜41）による復興命令まで、約15年荒廃にあったヘラートの苦境を、『ヘラート』は都市民の伝承に基づき、文学的修辞も織り交ぜ生々しく描いている[TNH, 107-130][28]。モンゴル襲来の戦禍に関わる歴史像には、まずこのような地方社会ごとの記憶・語りの継承があったことが理解できる。

　だが、このような叙述にも、モンゴルの支配の受容・正当化が反映されている。『ヘラート』は、ヘラートを破壊した将エルジゲデイ（Īljīgīdāy）を「呪うべき」[TNH, 118]と呼ぶ一方で、チンギス家による征服・支配は否定的に描かない。たとえばヘラート征服におけるトルイの名乗りは、文学的美文で「チンギス・ハンの宝石を産む海の貝の高貴さの真珠、世界統治の幸運の園の大樹の名声、時代のハーカーンにして当代のアフラースィヤーブ（Afrāsiyāb,『王書』に登場する中央アジアの王）、帝王（pādshāh）の血筋の王子、世界の避難所たる帝王チンギス・ハンの子トルイ・ハン」[TNH, 109-110]と表現される。また、ヘラートの復興を命じたオゴデイは、「チンギス・ハンの子らの中で帝王オゴデイのようにムスリムを愛する者はいなかった」と称賛される[TNH, 130]。これについて著者サイフィーは『ハンの道徳（Akhlāq-i Khānī）』なる書物を参照したというが[TNH, 131]、チンギス家とモ

35

1. 「地方」とはどこか

ンゴル皇帝像をめぐりペルシア語で一定の言説が流布・共有されていたことがわかる。

　ホラーサーンと同じくモンゴル軍の侵攻を受けたアナトリアでは、1256年、バイジュ (Bāyjū) 麾下イラン北西地域タンマ軍 (辺境駐留軍) が進駐し、モンゴル軍による支配が本格的に開始された。これはルーム・セルジューク朝がモンゴルに内政への介入を許した致命的事件となったが[29)]、『月夜』はバイジュによる軍の統制が地方社会の安定を回復したと強調し、「もし誰かが、王権を剣により得た軍が、これより前に不信仰者の心を持つうわべだけのムスリムが地域住民達に対し行っていた不正の100分の1も行わなかったと誓言しても、誓言破りにはならない」[MS, 43] と述べる。このような、公正な異教徒の支配者はムスリムの圧政者に勝るという論理も、モンゴル支配の受容において採られた主張である[30)]。

　地方王朝の自発的な臣従によりモンゴル軍の侵攻を受けなかった地方では、モンゴルへの臣従は、自明のこととして叙述された。イルハン朝「中央」の歴史叙述は、イラン高原を中心に歴史的な一体性を持つ世界としての「イラン (Īrān)」「イランの地 (Īrān-zamīn)」の地理概念を強調し、イルハン朝を「イラン」を支配した歴代王朝に連なる王朝に位置づけることで、その正当化をはかったとされる[31)]。この歴史観によれば、モンゴルはホラズムシャー朝を倒し「イラン」の統治権を継承した存在であり、地方の視点からは、その登場は臣従すべき宗主の交代に過ぎぬものとして描くことが可能であったのである。

　『崇高』は、ホラズムシャー朝に臣従しキルマーン統治を得た初代バラク・ハージブが、亡命してきたホラズムシャー朝王族を殺害したのち、それを功績としてオゴデイ宮廷に使節を派遣し、統治権安堵を得たことを述べるのみである[SU, 35]。ファールスの地方王朝サルグル朝 (12世紀〜1284) も、アタベク・アブー・バクル (Abū Bakr b. Saʻd, 在位1226〜60) の治世にモンゴルに臣従したが、『シーラーズ』はアブー・バクル治世のかなり長い叙述[ShN, 79-86] において、そのカラコルム遣使に言及していない。同朝のモンゴルへの臣従は、フレグ西征軍のバグダード征服戦への言及で、既成事実のように述べられている[ShN, 86]。また『ルーヤーン』も、ホラズムシャー朝の敗退と「チンギス・ハンの王朝 (dawdmān-i Changīz Khān)」の覇権の

確立に言及したのち[TR, 153]、実際にモンゴル軍のイラン高原侵攻に言及するのは、フレグによる「異端者(mulāḥida)」すなわちニザール派城塞征服の時である。それはむしろ肯定的に叙述され、ルーヤーンやマーザンダラーンの地方支配者達が協力(モンゴル語を用いた「コチュ[kūch 力]を与える」という表現が用いられる)したことが語られている[TR, 153-154]。

「地方史」諸作品は、モンゴル襲来を大きな衝撃・変化として受け止めたムスリム著述家達の認識、またその後確立したモンゴルの征服・支配を受容・正当化する言説を受け入れていた。だが同時に、モンゴル軍侵攻をめぐる地方ごとの記憶と語り、またそれぞれの地方がモンゴルの支配を受容したプロセスによって、その叙述は独自の多様性を帯びていったということができるだろう。

## (2)「地方史」が描くイルハン朝の支配

では、「地方史」はイルハン朝の支配をどのように描いただろうか。それもまた、その地方がイルハン朝統治下で置かれた位置付けにより、大きく異なったといえる。モンゴル軍の遊牧に適し、マムルーク朝やチャガタイ・ウルスに対する境域防衛の要衝であったアナトリアやホラーサーンでは、駐留する大規模なモンゴル軍の存在が「地方史」にもあらわれた。モンゴル軍が常駐しなかった地域でも、それぞれの地方および地方王朝とイルハン朝との関係が、叙述に様々なかたちで反映している。しかしその中で共通していたのは、宗主としてのイルハン朝の権威が自明視されていたことであろう。前述のように「地方史」は、モンゴルとイルハン朝を古代からイスラーム期までの「イランの地」の歴代王朝に連なる統治者と位置づける、イルハン朝下の歴史叙述の世界観を共有していた。イルハンの称号には「イルハン(Īlkhān)」のほか、『世界征服者の歴史』以来のペルシア語史書が用いたペルシア語君主号「パードシャー(pādshāh 帝王)」「地上におけるパードシャー(pādshāh-i rūy-i zamīn)」「世界のパードシャー(pādshāh-i jahān)」などが用いられた。また地方王朝史を叙述する「地方史」作品において、イルハン朝が地方君主へ与える愛顧や信任は、その支配正当性を裏付けるものとして言及された。

だが同時に、地方王朝にとってのイルハン朝との関係とは、背反の嫌

## 1. 「地方」とはどこか

疑が政権の危機を招く、緊張をはらんだものでもあった。カラヒタイ朝は、初代バラク・ハージブの甥のクトゥブ・アッディーン没後、その妃テルケンがフレグに臣従し、娘パードシャーをフレグ家に入内させ、母娘でモンゴルとの関係を背景に王朝内の権力抗争を制した。しかしこれは君主の地位を「中央」との関係に翻弄されるものとした。『王』は、宗主モンゴルとの関係の危うさを、次のように表現する。

> とりわけモンゴルの帝王達の時代にあっては、もし誰か1ファルサング(約6km)でも彼らに背を向け[て遠ざかり]、彼らの命令とヤサ(farmān wa yāsā)に背くならば、反乱者の印を額に引かれ、その血は流され、その財産は衰え、妻子は奴隷になり、余所者の占有に与えられる。[TSh, 199-200]

パードシャーと異母兄弟ソユルガトミシュ(Suyūrghātmish, 在位1282〜92)の抗争は、イルハン朝「中央」におけるガイハトゥ、バイドゥ(Bāydū, 第6代：在位1295)、ガザン(Ghāzān, 第7代：在位1295〜1304)の王位争いに翻弄され、結局、2人ともが処刑されるに至る。『崇高』は、その経緯を息づまる緊迫感とともに叙述している[SU, 102-114]。イルハン朝との関係が地方王朝にとって滅亡を招きかねない諸刃の剣のようなものであったことは、『ヘラート』におけるカルト朝第3代君主ファフル・アッディーン(Fakhr al-Dīn 在位1295〜1308)治世のホラーサーン駐留軍ヘラート包囲や、ギヤース・アッディーンに対する弾劾の描写にも示されている[TNH, 485-556, 582-600]。これらの例は、地方王朝に対しイルハン朝が持っていた強い支配力を、「地方史」著者達が認識していたことを示していよう。

ただし、イルハン朝の支配を受容する「地方史」の描写は、イルハン朝「中央」の強力な支配に服さざるを得なかった地方王朝の立場(また一部の著者にとっては「中央」要人との直接的関係)のみに由来したわけではない。モンゴルの統治が現実的な政治的安定をもたらすことを評価する地方社会の視点があったことにも、留意しなければならない。

ファールスは、サルグル朝がアルグン(Arghūn, 第4代：在位1284〜91)治世初期に断絶に追い込まれ、中央任命の知事・徴税請負人の支配下に置かれた。『シーラーズ』歴史叙述部第4部[ShN, 90-101]は、イルハン朝の歴代知事・軍政官の統治を叙述するが、中央派遣の知事・モンゴル軍政官がも

たらした混乱・圧政は批判的に描く一方で、公共施設建設などの善政は評価する。特にサルグル朝の実権後退後のファールスに統治体制の基盤を敷いた有力アミール、スンジャク（Sūnjāq, 1290年没）と、ガイハトゥ期からアブー・サイード期まで長期にわたり同地の徴税請負を独占したキーシュ島のインド洋交易商人一族ティービー家の支配[32]は、強く称賛されている[ShN, 90-92, 99-101]。

カスピ海沿岸地域の『ルーヤーン』には、バードゥスパーン朝支配下でイルハン朝の直接的支配が及んだ記述は見られないが、イルハン朝解体後、その統治の80年間がいかに安定していたかを述懐している。

> イランの王国におけるチンギス・ハンの一族の王朝は断絶した。ジャイフーン川の境域からエジプトの入り口、シリアの果てまで、80年の間エラムの園のように良く楽しく、カアバの聖域のように安らかで安全な王国となった後で、水の上の尿瓶のごとくに揺らぎ、風穴の上の枯枝のように動揺し、統治の有様は壊れやすいものとなった。フレグ・ハンの鎧のバグダードへの到着からスルターン・アブー・サイードの死の時まで、ちょうど80年であった。この間、イランの王権は図々しい者どもの侵害から解放され安らいでいた。[TR, 178]

これは、モンゴルへの服従の表明の必要からのみ書かれた言辞ではないだろう。イルハン朝期、ルーヤーンの東方マーザンダラーン地方はホラーサーン鎮守の王族と駐留軍の冬営地となり、地方社会は絶えず侵攻・略奪にさらされ、支配者達がルーヤーンに避難するということが起きていた[TR, 197-198]。イルハン朝解体後の抗争は、ホラーサーンではイルハンを宣言したトガテムル（Ṭughā-tīmūr, 在位1337〜53）のモンゴル政権とサルバダール運動（1337〜1405）の闘争として展開した[TR, 180-191]。『ルーヤーン』は、イルハン朝滅亡後の戦乱が農業に打撃を与え、飢饉をもたらし、人肉食が行われるまでに至ったと嘆いている[TR, 204]。イルハン朝の統治が維持した安定は、地方社会にとっても重要なものであったのである。ホラーサーンやアナトリアのようなモンゴル軍の駐留地でも、それは同様であった。ルーム・セルジューク朝分裂・衰退後のアナトリアは、モンゴル軍を率いる総督の暴政や失政に翻弄されたが、地方社会を脅かす軍事勢力はモンゴルだけではなく、新興のカラマン君侯国など多様であった[33]。

1. 「地方」とはどこか

在地官僚であった『月夜』著者アークサラーイーのイルハン朝に対する批判は、むしろアナトリアにやってきて行財政を混乱させる「中央」の官僚の行動に向かっていることが興味深い[MA, 258-269, 299-300]。

　そしてまた、「地方史」のこのような地方社会からの視点は、イルハン朝、地方王朝いずれからも離れた、独自の語りも残していることに注目する必要があるだろう。北東辺境のヘラートは、中央アジアのチャガタイ・ウルス、宗主イルハン朝のホラーサーン駐留軍の双方からの侵攻にさらされたが、カルト朝君主は危険が及ぶと本拠地のグール地方に避難し、住民はしばしば混乱・戦闘の中に放棄された。『ヘラート』は、アミール・ナウルーズ（Nawrūz, 1297年没）反乱期（1289〜94）、北インド方面のモンゴル軍ニクーダリヤーンとホラーサーン駐留軍からの侵攻に直面した都市民の恐慌について、著者自身の幼時の体験をもとに次のように叙述する。

　　本書の編者である罪深き僕サイフィーはこの時6歳であったが、民がヘラートの城市からほとんどが徒歩でイスフィザールやジャームやハーフやグールやグルジスターンに去っていったのを覚えている。あらゆる種類の偽りの知らせが語られた。ある時は「ニクーダルとアミール・ナウルーズの軍が来て、ヘラートの民を捕らえギャルムシールへ連れていく」と語られ、ある時は「イラク［＝イルハン朝］の軍が到着する、ヘラートを破壊し、住民をホラーサーンとイラクの諸方に連れていこうとしているのだ」と言われた。ある者達は、マリク・シャムス・アッディーン（カルト朝第2代君主Shams al-Dīn-i Kihīn, 在位1277〜95）がグールとガズニーンの軍を集め、ヘラートに来て民をグール地方に連れて行こうとしていると疑っていた。要するに、動揺と不安が日毎にヘラートの人々の間に増大していた。[TNH, 403]

　ここではニクーダリヤーン、反乱者ナウルーズ、イルハン朝、そしてカルト朝君主が都市民を拉致する恐怖の対象として同列に語られている。また前述のように、第3代君主ファフル・アッディーンはイルハン朝から不服従の嫌疑を受け、大規模なヘラート包囲（1308年）を招いた。グール地方へ逃げたファフル・アッディーンからヘラート防衛を委ねられ、モンゴル軍指揮官を殺害した武将サームの活躍を、『ヘラート』は英雄的に描く[TNH, 499-556]。カルト朝君主から反抗の全責任を負わされて篭城戦を続

40

けるも、飢餓に苦しむ都市民の怨嗟の声を受けて開城を決意し、処刑され
たサームの英雄物語として、サイフィーは前述のように現存しない叙事詩
『サームの書』も著した。これはイルハン朝や地方王朝の支配の受容・正当
化とは異なる位相からの独自の記憶や語りを、「地方史」作品が記録してい
る顕著な事例といえる。

　「地方史」の中のイルハン朝支配の描写は、イルハン朝の支配正当性を受
容することで自己正当化を図る地方王朝・支配者の視点、強力なモンゴル
の統治がもたらす秩序を現実的に評価する地方社会の視点、そしてモンゴ
ル支配をめぐる地方社会の記憶・語りをすくい上げる視点が交差するなか
で、成立していたといえるだろう。


# おわりに

　本稿では、イスラーム期西アジアにおけるペルシア語「地方史誌」編纂の
一事例として、13〜14世紀モンゴル政権イルハン朝下の「地方史」編纂の
ありかたを捉えることを試みた。イルハン朝統治下の「地方」において史書
を編むという営みについて、現存9作品からまずうかがわれる特徴は、そ
れがおもにイルハン朝の統治を在地から支えた地方諸王朝のために行われ
たということである。前近代のペルシア語文芸、とりわけ歴史叙述が政治
権力者へ献呈され、その支配正当性と密接に関わっていたことを考えれば、
当然のことではある。しかしイルハン朝に統治を安堵された在地勢力が文
芸庇護の役割を担い、またかれらの支配正当性の必要が史書編纂を促した
という仮説が許されるならば、これらの「地方史」諸作品が編纂された背景
は、イルハン朝の地方統治体制が作ったということができるだろう。その
ような「地方王朝史」は、イスラーム的歴史観や王権観に基づくムスリム諸
王朝史の範疇に位置付けられうるものであり、必ずしも「地方史誌」の形式
で編まれるわけではなかった。だが、約半数の作品は、「地方史誌」の伝統
的諸形式を部分的に踏襲する、また過去の「地方史」を書き継ぐという動機
のもと、「地方の歴史」の枠組みの中に地方王朝史を位置づけるなどの方法
をとっていたことには、注目する必要がある。これらの作品は、やはりモ
ンゴル襲来以前に確立していた「地方史誌」の伝統の上に成り立っていたの

## 1. 「地方」とはどこか

である。

　また、看過してはならないのが、これらの「地方史」諸作品が、文芸庇護や作品の参照、史書編纂様式や語彙の共有などを通し、イルハン朝「中央」の文芸活動とつながっていたことである。「中央」の文芸庇護に積極的につながろうとする文人の活動や、テュルク・モンゴル語彙の自然な共有は、イルハン朝「中央―地方」の文化的交流度の高さを示している。大塚が指摘したイルハン朝下の地方の文芸活動を、さらに「中央」との連関という視点から考察するにはより多くの事例の検討が必要だが、「地方史」編纂は地方で完結した活動ではなく、より広い「中央―地方」の文芸の交流と、その流動性の中で捉えるべきものであることは確かだろう。

　そしてイルハン朝下「地方史」の「中央」との関係は、そのモンゴル支配の描写にも影響を与えたと考えられる。イルハン朝期歴史叙述は、モンゴルの支配をいかに受容・正当化するかという課題と向き合った。「地方史」は「中央」の歴史叙述が打ち出した「イランの支配者」としてのモンゴルの正当性を受容しつつ、しかしそれぞれの地方がモンゴル襲来とイルハン朝の支配にどのように相対したのかという現実の中で、「中央」とはまた異なる独自のモンゴル支配をめぐる記録を残していったのである。

　以上、極めて限定的な検討ではあるが、イルハン朝期ペルシア語「地方史」編纂は、地方王朝に統治を委ねつつ強力な従属下に置くことで版図を支配したイルハン朝の統治体制が生み出した政治的・文化的状況を映し出していると結論づけられるだろう。その特徴を、モンゴル襲来以前から近世・近代にいたるペルシア語「地方史」叙述の歴史の中に位置づけ評価することは、現時点では筆者の能力を超える。しかし、たとえば近現代イランの「地方史」編纂について、近藤信彰はサファヴィー朝(1501～1736)滅亡後のイラン史の「衰退期」と考えられてきた18世紀の「地方史」が、安定した地方諸勢力の存在を反映していることを明らかにしている。また八尾師誠は、20世紀パフラヴィー朝期の「地方史」編纂が、国民国家イランの形成と関わりを持っていたことを指摘している[34]。これらの研究は、イラン高原のペルシア語「地方史」編纂が、それぞれの時代のより広い政治・文化状況、すなわち「地方」と「中央」または「世界」との関係のなかで捉えられることにより、その特徴を映し出すことを示しているだろう。西アジア・ムスリム社

会の世界認識・歴史認識に動揺をもたらしたモンゴル支配期の「地方史」も、イスラーム期西アジア、イランの「地方史」編纂の歴史を考察する重要な一事例になると考えられる。


注

1) ペルシア語歴史叙述の形成・発展については、J. S. Meisami, *Persian Historiography: To the End of the Twelfth Century*, Edinburgh: Edinburgh University Press, 1999; Ch. Melville, *Persian Historiography*, London, New York: I. B. Tauris, 2012; "Historiography," *Encyclopedia Iranica* (*EIr*) を参照。

2) ペルシア語による「地方史」編纂と地方史作品群については、A. K. S. Lambton, "Persian Local Histories: The Tradition behind Them and the Assumptions of Their Authors," B. S. Amoretti and L. Rostagno eds., *Yād-nāma in memoria di Alessandro Bausani I*, Rome, 1991, pp. 227-238. や *Iranian Studies*, 33 (1/2) (2000) の Local Histories 特集号で捉えることができる。

3) 例えば Melville, *Persian Historiography*, p. 183.

4) イスラーム的歴史叙述における「普遍史」、特にペルシア語歴史叙述における普遍史の形成・発展については、大塚修『普遍史の変貌——ペルシア語文化圏における形成と展開』(名古屋大学出版会、2017年)を参照。

5) 森山央朗「ムスリムたちによるアラビア語地方史誌の色々」(小二田章編『地方史誌から世界史へ——比較地方史誌学の射程』勉誠社、2023年)18-37頁。

6) M. Hanaoka, *Authority and Identity in Medieval Islamic Historiography*, Cambridge: Cambridge University Press, 2016.

7) イルハン朝下でのペルシア語歴史叙述活動の活性化については、Melville, *Persian Historiography*, pp. 155-208; 大塚『普遍史の変貌』第5〜8章を参照。

8) Ch. Melville, "The Early Persian Historiography of Anatolia," J. Pfeiffer et al. eds., *History and Historiography of Post-Mongol Central Asia and the Middle East*, Wiesbaden: Harrassowitz, 2006, pp. 135-166; Id., "The Caspian Provinces: A World Apart Three Local Histories of Mazandaran," *Iranian Studies*, 33 (1/2) (2000), pp. 45-91.

9) 本稿で論じる「地方史」作品に基づくモンゴル時代イラン地方史、地方王朝史研究は多数あるが、それら先行研究への言及は、本稿の目的である作品の編纂背景の検討に関わる範囲に止めることを、あらかじめ断っておく。

10) イルハン朝期〜解体期の地方における各種の史書編纂活動については、

1.「地方」とはどこか

大塚『普遍史の変貌』第7〜8章を参照。

11) 本節(2)(3)で言及するバグダード地誌やヘラートの韻文史作品のほか、シャバーンカーライー(Shabānkāra'ī)の普遍史『系譜集成(*Majma' al-Ansāb*)』が言及するシャバーンカーラ王朝史[MASh, 151, 156]、『シーラーズ』著者が編んだ地方王朝イーンジュー朝君主アブー・イスハーク(Jamāl al-Dīn Shāh Shaykh Abū Isḥāq, 在位1343〜53)の治世の2巻本の史書[ShN, 108]などが挙げられる。

12) イラン高原〜中央アジアの初期のペルシア語「地方史」には、まずアラビア語で書かれ、後代にペルシア語訳された作品もある。『ブハラ史』(原著は10世紀成立)のほか、『クム史(*Tārīkh-i Qum*)』(988年成立、ペルシア語訳1402/3年)、またモンゴル時代には『バルフの美徳(*Faḍā'il-i Balkh*)』(1214年成立、ペルシア語訳1278年)、後述のイルハン朝宰相ギヤース・アッディーンのためにペルシア語訳された『イスファハーンの美徳(*Maḥāsin Iṣfahān*)』(原著11世紀成立)がある。"Tārik̲-e Qom," "Faẓā'el-e Balk̲," "Maḥāsen Eṣfahān," *EIr*.

13) イブン・アッティクタカー(池田修、岡本久美子訳)『アルファフリー』全2巻(平凡社、2004年)。

14) 『王』とその編纂背景については、K. Quade-Reutter, *"... denn sie haben einen unvollkommenen Verstand": herrschaftliche Damen im Grossraum Iran in der Mongolen- und Timuridenzeit (ca. 1250-1507)*, Aachen: Shaker, 2003, pp. 60-69. 参照。なお本作品については、その編纂背景を詳細に分析した金谷真綾氏の修士論文がある。「イルハン朝期の地方政権キルマーン・カラヒタイ朝における君主の表象と統治の正統化――いわゆる『王の歴史(*Tārīkh-i Shāhī*)』の分析」(東京大学人文社会系研究科アジア史専門分野、2016年12月提出)。

15) 『歓喜』の編纂、構成については、拙稿「*Daftar-i Dilgushā* に見えるシャバーンカーラ史の叙述：モンゴル時代史研究における韻文史書利用の可能性」(『上智アジア学』25、2008年)参照。

16) セルジューク朝史叙述の伝統については、C. Cahen, "The Historiography of the Seljuqid period," B. Lewis & P.M. Holt eds., *Historians of the Middle East*, Oxford: Oxford University Press, 1962, pp. 59-78.

17) 『ヘラート』を参照したティムール朝期のイスフィザーリー(1499年以後没)によるヘラート史『天国の諸庭園(*Rawḍāt al-Jannāt*)』は、地誌と歴史叙述からなっている。この史書については、杉山雅樹「『天国の諸庭園(*Rawḍāt al-Jannāt*)』の写本と未校訂箇所の研究」(『アジア・アフリカ言語文化研究』103、2022年)参照。

18) 『タバリスターン史』と『ルーヤーン』、さらに15世紀に編まれた『タバリスターン・ルーヤーン・マーザンダラーン史(*Tārīkh-i Ṭabaristān wa*

*Māzandarān wa Rūyān*)』の参照関係については、Melville, "The Caspian Provinces" 参照。

19)　大塚修「イルハーン朝末期地方政権におけるペルシア語文芸活動の隆盛」(『オリエント』58(1)、2015年)および同『普遍史の変貌』第7章を参照。

20)　メルヴィルは、この編纂命令はジュワイニーの史書編纂事業の一環であったと考えている(Melville, "The Early Persian Historiography of Anatolia," p. 140)。イブン・ビービーの父Majd al-Dīn Muḥammadは書記としてジュワイニーの祖父に仕えた経歴を持っていた("Ebn-e Bībī," *EIr*)。

21)　SU, v-vi; 大塚『普遍史の変貌』272頁、注3;『オルジェイトゥ史』21-23頁。

22)　"Jāmeʿ al-Tawārik̲," *EIr*.

23)　イルハン朝における『王書』風韻史の流行については、Ch. Melville, "Between Firdausī and Rashīd al-Dīn: Persian Verse Chronicles of the Mongol Period," *Studia Islamica*, 104/105 (2007), pp. 45-65.

24)　イルハン朝期のモンゴルの支配の正当化が史書編纂にもたらした重要な変化が、『集史』が行ったモンゴルのイスラーム的人類史への取り込みとテュルク系諸民族史の再構成である。宇野伸浩「『集史』の構成における「オグズ・カン説話」の意味」(『東洋史研究』61(1)、2002年)、大塚『普遍史の変貌』5～6章を参照。

25)　歴史叙述におけるモンゴル襲来の殺戮・破壊の記述の近年の再検討としては、P. Jackson, "'It is as if their aim were the extermination of the species': The Mongol Devastation in Western Asia in the First Half of the Thirteenth Century," R. Hillenbrand, A.C.S. Peacock & F. Abdullaeva eds., *Ferdowsi, the Mongols and the History of Iran*, London, New York: I.B.Tauris, 2013, pp. 105-115がある。

26)　例えば、『世界征服者の歴史』や『ナースィル史話』は、善政を行いイスラーム教徒を庇護するモンゴル支配者を肯定的に描いている[e.g. TJ, I, 11; TN: II, 149-152, 176]。

27)　拙稿「*Daftar-i Dilgushā*」65-70頁参照。

28)　この『ヘラート』の記述については、本田実信「ヘラートのクルト政権」(『モンゴル時代史研究』東京大学出版会、1991年)139-145頁に詳しい。

29)　井谷鋼造「モンゴル侵入後のルーム——兄弟間のスルタン位争いをめぐって」(『東洋史研究』39(2)、1980年)371-375頁参照。

30)　たとえばフレグのバグダード征服時における、イラクのシーア派学術都市ヒッラの指導的学者Ibn Ṭāwūs(1266年没)の言葉は有名である(『アルファフリー』第1巻、45-46頁)。

31)　Melville, *Persian Historiography*, pp. 164-165. またペルシア語史料におけるモンゴル支配の叙述とペルシア的王権表象の影響については、Id.,

1. 「地方」とはどこか

"The Royal Image in Mongol Iran," L. Mitchell & Ch. Melville eds., *Every Inch a King*, Leiden: Brill, pp. 343-369. ただし大塚は、イルハン朝「中央」の歴史叙述の「イラン」の地理概念や古代イラン史観には前時代からさほど変化はなかったことを指摘している（大塚『普遍史の変貌』第5章、特に202頁参照）。

32) 拙稿「イルハン朝の地方統治――ファールス地方行政を事例として」（『日本中東学会年報』12、1997年）参照。

33) モンゴル支配下のアナトリア情勢については、Ch. Melville, "Anatolia under the Mongols," K. Fleet ed. *The Cambridge History of Turkey, Vol. 1: Byzantium to Turkey, 1071-1453*, Cambridge: Cambridge University Press, 2009, pp. 51-101.

34) 近藤信彰「イラン・トゥラン・ヒンド――ペルシア語文化圏の発展と変容」（『イスラーム・環インド洋世界』岩波講座世界歴史14、岩波書店、2000年）93-114頁（また、同著者によるその他の地方史研究も参照のこと）；八尾師誠「国民国家イランにおける「地方史・誌」の出版と中央・地方関係」（後藤晃・鈴木均編『中東における中央権力と地域性：イランとエジプト』アジア経済研究所、1997年）305-350頁。

イルハン朝期～解体期の「地方史」9作品

AA：İbn-i Bībī, *El-Evāmirü'l-'Alā'iyye fī'l-Umūri'l-'Alā'iyye*, ed. A. S. Erzi, Ankara: Türk Tarih Kurumu Basımevi, 1956.［『尊厳』］

DD：Ṣāḥib, *Daftar-i Dilgushā,* ed. R. Hādizāda, Moscow, 1960.［『歓喜』］

MA：Maḥmūd b. Muḥammad al-Karīm al-Āqsarā'ī, *Musāmarat al-Akhbār wa Musāyarat al-Akhyār,* ed. O. Turan, Tehran: Intishārāt-i Asāṭīr,1362kh.［『月夜』］

SU：Nāṣir al-Dīn Munshī Kirmānī, *Simṭ al-'Ulā li-l-Ḥaḍrat al-'Ulyā*, ed. M. Mīr-shamsī, Tehran: Bunyād-i Mawqūfāt-i Duktur Maḥmūd Afshār, 1394kh.［『崇高』］

ShN：Zarkūb Shīrāzī, *Shīrāz-nāma.* ed. I. Wā'iẓ Jawādī, Tehran: Intishārāt-i Bunyād-i Farhang-i Īrān, 1350kh.［『シーラーズ』］

TAS：Anonymous, *Tārīkh-i Āl-i Saljūq dar Ānāṭūlī*, ed. N. Jalālī, Tehran: Mīrāth-i Maktūb, 1999.［『セルジューク』］

TNH：Sayfī Harawī, *Tārīkh-nāma-'i Harāt*, ed. Gh.-R. Ṭabāṭabā'ī Majd, Tehran: Intishārāt-i Asāṭīr, 1383kh.［『ヘラート』］

TR：Awliyā-Allāh Āmulī, *Tārīkh-i Rūyān*, ed. M. Sutūdah, Tehran: Intishārāt-i Bunyād-i Farhang-i Īrān, 1348kh.［『ルーヤーン』］

TSh：Anonymous, *Tārīkh-i Shāhī-yi Qarākhitā'iyān*, ed. M. I. Bāstānī Pārīzī, Tehran: Intishārāt-i Bunyād-i Farhang-i Īrān, 2535sh.［『王』］

その他の史料

MASh：Shabānkāra'ī, *Majma' al-Ansāb*, ed. M. H. Muḥaddith, Tehran: Amīr-i Kabīr, 1373kh.

NQ：Ḥamd Allāh Mustawfī, *Nuzhat al-Qulūb*, ed. M. H. Muḥaddith, 2 vols., Tehran: Intishārāt-i Safīr-i Ardihāl, 1396kh.

TJ：Juwaynī, *Tārīkh-i Jahān-gushā*, ed. M. Qazwīnī, 3 vols., Tehran: Dunyā-yi Kitāb, 1382kh.

TN：Jūzjānī, *Ṭabaqāt-i Nāṣirī*, ed. 'A. Ḥabībī, Tehran: Dunyā-yi Kitāb, 1363kh.

『オルジェイトゥ史』：カーシャーニー（大塚修ほか訳註）『オルジェイトゥ史 ――イランのモンゴル政権イル・ハン国の宮廷年代記』（名古屋大学出版会、2022年）

# 「ビザンティン・コモンウェルス」と中世バルカン半島の知識人
—— 文化伝播における中央・地方の関係を中心に

唐澤晃一

## はじめに

　ビザンツ世界における中央—地方の関係については、かつてビザンツ史家であるオボレンスキーが、その著書『ビザンティン・コモンウェルス』の中で扱っている[1]。オボレンスキーが提示した「ビザンティン・コモンウェルス」とは、ビザンツ皇帝を頂点に据え、東ヨーロッパやアジアにおける諸君主、諸民族を下位に置く国際的な「共同体」のことである。「ビザンティン・コモンウェルス」を構成する諸国や諸民族に共通する政治的特徴は、500年頃から1453年まで、そのメンバーが、「文明世界の中心は、コンスタンティノープルにいるビザンツ皇帝以外に存在しない」と認めていた点であった。オボレンスキーは、この「ビザンティン・コモンウェルス」というテーゼについて、自らが研究拠点としたイギリスの英連邦から着想をえていたようである[2]。

　本稿では、セルビア、ブルガリアといったビザンツ世界の周辺に位置する国々の知識人による文化的、宗教的活動の検証をつうじて、その活動の意義とともに、ビザンツ世界における中央と地方の関係を明らかにすることを目的としている。言い換えれば、ビザンツ帝国と、これら南スラヴ諸国の文化的な共通点や差異を明らかにし、今後、今回のテーマである地方史誌について考えるうえで参考にすることを目的としている。

　前近代における「地方意識」は、バルカン半島においては、ローマ・カトリック世界のクロアチア、および、その文化的影響を濃厚に受けた周辺地域(例えば、ボスニア・ヘルツェゴヴィナ)においてはたしかにみられる。クロ

49

1. 「地方」とはどこか

アチアであれば、ダルマティア、スラヴォニア、狭義のクロアチア、といった地域主義が存在し、ボスニア・ヘルツェゴヴィナにおいても、中部ボスニア、ドーニ・クライ、南部ボスニア(中世のコサチャ家の支配領域)、コナーヴリ、といった地方は存在し、各地はそれぞれ固有の法的・慣習上の一体性を有していた。また、ボスニアであれば、中部ボスニアのスティエスカ修道院について、18世紀までに同修道院を中心に起こった出来事を扱った地方年代記が書かれており[3]、これを「地方史誌」として扱うことは可能である(現時点で論者にこれを扱う能力がないため、今回は割愛する)。

これにたいし、同じバルカン半島でも正教圏に属するブルガリア、セルビアでは、事実として、各国のなかに地理区分としての「地方」は存在したが、国制上、固有の法的地位(たとえば地方議会の存在など)を有する単位としての「地方」は、存在しなかったようにみえる。この二国にかんする限り、中世においては史料として「中央史」とは別個の「地方誌」、「地方史」は存在しない。バルカン半島の正教諸国における「地方」について考えるさいには、別の観点からのアプローチが必要である。

# 1. オボレンスキー「ビザンティン・コモンウェルス」論および研究史

ブルガリアやセルビアを一つの「地方」とみなし、普遍史としてのビザンツ帝国史と、これらの国々で書かれた年代記、聖人伝、君主伝を「地方誌」として対置させ、両者の関係を考察する方法は有効であろう。もとより筆者は、現状ではこうしたテーマについて考える能力をもたない。本稿においては、このテーマにつながりうる中央(コンスタンティノープル)―ブルガリア・セルビアの文化的な一体性と差異について検討することによって、以上に述べたことについての手がかりとするしかない。

冒頭でふれたように、ビザンツ世界における中央―地方の関係については、オボレンスキーが、その著書『ビザンティン・コモンウェルス』の中で論じている。同書の第9章「文化伝播の諸要素」は、一つの世界における中央と地方の文化的な関係について考察した部分である。

ビザンツ人は次のように論じている。すなわち、野蛮人〔周辺の諸民族を指す〕は、目下のところ帝国のヘゲモニーが及ぶ領域の外にいる

か、帝国に反乱を起こしている。しかし理念上は、そして潜在的には、彼らはなお、その家臣であった。たとえ彼らの地がオイクメネー〔文明世界〕の外にあるとしても、それは神の御計らいによって、神の摂理によってそうなのであって、いつの日か彼らは正統なる統治者に忠誠を誓う気になるであろう、と[4]。

ビザンツは、①コンスタンティノープル教会、②ビザンツ皇帝の普遍的統治権(皇帝が周辺諸民族にたいして行使する、領域を超えた統治権)、という二つを根拠として、その統治権を、支配領域の内外に及ぼしえた。ビザンツ皇帝は、その支配権が直接及ばない、領域の外にたいしても、周辺諸民族の支配層を、「家臣hypekooi」、「同katekooi」「同盟者symmachos」と位置づけることにより、統治権の浸透に努めた[5]。

さて、そのさいオボレンスキーが論じたのは、ビザンツが周辺民族と政治交流・文化交流を行ったとき、何が起こるか、ということであった。

ここでオボレンスキーは前者から後者への文明の伝播について考察しているが、中心と周辺の関係を文明伝播の側面から考えたとき、文明の受け手である周辺諸民族は、ビザンツ文明を単に受動的に受け入れたわけではなかった。彼らは、その地域に存在する環境の要請や社会的な条件にしたがって、ビザンツ文明の諸要素を選択的に借用(selective borrowing)したのであった。これが、オボレンスキーが唱え、近年、文化人類学や歴史学で研究が進められている、アカルチュレーション、あるいは文化変容と呼ぶ事象である[6]。

オボレンスキーは、ビザンツ文明が受容される過程を、三段階に分けて考察している。この点については、すでに別稿で概観したことがある[7]が、念のため、ここでも見ておきたい。

第一段階は、まだビザンツ文明が、受け手側の国にとって、遠い国の遠い脅威としかみなされていない段階である。たとえば、キリスト教改宗以前のキエフ・ルーシ(あるいは、ブルガリアやセルビアも)がこれにあたる。ビザンツと受け手側の社会のあいだには深刻な対立は、この段階ではまだ発生していない。

第二段階は、たとえばキリスト教に改宗した後のスラヴ社会がこれにあたる。この段階では、ビザンツ文明の、受け手側社会への侵入がすでに始

1. 「地方」とはどこか

まっており、それが在地の社会に脅威を与えている。

たとえば、第一次ブルガリア王国の国王ボリスは、ビザンツ教会からキリスト教を受容後、ローマ教皇に対して生活全般にわたり指針を求める書簡を送っている[8]。この時代はその段階にあたると考えてよいだろう。

第三の段階は、ビザンツ文明と東ヨーロッパの在地社会の対立が、宮廷や大都市から離れた、遠い辺境の地でも生じた段階である。この段階では、キリスト教の公式受容から数十年が経過し、宮廷儀礼や衣装、公共建築物はビザンツのそれを模すようになっている。このようにして、公式には社会の隅々に行き渡るビザンツ化、あるいは「ローマ化」が進行するにつれて、それにたいする在地社会の大規模な反抗も、発生するようになる。たとえば、ブルガリアにおけるボゴミル派異端(11世紀)やキエフ・ルーシのシャーマンが扇動した反ビザンツ運動(11世紀)は、この時代に発生している[9]。

オボレンスキーによれば、こうしたことにもかかわらず、ビザンツ文明が東ヨーロッパに普及したのは、ビザンツに対抗するよりも、ビザンツの宗主権を承認し、その文明の利器を受け入れたほうが、得られるものが多かったからである。事実、コンスタンティノス七世ポルフィロゲニトスが述べているように、「北の諸国の民」、すなわちルーシ、ハザール、ハンガリー人は、ビザンツから冠や衣装、帝家からの降嫁を求め続けた[10]。

こうしたオボレンスキーによる「ビザンティン・コモンウェルス」のテーゼは、1971年の発表直後から批判が寄せられ、オボレンスキーも、後に論の一部を修正することを余儀なくされた[11]。たとえば、1988年に公刊された『六人のビザンツ人の肖像』では、オボレンスキーは、「ビザンティン・コモンウェルス」という言葉に換えて、「ビザンツの文化的コモンウェルス」という表現を用いている[12]。

しかし、「ビザンティン・コモンウェルス」論は、数々の批判にもかかわらず、おおむね現在に至るまで受け入れられているといえる。たとえば、近年では、「ビザンティン・コモンウェルス」といった言葉に換えて、「オルトドクス・コモンウェルス」という言葉を用いて、この世界の文化的一体性を述べ表した研究がみられる[13]。また、シェパードにみられるごとく、ロシア・東ヨーロッパにおけるケース・スタディーから、オボレンスキー

「ビザンティン・コモンウェルス」と中世バルカン半島の知識人（唐澤）

のテーゼを深化・補完しようとする研究もある[14]。ケース・スタディーとしては、ギリシア北部のアトス山における、ロシア、ジョージア、ブルガリア、セルビアの自治修道院とビザンツとの文化的関係を扱った研究もみられる[15]。

本稿では、前近代のバルカン半島史の立場から、「ビザンティン・コモンウェルス」論の本格的実証的な検証をおこなうための予備的研究の一環として、中世後期のセルビアならびにブルガリアにおける文化活動について考察し、ビザンツにおけるそれとの差異や同質性を明らかにし、中央—地方の関係について考察するための手掛かりとしたい。本稿で扱うテーマは、①政治的オルトドクシーの言説、②「巡礼」の史的・文化的意義、③アトス山のゾグラフ修道院（ブルガリアの自治修道院）、ヒランダル修道院（セルビアの自治修道院）とマルチ・エスニックな文化コミュニティーの形成である。

オボレンスキーの論は、ビザンツ＝南スラヴ人の政治・文化交流史にかんする草創期の研究である。そこで論じられたそれぞれのテーマについては、今後、さらに詳細な実証研究が望まれるテーマが少なくない。本稿は、ここにあげたテーマにかんし、大まかな見取り図を示すことによって、今後の本格的研究の足掛かりを得ることを目的としている。

## 2. 政治的オルトドクシーの言説

かつてベックが、その著書『ビザンツ世界論——ビザンツ千年』で論じた、政治的オルトドクシーとは、「政治的頂点に立つ皇帝は、正教の頂点に立つ」とする言説であり、正しい教説を守ることが皇帝にとって自らの政治的使命であるという教義をビザンツ皇帝に実践させるものであった[16]。この言説は、ベックが指摘するように、条件付きで、つまり、「儀礼的オルトドクシー」という部分は抜きにして、スラヴの支配者たちに継承された、とみなしてよいだろうか[17]。

ブルガリア、セルビアに散見される史料の記述から判断して、こうした見解を否定する理由はなさそうである。この二国においては、史料にみられるように、13、14世紀をつうじて政治権力と教会権力の深刻な対立はみられないからである。とりわけ国家形成期においては、これら二国の支

53

1. 「地方」とはどこか

配者は、正教会のキリスト教理念を借りて自らの支配イデオロギーを聖化、強化する必要に迫られていた。他方、正教会側でも、ローマ・カトリック教会におけるようなローマ教皇といった強力な後ろ盾をもたず、在地の支配者に物理的な支えを求めざるをえなかった。こうした背景から、これら二国においては政治権力と教会権力の良好な関係を示す例が多くを占めている。

　第二次ブルガリア王国でも、セルビア王国でも、国王の伝記は教会の聖職者によって書かれており、こうした伝記の著者は、国王権力、あるいはブルガリアの場合では国王が座す首都タルノヴォの聖化に努めている。

　14世紀のブルガリア総主教エウティミィが記す「主教ヨハンネス伝」では、13世紀のブルガリア国王カロヤンが、ラテン帝国のボールドウィン二世と戦ってこれを破り、「ドラチュまでの」ギリシア人（ローマ人）の地を支配下におさめたことが記されている。そのさい、当地にあった聖ヨハンネスの聖遺体が、カロヤン王の命によってメッセニアから首都タルノヴォへ移送された[18]。こうした聖人の移送が、首都の聖化に役立ったことは、いうまでもない[19]。

　　　この者の後、ボリルが統治し、ボリルの後は、イヴァン・アセン〔二世〕、すなわち老イヴァン・アセン一世の息子が帝国〔ブルガリア王国〕を受け取り、正統なる信仰вѣрѫ правосрлавнѫѧ を確立した[20]。

　この、カロヤンによる1205年の対ラテン帝国遠征では、同王は、モグレン Мъглен で、聖イラリオンの聖遺体もタルノヴォに移送している[21]。

　同様に、イヴァン・アセン二世は、聖ペトカ（・パラスケーヴァ）の聖遺体をタルノヴォに移送させるにあたり、「その母にして帝妃エレナ、その帝妃アナ、すべての大貴族、敬虔なるブルガリア総主教ヴァシリィ、すべての大貴族、すべての聖職者、〔…〕異国の、そして〔ブルガリアの〕多くの民とともに」、タルノヴォ市を出て、聖遺体の到着を迎え、「皇帝の教会」にこれを安置した[22]。

　こうした例から分かるのは、国王権力と教会権力の良好な関係である。ビザンツを起源とする政治的オルトドクシーの言説は、コンスタンティノープルからそれほど遠くない、ブルガリアの首都タルノヴォに波及していたと考えて差し支えない。

「ビザンティン・コモンウェルス」と中世バルカン半島の知識人（唐澤）

　なお、マナセスによる年代記のスラヴ語版では、タルノヴォが、アセン朝の諸王が統治する「新しきツァリグラド（帝都）」と位置づけられ、「諸王が統治した都」とされている[23]。教会権力の側も、積極的に国王による政治的オルトドクシーを聖化、理論化していると考えられる。

　国王権力と教会権力の関係はブルガリアの西に位置するセルビアでも同様であり、現実にも、そして理念上も、15世紀半ばに滅亡するまで良好な関係を保っている。

　セルビアでは、ブルガリアにおける聖人伝にみられるような、外国を出自とする聖人の聖遺体の移送にかんする記述はみられない。ただし、13世紀初め、ステファン初冠王と兄ヴカンのあいだで内乱が発生したとき、初代セルビア大主教のサヴァは、この二人の求めに応じて、父ネマニャの遺体を、ギリシアのアトス山から国内のストゥデニツァ修道院に移送している。そして、その墓前で両者は和解した[24]。

　また、現在の北マケドニア共和国にあるレスノヴォ修道院に描かれたドゥシャン王のフレスコ画では、神の叡智による光を受けて民を統治するセルビアの支配者というモチーフが描きこまれている。これは、ガヴリロヴィチによれば、ビザンツの教会美術にみられるモチーフであるとされここにも政治的オルトドクシーがあらわれている[25]。

## 3. バルカン半島のスラヴ諸国における巡礼の意義

　西欧では、おもな巡礼地として、ローマやサンチャゴ・デ・コンポステーラのほか、イングランドのカンタベリー、ドイツのアーヘンが知られている。バルカン半島や東地中海世界においては、どうであっただろうか。セルビアやブルガリアの人々は、コンスタンティノープルやアトス山のほか、エルサレムへも頻繁に訪れたようである。西欧に比べ、地理的にエルサレムに近く位置したバルカン半島の人々は、より頻繁にこうした聖地を巡礼していたと推測される。ただし、この二国にかんしては、西欧に比べ、宗教運動としての巡礼という行為について記した史料は多くない。それはなぜであろうか。その点は本稿ではおくとして、ここでは、セルビア大主教座を創設した聖サヴァによるエルサレム巡礼について、概観してみたい。

55

1. 「地方」とはどこか

サヴァは、生涯に二度、エルサレム巡礼を行っている（1229〜1230年、1234〜1235年の二回）。ここでは、ドメンティヤンによる『聖サヴァ伝』から、エルサレム巡礼を概観してみたい。

サヴァによる二度の巡礼のきっかけとして、『聖サヴァ伝』を記したドメンティヤンによれば、サヴァが、アブラハムの故事になぞらえて、「国を出て、蜜と乳が流れる地へ行くこと」を思い立ったと説明される[26]。エルサレム巡礼にかんして、目を引くのは、二度とも多量の金を、パレスティナ、エジプト（アレクサンドリア）の修道院や教会に寄進していることである。当時、この国ではまだ鉱山の開発は行われていなかったから、金は、ドゥブロヴニクをはじめとするアドリア海沿岸諸都市との交易によってもたらされたものと考えられる。いずれにせよ、サヴァによる聖地巡礼は、当時、経済発展の波に乗りつつあったこの時代（13世紀後半から14世紀前半にかけての時代）の状況を反映しているといってよい。

ドメンティヤンによる『聖サヴァ伝』では、聖サヴァによる一度目の聖地巡礼に関しては、どのようにエルサレムへ向かったのかは書かれていないが、この時は、モンテネグロのブドヴァ市から、海路、アッコン（Acre）へ向かい、そこからヤッファを経由して、エルサレムへ到着したようである。

エルサレムでは、エルサレム総大主教アタナシエと会見し、「親しく交わった」[27]ほか、ベツレヘムの聖母マリア教会、シオン山を訪れている。この後、ゲッセマネ、エレオン山、ガリラヤ、ヨルダン川、大ラウラ修道院（エリコにある、キリストが断食した地に建立された修道院）、ナザレ、タボル山を訪問し、各地の修道院や教会に金を寄進し、現地聖職者とともにミサを執り行っている。この間、四度、エルサレムへ戻り、一度、総大主教と再度、会見していることから推測すれば、現地で何か特別な任務を帯びていた可能性はあるが、詳細は不明である。

帰路、サヴァは再びアッコンへ戻り、そこから海路でアナトリア半島、アトス山をへて、セルビアへ帰還している。このようにサヴァはパレスティナ各地の修道院・教会を巡回して、求道の旅を続け、成立したばかりのセルビア教会を維持し拡大するために必要な情報を各地で集めたのであろう。

二度目の巡礼は、アレキサンドリア、アンティオキアも加えての大規模

なものとなった。この度の巡礼は、移ろいやすく滅びやすい現世を厭うておこなったものであると、ドメンティヤンによる『聖サヴァ伝』は伝えている[28]。この時も、一回目の巡礼と同様に、成立当初のセルビア教会のために、何か特別の使命を帯びて訪問した可能性が高いが、その点はこの聖人伝には記されていない。

　まずサヴァは、モンテネグロのブドヴァ市から、イタリア南部のブリンディシ市へ行ったのち、海路でアッコンへ向かう途中、海賊の襲撃に遭い、これをかわしてシリア沿岸へ向かったが、そこでは嵐に遭い、これを祈りによって鎮めるという奇跡を起こしたのち、アッコンに着いた。

　そこから陸路でエルサレムに向かい、総大主教アタナシエとエルサレム市民の歓迎を受けたのち、ヤッファから海路アレクサンドリアへ向かった。アレクサンドリア近郊のニトリア修道院、スケティス修道院を訪問したのち、シナイ半島の聖カタリナ修道院を訪れ、ここで金を寄進している。その後、エジプトへ戻り、アイユーブ朝のスルタンと会見してから、エルサレムへ戻った。シナイ半島を訪れた時の記述には、サヴァを讃える賛歌が挿入されている。これは、サヴァを預言者モーセになぞらえて、その事績を讃える内容のものである[29]。バルカン半島のこの国と、聖地の近接性もうかがわせる点で重要と思われるので、今後、検証してみたい。この後、エルサレムでは、再び総大主教と会見し、聖墳墓教会とマル・サバ修道院を訪問している。

　エルサレムを出たサヴァは、この後、アンティオキアを訪問し、アンティオキア総大主教に金を寄進したのち、アナトリア半島を経てブルガリアからセルビアへの帰路をとるが、途中、アナトリア半島を通過中に、罹病し、コンスタンティノープルで医師の診断を受けた後、コンスタンティノープルからブルガリア領ネセバルでブルガリア王イヴァン・アセン二世が贈った馬に乗り、首都タルノヴォへ着き、同市宮廷で死去している。この後セルビア王ヴラディスラヴが、サヴァの遺体を引き取りに自らタルノヴォを訪問したことも[30]、正教諸国における聖俗権力の良好な関係を示すものといえよう。

　聖サヴァをめぐる言説は、その死後、どのように伝説化していくのであろうか。アトス山ヒランダル修道院の修道士テオドシエが記した『聖サ

1. 「地方」とはどこか

ヴァ伝』によれば、ヴラディスラヴ王が遺体を引き取りにタルノヴォへ来たとき、その聖遺体は「傷まずに残っており、その頭、あごひげ、すべてそのまま完全に残っており、まるで横たわり、眠っているだけのように見えた」とされる[31]。その遺体を収めた遺物箱は、ドメンティンヤンならびにテオドシエが記すように「すべての者に見えるように安置されていた」[32]。なお、こうした記述について考察したポポヴィチは、この記述を、コンスタンティノープルを訪れたノヴゴロドのステファンによる、「コンスタンティノープルでは、聖人の聖遺体は、通常は祝日か、その教会の名の日にしか参観することができない」とする記述と対比している[33]。ともあれ、ここから、サヴァがすでにその死の直後から聖人化していた様子がうかがえる。

　その後、ミレシェヴァ修道院に移管されたその遺体は、多くの巡礼者を集めた様子が、その後17世紀までに、同修道院を訪問した旅行者等の記述から間接的に見て取れる。1574年にミレシェヴァ修道院を訪れたフランスのレスカロピエは、同修道院で、「聖サヴァの大きな手の骨」をみたとしている。そのさいかれは、「キリスト教徒以外のユダヤ教徒、イスラーム教徒も、この骨を崇拝している」と述べ、「〔同修道院の〕修道士たちは、自分たちは遺体の全部を安置していると述べた」と記している[34]。なおほぼ同じ時期に、ドゥブロヴニク商人のニコラ・ボシュコヴィチも、同修道院を訪問し、「聖サヴァの手を保管した箱」を見たと述べている[35]。

　当時、バルカン半島は、オスマン帝国の統治下にあり、その聖遺物崇敬は、同時代の、たとえばアーヘンで見られたような、膨大な数の巡礼者を集めたような聖遺物崇敬とは比べるべくもない。しかしこれらの断片的な記述から、聖サヴァの遺体をめぐる崇敬と巡礼は、オスマン統治下においても確かに維持されていたといえる。

　本稿では、サヴァのコンスタンティノープル訪問については扱うことができなかった。そして、以上に概観したような、キリスト教の聖遺物崇敬が、オスマン統治下のセルビア、ブルガリアでどのように行われていたかを明らかにすることも、今後の課題となる。

　近現代のように排他的かつ高度に理論化されたナショナリズムがない中世においては、支配層は、自己のアイデンティティーを確認し強化しよう

「ビザンティン・コモンウェルス」と中世バルカン半島の知識人（唐澤）

と思えば、当時、世界の中心とみなされたエルサレムやコンスタンティノープルへ行き、アイデンティティー形成を図る以外に方法がなかった。とりわけ、オボレンスキーが結論したごとく、中世の東ヨーロッパ（ここでオボレンスキーはビザンツ圏東ヨーロッパを念頭に置いている）では、同時代の西ヨーロッパに比べ、プロト・ナショナリズムの形成と発展は遅れており、その力も弱かった[36]。したがってオボレンスキーが指摘したように、ビザンツ世界における周辺諸国の支配層は、アイデンティティーの拠り所としてコンスタンティノープル、エルサレムといった普遍世界の中心地へ向かい、それと一体化することにより、自らの立ち位置を確認したことであろう。

　その意味で、中世後期の正教世界における「地方」意識は、世界の中心であるエルサレムやコンスタンティノープルと観念上、不可分の関係にあった。このことは王国建国当初の13世紀前半について、とりわけ妥当なことと考えられる。

## 4. トマス・ベケットをめぐる言説──比較史にむけて

　13世紀のサヴァ、ならびに14世紀のエウティミィは、つねにセルビアやブルガリアにおいて国王権力の利益を代弁、擁護する者として史料にあらわれており、これが、「政治的オルトドクシー」の言説を側面から補完したかどうかについては、ひきつづき検討していきたい。ここでは、比較のため、12世紀イングランドにおいてプランタジネット朝の守護聖人となったトマス・ベケットをめぐる崇拝・崇敬について考えてみたい。ヘンリー二世の治世下で、カンタベリー大司教を務めたトマス・ベケットは、イングランドにおける聖職叙任権をめぐり、国王と対立し、1170年、カンタベリー大聖堂で暗殺された。死後、ベケットをめぐる崇拝・崇敬が急速に発展をみせ、ローマ教皇インノケンティウス三世によって1173年にベケットは聖人と宣言され、ヘンリー二世もカンタベリーへ巡礼を行ったのちは、急速にベケット崇拝に傾いた。その後、カンタベリーはイングランドにおける巡礼の中心地となった。

　セルビアのサヴァをめぐる崇拝・崇敬と異なる点は、サヴァがセルビア

59

1. 「地方」とはどこか

教会の設立に尽力した「民族聖人」であるのにたいし、ベケットは、国王権力に抗して教会や民衆の利益を守る聖人として、普遍的な価値を付与せられ、フランス、ドイツ、スペイン、ハンガリーでも聖人として崇拝された点にある。

たとえば、1207年にインノケンティウス三世はジョン王に書簡をあてて、ラングトン大司教選出問題をめぐって、ジョン王が神と教会に対抗して戦っていることを述べ、ヘンリー二世によって殺害された聖トマス(・ベケット)が、同王の危険な相手となるかもしれない、と警告している[37]。

「民衆の味方」としての聖トマスにかんしては、13～14世紀に成立した伝説が参考になる。伝説のなかで聖トマスは、王領地住民にたいし不当な租税を課そうとしたヘンリー二世と戦い、「民の権利を守る」聖職者として描かれている。また、クラレンドン議会において、国王と廷臣から侮蔑されて宮廷を去る聖トマスを、民が支持したという伝説も伝わっている[38]。

このような国王権力と社会(教会ならびに民)の二元的構造は、15世紀までのセルビア、ブルガリアにはみられないものであり、国王権力と社会の関係について考察するうえで、良い素材になると考えられる。

なお西欧では、こうした聖トマスをめぐる崇拝を、シトー会といった、個々の政治体の領域を超えて活動する宗教団体が支持、支援している点は、正教世界の国制と比較するうえで示唆に富む事象といえよう[39]。バルカン半島の正教世界においても、たとえば、静寂主義運動のように、各国の領域を超えた宗教運動は存在するが、シトー会のような大規模な宗教組織はみられない。

西欧においても、ビザンツ世界においても、聖人崇拝は、確実に、その地域における国王権力と教会権力の関係を反映して成立している。こうした両者の関係に、それぞれの地における貴族集団がどのようにかかわるのかについて、今後、検証してみたい。

西欧においては、国王権力に対抗して教会権力を打ち立てようとする努力の結果、トマス・ベケット伝説は生じたのではなかっただろうか。

## 5. アトス山における人的交流

　ビザンツ世界における中心（コンスタンティノープル）と周辺（地方としての国）の関係を考えるうえで検討しなければならないのは、ギリシアのアトス山における宗教・文化の運動である。アトス山には、ギリシアの修道院とともに、ロシア、ブルガリア、セルビア、ジョージアといった周辺諸民族の自治修道院がある。アトス山の最盛期は、14、15世紀と、ビザンツの国力と政治的威信が下り坂へ向かった時代であった。しかしキャメロンが指摘するように、この時代にアトス山は周辺諸民族をビザンツやコンスタンティノープルへ文化的につなぎとめたという意味で、コモンウェルスの文化的凝集力を高める中心的な役割を果たしたといってよい[40]。ここでは、ブルガリアのゾグラフ修道院、セルビアのヒランダル修道院を例に、そのマルチ・エスニックな人的交流の展開について簡単に触れてみたい。

　ブルガリア国王が発給した、現存する数少ない国王文書の一つが、1342年にイヴァン・アレクサンドルが発給した黄金印璽付き文書である。この文書は、ビザンツ皇帝ヨハネス五世にたいし、ストリモン川沿いにあるハンタク村の下賜を求めたものである。ブルガリア国王がビザンツ皇帝にたいして村の寄進を請うという形式をとっているので、両者のあいだに理念上の上下関係があることは明らかである（なお、同様のことは、セルビアについてもいえる。ネマニチ朝の始祖ネマニャは1198年ビザンツ皇帝アレクシオス三世の認可を得て、アトス山にヒランダル修道院を建立している）。同王は、この村にかんして、金貨50ヒュペルペリの免税をヨハネス五世に求め、同帝の承認をえたうえで、これを同修道院に与えている。すなわち、従来、同村から、穀物税（житарство）、付加税（горнина）、城砦建築税（градозиданина）としてビザンツ皇帝に納められていた税が免除された[41]。ビザンツ帝国の政治的衰退がはじまった14世紀半ばにも、同修道院は、広い意味でビザンツ皇帝の上級支配権の下にあることがうかがえる。

　この文書の前文には、この地、すなわちアトス山への寄進者として、「一つや二つの民だけでなく（не ω (т) едїного рωда тъчиж или ω (т) двою）」、救いを求めるすべての者からの寄進を受け入れるとされており、そのすぐ後の個所で、「ここにはすべての正教徒の人々や民の建造物がみられ、とりわけ

1. 「地方」とはどこか

ギリシア人やブルガリア人、いやそれだけでなくセルビア人、ロシア人、ジョージア人が、その働き、それにもまして、その熱意に応じて施し物をしている」と記されている[42]。

ゾグラフ修道院には、ブルガリア王国内のブルガリア人だけでなく、ビザンツ側で、コンスタンティノープル総主教にたいして何らかの奉仕関係に入っており、おそらくブルガリアを出自とするスラヴ人も教会に寄進を行っている。コンスタンティノープル総主教フィロテオス・コキノスは、1372年にフィロテオスの「精神的な息子」であるブラニスラフが聖デメトリオスに献納した教会を、ゾグラフ修道院に寄進している。

このブラニスラフはおそらくブルガリア系スラヴ人であり、ビザンツで何らかの奉仕関係に入っていた可能性があることは、先にふれたように、かれが総主教フィロテオスの「精神的な息子」と呼ばれていること、そして、フィロテオスによる免税特権の付与が、ゾグラフ修道院全体にたいしてではなく、ブラスニスラヴが建立した教会にたいしてのみ行われていることからうかがえる[43]。ブルガリアはセルビアに比べ、地理的にコンスタンティノープルに近く位置しており、そのため修道院をめぐる権利関係も、ビザンツ側を交え、より複雑なものとなっていると考えられる。

セルビアにかんしては、14世紀のドゥシャン王による、アトス山全山に発給した黄金印璽付き文書、そしてイヴァン・カストリオットの例を挙げておく。

一例目は、ドゥシャン王がアトス山における全山の修道院に発給した文書である。このなかで、修道院が祈禱のさいに「ドゥシャンの名前より先にビザンツ皇帝の名前を唱えるべきこと」を承認している[44]。

スラヴ人の自治修道院であれ、アトス山にある以上は、その上級支配権者であるビザンツ皇帝の名前が、礼拝時に唱えられなければならなかったことは、ビザンツが政治的・経済的に衰退した14世紀にも、その文化的至上性が、周辺諸国に認められていたことを示す。また、それだけでなく、ロシアの修道院であれ、ブルガリアの修道院であれ、祈禱のさいにビザンツ皇帝の名前が唱えられ、諸修道院が、異国の支配者の権威を、そのようなものとして祈禱のさいに受け入れたことは、アトス山の国際性を如実に語るものといえよう。この例は、ビザンティン・コモンウェルスの文化的

「ビザンティン・コモンウェルス」と中世バルカン半島の知識人（唐澤）

凝集力と、柔軟性を示すものといえるのではないだろうか。

二点目の例は、イヴァン・カストリオットの例である。オスマン朝に反乱を起こしたスカンデルベグは、このイヴァン・カストリオットの子である[45]。イヴァンは、オスマン朝に反乱を起こし、60フローリンを支払ってヒランダル修道院に居所をえた。おそらく同修道院で僧侶となったと考えられている[46]。この点も、アトス山の修道院において民族的な出自がとくに問題とならなかったことを示す点で、注目に値する[47]。

## 結びにかえて

オボレンスキーは、『ビザンティン・コモンウェルス』の中で、東ヨーロッパの諸君主は、中心をコンスタンティノープルに置き、ビザンツ皇帝を頂点に据えた国際的共同体の存在、そして、コンスタンティノープルにいる「ローマ人の皇帝」の政治的至上性を、1453年の滅亡まで認めていた、と論じた。だがバルカン半島の、ブルガリアとセルビアという二つの南スラヴ国家に関する限り、観念的な「世界の中心」はコンスタンティノープルだけでなく、エルサレムにもあったと考えたほうが良いのではないか。そのように考えなければ、サヴァの二度にわたるエルサレム巡礼の意義は理解しにくくなる。

コンスタンティノープルと諸地方との政治的・文化的な関係は、地域によって偏差がある。コンスタンティノープルにより近く位置するブルガリアは、セルビアに比べて、ビザンツとの人・モノの流れは密であったと推測される（ただし、もちろんこのことは、セルビアとビザンツの人的物的交流が密でなかったことを意味しない）。

事実、官制は、セルビアに比べブルガリアのほうが、よりビザンツの官制に近いものとなっている。ブルガリアの支配層は、より頻繁にコンスタンティノープル宮廷を訪問し、ビザンツの官制について詳しく知り、学ぶ機会が多かったと推測される[48]。

知的交流についても同様のことがいえる。聖書外伝作品は、セルビアよりもブルガリアにおいて多く見られ、ビザンツの知的風土に共感を示す知識人が多くいたことをうかがわせる[49]。その背景には、やはり、両国に

1.「地方」とはどこか

おける頻繁な人的交流があったと考えられる。

それでは、ビザンツ世界においては、こうしたセルビア、ブルガリアに
おける「地方史誌」や、地方で収集された情報は、どのようにして中央の
「正史」や普遍史にすくい取られていったのか。この点についても、今後の
課題として考えてみたい。


注
1）　D. Obolensky, *The Byzantine Commonwealth: Eastern Europe, 500-1453*, New
York-Wathington D. C. 1971.

2）　*Mount Athos: Microcosm of the Christian East*, eds., by G. Speake, Metropolitan
K. Ware, Oxford 2012, p. 22, 小川浩之『英連邦――王冠への忠誠と自由な
連合』（中央公論社、2012年）。

3）　Fra Bono Benić, *Ljetopis sutješkog samostana*, Sarajevo 1979.

4）　Obolensky, *op. cit.*, p. 273.

5）　Obolensky, *ibid.*, p. 276.

6）　*Ibid.*, pp. 278-279.

7）　*Ibid.*, pp. 284-288.

8）　なおコンスタンティノープル総主教フォティオスがブルガリア王ボリス
に宛てた書簡も参照。*The Patriarch and the Prince: The Letter of Patriarch
Photios of Constantinople to Khan Boris of Bulgaria*, eds, trans., by D. S. White,
J. R. Berrigan Jr., Brookline 1982. 以下も参照。Obolensky, *op. cit.*, p. 285.

9）　D・アンゲロフ（寺島憲治訳）『異端の宗派ボゴミール』（恒文社、1989年）。
『ロシア原初年代記』（國本哲男・山口巖・中条直樹訳、名古屋大学出版
会、1987年）199頁。

10）　Obolensky, *op. cit.*, p. 288.

11）　諸家による批評については、『ビザンティン・コモンウェルス』につい
ての書評を参照、*English Historical Review*, vol. 87 (1972), pp. 812-815: R.
Browning, *Byzantinische Zeitschrift*, Bd. 69 (1976), S. 101-104.: G. Prinzing.

12）　D. Obolensky, *Six Byzantine Portraits*, Oxford 1988, p. 119.

13）　M. Paschalis-Kitromilides, *An Orthodox Commomwealth. Symbolic Legacies
and Cultural Encounters in Southeastern Europe*, Aldershot 2007.

14）　J. Shepard, *Emergent Elites and Byzantium in the Balkans and East-Central
Europe*, "the Byzantine Commonwealth", in: *The Cambridge History of
Christianity: Eastern Christianity*, ed., by M. Angold, pp. 3-52, Cambridge
2012 (3rd edition).

「ビザンティン・コモンウェルス」と中世バルカン半島の知識人（唐澤）

15） 注2に挙げた文献を参照。

16） H. G. ベック（戸田聡訳）『ビザンツ世界論——ビザンツの千年』（知泉書館、2014年）139、151頁。

17） ベック、同書、148、155頁。

18） E. Kaluzniacki, *Werke des Patriarchen von Bulgarien Euthymius, 1375-1393*, Wien 1901, S. 197-198.

19） *Търновска книжовна школа, 4, културно развитие на българската държава краят на XII-XIV век, Четвърти международен симпозиум Велико Търново, 16-18 октомври 1985 г.*, София 1985, с. 10.

20） Kaluzniacki, *a. a. O.*, S. 198.

21） *Ebenda.*, S. 56. 以下も参照。*Търновска книжовна школа, 4*, с. 16.

22） Kaluzniacki, *a. a. O.*, S., 71-72。以下も参照。*Търновска книжовна школа, 4*, S. 18.

23） マナセス年代記のスラヴ語版は、未見である。*Пак там*, с . 258.

24） なお、サヴァによる『聖シメオン伝』（ネマニャの伝記）は、聖遺体をセルビアへ移送する途中、「国内で大きな混乱があった」と記している。この「混乱」は、ステファン初冠王とヴカンによる内乱と推測される。Свети Сава, *Сабрана дела*, приред. и прев, Т. Јовановић, Београд 1998, стр., 186.

25） 以下を参照。Z. Gavrilović, "Divine Wisdom as Part of Byzantine Imperial Ideology: Research into the Artistic Interpretations of the Theme in Meideval Serbia. Narthex Programmes of Lesnovo and Sopoćani," in: *Studies in Byzantine and Serbien Medieval Art*, pp. 44-69, С. Габелић, *Манастир Лесново: Историја и сликарство*, Београд 1998. 浅野和生『イスタンブールの大聖堂——モザイク画が語るビザンティン帝国』（中央公論社、2003年）。

26） Доментијан, *Живот Светога Саве и живот Светога Симеона*, приред., Р. Маринковић, прев., Л. Марковић, Београд 1988, стр. 170. 以下も参照。Д. Марјановић, *Византијски свет и српска црква у 13. и 14. веку*, Нови Сад 2018, стр. 78.

27） Доментијан, *Живот Светога Сабе и живот Светога Симеона*, стр. 173.

28） *Исто*, стр. 195-197.

29） *Исто*, стр. 209-215. 同書巻末の注も参照。*Исто*, стр. 371-374.

30） *Исто*, стр. 224-225.

31） Теодосије, *Житија*, приред., Д. Богдановић, прев., Л. Мирковић, Д. Богдановић, Београд 1988, стр. 253. 以下も参照。Д. Поповић, "Мошти Светог Сабе," in: *Свети Сава у српској историји и традицији*, уред., С, Ћирковић, Београд 1998, стр. 255.

32） Теодосије, *Житија*, стр. 253. 以下も参照。Поповић, Мошти., стр. 261.

1.「地方」とはどこか

33） *Исто*, стр. 261.

34） *Исто*, стр. 264.

35） *Исто*, стр. 264.

36） Obolensky, "Nationalism in Eastern Europe in the Middle Ages," in: *The Byzantine Inheritance of Eastern Europe*, Variorum Reprints, London 1982, pp. 1-16.

37） *The Cult of St. Thomas Becket in the Plantagenet World, c. 1170-c. 1220.*, eds., by P. Webster, M. P. Gelin, Woodbridge 2021 (2nd edition), p. 157.

38） *The Cult of Thomas Becket: History and Historiography through Eight Centuries*, ed., by K. B. Slocum, New York 2019, pp. 46-47, 50. 以下も参照。*Pilgrimage: The English Experience from Becket to Bunyan*, eds., by C. Morris, P. Roberts, Cambridge 2002.

39） その例として、たとえば以下を参照。*The Cult of St. Thomas Becket*, p. 35, 46.

40） *Mount Athos*, p. 21.

41） *Gramoty bolgarskih carej*, Variorum Reprints, London 1970, p. 23.

42） *Ibid.*, p. 21.

43） 原文は未見、*Mount Athos.*, p. 60.

44） *Грчке повеље српских владара*, приред. и прев., А. В. Соловјев, В. Мошин, Београд 1936, стр. 32.

45） スカンデルベグは、中世アルバニア人の指導者である。1443年以降、アルバニアでオスマン朝にたいする蜂起を指導した。

46） *Mount Athos.*, pp. 93-94.

47） 詳しくは、以下を参照。P. M. Kitromilides, "Athos and Enlightenment: Mount Athos and Byzantine Monasticism," in: P. M. Kitromilides, *op cit.*, Ashgate Publishing Company Burlington 2007, pp. 257-272.

48） И. Билярски, *Институците на средновековна България*, *София* 1998.

49） ビザンツ、および南スラヴ諸国における聖書外伝作品については、さしあたり、以下を参照。P. J. Alexander, *The Byzantine Apocalyptic Tradition*, London 1985, リウトプラント(大月康弘訳)『コンスタンティノープル使節記』(知泉書館、2019年)。V. Tapkova-Zaimova, A. Miltenova, *Historical and Apocalyptic Literature in Byzantium and Medieval Bulgaria*, Sofia 2011. タプコヴァ―ザイモヴァは、スラヴ側でこれらの外伝作品を翻訳した人々は、宮廷から比較的遠くにいた、民間に近い知識人であったと指摘している。

# 日本中世における「地方史誌」の可能性
——『峯相記』を中心に

## 苅米一志

## はじめに

　日本中世は、地方史誌編纂の空白期間とも言える。古代の『風土記』、近世の多種多様な地方史誌の存在と比較すれば、この点は明瞭であろう[1]。地方史誌編纂の前提となる中央集権システムは古代末期に解体し、対比されるべき地方の位置づけが曖昧な状況が近世に至るまで続く[2]。統一的な権力の不在が地方支配の不完全性に直結し、地方についての知識・情報の集積に向けた動機付けが極めて弱かったのである。

　支配という観点から離れてみると、地方の事情を伝達する媒体が全く存在しなかったわけではない。いわゆる説話文学は全国的な情報源を有し、地方に生活する人々の姿を活き活きと伝えている。しかし、地域(国・郡)ごとに説話が配列されているわけではなく、地方の事情の伝達が主眼であったわけでもない。これには、説話が法会(仏教行事)の場で挿入的に語られるものであったことに要因がある。その内容は断片的であってよく、むしろ話題の類似性によって配列されることが多かった。同じく地方の様子を伝えるものとして紀行文学があるが、一般的な特徴として、旅の途上の「点(小地域)」の様相は描写されるものの、それが「面(大地域)」に及ぶことはない。紀行文学が和歌を伴うことからもうかがえるように、地域の描写はあくまで個人の心象を表現するための媒介にとどまる。紀行文学が地方史誌の次元に達するのは、近世に至ってのことであろう。

　上記のような史料状況ではあるが、ほとんど唯一、地方史誌と呼び得る可能性をもつ史料が存在する。14世紀半ばに成立した『峯相記』という書

物である。二人の僧侶の対話(問答)という形式をとり、答者の側が播磨国内の事情を事細かに伝えている。それは、「続・播磨国風土記」とも呼び得る内容を有しているのである。

大山喬平氏は『峯相記』について詳細な検討を行い、本書を作者の実体験をもふまえた歴史叙述ととらえている[3]。その規定に異論はないが、本稿ではこれを地方史誌としても解釈できる可能性を検討し、日本中世において地方史誌が形成される契機があったとすれば、如何なる条件が必要であったかを考察してみたい。なお以下、『峯相記』本文については『兵庫県史　史料編・中世4』[4]を使用する。文中には読点しか使用されていないが、一文が終わると判断される場合は、筆者の責任で句点に置き換えてある。

# 1. 『峯相記』の構造と特質

## (1)『峯相記』の作者像

ここでは、『峯相記』の概要と性格について、簡略に紹介しておきたい。

『峯相記』は、貞和4年(1348)10月18日、ある旅の僧侶が播磨国峯相山鶏足寺(姫路市石倉。戦国末期に廃絶)を訪れ、旧知の老僧に出会う場面からはじまる。この二人の問答によって記述が展開していくことから、本書はいわゆる鏡物(問答・座談にもとづく歴史叙述)の一種と見なすことができる。旅僧の一人称で語られているが、これは仮託の技法であり、この人物を作者と考える必要はない。旅僧・老僧ともに天台僧であり、旅僧は延暦寺で修行した経験をもち、鎌倉幕府に近い存在(「関東方人」)であったという。一方の老僧は播磨国の出身で、鶏足寺以外で修行したことはないようだが、若い頃には国衙(国の役所)の在庁官人であったらしい[5]。両者ともに、最終的な往生の方法として念仏を選んだ、浄土門の僧侶であることは明らかである。

記述の動機付けにおいて、鶏足寺の存在は重要である。本書では、諸寺院の縁起を列挙する直前に、鶏足寺の縁起を述べている。特に同寺が「国衙ノ祈禱」に関与すると述べられているのは、後段に登場する国衙六箇寺(播磨の国衙から祈禱を委任された六つの天台寺院)と比肩し得ることを主張したかったためであろう。同様に鶏足寺の鎮守とされる山麓の稲根明神につい

ても、一宮以下の「当国八所大明神」の直後に記され、「国衙ヨリ是ヲ祭テ」と記されている。これも国衙と深い関係をもつ一宮～八宮と同等の地位を与えたかったためと考えられる。さらに、神功皇后が新羅から連行した王子が鶏足寺の開基となり、その当初は皇后が「仏法ノ是非ヲ知」らなかったとして、あたかも仏教が最初に伝来したのが鶏足寺であるかのように描かれている。これもまた鶏足寺への権威付けのための技巧と考えることができる。したがって、『峯相記』執筆の動機の一つとして、鶏足寺の縁起を優先的に記述する意図を推測することができる[6]。

　10世紀末以来、藤原摂関家による天台浄土教の保護と、受領国司(中下級貴族)の迎合により、〈天台寺院＋一宮・惣社〉という一国内宗教秩序が形成されていた。一宮をはじめとする諸社の法会に、天台寺院が大般若経転読などの「法楽(神仏の娯楽としての広義の芸能)」を奉納するという体制である[7]。作者として想定される人物も、この秩序に従おうとしており、それが叙述の対象を播磨国内に限定した理由であろう。

　以上から、本書の作者としては鶏足寺の僧侶、またはその周辺の人物を想定して良いだろう。旅僧・老僧の像と重ね合わせると、播磨国の武士団など有力な家系の出身で、天台寺院に属し、仏教諸宗や寺社縁起について幅広い知識をもつ僧侶と考えられる[8]。

## (2)『峯相記』の構成と基本的特質

　大山喬平氏は本書における問答を、第一問「生死出離の巻、その1」、第二問「生死出離の巻、その2」、第三問「鶏足寺の巻」、第四問「所々霊場の巻」、第五問「当国社頭の巻」、第六問「郡郷田地の巻」、第七問「当国古事の巻」、第八問「悪党蜂起の巻」、第九問「元弘以後の巻」に分類した[9]。私見では、第七問はさらに伝聞による部分(「承及分」)と直接的な見聞による部分(「マノアタリ見タリシ事」)に分けられるが、以下では基本的に上記の分類にしたがうこととする。

　第一問は仏教諸宗派の簡略な紹介、第二問は旅僧・老僧の生涯と修行・信仰について述べられている。第三問から第五問および第七問は、ほとんどが寺社縁起の抄録か宗教者の事績となっており、全体として神仏にまつわる説話・縁起の集成と言ってよい(文末別表参照)。ただし、「当国」という

69

1.「地方」とはどこか

表現が繰り返し現れることから、語られる範囲は意識的に播磨国内に限定されている。また第六問では、老僧がかつて在庁官人であった時の記憶にもとづき、国内の田数や郡名など地方行政の基本知識が披瀝されている。しかし、この部分は極めて簡略であり、前後における寺社縁起の語りに埋没していると言って良い。

第七問の直接見聞の部分および第八問・第九問は、他とはまったく特徴を異にする。そこにおける語りは、弘安年間(1278〜88)から始まり、「正安・乾元」(1299〜1303)の悪党蜂起を経て、元弘の変(1331〜33)にまでわたる。作者の意識においては、悪党蜂起が歴史の転換点であり、それが鎌倉幕府の滅亡に至る前提となっているのである[10]。特に悪党については「当国ハ殊ニ悪党蜂起ノ聞へ候(播磨国は特に悪党の評判が高い)」と言われており、悪党を媒介として播磨国の歴史が全国史の典型として描かれている。

幕府滅亡の要因について、作者はどうやら悪党と同様に「超過」、すなわち武家(北条得宗家)が公家・寺社を圧倒し、かつてのように「仏神ヲ崇メ、公家ヲ重スル」ことがなくなったためと考えているようである(第九問)。寺社の立場からすると、『愚管抄』ほどには自虐的ではなく、『平家物語』ほどには宿命的ではないと言えるであろうか。

以上から、本書については基本的に「鶏足寺の僧侶または同寺に関係深い天台系の僧侶が、その豊かな教養と知識にもとづき、特に神仏との関わりから播磨国内の過去・現在について、全国史の典型を示すものとして述べた作品」と考えることができる。この点で、それが歴史叙述であることに異論はない。一方で、播磨国内に話題を限定し、国内の寺社縁起を数多く述べている点では、地方史誌ととらえることのできる特徴をそなえているとも言える。以下、この点についてさらに考察を深めてみたい。

## (3) 前提としての世界観

やや迂遠なようだが、『峯相記』における「世界観の発露」とも言うべき表現を検討してみよう。冒頭は、以下の文章からはじまる(※印は筆者による訂正案)。

貞和四年十月十八日、播州峯相山鶏足寺ニ参詣ス。凡当山ノ為体、遠ク郷里ヲ隔テ、塵外幽閑ノ蓬喬(※蒿)也。久ク星霜ヲ累ネ、A法水東

漸ノ最初也。三間四面ノ本仏殿ハB千手千眼垂迹ノ霊場也。三十三身
外用ノ月ハ十悪泥濁ノ水ニ浮ヒ、九間二(※四)面ノ常行堂ハC弥陀如
来感応ノ密壇也。四十八願済度ノ風、三毒緑苔ノ庭ヲ払フ。誠ニ娑婆
有縁ノ大士、濁世利益ノ本師ニテ坐ス間タ、来迎引接フノ本誓ヲ憑ミ、
決定往生ノ宝号ヲ唱フ。爰ニ翠竹緑松ノ軒ニ連ル、自ラD凝然不変
ノ理ヲ顕シ、黄菊紅葉ノ籬ニ残ル、併ラE随縁赴機ノ色ヲ示ス。F三
島十洲煙霧ノ外、両山五峰青嵐ノ裏チ、山路ニ鹿ノ声乾テ、野径ニ虫
ノ音尽タリ。(後略)

　下線部Aの「法水東漸」は仏法の伝播(西から東へ)を示しており、作者に
おいては天竺(インド)〜震旦(中国)〜本朝(日本)という三国仏法伝来観が意
識されている。第一問における仏教諸宗派の紹介においても、「天竺ニハ一
百余家、唐朝ニハ三十余流、我朝ニハ十一宗アリ」とされる。その前提は
『倶舎論』などにもとづき、「須弥山の南の閻浮洲に天竺・震旦、その東海に
日本が位置する」というものである[11]。

　さらに下線部Fに言う「三島十洲」「両山五峰」はいずれも道教における仙
境であり、ここでは三国仏法伝来観と道教的な世界観が融合している[12]。
この世界観にもとづき、各地点の光景は下線部B〜Eに見られるように、
仏教および道教的理念が発露したものとして描かれることになる。この姿
勢は後段の叙述においても同様であり、法花山一乗寺は「谷ハ蓮花ノ如シ、
峰ハ八葉ニ分レタリ。瑞雲峯へ(※ニ)絶エス、異香谷ニカフハシ。一乗ノ
霊瑞アルニ依テ法花山ト名付ク」、八徳山八葉寺は「其地勢ヲ見ルニ、山ハ
八花葉ノ嘉瑞ヲ表シ、水ハ八功徳ノ清流ヲ吐ク。一方晴テ、東ニ川流レ、
遠ク三方山ヲ籠テ、地形山水ヲ遷セリ」、妙徳山神積寺は「此東ノ山ノ下ハ
仏法繁昌ノ地、四神相応ノ砌ナルヘシ」と描写されている(第四問)。多分に
文飾的・定型的ではあるが、こうした仏教・道教の融合的世界観が『峯相
記』の根底に存在するのである。

　特に三国仏法伝来観は、寺社縁起の部分においても重要な意義をも
つ。天竺・震旦からの文物・人物の到来が、寺社の評価に関わるからで
ある。いくつか例を挙げると、敏達天皇18年に鶏足寺の庭に「温州金光明
会所造」と記された幡が降った(第三問)、増位山随願寺の地下には「阿育大
王所造ノ八万四千基ノ石塔」のうちの一塔があるという薬師如来の夢告が

1. 「地方」とはどこか

あった(第四問)、法華山一乗寺は天竺から来た法道仙人が建立したものである(同前)、二宮の荒田神社に天平勝宝元年「女体ノ唐人」が「束帯赤衣ニテ天降」った(第五問)、広峯山には天平5年(733)に帰朝した吉備真備が一宿し、牛頭天皇の夢告によってここに神社を建立した(第七問)など、天竺・震旦との関係は寺社の権威付けに大きな意義をもつ。これらは寺社の側が創作・伝承したものであるが、作者も先の世界観に沿うものとして矛盾なく受け入れ、そうした寺社への称賛を示している。

　一方、朝鮮半島については、微妙な位置づけが見られる。鶏足寺が、新羅国から連行された王子の建立にかかることは先に述べたが、この他にも、天竺の法道仙人は「紫雲ニ乗テ新羅・百済ヲ経過シテ我朝ニ飛来」した(第四問)、一宮の伊和大明神は神功皇后による三韓征伐の際に副将軍として戦場に向かった(第五問)、欽明天皇の時代、百済国から渡来した恵弁・恵聡は、仏法の移入を嫌う物部尾輿によって播磨国安田の野間に流罪となった(第七問)、天平宝字七年(763)に揖保郡布施郷に五足の仔牛が生まれたが、これは翌年「新羅軍船二万余艘」が播磨国に攻め入ったことの予兆とされた(同前)、などの例が挙げられる。播磨国内にも朝鮮半島にまつわる古代の伝承が多く残存しており、それが寺社の縁起に採用されたのであろう。

　傾向として、朝鮮半島から仏法が伝来したことには言及するが、それは天竺・震旦のように手放しで称賛されるものではなく、半島諸国は日本に侵攻する危険性をもつものとしても認識されている。このことは、天竺・震旦が憧憬の対象としての「異界」として見られる傾向がある一方、朝鮮半島との関係がそれらより現実味を帯びていたことの反映でもあるだろう[13]。寺社縁起に取材した『峯相記』における世界観の根底には、そうした一般的な対外認識が存在した。結果として本書は、地域の寺社を描きながらも、特に仏教を媒介として、擬似国際的な内容をもつ書物ともなっているのである。

## 2. 受容層の想定と情報収集

### (1) 受容層への予期

『峯相記』について前章のような規定ができるとして、本書はどのような

日本中世における「地方史誌」の可能性（苅米）

人々によって必要とされたのであろうか。当然ながら、作者もそうした受容層（読者層）を想定して本書を執筆したはずである。仏教的世界観を前提とした歴史叙述であるので、まずは広義の仏教者が受容層の筆頭として挙げられるだろう。

本稿で用いているのは最古の斑鳩寺本（1671年書写）であるが、奥書によれば本書はそれ以前、永正8年（1511）「書写山別院定願寺」において「岡元坊本」を書写したものであることが分かる。書写山円教寺（天台宗。国衙六箇寺の筆頭）の別院に写本が存在したのであり、この時期までには少なくとも天台寺院の間で、筆写行為が展開していたと見て良いであろう。つまり、まずは僧侶にとって必要な書物だったのである。但し、その宗教的価値が高く評価されていたかというと、必ずしもそうではないらしい。

斑鳩寺仏餉院の僧侶による追記（1671年）には、以下のようにある。

（前略）此書、雖文簡而義包諸家、事欲令以帰専念之宗、此編者之微意也、復能捜索当国之事迹而雖未全備、而非莫便童蒙也（後略）、

すなわち「この書物は文章が簡略ではあるが、諸宗について網羅的に紹介している。最終的に専修念仏に帰依するよう誘導しているが、それが作者の秘めた意図であろう。当国の事柄について博捜しているものの、完全なものとは言い難い。しかし、初心者に便宜を与える書物ではあろう」という。専門を極めた僧侶のためというよりは、仏教の初学者あるいは播磨国の事情に不案内な人々のためのものと評価されている。あくまで近世の評価ではあるが、文体や内容から考えても妥当な認識であろう。以上から、本書は先の追記に言うように「播磨国内の仏教諸宗と諸寺院について、初歩的な知識を得たいと願う人々」を読者として想定していると考えることができる。

では、その読者とは、さらにどのような性格をもつ人々なのであろうか。手がかりとしては、第七問に鎌倉末期以降の諸寺院の動静が記されること、「この寺院はかつてＡ宗であったが、のちにＢ宗になり、今はＣ宗である」と記されること、特に禅宗の伸長について詳しく記されることなどが挙げられる。これらの情報は、国外からやって来て、新たに学問・修行をしようとする僧侶、或いは国内の出身で、いずれかの寺院で学問・修行を開始しようとする僧侶にとってこそ必要なものである。諸宗について簡略な

1.「地方」とはどこか

知識が記されている(第一問)のは、その僧侶にとって縁遠い宗派の寺院であっても、何とかそこに入り込むための手引きを示したものであろう。本書は、そうした新参の僧侶に対する一種の手引き書としての意義を有した。この点で、本書は歴史叙述に加えて、寺社参詣記や往来物の性格をあわせもつものと考えることができる。

## (2) 執筆のための情報収集

本書に見える多くの寺社縁起についての情報は、どのようにして収集が可能になったのであろうか。それが作者の個人的な知識によるのみならず、鶏足寺のもつ性格にもよっていることについては、すでに指摘したことがある[14]。すなわち、鶏足寺が「天台談義所」の一つであり、天台僧を中心とする諸国の僧侶が訪れ、学問に励む寺院であったということである。同寺には、聖教(仏教資料)などさまざまな書物が所蔵されており、僧侶の来訪の目的の一つに、そうした資料の閲覧・筆写があったと考えられる。本書における旅僧の姿は、天台談義所を訪れる僧侶の姿を下敷きにしていると言って良い。

第七問には、『扶桑記』、『水鏡』、『日本記(※日本紀カ。筆者注)』、『古万葉集(※万葉集カ。筆者注)』が引用されているが、これも同寺の蔵書と見て良いであろう。当然、鶏足寺には播磨国内の諸寺社の縁起写本なども所蔵されていたと見られ、本書の知識の源泉が、まずは鶏足寺の蔵書にあったと考えることができる。

さらに、作者が諸寺社を来訪したと思しき形跡も見え隠れしている。第四問の八葉山八徳寺の項には「五聖ノ筆跡、独リ此寺ニ留レリ。彼寺自称云ク、恐ハ当国ノ御願我寺ヨリ始ルト云々」とあり、八徳寺の僧侶から直接に聞いた内容のようである。第七問の広峯山(広峯神社)の項にも「結縁ノ為ニ是モ一度詣テヽ候シ次ニ、起立ノ根本ヲ尋申候シカトモ、存知シタル者モ候ハス、空ク下向シテ、麓ノ禅院ニ一宿シテ候シニ、老僧ノ語リ候シハ」とあり、実地に参詣して情報を得ている。さらに第四問の蓬莱山普光寺の項には「仙人(※法道。筆者注)ノ大縁、法花山ノ縁起ニ大ニ相違ス。追テ勘合アルヘシ。両寺ノ縁起ニ任テ申者也」とある。明らかに作者は、法華山一乗寺と普光寺の縁起を実見していたのである。以上から、情報収集

74

日本中世における「地方史誌」の可能性（苅米）

の手段として、鶏足寺の蔵書によった場合と、作者が寺社を来訪して情報を得た場合、さらに縁起を実見した場合が想定できる。

## (3) 僧侶と縁起との接触

僧侶の来訪は、寺社側からの招請にもとづく場合も多かった。14世紀末から15世紀前半における天台僧の活動を記した『鎮増私聞書』によると、筆者の鎮増、師僧の慈伝ともに播磨国内の寺社において、さかんに「直談」を行っている[15]。「直談」とは、主に法華経を題材として、僧侶が世俗に対してその内容を分かりやすく語ることであり、特に高名な僧侶が地方の寺社に招請され、直談を行うことが求められた。

僧侶の招請が、寺社縁起との接触をもたらす場合がある。ここでは、播磨国三宮である酒見神社の縁起（「当国三宮酒見大明神御影向縁起」）の奥書を見よう[16]。なお、文中の訓点に従って、筆者の責任で訓読を施している。

　　　　抑当社略縁起ノ奥ニ私言ヲ書キ副フル事、出物ナリト云ヘドモ、今度享徳三年甲戌五月十六日ヨリ同廿二日マデ当社ニ於テ法花経要品、之ヲ読ミ、其次ニ神宮寺ノ観音御戸ヲ開ク処ニ、御持物ノ蓮花之無シ
　　　　(中略)享徳三年甲戌五月廿二日談義結願ノ日之ヲ記ス、前ノ元応国清寺ノ住持円戒沙門鎮増満八十歳、

享徳3年(1454)5月、酒見神社の略縁起が元応国清寺（京都市左京区岡崎。廃寺）の住持・鎮増（前掲『鎮増私聞書』の筆者）によって記されている。鎮増が酒見神社を訪れたのは、法華経の主要な巻を「談義(＝直談)」するためであった。当初の目的とは異なり、招請された僧侶の側が、寺社の縁起を実見する機会に恵まれたのである。

すでに古代から、中央大寺院の僧侶が地方寺院に招請され、法会の場で唱導・説法を務めることがあった。その言説を構築するにあたって、寺院および周辺地域に関する情報が求められていた[17]。地方寺院で法会を務めた僧侶が、後進の便宜のために、そうした情報を書き留めることもあったであろう。特に縁起は重要な情報源であり、招請された僧侶の側が、積極的にそれを筆写したことも想定できる。

以上から、特に天台系の地方寺院には、都鄙から多くの僧侶の来訪があり、縁起そのものが筆写され、それが融通したという道筋が推測される。

75

1.「地方」とはどこか

それは天台談義所などに蓄積され、それらの抄録も編まれることがあった。このようにして『峯相記』は、新たに播磨国で活動する僧侶のための手引きとなったと想定される。

# 3. 日本中世における地方史誌形成の契機

## (1) 僧侶による著述と背景

　最後に『峯相記』の性格を総括し、これに類する書物の存在可能性を考えてみたい。

　前章に見たように、『峯相記』は「播磨国衙と関係深い天台寺院の僧侶が、新参・後進者のために国内諸寺社の縁起を収集・抄録した」ことによって成立した。したがって、それは「仏教的な需要により編纂された地方史誌」と考えることができる。

　同様な過程を経て成立したのが、同じく南北朝期に成立した『神道集』であると思われる。ここには、特に北関東を中心とした地方諸神社の縁起が数多く収録されている。これは、廻国の僧侶による地方諸神社の情報収集を経て、天台安居院流の僧侶が唱導・説法の場で利用しやすいように手を加えたものと見られる[18]。各説話は独立した作品となっており、この点で抄録の性格をもつ『峯相記』とは異なるが、全体としては数ヶ国にわたる地方史誌、またはその志向性をもつ書物と見ることができる。いずれも編纂の動機付けに仏教の存在があるが、これが日本中世社会の特質でもあろう。すなわち、他の階層に比して、仏教者こそが地方の事情に精通する必要があったのである。その直接の目的は、地方寺社の法会における唱導・説法のための情報獲得であろう。

　この点で注目されるのが、地方における檀越としての武士の存在である。前掲の『鎮増私聞書』によると、明徳元年(1390)8月、慈伝和尚が播磨国に下向した際には「又赤松方奉行ニ喜多野壱岐入道ト云者アリ、トテモ播州御下向候ハハ、上岡ノ八幡宮ニテ法花経ノ御談義ヲ所望申度候ト云間、九月中ハ彼ノ処ニ談義在之」とされ、慈伝は喜多野壱岐入道という武士に招請され、上岡八幡宮で法華経の談義を行っている。弟子の鎮増自身も、応永33年(1426)4月14日から「府中惣社」で「直談」を行った。この際の願主は、

76

赤松氏の被官(家臣)で国衙目代を称する小川玄助入道という武士であった。また永享7年(1435)7月には、赤松氏が勧請した五社(熊野・八幡・住吉・神功皇后・天神)の神前で「直談」を行なっている[19]。播磨国守護である赤松氏の関係者が、中央大寺院の僧侶を招請し、法会を聴聞したのである。招請される僧侶にとって、すでに地方武士は欠くことのできない檀越層として意識されていた。彼らの欲求に応えることは、僧侶の布教の進展や末寺など経済基盤の獲得に大きな影響を与えたと考えられる。

このように考えられるとすると、『峯相記』の第八問・第九問については、さらに別な解釈も可能になる。すなわち「世はすでに武家の全盛であり、彼らこそが重要な檀越層である。そこに至った歴史的経緯を理解・納得した上で、地方における宗教活動を行わねばならない」という教訓・忠告としての解釈である。このように考えることによって、第八問・第九問の叙述の必然性が理解される。寺社における法会への招請の多くが武家によるものであり、彼らは武力と財力の所有者であった。彼らの宗教的欲求に応えるためにも、僧侶の側からは彼らへの配慮と事前の情報収集が必要とされたのである。

## (2) 帳簿類と絵図

日本中世における政治体制の基本は、中世前期までに限定して言えば、「権門体制」ということになる[20]。行政を受けもつ公家権門、軍事部門を受けもつ武家権門、呪術的護持を受けもつ寺社権門が、相互補完的に国家機構を分掌するという体制である。他の時代に比して、寺社の勢力が強大であったことが日本中世の特色であり、『峯相記』もまたそうした背景によって成立したものと見ることができる。では、他の主体によって地方史誌が成立する契機はなかったのであろうか。

演繹的に思い浮かぶのは、王朝国家期(摂関政治期。10～11世紀)における政治体制である。この時期、朝廷は一定額の租税貢納を条件として、地方行政を受領国司に「丸投げ」し、支配の実際は受領国司の手に委ねられた。彼らによる各国支配は、かつての風土記と同様な「支配の手引きとしての地誌」を生み出す可能性を秘めていた。また、中下級貴族である受領国司に従って数ヶ国をわたり歩く実務官僚層が、手引きとしての地誌類を作成

1. 「地方」とはどこか

し、流通させていた可能性も考えられる[21]。一方、各国衙において在庁官人により国内の地誌が管理されていた可能性もあり、風土記もまた国衙で参照されていたらしいことについては、すでに兼岡理恵氏が指摘している[22]。

しかし、そのような書物は残存しておらず、そもそも編纂がなされたかどうかさえ不明である。一方、これと対照的なのは、土地の所有・管理主体による帳簿類の存在である。受領国司は、古代以来の田図(班田図)・田籍を継受する形で、国衙の管轄にかかる公有地(公田)を国図(基準国図)に記載した(国図公田制)[23]。そのためには国内の検田(国の検注)が必要であり、この検注の手続きは中世荘園(領域型荘園)の成立に伴って、各荘園領主(前掲の権門)にも継承された。

荘園を例に取ると、検注の手続きは、以下のようなものである。a. 荘園領主からの使者(検注使)、現地の荘官(役人)、名主百姓らの立ち会いのもと、実見・実測の上で田畠一筆ごとに所在・耕作者・面積・等級が記載される(検注取帳の作成)。b. 検注取帳に記載された耕作者(名主)ごとに、その耕作面積の合計が算出される(名寄帳の作成)。c. 荘園内部の田畠の総面積が算出され、そのうち課税の可能な田畠(定田畠)と税率(斗代)にもとづき、税(年貢)の総額が確定される(検注目録の作成)[24]。

これらの帳簿は国衙にも提出され、国衙は特に定田畠のうち定田の面積を「公田」として把握した。一国内の荘園・公領の「公田」数を書き上げたのが「大田文」と言われる帳簿である。「大田文」に記載された「公田」数は、伊勢神宮の遷宮費用捻出などのための国家的な臨時課税である「一国平均役」を賦課する際の基準とされた[25]。

こうした帳簿の形成と併行して、絵図が作成される場合があった(荘園絵図)。これは何らか主張すべき、または確認すべき事態があった場合に作成されるもので、境界相論に用いる証拠の作成、開発状況の把握などの目的があった[26]。こちらも場合によって国衙に提出されることがあったと思われるが、その目的の多様さから、大田文のように一国単位でまとめられることはなかったようである。この点で、前掲の国図は荘園制の形成を経た後にまで継承されることはなかったと考えられる。

日本中世における「地方史誌」の可能性（苅米）

## (3) 散文形式による地方史誌の存在可能性

　以上の帳簿類・絵図は、たしかに地方支配の必要性から作成されるが、その内容が一国単位の散文形式で記されることはなかったようである。では、地方支配に関わる散文形式の史料がまったく存在しなかったのだろうか。これに関しては、中世後期のものだが、気になる史料が存在する。往来物の代表格とされる『庭訓往来』である。

　同書は作者も成立年代も不明であり、辛うじて室町時代前期の成立かと推測される程度である[27]。毎月、二人の人物の間で書状がやり取りされるという形式であり、その中で様々な知識(有職故実)の教示がなされている。

　差出人・宛名人の一方は必ず京都に居住する人物であり、月によっては一方が地方と京都を往復しているように設定されている。京都にいる側が主人、地方に下向している側が従者らしく、前者は「現地の様子を報告せよ」と要求し、後者は「京都における有職故実や行政の実態を教えてほしい」と要求している。両者ともに京都にいる設定の場合は、後者の側が知識の教示や資財・調度の貸与を求めている。

　正月状における弓射の芸、五月状における幕府上層部への饗応、六月状における戦場への出陣、八月状における幕府法廷と将軍参詣の話題などから、後者の側は明らかに武家であり[28]、かつ個別に被官関係(主従関係)を有する中・下級層として設定されている。前者にはさらに主人がいるようであり、主従関係として〈①上級権力―②京都の側の人物―③京都と地方を往復する人物〉という系統があるように思われる。①としては将軍・管領・守護大名など、②には奉公衆・奉行人など幕府関係者、③には御料所(将軍の領地)など荘園の代官、国人領主などが考えられる。十二月状については例外的に、①が将軍、②が守護、③が守護代や守護奉行人と考えられるかも知れない。

　このうち、三月状に興味深い記事が見られる。その往状では、「御領」に下向した「政所殿」に対し、差出人が現地支配における必要事項を教示している。

　その内容は、以下の通りである。A.「四至榜示(領地の境界表示)」、「阡陌(田畠)」の所在は、他領を侵犯してはならないこと、B.「厨(三日厨。支配者

79

## 1. 「地方」とはどこか

が現地へ下向するにあたって三日間、現地の人間が饗応を行なうこと）・垸飯(饗応)」など現地の人間からの接待が済んだ後、「沙汰人(現地の有力者)」らに命じて「地下目録(検注目録)・取帳(検注取帳)」以下の文書を取り寄せ、京都に進上すべきこと、C．「容隠(他人による田畠の隠匿行為を知っていて報告しない)之輩」「隠田(田畠の所在を隠匿する)之輩」については、その「交名(名簿)」を進上すべきこと、D．春の農耕開始にあたっては、その年の天候を予測し、土地の良し悪しを見て、開発すべき土地があれば農民を誘致して開発すべきこと、E．灌漑の必要がある土地については、農民の義務として「堤(堤防または堤防に囲まれた池)・井(用水路)・溝」を築かせるべきこと、F．「佃・御正作(いずれも在地領主の直営地)」の「勧農(対価を払った上で労働力を募集し耕作させること)」は、「熟地(良い土地)」を選んで、「種子農料(種籾と酒食)」を与え、鋤・鍬・犁などの農具を使い、粳・糯・早稲・晩稲等の耕作を行なうべきこと、G．秋の収穫および年貢・公事の収納にあたっては、「舂法既得(精米して高く売れるようにすること)」を心がけるべきこと、H．畠について、蕎麦・麦・大豆・小豆・大角豆・粟・黍・稗などは、畠・焼畑の条件の善し悪しにより、「桑代・加地子」などの租税を賦課すべきこと、I．毎年「実検(実際の検注)」をし、身びいきによる租税の賦課や免除は行なわないこと、J．現地における館の建築について、豪華なものにしてはいけないこと、K．四方に堀を掘って、その内部に築地(塀)を建てるべきこと、L．館の門について、棟門・唐門は控えめなものとし、平門・上土門・薬医門については状況に応じるべきこと、M．館内の建物の屋根について、寝殿は厚茅葺・板庇、廊の中門と渡殿は裏板葺、侍屋と馬屋・客殿・囲炉裏の間・学問所・公文所、政所・台所・贄殿、局部屋・四阿屋・桟敷・健児所は葦茅葺を使用すべきこと、N．その他の館内の施設について、南には笠懸の馬場を置き、矢来垣を作り、的山を築くこと、東には蹴鞠場を設けて、四本の懸の木を植え、泉水・築山・遣水等は景色との相性によって築き、占いの上での禁忌に触れないよう気をつけること、客殿の裏に檜皮葺の持仏堂を建てること、礼堂・庵室・休所は仮葺を使用すること、その横には土蔵文庫を置くこと、その中間には塀を建てること、後園の樹木、外壁の壁の竹、前栽の茶園は整えて植えること。

　前半は現地支配の理想的な手続きを述べたもの、後半は現地支配の拠点

日本中世における「地方史誌」の可能性（苅米）

となる館の造作を述べたものになっている。実際に現地に下向して支配を行なう人々、あるいはその主人となるべき人々を読者に想定していると思われる。前半における所務慣行の記述は、平安時代以来の荘園支配の手続きを典型的に示している。後半における館の造作については、堀と築地塀で囲まれていること、門があること、馬屋があること、馬場があること、持仏堂があることなどの特徴が、『一遍上人絵伝』に見える武士の館のそれと完全に一致する。一方、泉水・築山・客殿・礼堂・庵室・休所・茶園などには、禅宗の影響がうかがわれ、南北朝期以降の記述であることが推測される。

　これに対する返状では、現地に下向した後の状況と、「作事（建築）」に必要な部材や用具、植えるべき樹木の種類などが記されている。詳しい内容は以下の通りである。

　A．権威ある「御下文・御教書」を持って下向したため、村に遣わした使節も支障なく、務めを果たしていること、B．「吉書（正月に伝達される一年間の心がけ）」は吉日を選んで農民に発給し、彼らはすでに耕作に励んでいること、一方、現地に関する文書は紛失などで取り紛れていると沙汰人等が申し立てているので、取り寄せが遅れていること、また年貢の量などは良く調べて、追って報告すること、C．建築については、桁・梁・柱・長押・棟木・板敷などが必要であること、材木は少し反りを持たせた梁なので、木樵に命じて取り寄せていること、門の冠木・扉の装束・唐居の敷板・鼠走・方立・雲肱木・懸魚・蟇俣の木、鴨柄・敷居・垂木・木舞・破風・関板・飛縁・角木・縁の束柱・簀子・唐垣・透墻・柴垣・檜垣・棺障子・連子・蔀・遣戸・妻戸・織戸・決入・高欄・宇立・杈首・足堅・天井の縁・障子の骨・棟桶・組押の樸・襲の木・檜曾の木・水門なども必要であること、屋根を葺くのに必要な木材は「津湊（港町）」で買う予定であること、D．山での採材に必要な斧や鑹・釿、建築に必要な釘も必要なので、こうした金物については、炭釜を用意し、鍛冶工を招いて造らせる予定であること、そちらで木工寮・修理職の大工（工人の筆頭）に命じて、工人をこちらに派遣して頂き、また釿立・礎居・柱立・精錆・棟上などの行事をするのに良い吉日は、陰陽頭に命じて日取りを占って頂き、結果を知らせてほしいこと、E．樹木について、梅・桃・李・楊梅・枇杷・杏・栗・

81

1. 「地方」とはどこか

柿・梨・椎・榛子・柘榴・棗・樹淡・柚柑・柑子・橘・雲州橘・橘柑・柚などの品種を探して植えていること、F.「田堵・土民・名主・荘官等」が野心を抱いており、彼らとの間のもめ事が片付いてから上京し、そちらに参り面会したいこと。

　A・Bは現地での所務の開始にあたって必要とされる手続きであり、C～Eは現地における産物を含む記述となっている。現地に下向した人物からの報告は、現地の状況を詳細に記したものであり、この点で地方史誌と同様の志向性を有している。しかし、それは個別・具体的な記述ではなく、むしろ高度に抽象化された「物尽くし」的な記述となっている。すなわち、ここにおける記述はあくまで「ひな型」なのである。この点で、『庭訓往来』の記述そのものは、明らかに地方史誌にはなり得なかった。

　では、ここにおける記述が、地方史誌として昇華する可能性があるとすれば、どのような条件が必要とされるであろうか。以下、私見を述べよう。

　第一に、ここに見える書状のやり取りが、地の文を伴う二次的編纂物（引付など）となるか、或いは読者への情報の伝達に傾斜した紀行文学的な作品となることである。京都の公家（九条政基）が地方に下向した際の記録『政基公旅引付』が、まさに近世の紀行文学（広義の地方史誌）に酷似していることは、一定の示唆を与えるであろう。この場合は、貴族層による地方下向の経験が、有職故実として子孫に伝えられたのである。

　第二には、記述の地理的範囲の拡大である。『庭訓往来』が記述したのは、おそらく一荘園または一村落の内部であると思われる。このことは、先に述べた権門体制と密接な関連を有する。すなわち、権門は国家機構の分掌者という資格により荘園を与えられたが、荘園の成立の可否は、個々の国の国司との交渉に左右された。したがって、一権門の荘園は全国に分散的に存在することになる。それは、封建制として極めて不完全な体制でもあったのである。これを止揚して、一郡あるいは一国単位で支配を貫徹しようとする主体が現れた時、その現状把握の手段として地方史誌が出現する可能性が生じる。実は権門が一時的に一国そのものを荘園のように与えられる制度は「知行国制」として存在したが、その体制の中で地方史誌が志向されたことはなかったようである。

　とすれば、次の段階は「一国を面的に完全に支配する主体」すなわち戦国

大名や惣国一揆の登場ということになる。しかし、そうした主体が法律を制定したことは知られても、支配の手段として地方史誌を志向した事実は見当たらない。結局のところ、完全な封建制が達成されるには戦国時代はあまりに短すぎ、仮にその萌芽が見られたにしても、地方史誌の形成は近世社会の到来を待つ必要があったということであろうか。

## おわりに

　以上、『峯相記』の内容を紹介・考察した上で、日本中世における地方史誌形成の可能性についても検討してきた。『峯相記』は、播磨国における〈国衙六箇寺＋八所大明神〉という秩序に属する天台系の僧侶が、新たに播磨国において活動する後進の僧侶のために記述したものと考えられる。その歴史叙述的な部分は、後進者に対し、国内における有力な檀越層である武家への意識を喚起するものでもあった。

　ここに見た宗教秩序は他国でも確認することができ[29]、この点で『峯相記』に類する書物が他国でも作成された可能性は高い。現状ではその存在を確認することはできないが、その史料上の片鱗を追い求めていく価値はあるだろう。

　僧侶によって地方史誌が作成された事実は、日本中世社会の特質を示すものでもある。すなわち、寺社という宗教勢力が他の時代に比して強大であり、僧侶による学問・修行あるいは説法・唱導が、寺社による政治・経済的基盤の獲得と結びついていたという事情がある。これに比して、公家権門と武家権門は、ついに同様の書物を生み出せなかった。一国内における寺社の連係と比較すると、公家と武家は横の連合において劣り、それが地方に関する情報の伝達や蓄積にも影響を与えたと言えるかも知れない。

　さらに『庭訓往来』を素材として、それが地方史誌に昇華する可能性についても模索してみた。『庭訓往来』に見られる記述の対象は、最大でも一荘園を単位とするものであり、より広い範囲を扱う書物が生じるためには、次の段階が必要であった。その契機として最大のものは、完全なる封建制の成立であろうが、戦国時代においてそれは達成され得ず、その萌芽はあったにしても、地方史誌の形成そのものは次代に持ち越されざるを得な

1. 「地方」とはどこか

かった。日本中世は、封建制として不完全な段階であったのである。

なお、17世紀半ばには「総国風土記」とよばれる書物が流通していたようであり、これは近世に記された、いわゆる「新風土記」とは異なるものであるらしい。その原資料の存在を中世に求める研究も現れているが[30]、これについては今後の研究の進展を期待すると表明するにとどめたい。


注
1)　風土記については、秋本吉郎『風土記の研究』(ミネルヴァ書房、1962年)、秋本吉徳「風土記研究の地平——文学的研究の視点から」(『日本文学』30(1)、1981年)、三浦佑之「法と歴史と地誌——史書の構想」(古橋信孝編『古代文学講座10　古事記・日本書紀・風土記』勉誠出版、1995年)、兼岡理恵『風土記受容史研究』(笠間書院、2008年)、同「風土記から見えるもの——古代日本における地域意識」(小二田章編『地方史誌から世界史へ』勉誠社、2023年)、荊木美行『風土記研究の諸問題』(国書刊行会、2009年)など、近世地方史誌については、白井哲哉『日本近世地誌編纂史研究』(思文閣出版、2004年)、真島望『近世の地誌と文芸』(汲古書院、2021年)、木越俊介『知と奇でめぐる近世地誌』(平凡社、2023年)など参照。
2)　小二田章「地方史誌学宣言」、同注1『地方史誌から世界史へ』。
3)　大山喬平「歴史叙述としての「峯相記」」(同『ゆるやかなカースト社会・中世日本』校倉書房、2003年、初出は2002年)。この他、神栄起郷『峰相記の研究　播磨の地誌』(郷土志社、1984年)、各務健司「『峯相記』諸本とその受容」(『論究日本文学』75、2001年)、西川卓男「口語訳『峯相記』」(『播磨学紀要』8、2002年)、山口真琴「播磨ナショナリズムと神功皇后伝説——『峯相記』序説」(『プログレマティーク』3、2002年)、井上舞「『峯相記』小考——峯相山と伊和大明神と書写山と」(『徳島大学国語国文学』18、2005年)、同「『峯相記』顕宗・仁賢即位伝承に関する独自記事について」(『徳島大学国語国文学』21、2008年)、桑谷祐顕「『峰相記』にみる中世播磨の天台寺院」(『叡山学院研究紀要』29、2007年)など。なお、井上舞「『峯相記』の研究：十四世紀播磨における歴史叙述の諸相について」(神戸大学博士学位請求論文、2011年、国立国会図書館関西館所蔵)も参照した。
4)　兵庫県編・刊行、1989年。
5)　第二問および第六問の記述による。
6)　井上、同注3、1-4頁。

7) 苅米「中世初期の国衙と寺院——播磨国を素材として」（『就実大学史学論集』22、2007年）。

8) 大山、同注3、269-275頁。大山氏は、作者として浄土宗西山派の僧侶を想定している。西山派の開祖・証空は、念仏の他に菩薩戒をも重んじた僧侶である。

9) 大山、同注3、264-265頁。

10) 当時、このような認識は特殊なものではなかったらしい。愛媛県西予市宇和町（旧・伊予国宇和郡）の歯長寺の縁起は、同寺住持の寂証が元弘3年（1333）に上洛して以後、建武新政から南北朝内乱期における見聞を至徳3年（1386）に記したものである。当時の僧侶からは、鎌倉幕府滅亡後の動乱が大きな画期であり、仏法の命運を分けるものと感じられていたことが分かる。中井香信『国宝歯長寺縁起解説　附国宝歯長寺縁起』（歯長寺保存会、1936年）、和田茂樹「歯長寺縁起解説」（和田茂樹・他編『中世文芸叢書9　瀬戸内寺社縁起集』広島中世文芸研究会、1967年）。

11) 上川通夫「中世仏教と『日本国』」（同『日本中世仏教形成史論』校倉書房、2007年、初出は2000年）。

12) 前田雅之「和漢と三国——古代・中世における世界像と日本」（『日本文学』52（4）、2003年）。

13) 村井章介「中世における東アジア諸地域との交通」（同『東アジア往還』朝日新聞社、1995年、初出1987年）。

14) 苅米「創りだされる神々の縁起——戦乱状況との関連で」（中島圭一編『十四世紀の歴史学』高志書院、2016年）、208-209頁。

15) 『兵庫県史　史料編・中世4』。

16) 『神道大系　神社編35　丹波・丹後・但馬・播磨・因幡・伯耆国』。

17) 藤本誠「官大寺僧の交通・交流・ネットワークと在地社会の仏教」（藏中しのぶ編『古代文学と隣接諸学2　古代の文化圏とネットワーク』竹林舎、2017年）。

18) 苅米、同注12、210頁、筑土鈴寛『筑土鈴寛著作集』四（せりか書房、1976年）、福田晃『神道集説話の成立』（三弥井書店、1984年）、松本隆信『中世における本地物の研究』（汲古書院、1996年）、大島由紀夫『神道縁起物語（二）』（三弥井書店、2002年）、村上学『中世宗教文学の構造と表現』（三弥井書店、2006年）、佐藤喜久一郎『近世上野神話の世界』（岩田書院、2007年）など参照。

19) 苅米、同注14、209頁。

20) この概念は、黒田俊雄「中世の国家と天皇」『黒田俊雄著作集　第一巻　権門体制論』（法藏館、2018年、初出は1963年）に拠る。

21) こうした官僚層が存在したことについては、川端新「中世初期の国衙

1.「地方」とはどこか

と荘園」(『日本史研究』452、2000年)が指摘している。

22)　兼岡理恵「「良吏」と「風土記」――九〜十世紀の風土記受容」、同注1『風
土記受容史研究』所収。

23)　坂本賞三「十世紀王朝国家土地制度とその崩壊」(『史林』48(4)、1965年)、
同『日本王朝国家体制論』(東京大学出版会、1972年)、同「基準国図につ
いて」(『古代文化』48(4)、1996年)、丸山幸彦「官省符と基準国図」(小葉
田淳教授退官記念事業会編『国史論集』同事業会、1970年)、今田元「平
安時代国図の考察」(『北大史学』30、1990年)、佐藤泰弘「国の検田」(同
『日本中世の黎明』京都大学学術出版会、2001年、初出は1992年)など
参照。

24)　富澤清人「中世検注の特質」「検注と田文」(同『中世荘園と検注』吉川弘
文館、1996年、初出はそれぞれ1982年、1991年)。

25)　石井進『日本中世国家史の研究』(岩波書店、1970年)、中野栄夫「大田
文研究の現状と課題」(『信濃』33(7)、1981年)、小川弘和「「大田文」帳簿
群の展開」(『鎌倉遺文研究』11、2003年)など参照。

26)　研究は多いが、荘園研究会編『荘園絵図の基礎的研究』(三一書房、
1973年)、竹内理三『荘園絵図研究』(東京堂出版、1982年)、小山靖憲・
佐藤和彦編『絵図にみる荘園の世界』(東京大学出版会、1987年)、小山
靖憲『中世村落と荘園絵図』(東京大学出版会、1987年)、小山靖憲・下
坂守・吉田敏弘編著『中世荘園絵図の世界』(河出書房新社、1997年)、
小山靖憲・下坂守・吉田敏弘編著『中世荘園絵図の周辺』(河出書房新社、
1997年)、黒田日出男『中世荘園絵図の解釈学』(東京大学出版会、2000
年)、奥野中彦『荘園絵図研究の視座』(東京堂出版、2000年)、同『荘園
史と荘園絵図』(東京堂出版、2010年)を挙げるにとどめる。

27)　石川謙『庭訓往来についての研究』(金子書房、1950年)、石川謙・石川
松太郎翻刻・解説『日本教科書大系　往来編三』(講談社、1968年)、石
川松太郎翻刻・校注『庭訓往来』(平凡社、1973年)、山田俊雄・入矢義
高・早苗憲生校注『新日本古典文学大系52　庭訓往来・句双紙』(岩波書
店、1996年)、髙橋忠彦・髙橋久子編著『庭訓往来　影印と研究』(新典
社、2014年)など参照。

28)　藤木久志「村からみた領主」(同『戦国の村を行く』朝日新聞社、1997年、
初出は1994年)、中澤克昭「『庭訓往来』にみる武家の行事」(遠藤基郎編
『生活と文化の歴史学2　年中行事・神事・仏事』竹林舎、2013年)。

29)　大山喬平氏は、こうした宗教秩序を「国衙文化圏」と表現している。大
山、同注(3)、278-288頁。苅米「中世初期における備前国衙と天台寺院
――播磨国との比較において」(『吉備地方文化研究』21、2011年)は備前
国と播磨国の比較を行っている。

30)　立岡裕士「「日本総国風土記」分類の試み」(『日本地理学会発表要旨集』

2009s、2009年)。

## 1. 「地方」とはどこか

表 『峯相記』における寺社の縁起(名称のみを挙げるものは除く)

### 1 第四問(所々霊場)・第五問(当国社頭)

| 寺社名(現称) | 所在郡 | 他縁起類の有無、名称等 |
|---|---|---|
| 峯相山鶏足寺 | 揖東郡 | 播州円教寺記に記載あり |
| 書写山(円教寺) | 飾西郡 | 播州書写山縁起(1644)その他 |
| 増位寺(随願寺) | 飾東郡 | 播州増位山随願寺集記(1302) |
| 法花山(一乗寺) | 印南郡 | 法華山一乗寺縁起略(1629) |
| 八徳山(八葉寺) | 神西郡 | |
| 妙徳寺(神積寺) | 神東郡 | 『実隆公記』文亀3年(1503)7月28日条に開基伝承あり |
| 普光寺 | 加西郡 | |
| 清水寺 | 加東郡 | 播州御嶽山清水寺縁起 |
| 周遍寺 | 加西郡 | 「網引町有文書」周遍寺記 |
| 法楽寺 | 神東郡 | 粟賀の犬寺。『元亨釈書』『観音利益集』に同伝承あり |
| 光明寺 | 加東郡 | 大慈院縁起(1623) |
| 丹生寺 | 明石郡 | 「丹生神社文書」沙門祐賢勧進状(1503) |
| 大谷 | 明石郡 | |
| 朝日山(大日寺) | 揖東郡 | |
| 奥山寺 | 加西郡 | |
| 牟呂山 | 揖東郡カ | |
| 日光寺(常楽寺) | 印南郡 | |
| 朝光寺 | 加東郡 | |
| 多聞寺 | 明石郡 | |
| 楊寺(楊柳寺) | 多可郡 | |
| 笠形山 | 多可郡 | |
| 七種寺 | 神西郡 | 金剛城寺略縁起(1534) |
| 雪彦寺(金剛寺) | 飾西郡 | 『兵庫県神社誌』雪彦山三所権現勧進帳(1476) |
| 伊勢輪寺(極楽寺) | 多可郡 | |
| 賀理川寺(万勝寺) | 加東郡 | 畝川山万勝寺縁起写(1503) |
| 教海寺 | 美嚢郡 | |
| 高成寺 | 未詳 | |
| 黒沢山(光明寺) | 赤穂郡 | |
| 性海寺 | 明石郡 | 高和山性海寺略記 |
| 近江寺 | 明石郡 | 高和山性海寺略記にも記載 |
| 志深寺(国府寺) | 美嚢郡 | 播州古所伝聞志(1574) |
| 高男寺 | 美嚢郡 | |
| 船越山(瑠璃寺) | 佐用郡 | |
| 楽々山 | 揖東郡 | |
| 棚原山 | 神西郡 | 棚原山は風土記の「石坐神山」にあたる |
| 弥高山(仙源廃寺) | 飾東郡 | |
| 光明山 | 赤穂郡カ | |
| 藤尾山寺 | 未詳 | |
| 松尾山(願成寺) | 揖西郡 | |

| 梗概・備考 |
|---|
| 新羅国王子の建立 |
| 国衙六箇寺の一。性空上人の建立 |
| 国衙六箇寺の一。行基菩薩の建立 |
| 国衙六箇寺の一。法道仙人の建立、孝徳天皇の発願 |
| 国衙六箇寺の一。寂心上人の建立 |
| 国衙六箇寺の一。慶芳内供の建立 |
| 国衙六箇寺の一。本尊十一面観音。徳道上人の建立、藤原房前の発願。「当国ノ古事共」段にもあり |
| 本尊観音。法道仙人の建立 |
| 本尊観音。法道仙人の建立 |
| 本尊観音。法道仙人の建立 |
| 本尊観音。法道仙人の建立 |
| 本尊観音。法道仙人の建立 |
| 本尊毘沙門。法道仙人の建立。明石郡太山寺末寺の大谷寺カ |
| 本尊観音。法道仙人の建立 |
| 法道仙人の建立 |
| 法道仙人の建立 |
| 法道仙人の建立 |
| 法道仙人の建立 |
| 法道仙人の建立 |
| 法道仙人の建立 |
| 法道仙人の建立 |
| 法道仙人の建立 |
| 法道仙人の建立 |
| 法道仙人の建立 |
| 本尊薬師。尊意僧正の建立。尊意贈僧正伝に記載無し |
| 本尊千手観音。弘法大師の建立 |
| 離念上人の建立 |
| 離念上人の建立 |
| 本尊薬師。童男行者の建立 |
| 本尊薬師。童男行者の建立 |
| 本尊薬師。行基菩薩の建立 |
| 本尊薬師。行基菩薩の建立 |
| 本尊薬師。行基菩薩の建立 |
| 本尊薬師。行基菩薩の建立 |
| 本尊薬師。行基菩薩の建立 |
| 本尊薬師。行基菩薩の建立 |
| 本尊観音。澄光上人の建立 |

1. 「地方」とはどこか

| 寺社名(現称) | 所在郡 | 他縁起類の有無、名称等 |
|---|---|---|
| 長福寺 | 加東郡カ | |
| 稲富寺 | 揖西郡 | |
| 飯出寺 | 揖東郡 | |
| 三野山(三野廃寺) | 赤穂郡 | |
| 円明寺 | 飾西郡 | |
| 粟賀の犬寺(法楽寺) | 神東郡 | 前掲法楽寺に同じ |
| 亀井寺(白国山麓) | 飾東郡 | |
| 草上寺(安室郷高岳の西) | 飾西郡 | |
| 昌楽寺(安室郷) | 飾西郡 | |
| 平野の東院 | 飾西郡 | |
| 平野の西院 | 飾西郡 | |
| 平野の別院 | 飾西郡 | |
| 横倉寺(賀古北条野口村) | 加東郡 | |
| 置塩寺 | 飾西郡 | |
| 飾万寺 | 飾西郡カ | 大和西大寺末寺帳に「飾万寺」あり |
| 中寺 | 飾西郡カ | |
| 国分寺 | 飾東郡 | 播州牛堂山国分寺縁起(『播陽万宝智恵袋』所収)・牛堂山国分寺略記(同前。1752) |
| 笠立寺 | 未詳 | |
| 大道寺 | 揖西郡カ | |
| 川原寺 | 未詳 | |
| 伊和大明神 | 宍粟郡 | 正一位伊和大明神縁起。風土記に「伊和大神」、また「宍禾郡」の地名伝承あり |
| 荒田大明神 | 多可郡 | 風土記に「荒田」の地名伝承あり。祭神は道主日女命 |
| 酒見大明神 | 加西郡 | 住吉大社神代記に記載あり。当国三宮酒見大明神御影向縁起(1455) |
| 白国大明神 | 飾東郡 | 風土記に「新羅訓」の地名伝承あり |
| 生石子・高御倉 | 加西郡 | 播州石宝殿略縁起(『播磨鑑』所収) |
| 垂水大明神 | 明石郡 | 日向大明神縁起。住吉大社神代記に記載あり |
| 日向大明神(日岡明神) | 賀古郡 | 風土記に「日岡」の地名伝承あり。祭神は風土記に伊波都比古命、延喜式神名帳に伊佐々比古神 |
| 稲根大明神(峯相山麓) | 揖東郡 | 風土記に「稲種山」の地名伝承あり |
| 松原別宮 | 飾東郡 | 播州松原山八幡宮縁起(『播陽万宝智恵袋』所収)・播州松原山八幡宮略記(同前。寛文年間(1661〜73)) |
| 魚吹八幡 | 揖東郡 | 風土記に「宇須伎」の地名伝承あり |

2　第七問(当国古事共)

| 寺社名(現称) | 所在 | 他縁起類の有無、名称等 |
|---|---|---|
| 明石明神 | 明石郡 | |
| 広峯山(広峯神社) | 飾西郡 | 『播磨鑑』に社記あり |

| 梗概・備考 |
| --- |
| 本尊観音。澄光上人の建立 |
| 本尊観音。澄光上人の建立 |
| 澄光上人の建立 |
| 本尊観音。秦内満の建立 |
| 本尊阿弥陀・薬師。性空上人の建立、住所。一心上人の再興 |
| 本尊十一面観音。秀符の建立。猟犬二匹の伝承 |
| 山陰(山蔭)中納言の建立 |
| 慈覚大師が法華八講を始行 |
| 巨智大夫延昌の建立 |
| 元明天皇の発願 |
| 崇峻天皇の発願 |
| 二根上人(性空の弟子)の居住 |
| 小松天皇の発願、寛平法皇(宇多天皇)の居住 |
| 委細は存知せず |
| 委細は存知せず |
| 委細は存知せず |
| 委細は存知せず |
| 委細は存知せず |
| 委細は存知せず |
| 委細は存知せず |
| 八所大明神の一。一宮。祭神男巳尊。白山妙理権現 |
| 八所大明神の一。二宮。女体の唐人の降臨。本地十一面観音 |
| 八所大明神の一。祭神住吉大明神・五所王子。本地十一面観音 |
| 八所大明神の一。祭神は開化天皇の第一姫宮、或いは賀茂大明神の余流カ |
| 八所大明神の一。陰陽二神 |
| 八所大明神の一。祭神因幡上宮御子カ。他に海明神・衣財明神・四座あり |
| 八所大明神の一。祭神は日向国より東上したという |
| 峯相山鎮守九座の一。祭神は香稲カ |
| 祭神八幡大菩薩 |
| 祭神八幡大菩薩 |

| 備考 |
| --- |
| 「古万葉集云」。柿本人麻呂の明石浦居住伝承 |
| 祭神午頭天皇。京都の祇園社は末社という |

1. 「地方」とはどこか

| 寺社名(現称) | 所在 | 他縁起類の有無、名称等 |
|---|---|---|
| 志深(染)庄国府寺 | 美嚢郡 | 前掲志深寺(国府寺)に同じ |
| 塩野(念仏堂) | 宍粟郡 | |
| 浦上の福立寺 | 揖西郡 | |
| 河内の伊勢寺 | 未詳 | |
| 鵤の孝恩寺 | 揖東郡 | |
| 飾万(磨)津の光明寺 | 飾西郡 | |
| 福井庄朝日山麓の堂 | 揖東郡 | |
| 平野の法覚寺 | 明石郡 | |
| 上岡山崎の金剛寺 | 揖東郡カ | |
| 大市の観音寺 | 揖東郡カ | |
| 坂越庄の常楽寺 | 赤穂郡 | |
| 上揖保の福光寺 | 揖西郡 | |
| 桑原の慶福寺 | 揖西郡 | |
| 下揖保の安養寺 | 揖西郡 | |
| 下揖保の弘宗寺 | 揖西郡 | |
| 那波島の某寺 | 赤穂郡 | |
| 金花山法雲寺 | 赤穂郡 | |
| 福井庄山本村の蓑寺 | 揖東郡 | |

※1　本文の記述の順序そのままとした。
※2　揖東・揖西郡、飾東・飾西郡など、川の東西で郡が分かれると伝承されるが、ここでの所在郡の表記は暫定的なものである。

| 備考 |
| --- |
| 和泉国巻尾寺との関連あり |
| 五ヶ念仏堂の一。安志田所兼信の建立 |
| 五ヶ念仏堂の一。南三郎入道の建立 |
| 五ヶ念仏堂の一。筑紫尼公の建立 |
| 五ヶ念仏堂の一。医王平三入道法蓮の建立 |
| 五ヶ念仏堂の一。雲大夫入道の建立 |
| 信寂上人の建立。浄土宗播磨義の拠点 |
| 東福寺潜渓国師の建立。禅宗 |
| 東福寺仙覚上座の建立。禅宗 |
| 東福寺玄広上座が禅院に改宗 |
| 東福寺深首座の建立。禅宗 |
| 東福寺良円鑑(監)寺の建立。禅宗 |
| 東福寺明欽上座の建立。禅宗 |
| 東福寺覚恩上座の建立。禅宗 |
| 東福寺果満上座の建立。禅宗 |
| 東福寺源明上座の建立。禅宗 |
| 東福寺友梅西堂(幸村友梅)の建立。禅宗 |
| 薬師・観音両像はもと英賀西田寺の古仏 |

# 「邪馬臺国」と「邪馬一国」
── 『大明一統志』日本国の条の史料源と明中期の学術

## 高井康典行

## はじめに

　周知のように3世紀の日本において女王卑弥呼が拠点とした国を『後漢書』の諸版本が「邪馬臺国」『三国志』の諸版本が『邪馬壹(一)国』と表記している[1]。この国に関して、明代に編纂された地理書の『大明一統志』巻89、外夷、日本国の条は、特に考証を加えることなく二つの国名を併記し、あたかもどちらの国も同時に存在したかのような記述となっている。この点についてこれまで邪馬台(壱)国をめぐる議論の中で稀に言及されることがあったが[2]、併記に至る事情が追求されることはなかった。これは、議論の重点が「邪馬墓国」「邪馬壹国」にあり、あまり注目されなかったためであるが、『大明一統志』編纂という視点に立つと、考究すべきことがいくつかある。

　一つは、史料源の問題である。『大明一統志』編纂にあたり国内からは参考資料として各地の地理情報を提出させ、それを基礎に記述を行っているが、日本のような「外国」に関してはこのような編纂方針はとりにくい。したがって、別の史料源が必要となるが、その史料源にはどのような特徴があるのか、またそれをどのように利用しているのかが問題となろう。

　もう一つは、『大明一統志』外国記事の史料源のあり方と同時代の他の地理的、歴史的記述との関係性である。『大明一統志』外国記事の史料源のあり方にはいくつかの特徴が確認されるが、その特徴は『大明一統志』に限らず、他の地理的・歴史的著述と共通点が見られる。その共通点から、明代中期(本稿では1420年代から1500年代、おおよそ英宗正統帝から武宗正徳帝の治世を

1.「地方」とはどこか

目安とする)の学術の傾向の一端を知ることが可能であると考えられる。

　そこで、本稿ではまず、『大明一統志』の日本記事の史料源を考察し、その特徴を明らかにし、ついで『日本国考略』『大学衍義補』という明代中期の地理的・歴史的著述を取り上げ、『大明一統志』の記述との共通点とそこに見られる明代中期の学術の傾向の一端について指摘したい。


# 1.『大明一統志』日本国の条の史料源

## (1)『寰宇通志』巻113、日本国の条との比較

　先行研究において『大明一統志』(1461年成書)は1456年に完成した地理書である『寰宇通志』を参照しつつ筆削を加えたことが指摘されており、日本の条の史料源の考察にあたってまず、参照すべきは『寰宇通志』である(以下『大明一統志』を『一統志』、『寰宇通志』を『通志』、両書を一括する場合には「両志」と略称)。表1は、両者の内容を比較したものである[3]。

　一見してうかがえるように、両者はほぼ同内容となっている。相違点を挙げると、(ⅰ)項目の配列変更(⑩→①、⑪→⑲)、および叙述形式の変化(⑬〜⑰)。(ⅱ)字句の変更(表中の太字部分)。(ⅲ)内容の増補(⑱、⑳の一部)となっている。これらの相違点の多くは、すでに先行研究で指摘されている『大明一統志』の編纂方針に起因するものである[4]。

　(ⅰ)の⑪→①は『通志』が「沿革」記事の後に四到などの位置情報記事を置くのに対し、『一統志』が位置情報の後に「沿革」記事を続けることによる変更である。⑫→⑲も「山川」記事と「風俗」記事の配列順の変更に伴うものである。⑬〜⑰の風俗記事は、『一統志』の風俗記事の編集方針として、例えば「黥面文身、披髪跣足」といった見出句のあとに詳細な内容を注記するという形式をとるために、基本的には『通志』の記述と同内容ではあるが、叙述が改編されている。なお、⑬〜⑰に関しては両書ともに北宋の楽史が撰述した地理書である『太平寰宇記』を典拠としていると明記されている。

　(ⅱ)の字句の変更のうち、⑲の「国朝」から「本朝」へのものは、『一統志』の体例にもとづくもので、本条に限らず機械的に行っているものである。

　(ⅲ)の増補の内容については、⑱は注記されているように『宋史』日本国伝によるものである。⑳の増補分の金と銀については『宋史』日本国伝

「邪馬臺国」と「邪馬一国」（高井）

表1 「両志」日本記事の比較

| | 『一統志』巻89、外夷、日本国 | 『通志』巻116、日本国 |
|---|---|---|
| ① | 日本國、〈東西南北皆際於海、去遼東甚遠、去閩浙甚邇。其朝貢由浙之寧波以達於京師〉。 | |
| ② | 沿革　古倭奴國。其地東西南北各數千里、西南至海、東北隔以大山國。王以王為姓、歷世不易。文武僚吏皆世官。其地有五畿・七道、以州統郡、附庸國凡百餘。 | 沿革　古倭奴國也。在東南大海中、依山島為居。其地東西南北各數千里、西南至海、東北隔以大山國。王以王為姓、歷世不易。文武皆世官。其地有五畿・七道、各有所屬州、州以統郡、其附庸國凡百餘。 |
| ③ | 自北岸去拘邪韓國七千里、曰對海國、又南渡一海千餘里、曰瀚海國、又渡一海千餘里、曰末盧國、東南陸行五百里、曰尹都國、又東南百里、曰奴國、又東百里、曰不彌國、又南水行二十日、曰投馬國、又南水行十日、陸行一月、曰邪馬一國、其次曰斯焉國、曰已百支國、曰伊邪國、曰郡支國、曰彌奴國、曰好古都國、曰不呼國、曰姐奴國、曰對蘇國、曰蘇奴國、曰呼邑國、曰華奴蘇奴國、曰鬼國、曰為吾國、曰鬼奴國、曰邪馬國、曰躬臣國、曰巴利國、曰支惟國、曰烏奴國、皆倭王境界所盡。其國小者百里、大不過五百里、戶少者千餘、多不過一二萬。 | 自北岸去拘邪韓國七千里、曰對海國、又南渡一海千餘里、曰瀚海國、又渡一海千餘里、曰末盧國、東南陸行五百里、曰尹都國、又東南百里、曰奴國、又東百里、曰不彌國、又南水行二十日、曰投馬國、又南水行十日、陸行一月、曰邪馬一國、其次曰斯焉國、曰已百支國、曰伊邪國、曰郡支國、曰彌奴國、曰好古都國、曰不呼國、曰姐奴國、曰對蘇國、曰蘇奴國、曰呼邑國、曰華奴蘇奴國、曰鬼國、曰為吾國、曰鬼奴國、曰邪馬國、曰躬臣國、曰巴利國、曰支惟國、曰烏奴國、皆倭王境界所盡。其國小者百里、大不過五百里、戶少者千餘、多不過一二萬。 |
| ④ | 自漢武帝滅朝鮮、使驛通於漢者三十許國、皆稱王。其大倭王居邪焉臺國、即邪摩維是已。 | 自漢武帝滅朝鮮、使驛通於漢者三十許國、國在稱王。其大倭王居邪焉臺國、即邪摩維是已。 |
| ⑤ | 光武中元二年、始來朝貢、後國亂國人立其女子曰卑彌呼為王。其宗女壹與繼之、後復立男王、並受中國爵命。 | 後漢光武中元二年、始來朝貢、後國大亂國人立其女子曰卑彌呼為王。其宗女壹與繼之、後復立男王、並受中國爵命。 |
| ⑥ | 歷魏・晉・宋・隋、皆來貢、稍習夏音。 | 晉・宋・隋・唐皆數來朝貢、後稍習夏音。 |
| ⑦ | 唐咸亨初、惡倭名更號日本。自以其國近日所出故名。或云、日本乃小國為倭所併、故冒其號。開元・貞元中、其使有願留中國授經肄業者、久乃請還。 | 咸亨初、惡倭舊名更號日本。自言、國近日所出故名。或云、日本乃小國為倭所併、故冒其號。開元・貞元中、其使有願留中國授經肄業者、久乃請還。 |
| ⑧ | 宋雍熙後、累來朝貢、熙寧以後、來者皆僧也。 | 宋雍熙後、屢來朝貢、熙寧以後、來者皆僧也〈『文獻通考』〉。 |
| ⑨ | 元世祖遣使招諭之不至。命范文虎等率兵十萬征之、至五龍山暴風破舟敗績。終元之世使竟不至。 | 元世祖遣使招諭之不至。命范文虎等率兵十萬征之、至五龍山暴風破舟、為日本人戰敗。終元之世日本使竟不至。 |

97

1. 「地方」とはどこか

| | 『一統志』巻89、外夷、日本国 | 『通志』巻116、日本国 |
|---|---|---|
| ⑩ | **本朝**洪武四年、國王良懷遣使臣僧祖朝貢、**其後**數歲一來至、今不絶。自永樂以來、其國王嗣立、皆受朝廷冊封。 | **國朝**洪武四年、國王良懷遣使臣僧祖朝貢**方物**、**自後**數歲一來至、今不絶。自永樂**初年**以來、其國王嗣立、皆受朝廷冊封。 |
| ⑪ | | 其地去遼東甚遠、而去閩・浙甚邇。其初通中國也、實自遼東。自六朝及今、則多從南道浮海、自温州・寧波入焉。其國界、東西行五月、南北行三月、四境皆極於海。 |
| ⑫ | | 山川　壽安鎮國山〈日本國之鎮山。國朝永樂初、御製文賜之、刻碑立其地〉。 |
| ⑬ | 風俗　黥面文身、披髮跣足〈寰宇記。男子黥面文身、衣裙襦横幅、結束相連、不施縫綴。女人衣如單被、穿其中以貫頭、皆披髮跣足。其王至隋時、始製冠以綿綵為之、而飾以金玉〉。 | 風俗　男子黥面文身、衣裙襦横幅、結束相連、不施縫綴。女人衣如單被、穿其中以貫頭、皆披髮跣足。其王至隋時、始製冠以綿綵為之、而飾以金玉。 |
| ⑭ | 無盜少訟、不娶同姓〈同上。人不盜竊、少争訟。婚嫁不娶同姓、父母兄弟異處、惟會同男女無別〉。 | 人不盜竊、少争訟。婚嫁不娶同姓、父母兄弟異處、惟會同男女無別。 |
| ⑮ | 飲食用籩豆、初喪不酒肉〈同上。飲食以手、而用籩豆、以蹲跪為恭敬。死有棺無椁、封土作塚。初喪哭泣、不食肉飲酒。親戚就屍歌舞為樂、既葬舉家入水浴潔、以祓不祥〉。 | 飲食以手、而用籩豆、以蹲跪為恭敬。死有棺無椁、封土作塚。初喪哭泣、不食肉飲酒。親戚就屍歌舞為樂、既葬舉家入水浴潔、以祓不祥。 |
| ⑯ | 信巫好戲〈同上。兵有矛・盾・木弓・竹矢、以骨為鏃。灼骨以卜吉凶、信巫覡、好某博・握槊・樗蒲之戲〉。 | 兵有矛・盾・木弓・竹矢、以骨為鏃。舉大事、灼骨以卜吉凶、信巫覡、好某博・握槊・樗蒲之戲。 |
| ⑰ | 重儒書、信佛法〈同上。初無文字、唯刻木結繩、後頗重儒書、有好學能屬文者。尤信佛法。有五經書及佛經・唐白居易集、皆得自中國云〉。 | 初無文字、唯刻木結繩、後頗重儒書、有好學能屬文者。尤信佛法。有五經書及佛經・唐白居易集、皆得自中國云。〈寰宇記〉。 |
| ⑱ | 交易用銅錢〈宋史。土宜五穀、而少麥。交易用錢、文曰乾文大寶。樂有國中高麗二部。四時寒暑、大類中國。婦人皆披髮、一衣用二三縑〉。 | |
| ⑲ | 山川　壽安鎮國山〈國之鎮山。本朝永樂初、御製文賜之、刻碑立其地〉。 | |
| ⑳ | 土産　金〈東奧州出〉。銀〈西別島出〉。**琥珀**。水晶〈有青紅白三色〉。**硫黄**。水**銀銅**。**鐵**。丹土。白珠。青玉。冬青木。多羅木。杉木。　水牛。驢。羊。黑雉。**細絹**。花布。硯。**螺鈿**。扇。漆〈以漆製器、甚工緻〉。 | 土産　土宜五穀、而少麥。山出銅及丹土、白珠、青玉。草木、冬青木、多羅木、杉木。有水牛、驢、羊、黑雉。及金銀銅錢細絹花布〈寰宇記〉。 |

「邪馬臺国」と「邪馬一国」（高井）

ないしは『文献通考』倭条に「東奥州産黄金、西別島出白銀」とあるのが典
拠となっていると考えられる。琥珀、水晶、硫黄、硯、螺鈿、扇について
は『宋史』『文献通考』の個別の朝貢記事に記載される朝貢品のなかに断片的
にみえる。たとえば『宋史』日本国伝に「又別啓、貢佛經、納青木函、琥珀、
青紅白水晶、紅黒木槵子念珠各一連。並納螺鈿花形平函、毛籠一。納螺
杯二口、葛籠一。納法螺二口、染皮二十枚。金銀蒔繪筥一合、納髪鬘二頭、
又一合、納參議正四位上藤佐理手書二卷、及進奉物數一卷、表狀一卷。又
金銀蒔繪硯一筥一合，納金硯一、鹿毛筆、松烟墨、金銅水瓶、鐵刀。又金
銀蒔繪扇筥一合、納檜扇二十枚、蝙蝠扇二枚。螺鈿梳函一對、其一納赤木
梳二百七十、其一納龍骨十橛。螺鈿書案一、螺鈿書几一、金銀蒔繪平筥一
合、納白細布五四、鹿皮籠一、納貎裘一領、螺鈿鞍轡一副、銅鐵鐙、紅絲
鞦、泥障、倭畫屏風一雙、石流黄七百斤」とある。ただし他の朝貢品も併
記されているので、これを直接の典拠史料とみなし得るかについては、不
明と云わざるを得ない。これらの増補は陳浩東氏が指摘するように、『一統
志』編纂にあたり『通志』との差異をだすために『通志』が用いなかった史料
を利用したという事例に相当するとも考えられる[5]。また、『明英宗皇帝実
録』巻236、景泰4年(1453)12月甲申の条には宣徳8年(1433)の日本の朝貢品
として蘇木・硫黄・紅銅・刀劍・鎗・扇・火筋・抹金銅銚・花硯・小帯
刀・印花鹿皮・大黒漆泥金灑金嵌螺甸花大小方円箱盒香罍等器皿・貼金灑
金硯匣・硯銅水滴をあげ、⑳で増補している扇・硯・漆器・螺鈿(甸)が記
されているので、明代の実際の朝貢品の記録にもとづく記述とみること
できよう。

　以上の比較を通じて、日本の条については基本的に『通志』が『一統志』の
記述の典拠となっていることが明らかとなった。また、風俗記事について
は『太平寰宇記』が両書共通の典拠史料(「両志」の関係から考えると『一統志』が改
めて『太平寰宇記』から引用したのではなく、『通志』を通しての間接引用の可能性が高い)
となっていることもうかがえる。このような「両志」の継承関係を確認した
上で、注目すべきは⑧の『通志』の記事に「文献通考」という注が付されてい
ることである。これは『通志』の②〜⑧の記事が『文献通考』を典拠としてい
ることを表明するもので、さらにいえば『一統志』の記述も『通志』の記述を

1. 「地方」とはどこか

介して『文献通考』の内容を引用したことを示している。つまり、『一統志』
の日本記事の史料源の考察を進めるには、『文献通考』(以下、『通考』と略称す
る)との内容比較が求められるのである。

### (2)『通考』巻324、四裔考1、東夷、倭の条との比較

まず、「両志」の典拠となった可能性の高い『通考』巻324、四裔考1、東夷、
倭の条の原文を示す[6](紙幅の関係上、両書との比較に必要な部分のみに限定して
いる。また、比較の便宜をはかるため段落分けを行い、段落番号を付した)。

倭、即日本

**(A)** 　倭在韓及帶方郡<u>東南大海中、依山島為居</u>、去樂浪郡境及帶方郡
並一萬二千里。<u>凡百餘國</u>。<u>自漢武帝滅朝鮮、使驛通於漢者三十許國</u>、
國在稱王、世世傳統。

**(B)** 　<u>其大倭王居邪馬臺國、按今名邪摩維、音之訛也</u>。樂浪徼去其國
萬二千里、去其西北界拘邪韓國七千餘里。其地大較在會稽東冶之東、
與朱崖・儋耳相近、故其法俗多同。(中略)

**(C)** 　<u>建武中元二年、倭奴國奉貢朝賀</u>、使人自稱大夫、倭國之極南界
也。光武賜以印綬。安帝永初元年、倭國王帥升等獻生口百六十人、
願請見。<u>桓・靈閒、倭國大亂</u>、更相攻殺、歷年無主。<u>有一女子名曰
卑彌呼</u>、年長不嫁、事鬼神道、能以妖惑眾、<u>於是共立為王</u>。(中略)

**(D)** 　魏志曰、從帶方郡至倭、循海岸水行、歷韓國、乍南乍東、到<u>其
北岸拘邪韓國、七千餘里、始度一海、千餘里至</u>　對海國　。其大官曰
卑狗、副曰卑奴母離。所居絕島、方可四百餘里、土地山險、多深林、
道路如禽鹿徑。有千餘戶、無良田、食海物自活、乘船南北市糴。<u>又
南渡一海千餘里、名曰瀚海、至一大國</u>、官亦曰卑狗、副曰卑奴母
離。方可三百里、多竹木叢林、有三千許家、差有田地、耕田猶不足
食、亦南北市糴。<u>又渡一海千餘里、至末盧國</u>、有四千餘戶、濱山海
居、草木茂盛、行不見前人。好捕魚鰒、水無深淺、皆沈沒取之。<u>東
南陸行五百里、到</u>　尹都國　、官曰爾支、副曰泄謨觚・柄渠觚。有千
餘戶、世有王、皆統屬女王國、郡使往來常所駐。<u>東南至奴國百里</u>、
官曰兕馬觚、副曰卑奴母離、有二萬餘戶。<u>東行至不彌國百里</u>、官曰
多模、副曰卑奴母離、有千餘家。<u>南至投馬國、水行二十日</u>、官曰彌

100

彌、副曰彌彌那利、可五萬餘戶。南至 邪馬一國 、女王之所都、水
行十日、陸行一月、官有伊支馬、次曰彌馬升、次曰彌馬獲支、次
曰奴佳鞮、可七萬餘戶。 自女王國以北 、其戶數 道里可得略載 、其
餘旁國遠絕、不可得詳。次有 斯焉國 、次有已百支國、次有伊邪國、
次有 郡支國 、次有彌奴國、次有好古都國、次有不呼國、次有姐奴
國、次有對蘇國、次有蘇奴國、次有呼邑國、次有華奴蘇奴國、次有
鬼國、次有為吾國、次有鬼奴國、次有邪馬國、次有躬臣國、次有巴
利國、次有支惟國、次有烏奴國、次有奴國、此女王境界所盡。(中
略)

**(E)** (中略)卑彌呼死、更立男王、國中不服、更相誅殺、復立卑彌呼
宗女壹與、年十三為王、國中遂定。(中略)

**(F)** 　晉武帝太始初、遣使重譯入貢。安帝時、倭王贊遣使入朝貢。宋
武帝永初二年、詔曰、倭讚遠誠宜甄、可賜除授。文帝元嘉二年、讚
又遣使奉表獻方物。贊死、弟珍立、遣使貢獻、自稱使持節・都督倭
百濟新羅任那奉韓慕韓六國諸軍事・安東大將軍・倭國王、表求除正。
(中略)陳平、至隋開皇二十年、倭王姓阿、每字多利思比孤、號阿輩
雞彌、遣使詣闕。(中略)

**(G)** 　咸亨元年、遣使賀平高麗。後稍習夏音、惡倭名、更號日本、使
者自言、國近日所出以為名。或云、日本乃小國、為倭所併、故冒
其號。(中略)開元初、粟田復朝、請從諸儒授經。詔四門助教趙元
默、即鴻臚寺為師、獻大幅巾為贄、悉賞物貨書以歸。其副朝臣仲
滿慕華不肯去、易姓名曰朝衡、歷左補闕、儀王友、多所該識。久乃
還。(中略)貞元末、其王曰桓武、遣使者朝、其學子橘免勢・浮屠空
海、願留肄業。歷二十餘年、使者高階真人來請免勢等俱還、詔可。

**(H)** (中略)宋雍熙元年、本國僧奝然與其徒五人浮海而至、獻銅器十
餘事、并本國職員今、年代紀、各一卷。奝然衣綠、自云姓滕原氏、
父為真連。真連、其國五品官也。

**(I)** 　奝然善隸書而不通華言、問其風土、但書以對。上召見、存拊甚
厚、賜紫衣。(中略)奝然書曰、(中略)國王以王為姓、傳襲至今王六
十四世、文武僚吏皆世官。其『年代紀』所記云、(中略)今為太上天皇。
次守平天皇、即今王也。凡六十四世。畿內有山城、大和、河內、和

101

1.「地方」とはどこか

　　　泉、攝津凡五州、共統五十三郡。(中略)是謂五畿、七道、三島、凡
　　　三千七百七十二郷二都、四百一十四驛、八十八萬三千三百二十九課
　　　丁。課丁之外、不可詳見。

　**(J)**　(中略)熙寧五年、有僧誠尋至台州、止天台國清寺、願留。州以
　　　聞、詔使赴闕。誠尋獻銀香爐・木心爲子・白琉璃・五香・水精・紫
　　　檀・琥珀所飾念珠、及青色織物綾。神宗以其遠人而有戒業、處之開
　　　寶寺、盡賜同來僧紫方袍。是後連貢方物、而來者皆僧也。(中略)

　**(K)**　按、倭人自後漢始通中國、史稱、從帶方至倭國、循海水行、歷
　　　朝鮮國乍南乍東、渡三海、歷七國、凡一萬二千里、然後至其國都。
　　　又言去樂浪郡境及帶方郡並一萬二千里、在會稽東、與儋耳相近、其
　　　地去遼東甚遠、而去閩・浙甚邇。其初通中國也、實自遼東而來、故
　　　其迂回如此。至六朝及宋、則多從南道浮海入貢及通互市之類、而
　　　不自北方。則以遼東非中國土地故也。三朝志、雍熙中、僧奝然入貢、
　　　歸國後、奉表來謝。敍其來則曰(中略)然則其國境雖去浙東甚近、而
　　　其國都則又必半年而後達歟。

　史料中の傍線部分が、「両志」の沿革記事の典拠となったものとみなしう
る。『通考』は歴代正史の倭伝・倭人伝の本文を、重複箇所を除きほぼ踏襲
しているのに対し、「両志」はきわめて簡潔な記述となっていることが一見
してうかがえる。しかし、詳細に見ていくと叙述の順序の入れ替えや、『通
志』と『一統志』の間での字句の異同などがある。以下、この点について**表
1**で示した『一統志』『通志』の段落番号にしたがって検討していく。

　②は(A)と(I)を典拠とするものと考えられるが、「其地東西南北各數千里、
西南至海、東北隔以大山國」に相当する字句が『通考』には見られない。こ
れに相当する字句は『旧唐書』および『宋史』日本伝にみえる。ここから、「両
志」の沿革記事は必要に応じて『通考』以外の史料も利用していることが指摘
できよう。また、②で注目すべきは(A)の「凡百餘國」が「附庸國凡百餘」と
改められていることである。(A)の文脈では倭が百余国から構成されてい
るという内容になるが、②では直前に「五畿七道云々」とあるために、日本
が直轄地の五畿七道のほかに百以上の属国(附庸国)を従えた大国と解釈する
余地を与えてしまっている。

102

表2 『通考』「両志」『三国志』対照表[7)]

| 『通考』 | 「両志」 | 伝紹興本 | 伝紹熙本 | 衢州本 | 池州路本 | 考略 |
|---|---|---|---|---|---|---|
| 對海國 | 對海國 | 對馬國 | 對海國 | 對馬國 | 對馬國 | 對海國 |
| 尹都國 | 尹都國 | 伊都國 | 伊都國 | 伊都國 | 伊都國 | 尹都國 |
| 邪馬一國 | 邪馬一國 | 邪馬壹國 | 邪馬壹國 | 邪馬一國 | 邪馬壹國 | 邪馬一國 |
| 自女王國以北 | (該当なし) | 自女三國以北 | 自女王國以北 | 自女王國以北 | 自女王國以北 | (該当なし) |
| 道里可得畧載 | (該当なし) | 道里可得略載 | 道里可得略載 | 道里可略載 | 道里可得略載 | (該当なし) |
| 斯焉國 | 斯焉國 | 斯馬國 | 斯馬國 | 斯馬國 | 斯馬國 | 斯馬國 |
| 郡支國 | 郡支國 | 都支國 | 郡支國 | 郡支國 | 郡支國 | 郡支國 |

③は所謂『魏志倭人伝』の行程記事で、(D)を典拠とするものとみなしうる。ここで注目すべきは「両志」の字句が『通考』と完全に一致するのに対し、現存の『三国志』

表3 『通考』『後漢書』「両志」対照表

| 通考 | 「両志」 | 後漢書(1) | 後漢書(2) |
|---|---|---|---|
| 邪焉臺國 | 邪焉臺國 | 邪馬臺國 | 邪馬臺國 |
| 邪摩維 | 邪摩維 | 邪摩推 | 邪摩惟 |
| 又俗少竊盗 | 人不盗竊 | 又俗不盗竊 | 又俗不盗竊 |

※後漢書(1)は南宋後期福唐郡庠刊本・上杉本・南宋嘉定年間白鷺洲書院刊本・南宋初期両淮江東転運司刊本・元寧国路儒学提挙司刊本・明正統刊本を示す、後漢書(2)は、南宋初期10行本を示す[8)]。

諸版本との間にはそれぞれ異同が見られることである(文中の□□及び表2を参照)。これは、『一統志』『通志』の編纂にあたり『通考』の記事の典拠となる『三国志』にまで遡らず、『通考』の記述のみを参照した可能性を示すものである。また、(D)の「又南渡一海千餘里、名日瀚海、至一大國」という一文を節略する過程で「一大國」を固有名詞ではなく「大きな国」と解釈したために直前にある固有名詞「瀚海」を国名ととらえて「瀚海國」という架空の国を創出していることが指摘できる。

④は(A)の後半部と(B)を典拠としたものとみなしうる。ただし、③と同様に(B)の□□部分はその典拠である『後漢書』の現存する版本とは字句の異同がみられる(表3)。

⑤は(E)を典拠としたものと考えられるが、「後復立男王、並受中國爵命」の字句については、(F)の節略ともとれなくはない。しかし、『梁書』『北史』『通典』『太平寰宇記』に一致する表現が見られるので、これらの史料を典拠とした可能性が高い。また、⑥～⑧については(F)(G)(H)の単純な節略とみることができる。

103

1. 「地方」とはどこか

①と⑪は(K)を典拠としていると考えられるが、『一統志』と『通志』の間で異同がみられる。基本的には『通考』の日本の位置情報(遼東からは遠く、浙江・福建からは近い)に加えて日本の入貢ルートを示すものであるが、前述の①と⑪の記事の性格の違いにより、①はより簡潔に明代の入貢ルートを示すのみであるのに対し、⑪は歴代の入貢ルートの沿革を示す記述となっている。さらに⑪では末尾に「其國界、東西行五月、南北行三月、四境皆極於海」という『通考』にはない記述を増補している。同一の表現は『北史』『隋書』『通典』『太平寰宇記』に見えるので、これらの史料を典拠としたと考えられる。

以上、文字の異同を中心に比較をしてきたが、「両志」が『通考』を引用する際に、体例に大きな変更を加えていることを指摘しておかなければならない。

『通考』の編纂方針として歴代の史書・経書の記述のうち史実として疑いないとみなしたものを、まず本文(=「文」)として掲げ、「文」の傍証や解釈の根拠となる史料(=「献」)を本文より一段下げて記載し、さらに史料の疑問点・問題点に対する馬端臨の個人的な考察(=「考」)を本文より二段下げで記述する。倭の条の記述でいえば、(D)(I)が「献」、(K)が「考」、その他が「文」に相当する[9]。『通志』『一統志』はこれを引用するにあたって、「献」「考」部分を全て本文化していることになる。「邪馬臺国」と「邪馬一(壹)国」が共存する一見奇妙なテクストは、このような過程で出現したのである。

指摘すべきは(K)において『通考』の撰者である馬端臨の関心がもっぱら日本の位置に集中していることである。そして考察により「遼東からは遠く、浙江・福建からは近い」、つまり日本は中国の東南にある国、という結論を導き出す。その考証過程で挙げる「朝鮮から南に向かったり東に向かったりしながら、三度海を渡り、七カ国を経由して、一万二千里でその国都に到る(歴朝鮮国乍南乍東、渡三海、歴七国、凡一万二千里、然後至其国都)」という根拠は(D)「魏志倭人伝」の記事にもとづいていることは容易にうかがえる。周知のごとく「魏志倭人伝」の行程記事を字面通りによめば、倭の国都はかなり南方に位置することになり、倭(日本)を中国東南の国とみなすための格好の傍証となるものである。つまり、(D)は(K)の「考」に対する「献」として引用されたものとみなすことができる。

104

「両志」による(D)(K)の本文化は、『通考』が本来有していた文脈の喪失を招くことになる。特に問題なのは(D)の内容を②の「附庸国凡百余」の直後に配したために、日本の位置についての傍証ではなく、附庸国の内容を具体的に示す記述という印象を与えてしまっていることである。明後半期に著された薛俊『日本国考略』、李言恭・郝傑編『日本考』は「属国」の項目を設けて(D)の諸国を列挙している(しかも「対海国」「瀚海国」「尹都国」「邪馬一国」「斯蔦国」「邪摩維」の表記を継承している)のは、『一統志』の記述の影響をうけたものと考えられる。

### (3) その他の史料源

『文献通考』は南宋期までの記録にとどまっているので、元明期に関しての記載である⑨⑩は、別の史料を典拠としていると考えねばならない。⑨は「(日本)使竟不至」の表現が『元史』巻208、外夷1、日本伝の末尾に「而日本人竟不至」と共通しているので『元史』の節略であると考えられる(なお、この表現は『元文類』巻41、雑著、所引『経世大典』政典、征伐、日本の条にもみられるが[10]、『通志』の引用書目には『元史』のみが挙げられ、『元文類』『経世大典』は参照されなかった可能性が高い)。⑩については史料源が不明であるが、史書編纂や外交にかかわる機関に集積された記録にもとづいたものと推測される。

⑲(『通志』では⑫)『明太宗皇帝実録』に記述があり、また『通志』の凡例が引用文献にあげている『国朝御製詩文』が御製碑文の内容を収録していた可能性があるので、このあたりが史料源であると考えられる。

## 2. 『日本国考略』との比較から見た『通志』『一統志』の外国記事の史料源

『日本国考略』は嘉靖2年に寧波で朝貢の先次をめぐって細川氏の使者と大内氏の使者が興した乱闘事件(寧波事件)を契機に、日本についてのより詳細な情報を作成しようという意図のもと、当時の寧波府定遠県の知県であった鄭余慶の命により当地の学者である薛俊が編纂した書物である。ただし、日本語の語彙についての情報である「寄語略」の記述を除けば、大半が既存の書物の日本についての記述を再編集した内容のため、日本に関する初めての専著であるものの、独自史料としてはあまり評価されていない

1. 「地方」とはどこか

書物である[11]。ただ、本稿の観点からすると、『日本国考略』(以下、『考略』と
略称)の内容・史料源は「両志」と多くの共通点を持ち、「両志」の日本記事ひ
いては外国記事の編纂過程を考える上で多くの示唆を与えてくれる。そこ
で本節では、『考略』の史料源について考察したい。

### (1)『考略』と『通考』

先行研究において『考略』の記事は正史の倭伝・日本伝を史料源としてい
ると指摘されている[12]。しかし、これが妥当であるかは、再検討の余地
がある。

前掲表2には『考略』の属国の条(魏志倭人伝と共通の内容である)の記載も付
しておいたが、これを見ると明らかに『通考』との一致の度合いが高い。異
同に関しては「両志」とも一致しているのであるが、『考略』の記述は単なる
国名・里程の羅列ではなく、各国について概要も示しているので『三国志』
『通考』の記述に近くなっている。ここから『考略』は「両志」ではなく『通考』
を参照したとひとまず考えることができる。属国略以外の箇所でも、歴代
正史との語句の異同が見られる場合、多くは『通考』と一致しており、『通
考』の記述が及ぶ宋代以前の記事については『考略』は『通考』を典拠とした
とみなしうる。ただし、一部の記述は例外で、神代以来の王統についての
記録である「世記略」は『通考』が天材雲尊・津舟尊・天照火神としているも
のをそれぞれ『宋史』と同じく天村雲尊・汲津丹尊・天照大神としているな
ど『宋史』を参照していることがうかがえる。

ここで問題になるのが、宋代に関する記述は『通考』『宋史』ともに宋代に
編纂された『国史』に基づいているために、基本的にほぼ同文なことである
[13]。つまり、『通考』を参照すれば『宋史』を用いる必要はあまりないといえ
る。勿論、『考略』が参照した記事のように、両書間の字句の異同も皆無で
はないので、校勘の意味合いがあったとすることもできる。

### (2)『考略』と「両志」における『通考』『宋史』からの引用

ここで注目すべきは、『通考』『宋史』をともに参照するという編纂方針は
『考略』に限らず、本稿の考察対象である「両志」の外国記事にも共通してい
ることである。表4は「両志」に明記される引用史料を挙げたものであるが、

106

一見して明らかなように「風俗」記事を中心に広範にわたり『通考』『宋史』が参照されているのがうかがえる。ただ、両書からの引用の在り方をみると、相互補完や校勘を目的にしていると考えるのは疑問である。

たとえば、『通志』巻118、爪哇（ジャワ）国の条には『宋史』からの引用として「土人被髪其衣装纏胷以下至於膝。其俗有名而無姓」という一文を挙げているが、この部分に関しては『通考』巻332、四裔考9、闍婆と『宋史』巻489、外国伝5、闍婆国はともに「土人被髪其衣装纏胷以下至於膝。疾病不服藥、但禱神求佛。其俗有名而無姓」と、一言半句異なる所がない。また同条が『通考』からの引用としている「其王椎髻、戴金鈴、衣錦袍、躡革履、坐方牀、官吏日謁、三拜而退。國人見王皆坐、俟其過乃起」という一文も『通考』は「其王椎髻、戴金鈴、衣錦袍、躡革履、坐方牀、官吏日謁、三拜而退、出入乗象或腰輿、壯 者 五七百人執兵器以從。國人見王皆坐、俟其過乃起」、『宋史』は「其王椎髻、戴金鈴、衣錦袍、躡革履、坐方牀、官吏日謁、三拜而退、出入乗象或腰輿、壯 士 五七百人執兵器以從。國人見王皆坐、俟其過乃起」と、省略部分に一文字異同があるだけである。つまり、『通考』と『宋史』に関しては、どちらからの引用にするかは必然的な理由があるのではなく、恣意的な選択がおこなわれていた可能性が高いのである。「両志」が何故このような編纂方針を採用したのかは不明であるが、少なくとも『通考』『宋史』の内容が重複するにも関わらず、どちらかに偏らずに参照・引用することを意識的に行っていたと考えることはできよう。『考略』の記述も「両志」の編纂方針を意図的に踏襲したか否かは不明であるが、結果的には記述の多くを『通考』と『宋史』に依拠するという共通性を持つ内容となっていることは、日本についての記述、ひいては明代中期頃までの外国情報の史料源を考える上で、留意しておく必要があろう。

## (3)「両志」における外国記事の史料源の特徴

先述のように『考略』は日本に関する記述を歴代正史から満遍なく参照するのではなく、『宋史』と歴代正史の内容を総合した『通考』を利用している。改めて表4をみると、「両志」の外国記事も同様で、一部例外はあるが正史から直接引用された記述の大半は『宋史』であり、また『通考』を多く参照しているのがうかがえる。『宋史』と『通考』のほかに多く参照されている書物

1. 「地方」とはどこか

表4 『通志』『一統志』外夷の出典一覧

| | 『寰宇通志』 | 『大明一統志』 |
|---|---|---|
| 朝鮮 | 『後漢書・東夷伝』『北史・高句麗伝』『新五代史・高麗伝』『高麗図経』『通考』(風俗)『高麗図経』(山川) | 『漢書』『北史』『寰宇記』『高麗図経』『通考』(風俗)『高麗図経』(山川) |
| 女直 | 『開元新志』(風俗) | 『後漢書』『北史』『通考』『元史』『大元一統志』『開原新志』(風俗) |
| 日本 | 『通考』(沿革)『寰宇記』(風俗・土産) | 『寰宇記』『宋史』(風俗) |
| 琉球 | 『寰宇記』(風俗・土産) | 『寰宇記』(風俗) |
| 西蕃 | 『新唐書・吐蕃伝』『通考』『宋史』『元史釈老志』(風俗) | 『新唐書・吐蕃伝』『通考』『宋史』『元史・釋老志』(風俗) |
| 哈密 | 『使西域記』(風俗) | 『使西域記』(風俗) |
| 火州 | 『通考』(風俗) | 『漢書』『通考』『宋史』(風俗) |
| 別失八里・亦力把力 | 『使西域記』(風俗) | 『使西域記』(風俗)『宋史』(山川) |
| 撒馬児罕 | 『使西域記』(風俗) | 『使西域記』(風俗) |
| 哈烈 | 『使西域記』(風俗) | 『使西域記』(風俗) |
| 于闐 | 『通考』『宋史』(風俗)『漢書』(山川) | 『通考』『宋史』(風俗)『漢書』(山川) |
| 安定衛・阿瑞衛 | | 『宋史』(風俗) |
| 安南 | 『安南志』(形勝・風俗)、『通考』(風俗) | 『通考』『宋史』『越外記』『安南志』(風俗)『南中志』(土産) |
| 占城 | 『寰宇記』『通考』(風俗) | 『寰宇記』『宋史』『通考』(風俗) |
| 暹羅 | 『島夷志』(風俗) | 『島夷志』(風俗) |
| 爪哇 | 『宋史』『通考』『諸蕃志』『島夷志』(風俗) | 『宋史』『諸蕃志』『島夷志』(風俗) |
| 真臘 | 『寰宇記』『宋史』『通考』『諸蕃志』『島夷志』(風俗) | 『寰宇記』『宋史』『通考』『諸蕃志』『島夷志』(風俗) |
| 払菻 | 『宋史』(風俗) | 『宋史』(風俗) |
| 三仏斉 | 『宋史』『通考』『島夷志』(風俗) | 『宋史』『通考』『島夷志』(風俗) |
| 渤泥 | 『宋史』『諸蕃志』『島夷志』(風俗) | 『宋史』『諸蕃志』『島夷志』(風俗) |
| 蘇門答剌 | 『島夷志』(風俗) | 『島夷志』(風俗) |
| 蘇禄 | 『島夷志』(風俗) | 『島夷志』(風俗) |
| 彭亨 | 『島夷志』(風俗) | 『島夷志』(風俗) |
| 西洋古里 | 『島夷志』(風俗) | 『島夷志』(風俗) |
| 榜葛剌 | 『島夷志』(風俗) | 『島夷志』(風俗) |
| 天方 | 『島夷志』(風俗) | 『島夷志』(風俗) |
| 默徳那 | 『晋安郡志』(風俗) | 『晋安郡志』(風俗) |
| 古里班卒 | 『島夷志』(風俗) | 『島夷志』(風俗) |
| 韃靼 | 『匈奴志』『烏桓志』『突厥志』『契丹志』(風俗)、『漢書音義』(土産)、『寰宇記』(古蹟) | 『匈奴志』『烏桓志』『突厥志』『契丹志』(風俗)、『漢書音義』(土産)、『寰宇記』(古蹟) |

※( )内は出典の示されている門目。なお、紙幅の関係で出典の明記されていない条は除外して記した

「邪馬臺国」と「邪馬一国」（高井）

としては『太平寰宇記』『使西域記』『島夷志』が挙げられる。『使西域記』は1412年から1414年にかけてサマルカンドに遣使した陳誠の帰朝報告書で[14]、『島夷志』は1330年から1345年にかけて二度にわたり海路で南シナ海・アラビア海諸国に赴いた汪大淵の記録である。『宋史』『通考』の成書年はそれぞれ1345年、1317年であることを考えると、両志の外国記事の編纂にあたり比較的新しい情報が記された典籍を優先的に参照していたとみることが可能であろう。『太平寰宇記』は980年頃に成立したものなので、新しい情報とは言い難いが、『宋史』『通考』とともに宋代の情報に依拠する部分があるという共通項がある。また、『太平寰宇記』は外国記事を持つ「総志（天下を対象とする地理書）」という、「両志」と共通する編纂方針を持つという点でも優先的に参照すべきものとされたのではないかと考えられる。

表4に挙げた引用書の大半は「風俗」の項目で参照されたもので、「沿革」で参照されている日本の条は例外に属するものである。『通志』の凡例は文献の引用について、

　　『通志』の引用は書物からのものであれば「某書」と記し、書物でない場合は「某云」と記し、直接の引用でない場合は事実にもとづいて記す。

と述べている。沿革記事の大半は参照した文献を明記していないので、凡例によれば特定の文献のみを参照したわけではないこととなる。ただし、『通考』を参照したのが日本の条の沿革記事のみというわけではない。『通考』の外国記事自体が正史の四夷伝・外国伝などの文献を参照して編纂されたものなので、引用文献を明記していない中で『通考』からの引用を検出するのは困難ではあるが、「両志」の占城の条に、わずかながら『通考』を参照した痕跡が確認できる。

表5は唐の安南都護が元和4年(809)年に占城の前身とされる林邑（当時は環王国と称す）に侵攻した事件の記事について各史料の内容を比較したものである。一見すると記事の内容自体は『通考』と『旧唐書』『新唐書』は同内容で、「両志」の記述には隔たりがあり、「両志」は『通考』を参照していないように見える。ただし、注意深く記事を読むと、唐の安南都護の名を『旧唐書』『新唐書』は「張舟」としているのに対し「両志」『通考』は「張丹」と表記する。「舟」「丹」は字形が似ており、「両志」の編纂・出版時の転写の誤りや誤刻とも考えられるが、先述の正史の諸本と『通考』の字の異同と「両志日本の条

109

1. 「地方」とはどこか

表5　元和年間の安南都護による林邑(環王)攻撃記事の比較

| 出典 | 史料 |
|---|---|
| 『寰宇通志』巻118、占城 | 唐元和初、入寇驩愛等郡。安南都護 張丹 擊破之。遂棄林邑退。遷其國於占、因號占城。 |
| 『大明一統志』巻90、占城 | 唐元和初、入寇驩愛等郡。安南都護 張丹 擊破之。遂棄林邑退。徙國於占、因號占城。 |
| 『文献通考』巻331、林邑 | 元和初年、不朝獻。安南都護 張丹 執其偽驩愛州都督斬三萬級、虜王子五十九、獲戰舠鎧。 |
| 『新唐書』巻222、南蛮、環王 | 元和初不朝獻、安南都護 張舟 執其偽驩愛州都統、斬三萬級、虜王子五十九、獲戰象、舠、鎧。 |
| 『旧唐書』巻14、憲宗紀上、元和4年八月丙申の条 | 安南都護 張舟 奏破環王國三萬餘人、獲戰象、兵械、并王子五十九人。 |

の関係を考慮すると、占城の条においても「両志」が『通考』を参照した可能性が高いのではなかろうか。占城の沿革記事について「両志」が『通考』を参照したと考えた場合、表5に挙げた記事のように両者の記述内容に隔たりがあることが問題となる。これについては、「両志」が参照した史料について明記していないことが関係すると考えられる。先述の『通志』の凡例でみたように、文献の引用については、直接の引用に関しては出典を明記するのに対し、そうでない場合にはそれを明記しないという編纂方針をとっている。つまり占城の沿革記事は『通考』を参照したとしても、直接の引用ではなく内容の大幅な改編や『通考』以外の複数の文献も参照した結果、出典を明記しなかったと考えることができるのである。したがって、「両志」に明記されていなくとも、日本・占城以外の沿革記事についても『通考』が参照された可能性を考慮しておく必要があろう。

## 3. 両志の日本記事からみえる明中期の学術

### (1)『大学衍義補』の典拠史料

　前節でみた「両志」『考略』の史料源のありかた、すなわち唐以前に関する記述において個別の正史ではなく『通考』などの通史な類書的記述を参照することは、単にこれらの書物の編纂方針というだけでなく、当時の学術に共通する傾向の可能性がある。本節では「両志」の編纂に纂修官として携

わった明中期の著名な思想家として知られる丘濬の著作である『大学衍義補』の典拠史料を例にあげて、この問題について考えてみたい。

『大学衍義補』は皇帝への進講録にもとづき、様々な現実の政治的課題について過去の歴史を参照しつつ自己の見解を述べ、『大学』の「治国平天下」の要点を示した書である。そのため、同書には多くの史書からの引用がみられる。『大学衍義補』を著す際に丘濬が参照した書物については、陳永正氏が初歩的な考察を行なっている[15]。それによると、正史は『史記』28、『漢書』36、『後漢書』7、『宋史』14、『元史』7、『新唐書』7、『晋書』2、『南斉書』1、『三国志』1、『新五代史』1、『隋書』1という引用回数となっている。一見して分かるように、漢代と唐以降のものが多く、魏晋南北朝についてはほとんど参照されていない。この偏り自体も十分に注目に値するが、本稿の論点から見てさらに興味深いのは、正史からの引用とされている記事の一部が、実際には他書からの引用の可能性が高いということである。

『大学衍義補』の数少ない魏晋から隋の正史の引用は、ほぼ巻90、車服の条に集中している。表6は同条の正史からの引用とされる部分を各正史の原典および王応麟『玉海』（『玉海』は科挙の参考書として天文・地理・諸制度などの分類ごとに関連文献を配列した類書）と比較したものである。これを見ると、『大学衍義補』の字句の使い方や文の省略の仕方が『玉海』とほぼ一致しており、『大学衍義補』は各正史をそのまま引用したというよりも『玉海』の文構成を参照した可能性の方が高いことがうかがえよう。

また、『大学衍義補』は出典を示さずに歴史的出来事を示す個所があるが、その際に正史などからの直接の引用ではなく『通考』などの類書を利用している場合がみうけられる。表7は『大学衍義補』巻112、存欽恤之心の記事を『新唐書』『旧唐書』『資治通鑑』および『文献通考』の記事と比較したものである。表に挙げた出来事は『資治通鑑』を典拠としているようにみえるが、記事の直後に胡寅（胡致堂。南宋初の儒学者）の歴史評論の書である『致堂読史管見』や馬端臨（つまり『通考』）の評語を引用する構成は、『通考』と一致しており、この部分に関しては各文献を個別に参照して再構成したというよりは、『通考』の記述をそのまま利用したと考えるべきであろう。

上記のような個別の正史ではなく『玉海』『通考』のような通史的な類書を優先して参照する歴史叙述の在り方は、前節までにみた「両志」『考略』の記

1. 「地方」とはどこか

表6 『大学衍義補』の典拠(1)

| 『大学衍義補』巻90 | 正史の対応記事 | 『玉海』 |
|---|---|---|
| 後漢志、通天冠、高九寸、正豎、頂少邪卻、迺直下為鐵卷梁、前有山、展筩為述〈駁犀簪導〉、乘輿所常服。 | 通天冠、高九寸、正豎、頂少邪卻、乃直下為鐵卷梁、前有山、展筩為述、乘輿所常。(『後漢書』輿服志) | 後志、通天冠、高九寸、正豎、頂少邪卻、乃直下為鐵卷梁、前有山、展筩為述〈駁犀簪導〉、乘輿所常服。(巻81、車服、冕服) |
| 隋志、平冕、俗所謂平天冠也。 | 梁制、乘輿郊天、祀地、禮明堂、祠宗廟、元會臨軒、則黑介幘、通天冠平冕、俗所謂平天冠者也。(『隋書』巻11) | 隋志、平冕、俗所謂平天冠也。(巻82、車服、冕服) |
| 晉志云、通天冠、本秦制、前有展筒、冠前加金博山述。郊祀天地、明堂、宗廟、元會、臨軒、介幘、通天冠、平冕。冕、皂表、朱綠裏、加於通天冠上、前圓後方、垂十二旒。 | 天子郊祀天地明堂宗廟、元會臨軒、黑介幘、通天冠、平冕。冕、皁表、朱綠裏、廣七寸、長二尺二寸、加於通天冠上、前圓後方、垂白玉珠、十有二旒、以朱組為纓、無綟。<br>(中略)<br>通天冠、本秦制。高九寸、正豎、頂少斜却、乃直下、鐵為卷梁、前有展筩、冠前加金博山述、乘輿所常服也。 | 晉志、通天冠、本秦制〈又曰、漢明帝更服褎章、天子冠通天而佩玉璽〉、前後有展筩、冠前、加金博山述。〈述、即鷸也。知大雨、故冠象馬〉。郊祀天地、明堂、宗廟、元會、臨軒,介幘、通天冠、平冕。冕、皁表、朱綠裏、廣七寸、長二尺二寸、加於通天冠上、前圓後方、垂白玉珠十二旒、以朱組為纓、無綟。(巻81、車服、冕服) |
| 唐志、太宗常以襆頭起於後周、便武事者也。方天下偃兵、採古制為翼善冠、自服之。 | 太宗嘗以襆頭起於後周、便武事者也。方天下偃兵、採古制為翼善冠、自服之。 | 志、太宗常以襆頭起於後周、便武事者也〈馬周議、襆頭者、左右各三摺、象三才重繫前、脚法二儀〉。方天下偃兵、採古制以為翼善冠、自服之。(巻82、車服、冕服) |
| 南齊輿服志、袞衣、漢世出陳留襄邑所織。宋末用繡及織成、齊建武中乃采畫為之、加飾金銀薄。時亦謂為天衣。 | 袞衣、漢世出陳留襄邑所織。宋末用繡及織成、建武中、明帝以織成重、乃采畫為之、加飾金銀薄、世亦謂為天衣。 | 南齊輿服志、袞衣、漢世出陳留襄邑所織。宋末用繡及織成、齊建武中乃采畫為之、加飾金銀薄。世亦謂為天衣。 |

112

「邪馬臺国」と「邪馬一国」（高井）

表7 『大学衍義補』の典拠（2）

| 『大学衍義補』巻112 | 正史などの記述 | 『文献通考』巻166、刑考5 |
|---|---|---|
| 玄宗開元十八年、刑部奏天下死罪止二十四人。胡寅日、以文觀之、四海九州之大、一歳死罪止二十有四人、幾於刑措矣。以實論之、玄宗以奢汰逸樂教有邦、則獄訟安得一一伸理、曲直安得一一辨白、無乃慕刑措之名、飾太平之盛、有當死而蒙宥者乎。官吏之慘舒、一視上之好惡。君好之、則臣為之、上行之、則下從之、故詩云牖民孔易。苟欲刑措不用、雖囹圄常空可也。然訟獄曲直不得其分、姦猾逋誅、蠱害脱死、而平人冤抑者眾矣。故善為治者、必去華而務實、則不為人所罔也。 | 是歳天下奏死罪止二十四人。（『資治通鑑』巻213、開元18年11月丁卯の条） | （開元）十八年、刑部奏天下死罪止二十四人。致堂胡氏日、以文觀之、四海九州之大、一歳死罪止二十有四人、幾於刑措矣。以實論之、玄宗以奢汰逸樂教有邦、則獄訟安得一一伸理、曲直安得一一辨白、無乃慕刑措之名、飾太平之盛、有當死而蒙宥者乎。官吏之慘舒、一視上之好惡。君好之、則臣為之、上行之、則下從之。故詩云、誘民孔易。苟欲措刑不用、雖囹圄常空可也。然訟獄曲直不得其分、姦猾逋誅、蠱害脱死、而平人冤抑者眾矣。是故善為治者、必去華而務實、則不為人所罔也。 |
| 開元二十五年、大理少卿奏、今歳天下斷死刑五十八人、大理獄院由來相傳殺氣太盛、鳥雀不棲、今有雀巢其樹、百官以為幾致刑措、上表稱賀。馬端臨日、是時李林甫方用事、崇獎奸邪、屏斥忠直、御史周子諒以彈牛僊客杖死殿廡、太子瑛、鄂王瑤、光王琚以失寵被讒、無罪同日賜死、皆是年事也。其為濫刑也大矣、而方以理院鵲巢為刑措之祥、何耶。 | 大理少卿徐嶠奏、今歳天下斷死刑五十八人、大理獄院由來相傳殺氣太盛、鳥雀不棲、今有鵲巢其樹。於是百官以為幾致刑措、上表稱賀。（『資治通鑑』巻214、開元25年7月己卯の条）<br><br>玄宗自初即位、勵精政事、常自選太守、縣令、告戒以言、而良吏布州縣、民獲安樂、二十年間、號稱治平、衣食富足、人罕犯法。是歳刑部所斷天下死罪五十八人、往時大理獄、相傳鳥雀不栖、至是有鵲巢其庭樹、羣臣稱賀、以為幾致刑錯。（『新唐書』巻56、刑法志）<br><br>二十五年九月奏上、敕於尚書都省寫五十本、發使散於天下。其年刑部斷獄、天下死罪惟有五十八人。大理少卿徐嶠上言、大理獄院由來相傳殺氣太盛、鳥雀不棲、至是有鵲巢其樹。於是百僚以幾至刑措、上表陳賀。（『旧唐書』巻50、刑法志） | （開元二十五年）大理少卿徐嶠奏、今歳天下斷死刑五十八人、大理獄院由來相傳殺氣太盛、鳥雀不栖、今有鵲巢其樹。於是百官以為幾致刑措、上表稱賀。按通鑑紀、此事於開元之二十五年、然當時李林甫方用事、崇獎奸邪、屏斥忠直、監察御史周子諒以彈牛仙客杖死殿廡、太子瑛、鄂王瑤、光王琚以失寵被讒、無罪同日賜死、皆是年事也。其為濫刑也大矣、而方以理院鵲巢為刑措之祥、何耶。 |

1.「地方」とはどこか

述と共通している。これは単なる偶然の一致ではなく、当時の読書の在り方に規定されたものと考えられる。

## (2) 明中期の読書人たちの読書傾向

当時の読書の在り方としてまず指摘すべきは、明初から中期にかけての書物の流通の少なさである。井上進氏によれば明初以来書物の出版・流通は前代に比べて格段に低調となり、特に史書・文学書においてそれが顕著であった。明中期の天順・成化年間(1457～1487)頃からようやく少しずつ史書・古典文学などの新しい版本が出版されはじめるようになる[16]。つまり、「両志」や『大学衍義補』はかかる時代に成立した書物であった。勿論、「両志」は当時にあっては豊富な宮中の蔵書を参照できるという環境下で編纂されたものであり、日本の記述を主に『通考』によった理由を、ただちに書物の少なさに求めることはできない。しかし、『通志』の凡例に挙げられる150余種の引用書目を見ると南北朝期の正史である「七史」(『宋書』『南斉書』『梁書』『陳書』『魏書』『北斉書』『周書』)に言及せず(前述した『大学衍義補』の文献引用にも共通していることは注目すべきであろう)、また引用書目に挙げられているものも実際には他の類書などからの間接引用である場合が見られるなど[17]、文献の参照が必ずしも網羅的なものではなく、ある種の指向性が見受けられる。

この指向性の原因として考えられるのは、当時の知識人の読書の方法である。元の儒学者の程端礼が著した『程氏家塾読書分年日程』(以下『日程』と略称)に見える読書法は、朱子学的な「窮理」の実践を主眼としつつも、その読書法を学校教育などの現場で広く受容されることを企図して、執筆当時に再開した科挙の試験対策の要素を加味したものである。この読書法は程端礼の企図したように当時の学校教育に採用されて、明清時代の読書法(さらにいえば、当時の多くの知識階層の最大の目標である科挙の試験勉強)にも大きな影響を与えたとされている[18]。

その読書法は「小学(初歩的な読み書き)」から経書の学習へと進み。その後古典文学・史書を学んでゆく。そして史書に関しては『資治通鑑』が推奨されていることがまず注目される。これは個別の正史ではなく通史的記述が優先されることを意味する。また漢以前に関しては『史記』『漢書』、唐に関

しては『唐書』『唐鑑』もあわせ読むことが推奨されているのは、先述の『大学衍義補』の引用傾向との共通性があることも注目に値しよう。さらに制度に関して、

> （前略）性理の書が終われば、次に制度を考察する。制度の書の多くは、治道を兼ねており、両者を分けることはできない。諸経の注・疏や諸史の志・書、『通典』、『続通典』、『文献通考』、鄭樵『通志』二十略、甄鸞『五経算術』『玉海』、『山堂考索』（中略）を仔細に読む。律・暦・礼・楽・兵・刑・天文・地理・官職・賦役・郊祀・井田・学校・貢挙などの制度の大略を選び『山堂考索』に記載する「歴代沿革」のように分類し、本末・得失を考察してから、朱子の意や後世の大儒の議論に基づいて判断する。朱子『経済文衡』、呂祖謙『歴代制度詳説』といったものについては、事類ごとに書き写す。紙に余白が残ればそのままにしておいて、さらに付け加えるべきことがあれば、自ら論を著すようにする。これらはみな学ぶ者が究めなくてはならないことである[19]。

という読書法が推奨されている。まず注目されるのが、諸書の内容を項目ごとに分類整理し、諸家の評論を参照しつつ、自己の見解を付け加えるという読書法は、『大学衍義補』の叙述と共通していることであろう。ここから、『大学衍義補』は『日程』的な読書の影響下（丘濬は自身の著作において『日程』について言及していないので直接影響を受けたかについては不明である）で成立した書物と位置付けることが可能であろう。

ただし、『日程』は『通考』『玉海』といった通史的な類書だけでなく諸史（正史）も参照すべき書物として挙げている。つまり、『日程』的な読書が、直ちに正史よりも通史的な記述が優先されることを意味しない。『日程』の影響を受けて明初に成立した学習指南書である趙撝謙『学範』巻上、読範では[20]、この点に関して明確に「史書を読む場合、正史を優先する。（正史とは）十七史のことである。その後に通史・通志を読み照らし合わせる。（通史・通志とは）『資治通鑑』『通典』の類いのことである」と正史の優先を推奨している。

ただし、『学範』の記述で注意しておくべきは、正史のなかでも優先順位がつけられており南北朝期をあつかう正史は必読書に挙げられず「一度目を通しておくべき書物」として言及されていることである。これは『通志』の引用書目の状況と相通ずるものがある。ここで想起すべきは、前述の書

115

1. 「地方」とはどこか

物の出版流通状況である。まず、南北朝七史についていえば、すでに宋代
においてあまり流布しておらず、明代の南京国子監に伝えられた南宋前期
の版本(これは現存する唯一の宋元版でもある)の板木は開版から350年ほど経た
嘉靖7年(1518)においてもほとんど板木が欠けていないと伝えられ、この
時期を通じて七史はほとんど印刷されていなかった[21]。つまり、七史は
あまり需要のない(読者の少ない)史書であり、明代前期の士人たちが日常的
に読むものではなかったと考えられる。勿論、明中期の蔵書家として知ら
れる葉盛(1420〜1474)の蔵書目録である『菉竹堂書目』には七史全て収録さ
れていることからも知られるように、全く読むことのできない書物という
ことでもなかった。実際、これも蔵書家として知られる邵宝(1460〜1527)
が江西提学副使の在任中に職務の間に読んだ史書の読書ノートをもとに撰
述した歴史評論である『学史』のなかで『梁書』『南斉書』『魏書』『周書』を引用
している。ただし、『学史』における引用の内訳をみると、のべ381の引用
文献中、『史記』78、『春秋左氏伝』69と、この両書で全体の約4割を占め、次
いで『宋史』32、『新唐書』30、『漢書』25、『後漢書』16、『晋書』16とつづき、南
北朝七史は『梁書』3、『南斉書』1、『魏書』8、『周書』2となっている、これは前
述の『大学衍義補』の正史の引用と近似しており、たとえ全ての正史を読み
得る環境にあったとしても、七史があまり読まれないという傾向にあった
とみることができよう。

　上記のような、全ての正史が必ずしも均しく読まれていたわけではない
という読書傾向が、「両志」の沿革記事や『大学衍義補』のように通時的な記
述が求められる際に、個別の正史の記事ではなく、通史や通史的な類書の
記事が優先される状況を生み出したものと考えられる。無論、その背景に
は、宋元代を通じて『資治通鑑』『文献通考』『玉海』のような通史や類書が数
多く編纂されて科挙の試験対策の参考書として読まれるようになっており、
個別の正史よりも読書人たちにとって参照しやすいものとなっていたとい
う状況があったと考えられる。


# おわりに

　本稿では、『大明一統志』の日本記事の史料源の分析を行い、記事の大半

が『文献通考』『太平寰宇記』にもとづいており、それが『寰宇通志』を通じて採録されたことを明らかにした。さらに、個別の正史を直接参照せずに『文献通考』のような通史・通志を参照するという編纂態度は同じく明中期に成立した『日本国考略』や『大学衍義補』と共通することを指摘し、その背景には当時の読書人たちの読書の傾向と書物の出版・流通状況があった可能性を論じた。

　従来、「両志」のような国家的な編纂物における史料の取捨選択には、編纂時における政治的な影響が指摘される場合がある。しかし、本稿で指摘したように、編纂を担った当時の読書人たちの読書傾向も史料の取捨選択に少なからず影響を与えていた可能性にも十分注意を払う必要があるであろう。


　　注
1)　古田武彦「邪馬壱国について」(『史学雑誌』78巻9号、1969年)を参照。
2)　大墨伸明「『邪馬壹国の方法』と新たな展開」古田武彦記念古代史セミナー2020報告レジュメ https://iush.jp/uploads/files/20201126153206.pdf (2024年8月14日最終閲覧)を参照。
3)　『一統志』の版本は明天順5年内府刊本(北京・国家図書館蔵。「国家図書館webサイト中華古籍資源庫」、以下「古籍資源庫」と略称)、『寰宇通志』は明景泰刊本(北京・国家図書館蔵。「古籍資源庫」)を参照した。
4)　「両志」の体例の差異については、陳浩東「試析《大明一統志》的史料来源：重慶府部分為例」(『史志学刊』2019年1期)、厳佳楽「《寰宇通志》与《大明一統志》比較研究」(福建大学碩士学位論文、2020年)、高橋亨「明代景泰——天順期の政局と一統志」(小二田章・高井康典行・吉野正史編『書物のなかの近世国家——東アジア『一統志』の時代』勉誠社、2021年)などを参照。
5)　前掲、陳浩東「試析《大明一統志》的史料来源：以重慶府部分為例」を参照。
6)　『文献通考』の版本は西湖所引元泰定元年刊本(後至元五年余謙重刊本。北京・国家図書館蔵。「古籍資源庫」)を参照した。
7)　『三国志』『日本国考略』の各版本は以下を参照した。
　　『三国志』
　　　伝紹興本：北京・国家図書館蔵(「中華古籍資源庫」)。
　　　伝紹熙本：宮内庁書陵部蔵(「宮内庁書陵部収蔵漢籍集覧——書誌書影・

1. 「地方」とはどこか

　　全文影像データベース」)。

　　衢州本：台北・国家図書館蔵(「宋紹興間(1131-1162)衢州州學刊元明修
　　補本」。台北・国家図書館webサイト「古籍與特蔵文獻資源」、以下「特
　　蔵文獻資源」と略称)。

　　池州路本：台北・国家図書館蔵(元大德丙午〔10年、1306〕池州路刊本、
　　「特蔵文獻資源」)。

　『日本国考略』：朝鮮明宗20年(1565)刊本。北京・国家図書館蔵(「中華古
　　籍資源庫」)。

8)　『後漢書』の各版本は以下を参照した。

　　南宋後期福唐郡庠刊本(「宋版後漢書」)・上杉本(「宋版後漢書(慶元刊
　　本)」：いずれも国立歴史民俗博物館蔵(国立歴史民俗博物館webサイト
　　「総合資料学情報基盤システムKhirin a」を参照)。

　　南宋初期10行本：台北・国家図書館蔵(「南宋初刊三種配補南宋福唐郡
　　庠刊元大德元統遞修本」、「特蔵文獻資源」)。

　　南宋嘉定年間白鷺洲書院刊本(宋「白鷺洲書院」)・南宋初期両淮江南転
　　運司刊本(宋紹興「江南東路転運司」本)・元寧国路儒学提挙司刊本(「寧
　　国路儒学元大德9年明成化遞修」本・明正統刊本(「明正統8年、9年11
　　年」本)：いずれも北京・国家図書館蔵(「中華古籍資源庫」)。

9)　『文献通考』の編纂方針と倭の条の具体的構成については劉昕《文献通
　　考・四裔考》研究』(信陽師範学院碩士学位論文、2020年)を参照。

10)　『経世大典』の日本記事の詳細と『元史』日本伝との関係については植松
　　正「『経世大典』にみる元朝の対日本外交論」(『京都女子大学大学院文学
　　研究科紀要(史学編)』16、2017年)を参照。

11)　汪向栄「中国第一部研究日本的専著——《日本考略》」(『日中関係史文献
　　論考』岳麓書社出版、1985年)を参照。

12)　前掲、汪向栄「中国第一部研究日本的専著——《日本考略》」(武安隆・
　　熊達雲『東アジアのなかの日本歴(12)中国人の日本研究史』六興出版、
　　1989年)第二章「明代の日本研究」などを参照。

13)　宋朝の『国史』と『宋史』『通考』の関係については周藤吉之「宋朝国史の
　　食貨志と『宋史』食貨志との関係」(『宋代史研究』東洋文庫、1969年)など
　　を参照。

14)　陳誠とその著書である『使西域記』(『西域山川風物行程紀録』『西域蕃
　　国志』とも称す)については神田喜一郎「明の陳誠の使西域記に就いて」
　　(『神田喜一郎全集(1)』同朋舎出版、1986年、初出は『東洋学報』16-3、
　　1927年)、李江「陳誠出使西域事迹考」(『江西社会科学』1996-12、1996
　　年)を参照。

15)　陳永正「従《大学衍義補》試析丘濬思想」(福建師範大学博士論文、2002
　　年)を参照。

「邪馬臺国」と「邪馬一国」（高井）

16) 井上進『中国出版文化史——書物世界と知の風景』（名古屋大学出版会、2002年）、同「明代前半の出版と学術」（『明代学術変遷史——出版と伝統学術の臨界点』平凡社、2011年）を参照。

17) この点については前掲、厳佳楽「《寰宇通志》与《大明一統志》比較研究」を参照。

18) 『程氏家塾読書分年日程』執筆目的とその影響については、鈴木弘一郎「『程氏家塾読書分年日程』をめぐって」（『中国哲学研究』15、2000年）、松野敏之「元朝の学習カリキュラムをめぐって——『程氏家塾読書分年日程』執筆考」（『国士舘人文学』44、2012年）、宮紀子「『対策』の対策」（『モンゴル時代の出版文化』名古屋大学出版会、2006年）、寺田隆信「士人の養成と教育課程」（『明代郷紳の研究』京都大学出版会、2009年）などを参照。

19) 訳文は松野敏之・中嶋諒「『程氏家塾読書分年日程』訳註(5)」（『論叢アジアの文化と思想』18、2009年）による。

20) 『学範』については前掲宮紀子「『対策』の対策」を参照。

21) 宋元明代における七史の出版流通については、尾崎康「宋元代における正史の刊刻」（『正史宋元版の研究』汲古書院、1989年）を参照。

119

## 2. 「地方」の何を描くのか

# 『テュルク系譜』3写本に増補された クリミアのハンたちに関する記述について
—— 付クリミア・ハン国史書簡介

## 長 峰 博 之


## はじめに

　中央アジアのヒヴァ・ハン国(ジョチ・ウルスの継承政権)の君主アブルガー
ズィー(在位1644〜63/4年)が著した史書『テュルク系譜』(1665年成立)の3写本
——エディンバラ、マンチェスター、キエフ(キーウ)——に、18世紀前半
までのクリミアのハンたちに関する興味深い記述が増補されている。これ
らはヴォルガ川下流域のアストラハンと北コーカサス(カフカース)で筆写
された。なぜ『テュルク系譜』にクリミアのハンたちに関する記述が増補さ
れたのだろうか。そしてなぜ、これらの写本はアストラハンと北コーカサ
スで筆写されたのだろうか。本稿ではこの増補部分の記述を手がかりに、
クリミア・ハン国における史書編纂の伝統、そしてクリミアとその周辺地
域における歴史的知識／記憶の保持・伝播のあり方について考えてみたい。


## 1. クリミア・ハン国

　クリミア・ハン国もまた、15〜18世紀にかけてクリミア半島と黒海・
アゾフ海北岸の草原地帯を中心に興亡したジョチ・ウルスの継承政権の1
つである。以下、先行研究に拠りながらクリミア・ハン国の歴史を概観
しておこう[1]。15世紀前半、ジョチ・ウルス遊牧集団の激しい離合集散
のなかで、ハージー・ギレイ(チンギス・カンの長男ジョチの子孫、在位1441〜56、
1456〜66年)[2]はクリミア半島を本拠に政権を樹立した。1475年、オスマン
帝国が半島南岸の港湾都市ケフェ(カッファ。現フェオドシア)を占領し、メン

2.「地方」の何を描くのか

グリ・ギレイ（在位1467、1469〜74、1478/9〜1515年）はオスマン帝国の後援を受けて復位した。以後、ハン国はオスマン帝国の宗主権下におかれ、その影響を強く受けるようになる。1502年、メングリ・ギレイはジョチ・ウルスの「正統」政権とされる「大オルダ」を大敗させ[3]、次のメフメド（ムハンメド）・ギレイ（在位1515〜23年）の時代には一時的にキプチャク草原西部をほぼ統合した。しかし、ヴォルガ水系への進出はモスクワのイヴァン4世（在位1533〜84年）の利害と鋭く衝突することとなった（モスクワは1552年にカザン、1556年にアストラハンを併合）[4]。以後、クリミア・ハン国はオスマン帝国の宗主権下にありつつもときには自立を志向し、モスクワ／ロシア、ポーランド・リトアニア、ザポロージエ（ザポリッジャ）・コサックなどの周辺勢力との同盟・敵対を繰り返しながら政権を維持した。しかし、露土戦争（1768〜74年）後のキュチュク・カイナルジャ条約（1774年）によってクリミア・ハン国はオスマン帝国の宗主権下から離れることとなり[5]、そして1783年、ハン国はエカチェリーナ2世治下（1762〜96年）のロシアに併合された（1792年にオスマン帝国は併合を最終的に承認）[6]。

　このように、とくに黒海周辺世界において重要な地政学上の位置を占めたクリミア・ハン国についてはこれまでも多くの研究が積み重ねられてきた[7]。とくにクリミア・ハン国とオスマン帝国の関係性は重要な論点であり、オスマン帝国の宗主権下にありつつもクリミア・ハン国はチンギス家の血統の重要性のために特別な地位を占めたことが明らかにされている[8]。

# 2. クリミア・ハン国史書

　300年以上にわたって存続したクリミア・ハン国からは多くの関係史料が残され、政権消滅後の19世紀初頭にいたるまで史書が書き継がれた。ここでは、近年にクリミア・ハン国史書について網羅的な研究を著したI.V. ザイツェフに拠りながら主要な史書について概観する[9]。総じて、クリミアの記述文化は、テュルク諸語のなかでもホラズム・テュルク語やチャガタイ語の影響圏にあったジョチ・ウルス[10]に起源をもちつつも、15世紀末から急速に「オスマン化」し、史書もオスマン語で著された[11]。

## (1) レンマール・ホージャ『サーヒブ・ギレイ・ハン史』
### (1553年成立)[12]

現存するクリミア・ハン国最初期の史書[13]。著者レンマール・ホージャ(本名バドルッディーン・ムハンメド b. ムハンメド・カイスーニーザーデ・ニダーイー・エフェンディ)はオスマン帝国出身、オスマン帝国君主スレイマン1世(在位1520〜66年)の後援を受けたクリミアのハン、サーヒブ・ギレイ(在位1532〜51年)に侍医として仕え、ハン殺害後にその娘ヌール・スルターンの要請で本史書を執筆した。サーヒブ・ギレイの治世を扱う。パリ写本(1651年筆写)とサンクト・ペテルブルグ写本など6写本が知られている[14]。

## (2) アブドゥッラー b. リズヴァーン『キプチャク草原史』
### (1638年頃成立)[15]

オスマン帝国の著述家アブドゥッラー b. リズヴァーンによってオスマン帝国君主ムラト4世期(1623〜40年)に編纂された作品で、1638年頃に大宰相代理(kaymakam)ムーサー・パシャに献呈されたと考えられる[16]。父リズヴァーン・パシャはオスマン帝国直轄領となったケフェの知事(ḥākim)であった。ハージー・ギレイからバハドゥル・ギレイ(在位1637〜41年)即位までの歴史を簡潔に叙述している。

パリ写本(1737年筆写)とイスタンブル写本(1778年筆写)の2つが知られている。前者には18世紀初頭までのハンたちの即位年と在位年数に関する年表が増補され、さらにフランス語訳(1737年)が付されている。

## (3) ハージー・メフメド・セナーイー『イスラーム・ギレイ・ハン史（イスラーム・ギレイ3世史)』(1651年成立)[17]
### デルヴィーシュ・メフメド・ギレイ『メフメド・ギレイ史』
### (1703年成立)[18]
### サイード・ギレイ『サイード・ギレイ史』(1758年成立か)[19]

『イスラーム・ギレイ・ハン史』の著者ハージー・メフメドはクリミア出身で筆名セナーイー、ハンの書記やクリミアの都市のカーディー(裁判官)を務めた。宰相セフェル・ガーズィー・アガの要請で本史書を執筆した。イスラーム・ギレイ3世の治世(1644〜54年)、とくに1648〜49年の諸

2. 「地方」の何を描くのか

遠征(コサックと同盟してのポーランド遠征など)に詳しい。ロンドン写本(1681年筆写)が知られている。

『メフメド・ギレイ史』の著者はクリミア王家のデルヴィーシュ・メフメド・ギレイで、ムラード・ギレイ(在位1678〜83年)の兄弟にあたる。1683〜1703年の出来事について叙述している。ウィーン写本が知られている。

『サイード・ギレイ史』はクリミア王家のサイード・ギレイ(サアーデト・ギレイ3世[在位1717〜24年]の息子、ときのハン、ハリーム・ギレイ[在位1756〜58年]の兄弟)による自伝的著作で、1755〜58年にかけて記された。ウラマー(ウレマー)などの伝記的情報を多く含む。サイード・ギレイはブク(南ブーフ)川とドニエストル川の間にいたノガイのイェディサン・オルダのセラスケル(司令官)に任じられており、ノガイについても詳しい情報を伝える[20]。おそらく著者の自筆とされるベルリン写本が知られている[21]。

### (4) サイイド・ムハンメド・リダー『七惑星(タタールの君主たちの諸情報における七惑星)』(1737年もしくは1744年成立)[22]
### フュッレミ・チェレビ・アカイ・エフェンディ『簡史／チェレビ・アカイの史書』(1748年以後成立) [23]

『七惑星』は広範な文献を参照した「普遍史」であり、クリミア・ハン国史の基本史料となっている[24]。N.S. セイチャグヤエフ(セイトヤフヤ)およびザイツェフによれば、著者サイイド・ムハンメド・リダーはクリミア出身で、後にオスマン帝国に移動して官職を歴任した[25]。第1部でイスラーム諸王朝史(ジョチ・ウルスやオスマン帝国を含む)などを扱い、第2部でクリミア・ハン国史を叙述している[26]。『七惑星』という書名は7人のハンたち(メングリ・ギレイ〜メングリ・ギレイ2世[在位1724〜30、37〜39年])の歴史を扱うところからきており[27]、著者はクリミア王家と近しい存在であったという[28]。少なくとも8写本の存在が知られている(いずれも18世紀後半筆写)[29]。

『七惑星』の文体は非常に装飾性が強く難解なもので、18世紀半ば以降にその続編を含む簡略版が作成された。正確な書名は不明であるが、仮題として『簡史』『チェレビ・アカイ史』などと呼ばれている。少なくとも5写本が知られている[30]。

## (5) アブデュルガッファール『諸情報の要諦（真正なる諸情報の要諦）』(1748年成立)[31]

『諸情報の要諦』もまた広範な史書を参照した「普遍史」であり、イスタンブル写本に依拠した川口琢司の精緻な研究がある[32]。著者アブデュルガッファールはジョチ・ウルスの有力部族であったキヤト部族の出身で、クリミアのハンたちに仕え、オスマン帝国の系譜と歴史を明らかにするため、そしてジョチ・ウルス史とクリミア・ハン国史を叙述するために本史書を執筆したという。セラーメト・ギレイ2世(在位1740〜43年)の時代までを扱う。著者の自筆とされるイスタンブル写本が知られている[33]。

## (6) 無名氏『クリム・ハン史』(1782年成立か)

メングリ・ギレイの第3次即位(1478/9年)から最後のクリミア・ハン、シャーヒーン・ギレイ(在位1777、78〜82、82〜83年)[34]までのハンたちの簡史で、まさに「ハン国崩壊[1783年]の前夜」に書き記された。著者および正式な書名は不明。サンクト・ペテルブルグ写本(19世紀以前筆写)、キエフ写本(19世紀半ば以後筆写)、パリ写本(1819年以前筆写)[35]の3つが知られている[36]。

## (7) ハリーム・ギレイ・スルターン『ハンたちの薔薇樹』(1811/2年成立)[37]

ハリーム・ギレイは1772/3年にクリミアで生まれた。祖父は先のハン、アルスラン・ギレイ(在位1748〜55、67年)、父シャーフバーズ・ギレイは兄弟デヴレト・ギレイ3世(在位1769〜70、75〜77年)のカルガ／カルガイ(クリミア・ハン国第2の地位)を務め、クリミア・ハン国滅亡後はオスマン帝国により「クバン・ハン」(北コーカサスのクバン地方の統治者という名義の称号)に任じられた(在位1787〜89年)。その後、ハリーム・ギレイは父とともにオスマン帝国領ルメリ地方に移動、1823/4年にイスタンブルからほど遠くないチャタルジャで亡くなり、同地に葬られた[38]。

その著作『ハンたちの薔薇樹』は15世紀のハージー・ギレイから18世紀末の最後の「クバン・ハン」バフト・ギレイ(在位1789〜92)[39]に至るまでの歴代ハンたちの歴史を扱い、最もよく知られたクリミア・ハン国史書と

2. 「地方」の何を描くのか

なった[40]。ハリーム・ギレイが情報源としたクリミアの8人の歴史家の
なかには、セイイド・ムハンメド・リダー、その簡略版の著者フッレ
ミ・チェレビ、レンマール・ホージャ、アブデュルガッファールなどが挙
げられている[41]。

　以上、主要なクリミア・ハン国史書について概観してきた[42]。オスマ
ン帝国側に献呈されたと考えられる『キプチャク草原史』のような史書もあ
るが、これらは総じてハンの一代記であったり、「普遍史」からクリミア・
ハン国史に「接続」する王朝年代記、あるいはハンたちの列伝であったりし
た。また、クリミア王族自らがしばしば史書を著したことも特徴的であ
る[43]。オスマン帝国宗主権下で「オスマン化」しつつも[44]、そして国家が
消滅した後においても、これらの史書はクリミア王家のチンギス家として
の血統を主張し続けた[45]。そのようにして、クリミア・ハン国における
史書編纂の伝統はその滅亡後の19世紀初頭まで継続されたのである[46]。

## 3. 『テュルク系譜』3写本に増補されたクリミアの ハンたちに関する記述

　冒頭で述べたように、ヒヴァ・ハン国君主アブルガーズィー『テュルク
系譜』の3写本――エディンバラ[47]、マンチェスター[48]、キエフ[49]――
に、18世紀前半までのクリミアのハンたちに関する記述が増補されている。
そこでは、本文が終わった後に『テュルク系譜』本文にあるクリミア王家の
系譜(チンギスからメングリ・ギレイまで)が繰り返され[50]、その後に増補部分
(メングリ・ギレイからカプラン・ギレイの第3次即位[1730年]まで)が「接続」され
ている。オスマン語(チャガタイ語／タタール語の要素を含む)で書かれている。
長くなるが引用しよう[51]。

> 880(1475/6)年にクリム地方においてマングプ、マングシュ、ケフェをス
> ルターン・ムハンメド・イブン・スルターン・ムラード・ファーティ
> フ(オスマン帝国君主メフメト2世、在位1444〜46、51〜81年)が奪った。ゲ
> ディク・アフメド・パシャ[52]が征服した[53]。前述のメングリ・ギレイ
> が最初にオスマン家に服従した。920(1514/5)年に亡くなった。かわっ
> て、[54]ムハンメド(メフメド)・ギレイがハンになった。923(1517/8)年に

128

サアーデト・ギレイ（在位1524〜32年）はイスラーム・ギレイ（在位1532年）
[との]アザクでの戦いに敗れた[55]。そして再び奪った[56]。バーリー・
ベク[に]殺された[57]。979（1571/2）年にムハンメド・ギレイ（3世、在位
1623〜24、24〜28年）はポーランドの方に去った。シャーヒニー・ギレイ
[58]はクズル・バシュの方へ去った。セラーメト・ギレイ・ハン（在位
1608〜10年）に背いた[59]。985（1577/8）年にデヴレト・ギレイ・ハン（在位
1551〜77年）はタマンでの■■■[60]の戦いで殉教した[61]。かわって、そ
の息子ムハンメド・ギレイ（2世、在位1577〜84年）がハンとなった。987
（1579/80）年にオスマン・パシャが大軍とともに来て、シャマフに砦を
建てた。諸門の門デルベンドを征服した[62]。アジャムのシャー、シャ
リーフ・アフマド・ファールス[63]の司令官コフマーク／コクマーク・
ハン[64]との戦いでアーディル・ギレイ・スルターンは捕虜となり、ガ
ズヴィーンでアフマド・シャリーフ・ファールスが殺害した[65]。992
（1584/5）年にムハンメド・ギレイ・ハン（2世）が背き、タタール軍とと
もに来て、オスマン・パシャとデルベンドにおいて戦った。タタール
軍が敗北した。ムハンメド・ギレイは殺された[66]。993（1585）年にイ
スラーム・ギレイ（2世、在位1584〜88年）[67]がハンになった。そして亡
くなった。その兄弟ガーズィー・ギレイ（2世、在位1588〜96/7、97〜1607
年）がハンになった。その年、アジャムでシャー・アッバース（サファ
ヴィー朝君主アッバース1世、在位1587〜1629年）が玉座に即位した。バド
リー・フダーバンデ・サーグといった。1016（1607/8）年にガーズィー・
ギレイ・ハンが亡くなった。かわって、セラーメト・ギレイ【がハンに
なった。1026（1617）年にセラーメト・ギレイ】[68]が亡くなった。かわっ
て、ジャーンベク・ギレイ[69]（ジャーニーベク・ギレイ、在位1610〜23、24、
28〜35年）がハンになった。1046（1636/7）年にバハドゥル・ギレイがハン
になった。イナーイェト・ギレイ（在位1635〜37年）と兄弟フサム・ギ
レイとの間に対立が生じ、イナーイェト・ギレイは殺された[70]。1050
（1640/1）年にシャー[71]で殺された。1051（1641/2）年にバハドゥル・ギレ
イが亡くなった。ムハンメド・ギレイ（4世、在位1641〜44、54〜66年）が
ハンになった。1053（1643/4）年にイスラーム・ギレイ（3世）がハンになっ
た。ムハンメド・ギレイは監禁された。1064（1653/4）年にイスラーム・

## 2. 「地方」の何を描くのか

ギレイ・ハンが亡くなった。ムハンメド・ギレイが監禁から解放された。ハンになった[72]。[10]76(1665/6)年にアーディル・ギレイ(在位1666〜71年)は解任された。[73]セリーム・ギレイ(在位1671〜78、84〜91、92〜99、1702〜04年)がハンになった。1088(1677/8)年にセリーム・ギレイ・ハンは解任された。ムラード・ギレイがハンになった。1095(1683/4)年にムラード・ギレイは解任された。2度目にセリーム・ギレイがハンになった。1102(1690/1)年にセリーム・ギレイは解任された。サアーデト・ギレイ(2世、在位1691年)がハンになった。1103(1691/2)年にサアーデト・ギレイは解任された。サファー・ギレイ(在位1691〜92年)がハンになった。1104(1692/3)年にサファー・ギレイは解任された。セリーム・ギレイが3度目にハンになった。1110(1698/9)年にセリーム・ギレイは解任[された]。その息子デヴレト・ギレイ(2世、在位1699〜1702、1708〜13年)がハンになった。1114(1702/3)年／1116(1704/5)[74]にデヴレト・ギレイは解任された。4度目にセリーム・ギレイがハンになった。1116年にセリーム・ギレイ・ハンが亡くなった。その息子ガーズィー・ギレイ(3世、在位1704〜07年)がハンになった。1118(1706/7)年にガーズィー・ギレイ・ハンは解任[された]。その兄弟カプラン・ギレイ(在位1707〜08、13〜16、30〜36年)がハンになった。【1120(1708/9)年にカプラン・ギレイは解任[された]。その兄弟デヴレト・ギレイ・ハンが2度目にハンになった。】[75]1125(1713/4)年にデヴレト・ギレイは解任[された]。[76]カプラン・ギレイがハンになった。2度目にハンになった。1129(1716/7)／1127(1715)年[77]にカプラン・ギレイ・ハンは解任[された]。カラ・デヴレト・ギレイ(在位1716〜17年)がハンになった。チョバン・ギレイの子孫[である]。【1129年にカラ・デヴレト・ギレイは解任[された]。サアーデト・ギレイ(3世)がハンになった。イブン・セリーム・ギレイ・ハン。】[78]1137(1724/5)年にサアーデト・ギレイ・ハンは解任[された]。その兄弟メングリ・ギレイ(2世)がハンになった。【1138(1725/6)年にデヴレト・ギレイ・イブン・セリーム・ギレイが亡くなった。】[79]1141(1728/9)年に【再びメングリ・ギレイがハンになった。】[80]聖なるラマダーンに、スルターン・アフメド・イブン・スルターン・スレイマン・ハン(オスマン帝国君主アフメト3世、在位1703〜30年)の時代にイスタンブルに着いた。バ

フティ・ギレイ・スルターン[と]その兄弟ムラード・ギレイ・スルターンは、両者ともに聖なるラマダーンの28日にチェルケスのカバルダにおいて殉教した[81]。メングリ・ギレイ・ハンがクリムの方に戻って来た。1142(1729/30)／1143(1730/1)年[82]にカプラン・ギレイが3度目にハンになった。

　前半部分に混乱も見られるが、ハンたちの順番や在位年代などに関しては概ね正確な記述となっている。何らかの記述を参照したと思われるが、管見の限り、類似の記述はあるものの、全体としてこれと一致する記述はクリミア・ハン国史書には見出せない。また、このようにハンとその在位年代を列挙する年表(takvīm)がクリミア・ハン国史料のなかに知られているが[83]、現存するそれらの年表もやはり内容的に一致しない。一方で、この増補部分独特の記述も散見する(サファヴィー朝君主の呼称やバフティ・ギレイと兄弟ムラード・ギレイのカバルダでの殉教に関する記述など)。

　オスマン帝国との関係に大きな関心が払われているのもこの増補部分の特徴である。とくに、17世紀半ばからハンが頻繁に交代させられる様が描かれている[84]。クリミア・ハン国とオスマン帝国の関係性をめぐる議論は多岐にわたるが、重要なものとして、両者の関係性を規定する「条約('ahdnāme, şert)」の有無に関する議論がある。そのなかで、『メフメド・ギレイ史』および無名氏『クリム・ハン史』(いずれも18世紀以降)にはクリミア・ハン国がオスマン帝国の宗主権下に入った1475年時の「条約」に関する具体的な記述があるが、H. イナルジュクは、これらの記述内容は後代のものであり、15世紀にそうした「条約」の存在は確認できないと判断した[85]。その後代性をふまえたうえで、あらためて無名氏『クリム・ハン史』の記述のうち、「[ハンの]解任と任命はオスマン家の帝王(pādişāh)によるように」という文言に注目したい[86]。すなわち、もともとハンの即位はオスマン帝国君主の承認を得る必要があったが、ここではさらにオスマン帝国君主がハンの即位・退位に直接的影響を及ぼすとされているのである。およそ17世紀以降、クリミア・ハン国に対するオスマン帝国の統制が強まり、ハンたちはオスマン帝国の意向によって頻繁に交代させられるようになったことが知られている[87]。この無名氏『クリム・ハン史』の記述は、こうした後代の状況を反映したものと思われる。翻って、本稿で取り上げた増

2. 「地方」の何を描くのか

補部分の記述もまた、まさにこうしたクリミア・ハン国とオスマン帝国の
関係性の変化を如実に映し出しているといえよう。

## 4. クリミア、アストラハン、そして北コーカサス

　最後に、増補部分を含む『テュルク系譜』3写本の筆写地に目を向けよう。
早くからその存在を知られていたエディンバラ写本は、1819～25年にア
ストラハンでスコットランド宣教師ジョン・ディクソンが収集したテュル
ク語写本コレクションの1つである。前半が増補部分をもつ『テュルク系
譜』、後半が17世紀末ヴォルガ・ウラル地方史料『ダフタリ・チンギズ・
ナーマ』となっており、1825年にアストラハンで筆写された[88]。そして
近年、この『テュルク系譜』および増補部分と同様の内容をもつマンチェス
ター写本とキエフ写本がザイツェフとセイチャグヤエフによって「再発見」
された。

　ザイツェフによれば、マンチェスター写本は1824年(もしくは1816年)に
カバルダの近代的知識人として著名なショラ・ノグモフ(1794～1844年)に
よって筆写され、そしてやはりカラス(北コーカサス)を拠点としたスコット
ランド宣教団を介してマンチェスターにもたらされた[89]。ザイツェフは
カタログ上の情報から判断しているが、筆者はマンチェスター写本を調査
し、その増補部分がエディンバラ写本と同内容であることを確認した。

　キエフ写本は、セイチャグヤエフによれば、3つの写本(18世紀後半～19
世紀初頭)が19世紀初頭に1つにまとめられたもので、『テュルク系譜』と増
補部分、『ダフタリ・チンギズ・ナーマ』の第4章(ノガイ・オルダの始祖エディ
ゲの系譜)、さらに『デルベンド・ナーマ』(17世紀)などを含む[90]。19世紀前
半の所有者はベシュタウ(北コーカサス)の住人であったという。セイチャグ
ヤエフは、ショラ・ノグモフ(マンチェスター写本の書写者)はこのキエフ写本
を写したと判断している[91]。

　残念ながら、増補部分を含む『テュルク系譜』写本の原形がいつどこで成
立したのかはわからない。増補部分の記述内容からして、そこにはクリミ
ア・ハン国における史書および年表編纂の伝統が反映されたものと推定さ
れる。興味深いのは、これらの写本がアストラハンそして北コーカサスと

132

いうクリミア・ハン国と関係の深い地で筆写されたことである。とくに北西コーカサスのチェルケス（その東部を構成するカバルダ）はクリミア・ハン国の支配を受け入れていた[92]。北コーカサスにはクリミア・ハン国に関する歴史的知識／記憶が色濃く保持されていたと思われる[93]。くわえて、『テュルク系譜』や『ダフタリ・チンギズ・ナーマ』があわせて筆写されたことも興味深い。これらの史書はともにチンギス家の歴史を含むものである。クリミア・ハン国が衰退・消滅に向かい、北コーカサスも徐々にロシアに飲み込まれていく時代ではあるが（もしくは、だからこそ）、これらの地におけるチンギス家、そしてクリミア・ハン国の歴史への関心・知識／記憶というものが、写本の成立の背景にあったのではないだろうか[94]。

## おわりに

　本稿ではクリミア・ハン国史書を概観し、『テュルク系譜』に増補された18世紀前半までのクリミアのハンたちに関する記述について考察してきた。この増補部分は、混乱した記述がある一方で独自の情報を含み、また、クリミア・ハン国とオスマン帝国の関係性の変化を映し出す興味深いものである。そして、その成立の経緯は今後の検討課題であるが、この増補部分を含む3写本の存在そのものに、クリミア・ハン国における史書編纂の伝統、さらにはクリミアとその周辺地域における歴史的知識／記憶の保持・伝播をわれわれは垣間見るのである。


　注
1)　川口琢司「キプチャク草原とロシア」（『岩波講座 世界歴史11 中央ユーラシアの統合 9-16世紀』岩波書店、1997年）292-299頁；同「クリミアハンこく／クリミア・ハン国」（小松久男他［編］『中央ユーラシアを知る事典』平凡社、2005年）；Vladislav Gulevich, "Ulug Ulus (Krymskoe khanstvo)," *Zolotaya Orda v mirovoi istorii. Kollektivnaya monografiya*, Kazan: Institut istorii im. Sh. Mardzhani AN RT, 2016, pp. 761-777. 以下も参照。中村仁志「クリミヤ汗国とロシア（16世紀前半）」（『関西大学文学論集』43/2、1993年）37-59頁；松木栄三『ロシアと黒海・地中海世界：人と文化の交流史』風行社、2018年）123-153頁。

2. 「地方」の何を描くのか

2) クリミア王家の在位年代は以下に準拠した。赤坂恒明『ジュチ裔諸政権史の研究』(風間書房、2005年)1-148頁(逆頁);Dariusz Kołodziejczyk, *The Crimean Khanate and Poland-Lithuania: International Diplomacy on the European Periphery (15th-18th Century): A Study of Peace Treaties Followed by Annotated Documents*, Leiden-Boston: Brill, 2011, pp. 519-520.

3) クリミア・ハン国と「大オルダ」については以下を参照。赤坂恒明「「金帳汗国」史の解体:ジュチ裔諸政権史の再構成のために」(『内陸アジア史研究』19、2004年)23-26頁;長峰博之「ジョチ・ウルス後裔政権史料は何を参照し、ジョチ・ウルス再編をいかに認識したのか?」(野田仁[編]『近代中央ユーラシアにおける歴史叙述と過去の参照』東京外国語大学アジア・アフリカ言語文化研究所、2023年)38-39頁。

4) デヴレト・ギレイ(在位1551〜77年)は1571年にモスクワを炎上させてカザンとアストラハンを要求、イヴァン4世は後者の返還を約束したが実現しなかった。Kołodziejczyk, *op. cit.*, p. 99; Gulevich, *op. cit.*, p. 768.

5) オスマン帝国のハン国への影響力は宗教面に限定された。黛秋津「オスマン帝国のクリミア支配とロシアの進出によるその変容:黒海支配史の観点から」(大学研究助成アジア歴史研究報告書2016年度、2017年)55-66頁。

6) Alan W. Fisher, *The Crimean Tatars*, Stanford, Calif.: Hoover Institution Press, 1978, pp. 49-69; 志田恭子「帝政ロシアにおけるノヴォロシア・ベッサラビアの成立:併合から総督府の設置まで」(『スラヴ研究』49、2002年)251-259頁。

7) 以下を参照。Natalia Królikowska-Jedlińska, *Law and Division of Power in the Crimean Khanate (1532-1774): With Special Reference to the Reign of Murad Giray (1678-1683)*, Leiden-Boston: Brill, 2019, pp. 1-16; *Istoriya krymskikh tatar. V pyati tomakh. T. III. Krymskoe khanstvo XV-XVIII vv.*, I.V. Zaitsev (ed.), Kazan: Institut istorii im. Sh. Mardzhani AN RT, 2021, pp. 113-134.

8) オスマン宮廷においてハンはオスマン帝国君主、大宰相に次ぐ第3の地位を占めたほか、貨幣鋳造・勅令発布の権利を有し、金曜礼拝の説教ではオスマン帝国君主に続いてハンの名が呼び上げられた。Muzaffer Ürekli, *Kırım Hanlığının Kuruluşu ve Osmanlı Himâyesinde Yükselişi (1441-1569)*, Ankara: Türk Kültürünü Araştırma Enstitüsü, 1989, pp. 65-71(川口琢司「ムザッフェル・ウレクリ著『クリム・ハン国の建国とオスマン朝保護下における発展(1441〜1569)』」[『東洋学報』76/1-2、1994年]95頁);Fisher, *op. cit.*, pp. 11-13; I.V. Zaitsev, "Krymskoe khanstvo: vassalitet ili nezavisimost'?," *Osmanskii mir i osmanistika. Sbornik statei k stoletiyu so dnya rozheniya A.S. Tveritinovoi (1910-1973)*, Moscow: IV RAN, 2010, pp. 288-296.

9) I.V. Zaitsev, *Krymskaya istoriograficheskaya traditsiya XV-XIX vekov: Puti*

*razvitiya: Rukopisi, teksty i istochniki*, Moscow: Vost. lit., 2009, pp. 69-187. 以下も参照。Królikowska-Jedlińska, *op. cit.*, pp. 27-38.

10) 菅原睦「校閲者序」(ウテミシュ・ハージー『チンギズ・ナーマ』解題・訳註・転写・校訂テクスト、川口琢司・長峰博之[編]、菅原睦[校閲]、東京外国語大学アジア・アフリカ言語文化研究所、2008年) vii-ix頁。

11) Zaitsev, *op. cit.*, pp. 15-62. 以下も参照。M.A. Usmanov, *Zhalovannye akty Dzhuchieva Ulusa XIV-XVI vv.*, Kazan: Izd-vo Kazan. un-ta, 1979, pp. 107-111. N.S. セイチャグヤエフ(セイトヤフヤ)はクリミア・ハン国史書を「ポスト金帳汗国(ジョチ・ウルス)期(15世紀～16世紀半ば。チャガタイ語の時代)」「古典期(16世紀後半～17世紀末。オスマン語化の時代)」「移行期(17世紀末～18世紀。イスラーム的歴史叙述の権威が高まる時代)に分類して考察している。N.S. Seityag'yaev, *Krymskotatarskaya istoricheskaya proza XV-XVIII vv.*, Simferopol: KRP «Izd-vo «Krymuchpedgiz», 2009, pp. 98-135, 175-176.

12) *Tāriḫ-i Ṣāḥib Giray Ḫān (Histoire de Sahib Giray, Khan de Crimée de 1532 à 1551)*, Özalp Gökbilgin (ed.), Ankara: Baylan Matbaası, 1973 (転写テクストと1740年のフランス語訳); Badr ad-Din Mukhammed b. Mukhammed Kaisuni-zade Nidai-efendi (Remmal'-khodzha), *Istoriya khana Sakhib-Gireya*, I.V. Zaitsev (ed.), R.R. Abduzhemilev, V.D. Smirnov (trans.), Moscow: Kvadriga, 2023 (サンクト・ペテルブルグ写本[クリミア版]によるロシア語訳と、パリ写本[「オスマン化」版]を底本とする1973年版による訳。注14参照)。

13) セイチャグヤエフは、17世紀オスマン帝国の旅行家エヴリヤ・チェレビが言及する『トフタ・バイの史書』(15世紀前半とされる)をクリミア・ハン国最初期の史書(「ポスト金帳汗国期」のチャガタイ語史書)として重要視している。Seityag'yaev, *op. cit.*, pp. 9-10, 86-87, 174. ただし、同史書は現存せず、エヴリヤ・チェレビが伝えるその内容も非常に伝承的である。Zaitsev, *op. cit.*, pp. 218-224. 以下も参照。R. Abduzhemilev, "Khronika Tokhta-baya: povestvovatel'nyi istochnik o pervykh tatarskikh vlastitelyakh krymskogo vilyaeta," *Filologiya i kul'tura* 2/60, 2020, pp. 152-159.

14) 『サーヒブ・ギレイ・ハン史』にはクリミア(「タタール語」)版と「オスマン化」版があり、サンクト・ペテルブルグ写本が属するクリミア版がオリジナルで、パリ写本はそれにもとづく「オスマン化」版であるという。Zaitsev, *op. cit.*, pp. 74-75. クリミア・ハン国史書の「オスマン化」を考えるうえで興味深い事例である。

15) *La Chronique des Steppes Kiptchak: Tevārīḫ-i Dešt-i Qipčaq du XVIIᵉ siècle*, Ananiasz Zajączkowski (ed.), Warsaw: Państwowe Wydawn. Naukowe, 1966

## 2. 「地方」の何を描くのか

（アラビア文字テクストと1737年のフランス語訳）；Abdullah bin Ridvân Osmânü'l-Kırımî, *Tevârih-i Deşt-i Kıpčak*, Rasih Selçuk Uysal (trans.), Istanbul: Post Yayın Dağıtım, 2016（トルコ語訳）．本史書、『メフメド・ギレイ史』、無名氏『クリム・ハン史』パリ写本については雑誌*Krymskoe istoricheskoe obozrenie*掲載のR. アブドゥジャミレフによるロシア語訳も参照できる。イスタンブル写本に見える本史書のタイトルは「スルターン・ムラード・ハン b. スルターン・アフメド・ハン統治期におけるクリム地方からキプチャク草原の歴史」もしくは「ムラード・ハン b. スルターン・アフメド・ハン統治期におけるキプチャク草原の諸状況と古の（qadīm.「クリム［qırım］」と読むべきか）のタタールのハンたちの歴史」。*La Chronique des Steppes Kiptchak*, pp. 12-13.

16）　ムラト4世期前後のオスマン帝国では君主の廃位が繰り返され、この頃に「オスマン王家が廃絶したさいは、チンギス・ハンの血統をひくクリミア・ハン家がそのあとを継ぐ」という巷説が流布するようなったという。小笠原弘幸『オスマン帝国：繁栄と衰亡の600年史』（中央公論新社、2018年）180頁。この時代に『キプチャク草原史』が著された背景には、こうしたオスマン帝国におけるクリミア・ハン国への関心の高まりがあったのかもしれない。本史書イスタンブル写本にはセリム3世（在位1789〜1807年）の花押があり、オスマン帝国君主の所蔵になったことが確認できる。*La Chronique des Steppes Kiptchak*, p. 15.

17）　Hadży Mehmed Senai z Krymu, *Historia chana Islam Gereja III*, Zygmunt Abrahamowicz (ed. and trans.), Olgierd Górka, Zbigniew Wójcik (commentaries), Warsaw: Państwowe Wydawn. Naukowe, 1971（アラビア文字テクストとポーランド語訳）；R.R. Abduzhemilev, *Khronika Mekhmeda Senai kak pamyatnik krymskotatarskoi khudozhestvennoi literatury XVII v.*, Kazan: Institut istorii im. Sh. Mardzhani AN RT, 2016（1971年のアラビア文字テクストを再録、転写テクストとロシア語訳を含む）．

18）　Uğur Demir, *Târîh-i Mehmed Giray (Değerlendirme-Çeviri Metin)*, M.A. Diss., Marmara Üniversitesi, 2006（転写テクスト）；Zygmunt Abrahamowicz (ed.), *Kara Mustafa pod Wiedniem: Źródła muzułmańskie do dziejów wyprawy wiedeńskiej 1683 roku*, Cracow: Wydawn. Literackie, 1973, pp. 307-322（部分的なポーランド語訳）．

19）　以下の研究が参照できる。Barbara Kellner-Heinkele, *Aus den Aufzeichnungen des Sa'īd Giray Sulṭān: Eine zeitgenössische Quelle zur Geschichte des Chanats der Krim um die Mitte des 18. Jahrhunderts*, Freiberg im Breisgau: Klaus Schwarz Verlag, 1975.

20）　Kellner-Heinkele, *op. cit.*, pp. 4, 134-148; Idem, "Crimean Tatar and Nogay Scholars of the 18th Century," Michael Kemper et al. (eds.), *Muslim Culture in Russia and Central Asia from the 18th to the Early 20th Centuries*, Berlin: Klaus Schwarz Verlag, 1996, pp. 279-296. ノガイ・オルダ（ジョチ・ウルスの有力部族マンギト／ノガイ支配下の遊牧集団）は16世紀頃から分裂し、一部は北コーカサスから黒海北岸に至る草原地帯に移動してクリミア・ハン国の支配下に入った。黒海北岸にはノガイのイェディサン・オルダやブジャク・オルダ（ドニエストル川～ドナウ河口）などが形成された。Fisher, *op. cit.*, pp. 24-25; 志田、前掲書、253頁。

21） 同写本に含まれる詩集の著者フュッレミ・クリミーは、『七惑星』簡略版の著者と同一人物である可能性が指摘されている。Zaitsev, *op. cit.*, pp. 133-134.

22） *Asseb o-sseiyar ili Sem' planet, soderzhashchii istoriyu krymskikh khanov ot Mengli-Girei khana I-go do Mengli-Girei khana II-go, t.e. s 871/1466 po 1150/1737*, Mirza Kazembek (ed.), Kazan: v universitetskoi tipografii, 1832（アラビア文字テクスト）; Seiid-Mukhammed Riza, *Sem' planet v izvestiyakh o tsaryakh tatarskikh*, kn. 1, R.R. Abduzhemilev (transcription), I.M. Mirgaleev (ed.), Kazan: Institut istorii im. Sh. Mardzhani AN RT, 2019（1832年版による転写テクスト）; kn. 2, I.R. Gibadullin (trans.), I.M. Mirgaleev (ed.), 2023（後掲の2020年版によるロシア語訳）; Seyyid Muhmed Rizâ, *Es-seb'ü's-seyyâr fi-ahbâr-ı mülûki't-Tatar: inceleme, tenkitli metin*, Yavuz Söylemez (ed.), Ankara: Türk Tarih Kurumu, 2020（6写本を参照した転写テクスト）.

23） A. Negri. "Izvlecheniya iz turetskoi rukopisi Obshchestva, soderzhashchei istoriyu krymskikh khanov," *Zapiski Odesskogo obshchestva istorii i drevnostei* 1, 1844, pp. 379-392（キエフ写本によるロシア語抄訳）.『七惑星』『簡史』については、長峰、前掲書、32-36頁も参照。

24） 著名な19世紀カザンのウラマーで歴史家のメルジャニーもクリミア・ハン国の歴史を叙述する際に本史書や『ハンたちの薔薇樹』を参照した。Zaitsev, *op. cit.*, p. 238.

25） N.S. Seityag'yaev, "Proiskhozhenie Seiida Mukhammeda Rizy (k voprosu o meste ego «Semi planet» sredi proizvedenii krymskoi istoricheskoi prozy XVIII veka)," *Kul'tura narodov Prichernomor'ya* 44, 2003, pp. 35-41; Zaitsev, *op. cit.*, pp. 97-103.

26） R.R. Abduzhemilev, "Istochnikovedchesko-kompozitsionnyi obzor «Semi planet» Seiid-Mukhammeda Rizy," *Zolotoordynskoe obozrenie* 8/2, 2022, pp. 323-341.

27） 7人目は未即位の人物を暗示しているという説もある。Serkan Acar, "İlya V. Zaytsev, Kırımskaya İstoriografiçeskaya Traditsiya XV-XIX Vekov," *Karadeniz Araştırmaları* 37, 2013, pp. 217-218.

28） セイチャグヤエフは『七惑星』の編纂にメングリ・ギレイ2世自身が関わっ

## 2. 「地方」の何を描くのか

た可能性を指摘するが、ザイツェフはこれには懐疑的である。Seityag'yaev, *op. cit.*, pp. 38-39; Zaitsev, *op. cit.*, pp. 102, 105, 126.

29) Zaitsev, *op. cit.*, pp. 107-113; Seyyid Muhmed Rizâ, *Es-seb'ü's-seyyâr*, pp. XLI-XLIV; Seiid-Mukhammed Riza, *Sem' planet*, kn. 2, p. 9.

30) Zaitsev, *op. cit.*, pp. 121-127; N.S. Seityag'yaev, "Novii rukopis "Istoriï Chelebi Akaya," *Slovo i Chas* 1/673, 2017, pp. 70-80.

31) Abdülġaffār Qırımī, *Umdet ül-Tevārīḫ*, Necib ʿĀṣım (ed.), Istanbul: Maṭbaʿa-ı ʿĀmire, 1343/1924(部分的なアラビア文字テクスト); Abdulgaffar Kyrymi, *Umdet al-Akhbar*, kn. 1, Der'ya Derin Pashaoglu (transcription), I.M. Mirgaleev (ed.), Kazan: Institutt istorii im. Sh. Mardzhani AN RT, 2014; kn. 2, Yu.N. Karimova, I.M. Mirgaleev (trans.), I.M. Mirgaleev (ed.), 2018(転写テクストとロシア語訳。モンゴル帝国史以降のみ). 長峰、前掲書、36-38頁も参照。

32) 川口琢司「18世紀クリミアのオスマン語史書『諸情報の要諦』における歴史叙述：ペルシア語文献からの影響を中心に」(森本一夫[編著]『ペルシア語が結んだ世界：もうひとつのユーラシア史』北海道大学出版会、2009年)147-173頁。

33) 川口、前掲書、149-159頁。

34) シャーヒーン・ギレイについては以下を参照。Alan Fisher, *Between Russians, Ottomans and Turks: Crimea and Crimean Tatars*, Istanbul: The Isis Press, 1998, pp. 93-121; 志田、前掲書、255-258頁; Kołodziejczyk, *op. cit.*, pp. 212-218.

35) Alper Başer, Kemal Gurulkan, "Anonim Bir Kırım Hanlığı Tarihi (1475-1778)," *Marmara Türkiyat Araştırmaları Dergisi* 8/2, 2021, pp. 402-462(転写テクスト).

36) Zaitsev, *op. cit.*, pp. 135-139.

37) Ḥalīm Girāy, *Gülbün-i Ḫānān*, Istanbul, 1287/1870; Ḥalīm Girāy Sulṭān, *Gülbün-i Ḫānān yahud Kırım Tārīhi*, ʿĀrifzāde A. Hilmī (ed.), Istanbul: Necm-i Istiķbāl Maṭbaʿası, 1327/1909. 1870年版は「洗練されたオスマン語」であったが、1909年版はその文体を平易にし、内容も簡略化したもの。B. Kellner-Heinkele, "A Chinggisid and Ottoman: Halim Gerey Sultan," *Altaica* 5, 2001, pp. 76-77. 以下も利用できる。Halîm Girây, *Gülbün-i Hânân (Kırım Târihi)*, İbrahim Gültekin (ed.), Ankara: Kütüphaneler ve Yayımlar Genel Müdürlüğü, 2019(1909年版による転写テクスト); Khalim Girai-sultan, *Rozovyi kust khanov, ili Istoriya Kryma*, K. Useinov (trans.), N.S. Seityag'ev (ed.), 2nd ed., Simferopol: RIA "AYaN" ID "Stilos", 2008(1909年版によるロシア語訳); Halim Giray, *Gülbün-ü Hânân (Kırım Hanları Tarihi): Değerlendirme-Metin-Tıpkıbasım*, Bekir Günay et al. (eds.), Istanbul: İstanbul Üniversitesi Avrasya Enstitüsü, 2013(ロンドン写本[底本]とイスタンブル写本による転写テクスト).

38) Kellner-Heinkele, *op. cit.*, pp. 69-72. 露土戦争（1806〜12年）にオスマン帝国側で参戦したことが知られている。Zaitsev, *op. cit.*, p. 183.

39) Z.B. Kipkeeva, *Potomki Chingizkhana v istorii Severnogo Kavkaza XVIII-XIX vv.*, Stavropol: Izd-vo SKFU, 2017, pp. 64-67.

40) Fisher, *op. cit.*, p. 80. 早くも19世紀半ばにペルシア語訳も作成された。I.V. Zaitsev, "Persidskie perevody i rukopisi «Gyulbun-i khanan» Khalim-Gireya," *Sbornik materialov zasedaniya kruglogo stola (stenogramma) na temu «Razrabotka nauchno obosnovannoi kontseptsii formirovaniya sovremennoi istoricheskoi nauki Kazakhstana»*, E.A. Äbil (ed.), Nur-Sultan: Institut istorii i etnologii im. Ch.Ch. Valikhanova, Institut istorii gos., 2021, pp. 62-64.

41) アブドゥルジャリール・エフェンディ・ケフェヴィーという人物の名も見える。ケフェリ（ケフェヴィー）・イブラヒム・エフェンディ（注42参照）と、その著作の書写者アブドゥルジャリール・レムズィーの名が混同された可能性が指摘されている。Zaitsev, *Krymskaya istoriograficheskaya,* pp. 184-185.

42) ここで取り上げた以外に、ケフェリ・イブラヒム・エフェンディ『タタールのハン、ダゲスタン、モスクワ、キプチャク草原諸地方の歴史』がある。興味深い内容を含むが、じつはフランス出身でオスマン帝国軍人となったボンヌヴァル伯クロード・アレクサンドル（アフメド・パシャ）の報告書（1736年）の不完全な写しであるという。Uğur Demir, "Muhayyel Bir Kırım Tarihçisi Kefevî İbrahim Efendi Bin Ali Efendi ve Humbaracı Ahmed Paşa'nın Rusya'ya Dair Reporu," *Türkiyat Mecmuası* 24, 2014, pp. 23-32. 現存しない史書については以下を参照。Zaitsev, *op. cit.*, pp. 216-236.

43) Zaitsev, *op. cit.*, p. 239.

44) クリミア・ハン国史書は多くのオスマン帝国史書を史料源として用いた。その一方で、『メフメド・ギレイ史』とオスマン帝国史書の記述の差異は興味深い。Denise Klein, "Tatar and Ottoman History Writing: The Case of the Nogay Rebellion (1699-1701)," Denise Klein (ed.), *The Crimean Khanate between East and West (15<sup>th</sup>-18<sup>th</sup> Century)*, Wiesbaden: Harrassowitz Verlag, 2012, pp. 125-146.

45) Fisher, *op. cit.*, pp. 81-82, 88-89; 赤坂恒明「ペルシア語・チャガタイ語諸史料に見えるモンゴル王統系譜とロシア」（小澤実・長縄宣博［編著］『北西ユーラシアの歴史空間：前近代ロシアと周辺世界』北海道大学出版会、2016年）248-249頁；長峰、前掲書、35-36、37-38頁。クリミア・ハン国史書がハンたちの支配をいかに主張については以下が詳しい。Denise Klein, "Negotiating Power in the Crimean Khanate: Notes on Tatar Political

2. 「地方」の何を描くのか

Thought and Practice (16th-18th C.)," Marinos Sariyannis (ed.), *Political Thought and Practice in the Ottoman Empire: Halcyon Days in Crete IX*, Rethymno: Crete University Press, 2019, pp. 319-347.

46) ただし、例えば最初期の『サーヒブ・ギレイ・ハン史』は後代の史書にはあまり参照されず、また、『イスラーム・ギレイ史』と『ハンたちの薔薇樹』の系譜情報には大きな差異が見られるなど、クリミア・ハン国における史書編纂の伝統は必ずしも一貫性のあるものではなかったようである。Zaitsev, *op. cit.*, pp. 82-83; 赤坂、前掲書、258-259頁、注32。

47) Edinburgh University Library, Or Ms 614, ff. 39a-40a.

48) John Rylands University at Manchester, Turkish Collection, Mss. 76, ff. 68b-71a.

49) Institut rukopisei Natsional'noi biblioteki Ukrainy im. V.I. Vernadskogo, f. V, 3780. セイチャグヤエフによる転写テクストを利用する。N.S. Seityag'yaev, "V.I. Vernadskiy adına Milliy ilmiy kitaphaneniñ Elyazma bölüginde bulunğan qırımtatar ve türk tarihlary, tilleri ve edebiyatları boyunca malzemeler," *Trudy NITS krymskotatarskogo yazyka i literatury KIPU* 1, Simferopol: KRP «Izd-vo «Krymuchpedgiz», 2011, pp. 344-345.

50) 『テュルク系譜』にはジョチ・ウルス継承諸政権の系譜の説明がある。長峰、前掲書、28-32頁。ただし、増補部分の系譜と『テュルク系譜』本文の系譜には相違点もある。こうした相違点は3写本に共通しており、これらが同系統であることが確認される。

51) マンチェスター写本を底本とする。以下、M：マンチェスター写本、E：エディンバラ写本、K：キエフ写本(セイチャグヤエフによる転写テクスト)と略記。些末な異同は注記しなかった。

52) E：以下、「パシャ」を「パーディシャー」と誤記。

53) 1475年、メフメト2世はゲディク・アフメド・パシャを総司令官とするオスマン艦隊をクリミアに派遣してケフェを占領した。川口「キプチャク草原とロシア」295頁。

54) K：「その息子」。

55) 1532年、サアーデト・ギレイ軍は甥のイスラーム・ギレイを支援するチェルカッスィ包囲に失敗して退位した。Kołodziejczyk, *op. cit.*, pp. 69-70; Gulevich, *op. cit.*, p. 767.

56) M: ve gene almiş, E: ve gene altı. K：「ケフェの総督(ve Kefe valisi)」。

57) サーヒブ・ギレイが即位するとイスラーム・ギレイは追放され、1537年にバーキー(バーリー)・ベク率いるノガイによって殺害された。V.V. Trepavlov, *Istoriya Nogaiskoi Ordy*, Moscow: Izd. firma «Vost. lit.» RAN, 2001, pp. 226-227.

58) E：「シャーヒー・ギレイ」、K：「シャーヒーン・ギレイ」。

59) この部分の記述は非常に混乱している。16世紀半ばのサーヒブ・ギレイは登場せず、17世紀前半のメフメド（ムハンメド）・ギレイ3世とシャーヒーン・ギレイ兄弟の話が混入されている。セラーメト・ギレイの死後（1610年）、オスマン帝国の後援を受けるジャーニーベク・ギレイ（本文後述）が即位したが、1623年、メフメド・ギレイ3世がハン位を奪ってイラン（「クズル・バシュ」）にいた兄弟シャーヒーン・ギレイをカルガとし、ポーランド、コサックに接近した。1628年、オスマン帝国の後援を受けたジャーニーベク・ギレイがハン位を奪取、メフメド・ギレイ3世はポーランドの支援を得て復位を目論むが殺害され、シャーヒーン・ギレイはイランに逃れた。Kołodziejczyk, *op. cit.*, pp. 124, 131-139.

60) 原文はportğal frenkと読め、「フランクのポルトガル」あるいは「ポルトガル・フランク人」と解釈できるが、具体的に何を意味しているかは不詳。

61) 諸史料によれば、デヴレト・ギレイはペストで亡くなった。V.D. Smirnov, *Krymskoe khanstvo pod verkhovenstvom Otomanskoi Porty v 2-kh tomakh, T. I. Do nachala XVIII veka*, Moscow: Izd. dom «Rubezhi XXI», 2005, p. 327. タマンで殺されたのはサーヒブ・ギレイ（1551年）。Gulevich, *op. cit.*, p. 767.

62) 以下を参照。Mustafa H. Eravcı "The Role of the Crimean Tatars in the Ottoman-Safavi War (1578-1639)," *Historical Yearbook* 4, 2007, pp. 153-160.

63) イラン（「アジャム」）のサファヴィー朝君主モハンマド・ホダーバンデ（アッバース1世の父、在位1578〜87年）のことであろう。モハンマドは即位前の一時期ファールス地方にいた。前田弘毅『アッバース1世：海と陸をつないだ「イラン」世界の建設者』（山川出版社、2022年）13-16頁。サファヴィー朝に関する記述について貴重な御助言をくださった前田弘毅氏に感謝申し上げます。

64) アッバース1世治世当初、グラーム軍団の中核を担ったモハンマディー・ハーン・トフマーグのこと。前田弘毅『イスラーム世界の奴隷軍人とその実像：17世紀サファヴィー朝イランとコーカサス』（明石書店、2009年）74-76、113-116頁。

65) 捕囚されたアーディル・ギレイはサファヴィー朝皇后（アッバース1世の母）との密通を口実に処刑されたという。デイヴィッド・ブロー、角敦子（訳）『アッバース大王：現代イランの基礎を築いた苛烈なるシャー』（中央公論新社、2012年）52-54頁。その生涯は英雄叙事詩に謳われた。坂井弘紀「16世紀のノガイ＝オルダ（2）：カラサイ、カジとアディルに焦点をあてて」（『和光大学表現学部紀要』13、2012年）57-60頁。

66) 1583年、メフメド・ギレイ2世はオスマン帝国に背き、カッファにオスマン・パシャを包囲した。オスマン帝国は兄弟イスラーム・ギレイ

141

## 2. 「地方」の何を描くのか

2世を軍隊とともに派遣し、メフメド・ギレイ2世は殺害された（1584年）。Kołodziejczyk, *op. cit.*, pp. 105-106; Gulevich, *op. cit.*, p. 768.

67) K：「アルスラン・ギレイ」。

68) K：【　】部分欠落。

69) E：「ジャナベク・ギレイ」。

70) イナーイェト・ギレイはオスマン帝国の意向に従わず、兄弟フュサム・ギレイとサアーデト・ギレイをカルガとヌレディン（クリミア・ハン国第3の地位）とした。1637年、ブジャク・オルダ（ノガイ）との対立のなかでフュサム・ギレイは殺され、イナーイェト・ギレイはオスマン帝国君主ムラト4世の命により処刑された。Kołodziejczyk, *op. cit.*, pp. 146-148.

71) K：「シャーヒー[ン]」。

72) 1644年、オスマン帝国はメフメド・ギレイ4世に代えてイスラーム・ギレイ3世を即位させた。イスラーム・ギレイ3世死後にメフメド・ギレイ4世が復位するが、その際メフメド・ギレイ4世はロードス島からイスタンブルに戻され、そこからクリミアに送られた。Sait Ocakli, *The Relations of the Crimean Khanate with the Ukrainian Cossacks, the Polish-Lithuanian Commonwealth and Muscovy during the Reign of Khan Islam Giray III (1644-1654)*, Ph.D. Diss., University of Toronto, 2017, pp. 1-3, 269-270.

73) K：「一[度目に]」。

74) K：「1114年」、M, E：「1116年」。3写本のなかでもMとEはより近い関係にあると考えられる。

75) E：【　】部分欠落。

76) K：「その兄弟」。

77) M, E：「1129年」、K：「1127年」。

78) 【　】部分はKのみ。

79) 【　】部分はKによる。M, E：「イブン・セリーム・ギレイ・ハン」のみ。

80) K：【　】部分は「メングリ・ギレイ・ハン」のみ。

81) 1729年、クバン・オルダの有力者であったバフティ・ギレイ（デヴレト・ギレイ2世の息子）と兄弟ムラード・ギレイはともにカバルダでの戦いにおいて落命した。V.V. Gribovskii, D.V. Sen', "Kubanskii sultan Bakhty-Girei: fenomen nelegitimnoi vlasti v Krymskom khanstve pervoi treti XVIII v.," *Tyurkologicheskii sbornik 2011-2012: Politicheskaya i etnokul'turnaya istoriya tyurkskikh narodov i gosudarstv*, Moscow: Nauka-Vost. lit., 2013, pp. 132-133; Dan Shapira, "A New Source of Information on Circassians, Kabarda and the Kinjal Battle in the Early 18th Century: A Hebrew Chronicle from the Crimean Khanate," *Journal of Caucasian Studies* 5/10, 2020, pp. 291-294. 19世紀初頭にユリウス・クラプロートがこの増補部分の1文を紹介している。Julius

von Klaproth, *Travels in the Caucasus and Georgia: Performed in the Years 1807 and 1808, by Command of the Russian Government*, F. Shoberl (trans.), London: Henry Colburn, 1814, p. 192.

82) M, E：「1142年」、K：「1143年」。

83) 前述の『キプチャク草原史』パリ写本の増補部分もその一つである。Zaitsev, *op. cit.*, pp. 187-206.

84) 17世紀半ばのアーディル・ギレイ以降に、「解任された（'azl oldı/boldı）」という表現が繰り返されている。

85) Halil İnalcık, "Yeni Vesikalara Göre Kırım Hanlığının Osmanlı Tâbiliğine Girmesi ve Ahidname Meselesi," *Belleten* 8, 1944, pp. 223-229. イナルジュクは『トフタ・バイの史書』（注13参照）に拠って「条約」の存在に言及するエヴリヤ・チェレビにも懐疑的である。一方、イナルジュクも指摘したように、1475年のメングリ・ギレイのオスマン帝国への書簡（川口、前掲書、295頁参照）は両者間に何らかの合意があったことを示唆しており、ザイツェフはこの書簡ともう一通のオスマン帝国文書を根拠として、1475年時の「書面による合意」の存在について考察している。Zaitsev, *op. cit.*, pp. 142-157. 以下も参照。黛、前掲書、58-59頁；V.P. Gulevich, *Ot ordynskogo Ulusa k khanstvu Gireev: Krym v 1399-1502 gg.*, Kazan: Institut istorii im. Sh. Mardzhani AN RT, 2018, pp. 297-298. この問題について貴重な御助言をくださったV.P. グレーヴィチ氏に感謝申し上げます。

86) Zaitsev, *op. cit.*, p. 143.

87) Fisher, *The Crimean Tatars*, pp. 45-46; Gulevich, "Ulug Ulus," p. 769. 金曜礼拝の説教でハンの前にオスマン帝国君主の名が呼び上げられるようになるのは16世紀80年代以降である。注8参照。

88) 長峰博之「17世紀末ヴォルガ・ウラル地方史料『ダフタリ・チンギズ・ナーマ』の4写本：ロンドン、パリ、ベルリン、エディンバラ」（『日本中央アジア学会報』19、2023年）15-16頁。クラプロートは1807年に北コーカサスのモズドクでエディンバラ写本と同内容の写本を見ていたという（注81参照）。I.V. Zaitsev, "Novaya rukopis' Shory Nogmova: Shora Nogmov, shotlanskie missionery, Yulius Klaprot i tyurkskie rukopisi," *Transcaucasica 2015-2016* 3, 2016, p. 111.

89) Zaitsev, *op. cit.*, pp. 102-112.

90) カバルダの歴史・系譜を扱う『簡史』も含まれている。*Istoriya i rodoslovnaya cherkesov: izdanie rukopisi tyurkskogo istoricheskogo sochineniya XVIII v.*, I.V. Zaitsev, A.V. Shumkin (eds.), Moscow: Izd-vo vost. lit. 2019, pp. 3-30.

91) N. Seityag'yaev, "Do pitannya atributsiï rukopisnogo zbirnika "Abu-l-Gazi. Rodovid tyurkiv" iz zibrannya IR NBUV," *Skhidnii svit 2021* 2, 2021, pp. 1-42.

## 2. 「地方」の何を描くのか

92) チェルケスにはクリミア皇子が派遣され、チェルケス諸公と婚姻関係をもつなどした。また、クリミア皇子をチェルケスやカバルダ諸公が養育する「アタリク制」もあった。赤坂恒明「草原の民と山岳の民が織りなす歴史：北コーカサスの歴史時代」（北川誠一他［編］『コーカサスを知るための60章』明石書店、2006年）92-96頁；M.A. Kozintsev, "Atalychestvo v Krymu (po materialam rukopisi anonimnogo sbornika iz sobraniya instituta vostochnykh rukopisei RAN)," *Zolotoordynskoe obozrenie* 8/2, 2020, pp. 284-292.

93) キエフ写本『テュルク系譜』の奥書には史料源として「Budaki Shebar Girai の書」が言及されている。セイチャグヤエフはこの人物を18世紀末のブイナク（ダゲスタン）の有力者シャーフバーズ・ギレイに比定し、クリミア王家と関系の深かった同地に保存された何らかの記録が増補部分のもとになったと推論している。Seityag'yaev, *op. cit.*, pp. 31-32.

94) その際、北コーカサスにおける歴史叙述の伝統が何らかの影響を及ぼした可能性も考えられる。また、スコットランド宣教団がこれらの筆写に関与したことも重要であろう。『テュルク系譜』『ダフタリ・チンギズ・ナーマ』は19世紀初頭までにヨーロッパ学会に紹介されており、両史書に対する関心は高かったと思われる。長峰「ジョチ・ウルス後裔政権史料」28頁；同「17世紀末ヴォルガ・ウラル地方史料」2、7-8頁。

付記　本稿は科研費（24K04296）による成果の一部である。また、本稿執筆に際して貴重な御助言をくださった赤坂恒明氏に心より感謝申し上げます。

# 八代市立博物館未来の森ミュージアム蔵『八代名所集』について

真 島　　望

## 緒言

　熊本県八代市立博物館未来の森ミュージアム蔵『八代名所集』は、江戸時代前期、寛文12年(1672)の序文を有する、八代の名所を題として諸家の発句を集めた名所句集である。『俳文学大辞典』には立項がなされ、地元の有志による翻刻と略注が備わり[1]、その解題執筆者の一人である大石隆三氏による「肥後八代の俳僧 山石」[2]や「古俳書年表」[3]において若干触れられるところはあるものの、「国書データベース」(国文学研究資料館)には未登載で、広く周知されているとは言いがたい。上巻のみの零本で刊記・奥付を欠くため、出版をめぐる経緯は不明ながら、近世前期の地方の名所のみを題とした俳諧撰集として、ごく初期の例と言うことができ、非常に重要な存在と位置付けられよう。また、本書は地誌としての要素も持ち合わせており、熊本はもとより、刊行された近世地方地誌の歴史においても興味深い存在である。

　本稿では、これまでなされていない書誌学的な検討を行った上で、基本的な情報の確認を通して本書の性格を明らかにし、その編纂・出版の背景に迫りたい(なお、引用に際しては通行の字体に改め、振り仮名を加えた所がある。また、句読点や傍線はすべて稿者による)。

## 1. 書誌と編纂姿勢

### (1) 書誌学的情報

まずはその書誌学的情報を以下に列挙する。

## 2.「地方」の何を描くのか

図1 『八代名所集』表紙

図2 『八代名所集』序文冒頭
（「あ」に○を付した）

○八代市立博物館未来の森ミュージアム蔵『八代名所集』(寛文12年序刊)

- 装訂　刊本。半紙本上下2巻欠1冊(上巻のみ存)。四針袋綴。
- 表紙　改装(原装本を後補表紙でくるむ)。縦24.8×横18.1cm(原表紙部分は縦24.3×横17.2cm)。現状の原表紙部分は、上皮部分が完全に剥離して共紙表紙のごとき様相を呈す(図1)。
- 題簽　改装。縦16.1×横4.4cm。鳥の子色。無枠に「絶版／珍書／肥後八代名所題」と墨書き(表紙左肩)。また、原表紙には墨書きで「絶版／珍書／肥後八代名所題」と大書される(表紙中央)。
- 見返し　なし。
- 内題　「八代名所集上」。
- 目録題　「肥後八代名所題」。
- 尾題　なし。
- 匡郭　無枠本。字高16.1cm(但し序文1行目を計測)。
- 柱刻　柱刻・丁付ともになし。
- 構成　遊紙(1丁)・序文(5丁、ただし、1丁目裏から開始)・目録(2丁)・本文(38丁)。総計46丁。
- 行数　毎半葉概ね11〜12行。
- 序文　序題なし。「于時寛文十二壬子初夏仲旬／菅宇謹序」(序末)。
- 跋文　下巻欠のため詳細不明。

146

八代市立博物館未来の森ミュージアム蔵『八代名所集』について（真島）

奥付　下巻欠のため詳細不明。
印記　「石川／蔵書」。
備考　虫損多く保存状態は非常に悪い。そのために判読できない箇所も少なくない(以下の引用では■で示す)。

　　最終丁裏の上部に横書きで、「されは今〇／〇此書の于時凡弐百年斗りのむかし／其時の達者、菅宇君謹言、各々／大老雅題先君之水茎の跡を、竹田／雅丈の見よと有て忝押戴、倩〳〵伏拝に…(中略)天保十一年」との後年の識語があり、その内容に八代城主松井氏が関わるかのような文言が見え注目されるが、未詳。
　本文の板下は序者である菅宇の手になるものと推測される。この人物については後述するとして、その手になる短冊を掲げる。これと比較するに、その特徴的な筆跡は同一人物のものとして過たないであろう。たとえば、図2に見える仮名の「あ」(字母「安」)は、二画目にあたる縦棒が直線的に、下まで貫くように書かれるのが特色だが、これは図3-Cの四字目に共通する。また、同じくAの下五に見える、極端に丸みを帯びた漢数字「四」の書きぶりなどは、明らかに『八代名所集』のもの(「八代や四代四代に富貴草」の6字目〔図4〕)と一致するように思われる。

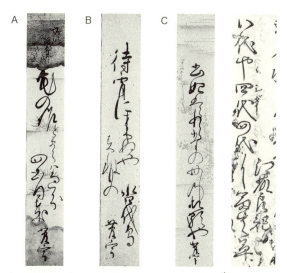

左：図3A～C　菅宇自筆短冊(いずれも永井一彰氏蔵[4])
右：図4　『八代名所集』上巻「八代付御免革」

147

## 2. 「地方」の何を描くのか

### (2) 編纂姿勢

それでは、次に本書の編纂姿勢を窺ってみたい。序文冒頭には、

> かゝる事をあみたてぬるは、いなやつしろの名所ども旧跡ども、いさしらぬひのつくし言葉にて、さてゝはるのかはづ、井の内より外を見ぬゆへなりと笑ふ人もあるべけれど、げにはすめば都とやらん、田舎にも興ある見所のみ大手口や、

とあって、八代の名所・旧跡には、地方ながらも見るべき優れたものがあるとの自負が示されている。これは4丁半に及ぶ序文全体に通じる姿勢で、本書で題とするような当地の名所・名物を掛詞を多用しつつちりばめ、時に和漢のそれらと対照して、決して劣らぬことを誇るのである。

さらに序文末では、

> おもひくゝにいひ出せる言葉の種山ほともありしを、おほくは聞もらしたる、かこ■の底をなんかきあつめたる句、百をつミて八に至るも、此所がらの名に、たよりなきにしもあらす。即チ八代名所集(と)いふ。凡ソその標はし題せる所の名、百にをよべるが中に、そんでふそこゝのやしろ、これから爰もとの、風土によろしきものゝ名など、其題のもとに弁せ、しるせるもおほかり。猶その発句の心言葉に、あづかりわたる一■■には、宮柱のもとゝ起をたづね、里のおさの口ぶみをうかゞひ、をのれが心をつけ、拙き詞をもて、真字の註をつくる事、かつおこがましく、俳諧編集にをゐて、いまた其類を見さる歟。なれども、是また事をこのむ友どちのために、吟をまし興をそふる、ひとつのたすけにもなりねかし、といへるものならし。
>
> 　于時寛文十二壬子初夏仲句
> 　　　菅守謹序

と編纂の経緯などに言及する。すなわち、その名にちなんで八代の名所句を800句集める(現存上巻は402句収録)ことを志したもので、名所題は100種

148

八代市立博物館未来の森ミュージアム蔵『八代名所集』について(真島)

に及ぶとする。これは概ね目録の項目数に一致している(ただし、目録では上巻の項目は49だが、本文には51の名所題が掲げられている)。

ただ、ここで注目すべきは最後の傍線を付した箇所である。「拙き詞」による「真字の註」とは、各名所題に間々加えられる漢文体の解説を指し、序者は、かかる地誌的記述は俳書として異例だが、詠句の助けとなることを述べている(地誌的記述が加えられるのは51項目中10項目)。周知の通り「名所」の源流は和歌に詠み込むべき価値を有する地名たる歌枕にあり、詠歌をこととする人々の関心事で、それは後継文芸としての連歌や俳諧でも同様であったから、韻文文芸との結び付きは決して不自然なものではない。しかし、歌枕が実態に重きを置かず、詠作者間で共有される観念的存在であったのに対し、本書に施される「真字の註」は、実態としての名所を解説していて、前述したように地誌的記述と言うのが適切であり、かなり自覚的に当地の名所を紹介する意図を看取することができる。そしてまた、この記述は、序者である菅宇が本書の編者であることも示しており、その点も重要である。

名所題は「八代付御免革」・「松江付松馬場」以下、神社仏閣・山川・湖沼・廟所・名産など多様で、伝統的な歌枕(的なもの)を意識しているというよ

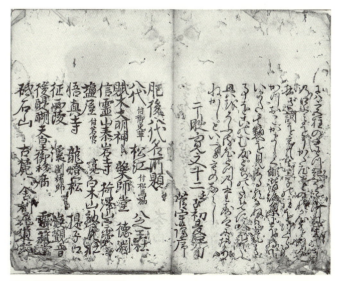

図5 『八代名所集』目録冒頭

149

2.「地方」の何を描くのか

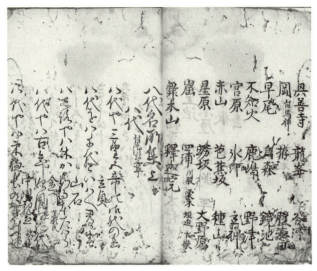

図6 『八代名所集』本文冒頭

りも、やはり近世地誌の名所観、採録姿勢に近いと言うことができる。

## 2. 編者と発句作者

### (1) 編者について

それでは続けて本書に句を寄せる人々の顔ぶれについて確認しよう。

上巻に入集する作者の総計は71名。その内「作者しらず」が3名、作者不記が13句ある。入集数上位の作者を一覧にすると次のようになる(表1)。

確認した通り最多入集者の菅宇は序者・編者と見られる。『綾錦』(菊岡沾涼編、享保17年〈1732〉刊)・『誹家大系図』(春明編、天保9年〈1838〉序刊)のごとき総合的な俳諧系譜には登載されず、『俳諧人物便覧』(三浦若海編、弘化元年〈1844〉以降成)や『新選俳諧年表』(平林鳳二・大西一外著、書画珍本雑誌社、1923年12月)などにも記載が無く、現時点では俳系なども含め詳細について不明と言うほかない。以下、先行研究を参照しつつ若干の臆見を示しておく。

寛文期の貞門(松永貞徳を中心とする近世初期の俳諧流派)系俳書にしばしば顔を見せ、『貞門談林俳人大観』[5]を検するに、管見の限り「菅宇」号が初めて見えるのは『誹諧詞友集』(種寛編、寛文10年刊)で、「同(八代)住菅宇同人 政信」と

八代市立博物館未来の森ミュージアム蔵『八代名所集』について（真島）

出ており、政信＝菅宇と判明する。これを踏
まえると、『落穂集』（梅盛編、寛文4年〈1664〉刊）
に「菅氏政信」として12句入集するのが最初期
のものとなり6)、以後『続山井』（湖春編、同
7年刊）に12句、『細少石』（梅盛編、同8年刊）に8
句、『続詞友誹諧集』（種寛編、同11年刊）に5句、
『空嘯集』（竹翁編、同12年刊）に3句と、寛文期
にはほぼ途切れることなく発句が採られてい
る。

表1　入集数上位者

| 順位 | 作者 | 句数 | 所在 |
|------|------|------|------|
| 1 | 菅宇 | 54 | 八代 |
| 2 | 舟津〇波 | 41 | 熊本 |
| 3 | 山石 | 28 | 八代 |
| 4 | 永崎一見 | 26 | 熊本 |
| 5 | 金門 | 21 | 八代 |
| 6 | 荒見一貞 | 20 | 八代 |
| 6 | 久継 | 20 | 八代 |
| 7 | 三折 | 14 | 肥後 |
| 7 | 高田重益 | 14 | 八代 |
| 7 | 江藤良記 | 14 | 八代 |

　延宝期には『続連珠』（季吟編、延宝4年〈1676〉
刊）に5句（「政信父政之」も入集）、『唐人踊』（立圃編、同5年刊）に18句入集してい
るのが確認できるが、後者には漢句も9句見られるのが着目される。『〔延
宝八年歳旦集〕』（井筒屋庄兵衛板、広島文教女子大学蔵本）には菅宇の歳旦三物
として和漢連句（発句〔和〕・脇句〔漢〕・第三〔漢〕）が収録され、漢句にも通じて
いたことが窺われる7)。

　これらの俳書に見られる記述を総合して大内初夫氏は、菅宇について
「政信は同国八代の住菅野宇兵衛、別号菅宇」とまとめ、翻刻解説（蓑田勝
彦・大石隆三氏執筆）は寛文期八代の俳壇を代表する存在の一人であったと
指摘している8)が、姓を「菅」でなく「菅野」とする根拠は明示されていない。
おそらくこれは、古筆鑑定家の了意が、自らの関わった短冊を資料として
作成した名寄である「寛文比誹諧宗匠幷素人名誉人」（文政11年〈1828〉成）に、

　一　菅野宇兵衛政信　別号　肥後八代　　　　菅宇9)

とあるのに拠ったのではないかと想像され、その典拠と目される『誹諧短
冊手鑑』（以下『手鑑』と略称）収録の該当短冊（図3-C）10)の裏書にも「立圃門弟
　肥後八代住　菅野宇兵衛政信　能筆」とあるのが確認できる。ただし、
俳書における肩書には姓を「菅（氏）」とするものしか無く、菅野か菅か結論
は留保せざるを得ない。なお、通称と思しき「宇兵衛」というのも、これら
短冊の裏書以外に未見11)である。

　以上を要するに、編者菅宇は寛文期に八代で活躍した俳人で、姓は菅氏
（あるいは菅野氏）、通称を宇兵衛、名を政信という。「能筆」と注記されてい
たことも含め、諸名家の短冊を集めた『手鑑』に採られること自体、当時菅

151

2. 「地方」の何を描くのか

宇がある程度名を知られた存在であったことの証左となる。なお、『続連珠』には「八代号政信菅宇」とあるので「政信」は別号の可能性もある。俳号の菅宇は姓と通称を合成したものか。

　俳系などは不明としたが、やはり『手鑑』所収短冊裏書に「立圃門弟」と書き留められたことは重要である。貞徳直門の俳人立圃は筑前秋月藩主と雅交を結び、同地にも足を運んでいるだけでなく、明暦・万治頃にはしばしば肥後にも来訪していることが知られ、『八代名所集』に入集する八代の山石(後述)はその門人であった(『誹家大系図』[12])から、菅宇も同門であることは充分に考えられよう。

　その身分等も全く不明である。ただ、当時の地方における俳諧愛好者層を考慮するに、武家や宗教関係者、上層町人であることが予想され、漢文による地誌的記述部分や漢句への関わりからは、武家的な教養が窺われる[13]。また、八代の治世を言祝ぐ本書巻頭の句(「八代や三皇五帝の御代の春」)には作者が明記されておらず、八代城主松井家など貴顕による句である可能性があり[14]、このことも編者が武家と想像させる要因となるものの、「八代分領侍帳」(正保2年〈1645〉成)に「百八拾石　菅市右衛門」なる人物が録されるのが確認できる[15]ほかは、松井家文書(熊本大学附属図書館蔵)中の分限帳や先祖付の類に、菅宇と合致する人物は見出すことができていない。今後の課題としたい。

　現時点では判然としないことの方が多いけれども、八代が輩出した偉大な連歌宗匠、俳諧作者たる西山宗因(貞門に対抗する流派談林の盟主とされる[16])について、引用1のごとく、俳壇を席巻する新風が肥後から起こったことを誇る[18]句を詠んでいることからもわかるように、菅宇が自身の出自としての肥後や八代に誇りを持ち、その魅力や価値を主張しようという姿勢を有していたことは確実で、それは『八代名所集』にも明確に表れていると言うことができる。

## (2) その他の顔ぶれ

　そのほかの入集者についても上位陣を中心に概観してお

宗因当国より出たる人なれば
肥後からこそ西翁風なり　筆始　菅宇
(前出『延宝八年歳旦集』)[17]

引用1

八代市立博物館未来の森ミュージアム蔵『八代名所集』について（真島）

こう。いずれも八代や熊本在の作者で占められており、特に永崎一見(熊本)・荒瀬金門(八代)は肥後最古参の俳人である。一見は『鸚鵡集』(梅盛編、明暦4年〈1658〉刊)に3句入集するのが初出[19]で、前出の立圃と対立した重頼の門人(『誹家大系図』)。同門の西村良庵とともに熊本俳壇のリーダー的存在であり、後年肥後を訪れた大淀三千風とも漢和俳諧に興じている(『日本行脚文集』〔元禄3年〈1690〉刊〕巻四)。一方の金門もやはり梅盛による『捨子集』(万治2年〈1659〉刊)が初出。同書には宣堅・一直に加え、宇土(現熊本県宇土市)の恵吟(3句)も見える(いずれも『八代名所集』入集者)。

　貞徳の没後、その跡目相続をめぐる対立から、門人間で競争が行われて俳書が続刊しただけでなく、新しい地盤拡大のため地方へと勢力を伸ばそうという動きが生じ、それは九州にも及んだという。既述の立圃と同様に、重頼がしばしば来熊して、『八代名所集』に句を寄せる一見や親宣と交流したのも、一連の貞門俳壇の状況を反映したもので、特に寛文8年には八代も訪問しているから、貞門俳人に接する機会を得て、かなり早い時期から肥後には俳壇が形成されていたことが想定される(肥後連中が多く顔を見せる上述の俳書の編者、梅盛も重要な存在)[20]わけで、『八代名所集』のような選集が編まれる素地が充分に準備されていたことは、その入集者の顔ぶれからも窺われるのである。

　なお、そのほか着目すべき入集者に山石がいる。既出大石隆三氏の「肥後八代の俳僧 山石」(同注2)によると、山石は美作の出身で、京都の臨済寺院南禅寺を経て、八代の荷沢山宗雲寺(八代支配の松井氏の菩提寺)などの住持を務めた正厳光端の俳号。南禅寺にはその後もしばしば訪れていたようで、京滞在中に当地の文人・俳人と関わる機会があり、そのことが彼の文芸の才能を育み、俳諧のみならず漢詩にも長じたという。ここで特に重要なのは季吟との交流である。大石氏も指摘されるように、『八代名所集』には、季吟の句が1句見え(引用2)、その前書は季吟が山石へ贈った餞別吟たることを示している。先に述べた通り、貞門俳人たちはこぞって地方へその勢力を伸ばそうと励んでいたわけであるが、季吟の場合もそれは同様で、

肥後八代の山石子都へのぼりて、又下らんとありし時

つぎとめむきりか八代の花もかな

季吟洛下

〔上巻「八代」〕

引用2

153

2. 「地方」の何を描くのか

　　そして寛文から延宝にかけて、九州地方における季吟門の勢力は、
　いちだんと増大していったようである。季吟が子湖春に命じて編纂さ
　せたという寛文七年刊の『続山の井』では、入集者四十八カ国九百六十
　七人のうち、九州は肥前・肥後・筑前・豊前・豊後・日向・薩摩にわ
　たって五十九名の入集を見ている。その中でも肥後八代と豊前中津の
　作者が多く、注目される[21]。

と指摘されるように、季吟もまた八代にその勢力圏を及ぼした俳人であった。
　すなわち、『八代名所集』には、万治頃から寛文期にかけて勢力を全国に
拡大した貞門の動きに連動して精力的に活動した肥後俳人連中が多く入集
し、編者を支えていた様子が見て取れる。彼らは各々立圃・重頼・梅盛・
季吟といった中央(京)の俳壇で活躍する有力宗匠とのつながりを有してお
り、そのことが編纂・刊行の大きな一助となったと考えられるのである[22]。

# 3. 内容と特色

## (1) 地誌的要素

　それでは次に本書の内容、特に地誌的な側面について見てみよう。まず、
その前提として近世の八代の概略を示しておく。
　近世、肥後熊本藩は加藤忠広改易(寛永9年〈1632〉)後細川氏によって領有
されたが、八代城には初代細川忠利の父忠興が入り、その死後は筆頭家老
松井興長が城主となって、以後明治まで同氏(三万石)が当地の支配を行っ
た。球磨川河口に位置して西は八代海に臨み、東は日向国に接している。
『日本書紀』にその名が見えるなど古い歴史と文化をもつ地域で、中世には
名和長年、相良氏、島津氏などの支配を受けた。また、同地は古来妙見信
仰の町としても知られる。妙見社は、中世以来権力者が守護神として重視
し、近世になっても細川忠興以下、八代城主となった松井氏も手厚く保護
したこともあり、その神宮寺も八代の文化拠点として大きな力を有した[23]。
　以上を踏まえて『八代名所集』における地誌的記述を例示する[24]。参考
として、同様の項目を有する肥後地誌のうち、成立年代が比較的近いも
のを併記した。熊本藩儒辛島道珠による『肥後名勝略記』(写本1冊、元禄2年
〈1689〉成)は、江戸時代を通じて最も書写され影響力をもった肥後地誌とし

八代市立博物館未来の森ミュージアム蔵『八代名所集』について（真島）

て知られる。『広益俗説弁』(正徳5年〈1715〉刊)など多くの刊行物を残した井沢蟠龍もまた熊本藩士で、やはり同地の地誌を複数編纂しているが、ここに挙げた『肥後地志略』(写本17冊、宝永3年〈1706〉成)はその一つ。これらはいずれも官撰地誌と位置付けられる[25]。

まず着目されるのが「征西陵」と「後醍醐天皇御廟」である。前者は後醍醐天皇の皇子懐良親王(「かねなが」とも)の陵墓で、八代市妙見町に現存する。延元3年(1338)、後醍醐帝の命を受けた懐良親王は、征西将軍として九州に南朝の拠点を構築するべく出発し、伊予・薩摩を経由して正平3年(1348)肥後の宇土に上陸後、菊池に入って肥後守菊池武光と合流。武光は以後懐良親王を支え転戦、正平16年(1361)太宰府に入り征西将軍府を成立した。その後、北朝方の九州探題今川了俊によって太宰府を陥れられる(文中元年〈1372〉)まで約10年にわたって、征西将軍府は九州を統治しており、明はこれを日本を代表する機関と見なしたという[26]。定説によると太宰府を追われた後、懐良親王は永徳3年(1383)に筑後矢部で没しているのだが、その後遺骸は八代に葬られたとする伝承が存在するのである[27]。

『名勝略記』に比して『八代名所集』は非常に簡潔な記述となっているが、その内容に大きな誤りはない(引用3)。また、「征西陵」について、現地の人々の間に語り継がれた俗習を述べる部分(「村老伝へて曰く～」)は、このモニュメントが生活の中でいかに定着し重視されてきたかを示しており興味深いところだが、この部分は八代地誌の『人境考』(写本1冊、享保3年〈1718〉～17年〈1732〉頃成か[28])にも見えず、独自性の高い要素と言え、さらに後年の地誌『肥後国誌』(森本一瑞編、明和9年〈1772〉成[29])に継承されている。『肥後国誌』は肥後地誌の完成形とされる『新編肥後国誌草稿』(成瀬久敬編、享保13年〈1728〉成)をもとに増補したものであり、これに利用されるのは、後続の地誌編纂者にとっても『八代名所集』が有益であったことを物語る。

これに対し『名勝略記』の記述は、初代征西将軍を世良親王(後醍醐帝第二皇子、元徳2年〈1336〉早逝。九州に派遣された事実はない)と誤るだけでなく、初代征西将軍が延文5年(1360)に薨じているとするなど、誤謬が甚だしい。後年の『肥後国誌』は『名勝略記』のこれらの記事を引用しつつも、明確に誤りであると断じている(「此説太夕非ナルヘシ」)から、採用された『八代名所集』の地誌的記述は「正確」と認められたわけで、肥後地誌史においても軽

155

## 2. 「地方」の何を描くのか

| 『八代名所集』 | 『肥後名勝略記』下巻 |
|---|---|
| **征西陵**<br>後醍醐帝の第六王子なり。菊池肥後守武光、九州を鎮めんが為に、奏請して以て征西将軍と為す。事は太平記に見へたり。○村老伝へて曰く、古来此の廟前に於いて草木を折らず、牛馬を繋がず。偶之を犯すときは、則ち神の祟り有るなり。 | **征西将軍の墓**<br>悟真寺の内にあり、後の征西将軍懐良親王の墓なる云事を不識、初征西将軍の宮御父子二人あり、因て世人何の宮と云、後醍醐天皇第六の皇子なり、此宮は延文五年七月筑後大原の合戦に、菊池武光と同く小弐大友を討、創を被り給ひ、同年八月菊池武光に於て薨じ給へり、此時若宮の四歳に成給へるを、武光吉野へ言上し、征西将軍宮と云、諱を懐良と云本国王関西親王とも見へたり、又日、大に威名ある宮なり、是皆武光の功労に依ての事也、応永三年今川了俊九州探題職を罷られ上京す、此跡に大内義弘下り、菊池武朝と合戦す 武朝は武光の孫右京大夫と称す 武朝打負菊池を去て八代の城に籠らるゝと旧記に見へたり、此時将軍の宮も八代へ赴き給ふ事無疑、将軍宮四十歳計の時分なり、然れば八代にて薨じ、当山に奉葬たるもの と見へたり、薨逝の年月未考之、 |
| **後醍醐天皇御廟**<br>征西嘗て吉野の御廟に準じて、以て此に築かる。俗此れを寄せ塚と謂ひ、又影塚と曰ふ。 | **後醍醐天皇陵**<br>悟真寺の内にあり |

引用3

視すべからざる存在であることを意味しよう。

　また、延元4年(1339)吉野に葬られた後醍醐帝の別墓という「後醍醐天皇御廟」もまた簡素な記述だが、やはり民間における別称(「寄せ塚」「影塚」)の話題は、『名勝略記』ほか『人境考』『肥後国誌』にも見出し得ない独自の内容

である。

　もう一例見てみたい。鱏大明神を祀る社を本体とする「鱏谷」という項目である。長くなるが全文を引用する（引用4）。

## 『八代名所集』　鱏谷

鱏（にべ）大明神と号す。宇縁起を説く者の口実を聞くに、曰く、昔日（そのかみ）延元年中に、名和伯耆守長年（なわのほうきのかみながとし）の二男、権守（ごんのかみ）長秋、征西将軍に陪従（ばいじゅう）して九州に赴く。既に長州赤間関（あかまがせき）に至りて、風波暴（にはか）に起こりて、覆らんとす。時に船師長秋に謂ひて曰く、「公の貴き六代目村上弾正少弼顕忠在城の時、当郡植柳浦の重する所の物を以て、海神に授くときは、便ち此の難を避けん」といふ。長秋已むことを得ずして、其の家系図を出さしめ、以て海中に投ず。是に於いて風乃ち順にして、古麓の城に居す。

其の後植柳の漁父、一日釣りして巨魚を得たり。此の浦にして未だ曽て見ざる魚なり。因りて之を怪しんで城主長秋に献ず。長秋、之を視るに、則ち鱏の魚なり。乃ち漁父に命じ、其の腸を割かしむ。中に箱有り。是即ち先日海に投ぜし所の系図なり。長秋大いに悦んで、此の魚をして是の谷に埋めしめて、鱏塚と云ふ。此の事遥かに天聴に達す。帝、之を奇なりとして勅して大明神の号を賜ふとなり。

## 『肥後地志略』巻九　徳之渕

松江城外の南にあり。八代海の入江諸国の船舶幅湊の所なり。村上家譜に名和伯耆守源長年の孫、六代目村上弾正少弼顕興入道紹覚、建武二年当国に下向し、菊池肥後守武光を頼て、八代に居住す。顕興より顕忠、当郡植柳浦の漁夫又三郎といふもの、此徳の渕にをひて、大いなる石首魚を捕て、村の給主光照寺に贈る。各見て光照寺此魚を城主顕忠に献ず。顕忠庖人に腹を割かしむるに、披て見れば、先年長門国の海上にて難風に遭て海に投ぜし家の系図文書なり。顕忠奇異のおもひをなし、先祖の神霊の擁護なりとて、其上に社を建て、鱏大明神と号して、々年祭奠をなす。西陽雑爼に載る所の平原の高苑城の東に魚津といふ所あり。昔魏の末に、平原の藩府君字は恵延といふ人、白馬津といふ所より船に乗て、治る所の郡に行ところに、誤りて嚢を江中に落せり。郡にあること三年に及ぶ。或時江水漲り満て、大魚を得たり。長さ三丈広さ五尺、其腹を割て見るに、江中に落せし所の嚢有りと記せり。徳之渕の事とよく相似たり。和漢同日の談と云つべし。

引用4

2. 「地方」の何を描くのか

これもまた前項と同様に征西将軍に係る説話である。すなわち、征西将軍の九州下向の際、長門国赤間関において、船を転覆させんばかりの暴風のために足止めをくってしまった。これを解消するため、臣下の一人名和長秋(南朝方の武士名和長年の次男という)という人物が、犠牲として自らの携えていた家系図を海中に投じることで、暴風は収まり一行は無事に八代に上陸することができた。後日、当地の漁師が釣り上げた見慣れぬ魚(＝鱘)の腹から、無事に家系図が戻ったため、喜んだ長秋はこの魚を土中に埋めて塚を築いたが、叡聞に達して大明神号を賜ったという。

やはり類話が『名勝略記』『地志略』双方に見られるけれども、いずれも「徳淵」(城近くの八代海の入江)を項目名としており、系図の持ち主は村上顕興(名和長年の孫)で征西将軍は登場しない。また、鱘を釣り上げた漁師の名を具体的に「又三郎」と記しているのも異なっている[30]。つまり、ここでも『八代名所集』所載の説話には独自性が見られる[31]わけで、主要地誌と別系統の貴重な資料を提供していると言えよう。

## (2) その特色

二つの例に共通する征西将軍とその歴史は、そのほかの八代・肥後の名所の由来としてもしばしば語られ、肥後地誌において重要な位置を占めている。史実に基づいた理解もなされる一方で、懐良親王の派遣は、征西将軍府の軍事的支柱であった肥後の菊池武光からの要請によるものとする、肥後側の視点によった叙述がなされることがある。こうした記述は『八代名所集』のほか『人境考』にも見られ、『菊池佐々軍記』(宝永7年〈1710〉刊[32])にも同様の歴史観が述べられる[33]。肥後の人々にとって征西将軍(とそれを補佐する菊池氏)の活躍は、大きな歴史の流れのなかでは敗者となる南朝の事蹟であり、勝者の歴史の論理においてはやがて埋没してゆきかねない宿命であるにもかかわらず、自分たちの固有の歴史として深く印象づけられ、記憶されてきたのだと言うことができる。その廟所を「名所」と位置付けるのはそうした認識の表出にほかならず、たとえば、正史では「朝敵」たる平将門が、関東(東国)ではしばしば西の権力に対抗した英雄として認知され祀られることすらある事実を想起するならば、征西将軍をめぐる説話は、肥後人の文化的アイデンティティの一部となっていたとも言い得よう[34]。

その意味で、簡略ではあるが、各地誌に先んじて『八代名所集』がこれらを記述した意義は大きい。また、編者菅宇以下の八代・熊本の俳人たちがこうした歴史意識に自覚的であったことは、稿者の関心事である近世地誌と俳諧の関係について考える上でも重要な意味を持つ。

## (3) 発句の作例

それでは各名所を題とする発句はいかに詠まれているだろうか。いくつか例を見てみよう。

先ほど挙げた「征西陵」には6句の例があり、そのうち

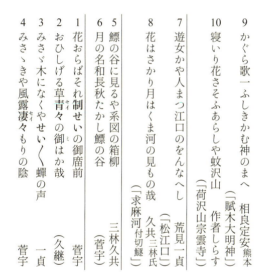

の4例(1〜4)については、いずれも「征西」に別の言葉を言い掛けている(太字部分)。1は地誌的記述に示されていた、墓前の草木をみだりに折ってはならないという俗習を踏まえ、廟前で花を折ろうとする者を制する様を言い、2〜4はそれぞれ周囲に生い茂る草の色、木々で鳴く蟬の声(クマゼミか)、秋の風と露の冷ややかな様子を言い掛ける。同所は現在も鬱蒼とした森林地帯であるが、当地の人々の作であるだけに、よくその景を彷彿とさせていると言うことができる。

また、「鱧谷」を詠む5・6も、それぞれ地誌的記述中に解説される名和長秋と彼の系図をめぐる説話による詠句たることが明らかで、5は長秋が海

に投じた家系図を入れた箱を、「箱柳」(ヤナギ科の落葉高木、別名ヤマナラシ)に言い掛ける。名和長秋その人の名をそのまま入れ込む6は、姓の「名和」が「名は」と掛詞となっている。

これら以外の例でも、7では題となっている「松江口」の「松」に「待つ」を言い掛け、「(松)江口」を謡曲や『撰集抄』などでなじみの深い西行と遊女の説話の舞台と見て、女郎花を引き出している。8もまた八代に河口をもつ急流として名高い球磨川を題として、その川の名を用いて、『徒然草』の著名な一節「花は盛りに、月はくまなきをのみ見るものかは」(第137段)を踏まえた「くま＝球磨(求麻)／隈」という掛詞としているのがわかる。

そのほか、単純に名所題を句に詠み込む9・10(「節聞」→「賦木」/「蚊沢山」→「荷沢山」)のような例が見られるが、著名な説話を背景とするにせよ、当地独自の歴史を踏まえるにせよ、総じて当時の貞門流らしい言語遊戯による微温的ユーモアがたたえられていると言うことができる。また、しばしば廻文句(山形廻文も含む)が詠まれるのも目に留まる傾向である。

# 4. 編纂の背景

## (1) 名所への関心

最後に本書が編纂された背景について確認しておくこととする。

歴史の転換点である近世前期は、新たな統治者となった徳川氏による、その支配の正当性をめぐる自己確認と歴史再編の時代であり、そのための具体的な方策が試みられた時期であった(郷帳・国絵図提出〔正保元年〈1644〉〜慶安4年〈1651〉〕・『本朝通鑑』編纂〔寛文2年〈1662〉〜10年〕)。その流れの中で、寛文期には各藩主導の官撰地誌が編纂される[35]ほか、寛文7年(1687)には幕府の諸国巡見使が各地に派遣された(八代も通過している)こともあって、支配者層を中心に領内の地名や名所・歌枕への関心が高まっていた。

そういった事態を反映したものか、同時期の俳書には名所に関連するものが目立つ。具体的には

・『誹諧旅枕』(令敬編、寛文2年〈1662〉序刊)：名所句集
・『俳諧名所付合』(重俊編、寛文4年刊)：付合語集
・『誹諧発句名所集』(頼広編、寛文12年刊)：名所句集

八代市立博物館未来の森ミュージアム蔵『八代名所集』について（真島）

・『武蔵野』(意行子編、寛文12年刊)：連歌俳諧辞書

などがそれであるが、なかでも『奥州名所百番発句合』(風虎主催・玖也判、寛文12年〈1672〉成)や『誹枕』(幽山編、延宝8年〈1680〉序刊)が象徴的な存在と言うことができる。いずれも平藩(現福島県)内藤家の文芸に長じた藩主義概(風虎)とその男露沾(江戸俳壇に多数の有力門人をもつ)と、彼らと雅交をもった俳人幽山が関わるという共通項を有しており、前者は風虎の家督相続に伴う国入りを受け、新しい領主による文芸的領地内検分のごとく、その領内の名所・地名を強く意識し、それを反映したものとなっているという。後者は、伝統的な歌枕の範疇を超えてさらに拡充させるべく、実地踏査の経験を活かしながら、諸国の新しい名所を俳諧の材として見出そうという試みであった36)。『八代名所集』と同時期に、文事に熱心な大名貴顕が特定の地域(自領内)の名所に着目してそれを詠み込むことに腐心し、しかもその文事が俳諧という新興文芸で行われているのは注目に値する。

　目を熊本に転じてみても、寛文期以降以下のような肥後に関わる俳書が編纂されていることが注目される37)。

・良庵竹翁編『空嘯集』半紙本欠一冊(春部のみ存)　竹翁序

・同編『松花集』半紙本欠一冊(春・夏部のみ存)

・同編『肥後名所』(元禄書籍目録などによる)

・同編『肥後名所拾遺』(国学者伝記集成による)

・宇治(阿蘇)友隆編『阿蘇名所集』半紙本欠一冊(下巻のみ存)　中嶋随流跋　京都田原仁左衛門刊

『空嘯集』は零本で全貌を知ることはできないものの、序文に「是は九州肥後の国、あそこ爰の作者をあつむる事も…38)」と述べられる通り、肥後作者のみの発句を集めたという意欲的な撰集で、大内初夫氏が、

　九州貞門最古の撰集のみならず、前述したごとくそれが肥後一国在住者の吟によって編集されたものであるということである。そして、本集春の部のみで約二百人という多数の作者が、寛文末年に肥後一円に輩出したということは、まさに驚異的な俳諧の流行を物語るものといえよう。

とその意義を評価しておられるごとく、当地の俳諧流行を示す作品である。〇波・同妻・久継・重益・尚白・一好・有久・一直・一二子の9名が『八

## 2. 「地方」の何を描くのか

代名所集』と重複している。その後編たる『松花集』も、前編と異なり九州の他地域の作者も含むけれども、やはり中心となるのは肥後の俳人となっている。

時代が下る作品ながら、『阿蘇名所集』も注目すべき存在である。編者は阿蘇宮の神職。阿蘇の名所題による発句集で巻頭は「阿蘇宮」。概ね名所の種別ごとに並び、諸社の後は山・嶋・谷・坂…と続き仏閣で終わる。名所題に、その由来・沿革を示す地誌的記述を付すものがある[39]のは『八代名所集』に同じだが、項目数に対する頻度はかなり低い(概ね10項目程度)。しばしば廻文句が見られるのも『八代名所集』に共通。作者127名のうち、京21名・伊勢山田2名・豊後7名のほかはすべて肥後住で、八代住は17名である。

『肥後名所』『同拾遺』は現存せず、また書名からは俳書よりむしろ地誌かと推測されるところだが、いずれにしても肥後俳人たちが意気盛んで、しかも周辺の名所旧跡に関心を寄せていたことが窺え、『八代名所集』のような作品が誕生する土壌が充分に醸成されていたのだと言うことができよう。


# 結語

ここまで『八代名所集』について、その地誌的側面を中心に、文学史的意義を考察してきた。寛文期の肥後・八代俳壇の相当の充実ぶりを示す俳書であるとともに、地方地誌として見ても極めて重要な作品であることが明らかとなった。

京・大坂・江戸など大都市以外に目を向けた地誌は、先述の通り官撰地誌には寛文期編纂の例が存在する一方で、民撰地誌においても、中川喜雲編『鎌倉物語』(万治2年〈1657〉刊)こそ早期の例だが、『有馬私雨』(平子長政編・生白堂行風校、寛文12年〈1672〉刊)や『高野山通念集』(一無軒道治編、同年序刊)など寛文末年に事例が見られるようになる。しかし、いずれも対象とする地域は京や江戸から比較的近距離であり、九州の一地域を扱った本書は、地誌として見てもやはり先駆的と言うことができる。また、特定地域の名所句集としても、『大和順礼』(岡村正辰編、寛文10年刊)に次ぐ初期の例で、著名な『松島眺望集』(大淀三千風編、天和2年〈1682〉刊)に先んずる例となるわけで

ある。

『八代名所集』は、貞門俳人たちの自派勢力を地方へと伸張せんとする野心と、その動きに対する地方側の反応として生じた、地方俳人の中央俳壇へのアピールや自己喧伝の意識との接点に生まれた作品であり、それが地元の名所を集め句題とするという行為に結実したのが興味深い。周縁の人々が明確に中央を意識しつつ、何を自分たちの誇るべき「名所」と考えるのかが現れているからであり、このような作品は"近世名所"とは何かを考える上でも大きな示唆を与えてくれるはずである。そして、そこに貞門俳人の活動が関わるのであれば、同様の事例を他の地域でも見いだすことが可能であろうし、やはり伝統的文化都市たる京に強いコンプレックスを持たざるを得なかった新興都市江戸における名所観を追求する上でも、重要な資料となると思われる。

今後は編者菅宇の事蹟等について引き続き調査を進め、時代の下る『阿蘇名所集』との性格の相違や共通性を考究し、同時期の他地域における事例にも目を配りつつ、より詳細な検討を行いたい。

注
1) 『八代名所集』〈八代古文書の会叢書4〉(八代古文書の会、1992年11月)。
2) 『熊本藩家老松井章之の江戸旅行日記——八代古文書の会三〇年記念誌』(八代の殿様)(八代古文書の会、2008年10月)。
3) 河村瑛子著『古俳諧研究』(和泉書院、2023年5月)。
4) 永井一彰著『俳諧短冊纂攷』(私家盤CD-ROM、2022年5月)。図版もこれによる。ただし、図3-Cは、同氏蔵『誹諧短冊手鑑』に収録されるもの(永井一彰編『誹諧短冊手鑑』八木書店、2015年8月)。
5) 今栄蔵編、中央大学出版部、1989年2月。
6) ただし、季吟編『新続犬筑波集』(万治3年〈1660〉刊)に「八代正信」とあるのが同一人物であれば、初出時期は遡る。
7) このほか延宝6年刊の『つくしの海』(橋水編、発句集2冊、付句集零1冊〔春・夏のみ存〕)にも菅宇句が入集することが、『八代名所集』翻刻解説に指摘されているが、現時点で稿者は未調査。
8) 大内初夫著『近世九州俳壇史の研究』(九州大学出版会、1983年12月)。ならびに同注1。
9) 野間光辰「寛文比誹諧宗匠幷素人名誉人」(同著『談林叢談』岩波書店、1987年8月、

2. 「地方」の何を描くのか

   初出は俳文学会編〔兼発行〕「連歌俳諧研究」第17号〔1958年12月20日〕)。

10) 注4参照。

11) これ以外の永井氏所蔵の短冊2点の裏書はそれぞれ、「肥後八代住菅ノ政信」「肥後八代住菅氏宇兵衛政信筆 細少石 唐人踊ニ入統詞友集ニ入」(図3-A)・「肥後八代住菅宇兵衛政信」(図3-B)(注4による)。

12) 同注8。

13) 肥後熊本藩士加々美紅星による諸書からの雑録である『雑花錦語集』(写本、近世中期成、熊本県立図書館蔵)巻三十三には、菅宇による漢詩七絶一首(「秋至東塚砥崎」)が収められる(出典は「八代人境考下巻之詩」とする)。

14) 亀井森氏によると筑後柳川藩主の関わる歌会を記録した資料に、藩主の歌には作者を明記しない例があるという。

15) 松本雅明監修『肥後読史総覧』(鶴屋百貨店、1983年2月)。

16) 宗因は慶長10年(1605)熊本に生まれ、15歳頃より当時の八代城主加藤正方の側近として出仕している(其編集委員会編『西山宗因全集』第5巻「伝記・研究篇」八木書店、2013年4月、参照した年譜は尾崎千佳氏執筆)。

17) 下垣内和人解説『延宝八年板歳旦集』〈勉誠社文庫137〉(勉誠社、1987年4月)。

18) 事実としては、談林は、宗因が大坂天満宮の連歌所宗匠であったこともあり、商業都市大坂を中心に展開。井原西鶴もその一人。

19) 同書には『八代名所集』にも顔を見せる中嶋親宣(13句、熊本)・荒瀬宣堅(5句、熊本)・渡辺一直(2句、熊本)も入集。

20) 以上、注8『近世九州俳壇史の研究』による。

21) 同注8。

22) 芭蕉を輩出したために、伊賀上野俳壇との関係ばかりがクローズアップされる季吟だが、地方との交流は全国規模で行われていたのが実態で、ここで確認した九州のみならず、秋田でも同様の事例が見られるという(稲葉有祐氏御教示)。

23) 八代市立博物館未来の森ミュージアム編(兼発行)『妙見信仰と八代』(2021年10月)。なお、『八代名所集』にも「白木山妙見山」として立項され、神宮寺に所属する尚白なる人物が入集する。

24) 引用部はすべて原漢文。

25) 上妻博之著 花岡興輝監修『新訂肥後文献解題』(舒文堂河島書店、1988年5月)による。引用はいずれも 森下功 松本寿三郎編『肥後国地誌集』(青潮社、1980年9月)。以後それぞれ『名勝略記』『地志略』と略記する。

26) 『国史大辞典』第3巻(吉川弘文館、1982年2月)、項目執筆者川添昭二。森茂暁著『懐良親王――日にそへてのかれんとのみ思ふ身に』〈ミネルヴァ日本評伝選〉(ミネルヴァ書房、2019年8月)。

八代市立博物館未来の森ミュージアム蔵『八代名所集』について（真島）

27）　八代の悟真寺（曹洞宗）は、菊池武朝が懐良親王の菩提寺として建立したと伝える寺院で、懐良親王の墓所に隣接する。墓所は九州各地にその跡とされる場所があるが、明治11年（1878）宮内省により八代のものが懐良陵墓と認定されている（注26『懐良親王』）。

28）　八代市立博物館未来の森ミュージアム蔵。『人境考――江戸時代の八代郡誌』（八代古文書の会、1991年9月）による。

29）　稿者は後藤是山編『肥後国誌』下巻（青潮社、1971年4月）により確認。

30）　『名勝略記』は話の典拠を「伯耆氏の家譜」とする。さらに引用した『地志略』では、『酉陽雑俎』（中国、唐代の随筆）に見える同種の説話を引きつつ相対化を図っている。この考証手法は蟠龍の作品にはしばしば見られる、彼の学問の特色である。

31）　なお『新編肥後国志草稿』「鰐大明神社」にも、「阿蘇山舎利記文」を典拠として、懐良親王を主とする類話を載せるが、彼が失うのは系図ではなく「舎利」（高野和人編『肥後国誌拾遺』青潮社、2000年11月）。

32）　『地志略』の著者たる井沢蟠龍による戦記。稿者は熊本県立大学文学部蔵本を参照。

33）　「ねがはくはいづれにても親王筑紫に御下向ましまさば、西海道は残らず官軍に属しなむ。且は聖運をひらかるゝの端ともなり候べし」と後醍醐天皇に要請したという（ただし、この発言は武光ではなく武重によるものとする）。また、前出の『名勝略記』には「大に威名ある宮なり、是皆武光の功労に依ての事也」とあり、懐良親王の名高いことは菊池武光の功労ゆえと強調する。

34）　後醍醐天皇の墓が「名所」として位置付けられ（先述）、懐良親王によって八代の地に築かれたという伝承の存在もまた、同様の事例。

35）　『芸備国郡志』（黒川道祐編、寛文3年〈1663〉成）・『会津風土記』（保科正之編、同6年成）など。このあたりの経緯については、白井哲也著『近世地誌編纂史研究』（思文閣出版、2004年2月）などに詳しい。

36）　稲葉有祐「幽山『歌枕』と時代」（日本文学協会編〔兼発行〕『日本文学』第69巻第10号、2020年10月10日）。

37）　『阿蘇名所集』以外の編者はいずれも西村良庵（重頼門、前出）であり、この俳人についても今後考究する必要があろう。

38）　天理大学附属天理図書館綿屋文庫蔵本。

39）　漢文・和文体ともにあり。征西将軍に関する例を挙げておく。
　　　1.「将軍嶋」
　　　征西将軍宮西国に下給ふ節、暫住せ給ふよし伝へ侍れば
　　　2.「小城」
　　　征西将軍宮西国に下給ふ節、暫住せ給ふ将軍嶋のならびにて侍れば
　　　　　　　　　　　　　　　（天理大学附属天理図書館綿屋文庫蔵本）

165

## 2. 「地方」の何を描くのか

　追記　本稿は第466回俳文学会東京研究例会(2023年7月22日、於江東区芭蕉記念館)ならびに第73回西日本国語国文学会(同年9月10日、於長崎歴史文化博物館)における口頭発表に基づく。席上様々御教示・御批正いただいた諸氏に御礼を申し上げます。また、図版の掲載を御許可いただいた所蔵者・機関にも感謝申し上げます。

　八代市立博物館未来の森ミュージアムの鳥津亮二氏には、資料の閲覧に際し格別の御配慮をいただき縷々御教示賜りました。記して深謝申し上げる次第です。また、私家版の玉稿を快く御恵投いただき、図版の使用もお許し下さった永井一彰氏にも深甚の謝意を申し述べたいと存じます。

　本稿はJSPS科研費JP23K12085(若手研究「江戸地誌の受容と展開に関する基礎的研究―俳諧・漢詩文との関係を視座に」)の成果の一部である。

# 政治環境と清代・大同における
# 志書の編纂

張 繼瑩[1]

## 前言

　章学誠はかつて地方志編纂の理想を掲げた際に、天下の史書は必ず編纂
されるべきものであり、必ず先に省・府・州・県の志書編纂をすることに
よりなされるべき、そして地方の志書は「家乘譜牒(家族の記録・帳簿文書)」
と「傳狀志述(伝記報告・概要記録)」をひろく採録し、下から上に史事を集め
る筋道を作らねばならない、とした[2]。地方志の制作はただ一地域の歴史
の編纂というだけではなく、将来の天下の歴史の基礎となるのである。こ
れにより、地方志の編集は、王朝の歴史制作・記録保存にかかわるものに
なった。その他にも、地方志には実用的な価値があった。地方官が地方
を統治する際に地方志はその情報源のひとつであった[3]。まさにこのため、
政治的変動や行政区画の調整が起きると、地方において地方志編纂が開始
されるのである[4]。それ故に、地方志編纂の成功は、地方を王朝体制に統
合していく際の重要な一環となっていた。

　一方で、往々にして地方志編纂は国家と社会の相互作用と競争の結果で
あり、地方官と士人は共同で地方志を編纂し、その内容は双方にとって受
け入れられるものになっていた。平時を描く地方史では、地方官と士人の
間で記載のあり方を巡る大規模な論争などはほとんど発生しなかったが、
王朝交替や地方の動乱を描く地方史の場合、その描き方は政治的状況・立
場において異なり、地方社会に大きな焦点が当てられる場合もある。本稿
は清代の大同地区の地方志を例として、政治的状況の変化と地方志編纂の
間における問題を取り上げるものである。

167

## 2. 「地方」の何を描くのか

　明代の大同は北方辺境の防衛拠点であり、特に軍事的な影響を大きく受けた。明末に李自成の大軍が押し寄せた際、大同の軍民が抵抗を放棄したことが、明王朝の滅亡を加速させた[5]。清軍の入関において、大同の軍民は清に帰服し、李自成の勢力を駆逐したが、その帰趨が情勢の変化に影響を与えたとも言えるだろう。順治五年(1648)には大同地区にて姜瓖の反乱が発生したが、入関間もない清朝は大きな衝撃を受け、強力な軍を派遣して鎮圧し、「屠城」(都市住民の虐殺)によって関係者を粛清した[6]。動乱の後、大同の行政の中心は陽和に移り、また清朝に入って最初の府志『雲中郡志』が官府主導で編纂された。この時期は政治的に慎重な判断が求められ、該志のなかの明末から順治五年に至るまでの人と事柄をどのように撰したのか、は検討に値する。その後、乾隆期に『大同府志』が重修されたが、ここでも前述時期の記述には相当な注意が払われている。ただ、乾隆期のこの地方志には『雲中郡志』の内容は継承されておらず、その時期の新たな歴史が記され、新たなイメージを作り出そうと試みているようだ。清代の中ごろに至り、大同県は最初の県志を編んだが、志書の編纂者が100年以上前の清初の動乱を改めて検討するためにどのようにしたのかは、該志編纂の要点である。この過程を説明する上で、清初の「姜瓖の変」こそが鍵になる歴史的事件であり、明滅亡と清朝統治とを結びつけてこの時期の歴史をどのように再現したかが、この地方志制作の焦点となっていたのである。

　重ねて同じ歴史的事象を取り上げるということは、事件の重要性を示すのみならず、清朝の異なる時期の政治的状況が歴史記述に与える影響・可能性をも同時に明らかにするものである。これについて、筆者は3つの方向から検討を行う。まず、地方志における最初の「姜瓖の変」の記録は『雲中郡志』においてであったが、その編纂者たちは皆官職についていない、或いは官階の最初のステップについたばかりの地方士人であり、『雲中郡志』以外に彼らの残した文章や考えは残されていないような人々だった[7]。これら末端の士人たちはかつて身をもってこの事変を経験し、地方志編纂の際には政治的に慎重さを求められる反清に関する問題を扱っており、彼らの動機と心性は必ず検討しなければならない。特に大同こそが事変の起きた場所であり、士人は完全な沈黙を選ばず、地方志編纂の際には事件の手掛かりを留めることを試みていた。この点からも、清初の志書の成立状

況から同時代の歴史に対する態度を観察することができるだろう。

　第二は、清朝宮廷が禁書調査を通じて部分的に歴史記述を修正した点である[8]。それが地方史の編纂に与えた極めて大きな影響について、『重修乾隆大同府志』を例に考える。当時の人が増補の際に史資料を編みなおし、清初に留められた内容を書き換えたことは、乾隆朝の検閲政策の反映だけではなく、地方の王朝政策に対する水面下の焦りを表出させたものであり、政策への配慮姿勢や後の地方史編纂に影響を与えたものである。

　そして、乾隆朝の同時代史に対する検閲の後、歴史的事件に対しては定説が形成され、さらには清朝に不利な記述の抹消が大規模に行われたことで、地方の士人は志書を編纂しようとした際に史料の限界を感じるようになった。この種の制限感は、単に地方志編纂の際の史料の欠乏によるものだけではなく、地方士人が王朝により準備された史実の型に対して感じた反応として表れていた。道光朝の『大同縣志』の編纂は、この変遷の上に行われた。ただ、大同の地方士人はあまり王朝の言論規制を受けず、却って乾隆朝の隔離を乗り越え、異なる地方志の比較と引用を通じて歴史の真相に触れようと試み、清初の「姜瓖の変」の記載を書き改めたのである。

　これらの変化の過程からは、地方志編纂は歴史的事実を記述するだけではなく、それぞれの現実的な状況に対する調和と配慮という側面を持っていることがわかる。以下、大同の地方志編纂のそれぞれの段階に即して分析を行い、政治的状況と地方志制作の関係について議論を進めていく。

## 1.　方志編纂の理念と明代の「大同の歴史」の出現

　明朝の時、大同府は11州県を領する形で設置されたが、山西行都司と大同前・後衛、そして周辺の衛所戍守本区の機能も併せ持った。大同府に関して現存する明代の地方志は、正徳年間に編まれた『大同府志』18巻のみである[9]。とはいえ、正徳本の前にも、大同には地方志が存在していた。成化十年(1474)に成った『山西通志』は、それ以前に出版された『大同郡志』と『雲中郡志』からそれぞれ1条ずつ引用し、風俗と形勝を述べている[10]。劉緯毅・李裕民の調査によれば、正徳年間以前に既に『大同郡志』・『雲中郡志』・『大同府志』などの書物の名前がみられるが、多くの地方志は成化

169

## 2. 「地方」の何を描くのか

以降明末に至るまでの間に逸失したと推測している[11]。

正徳『大同府志』の編者である張欽は、編纂過程を述べるなかで「旧志を訂正し、前史を参照した」としている[12]。正徳の時にはまだそれ以前に作成された志書を手に入れることができ、その内容が正徳『大同府志』に反映されていたことが明らかである。さらには、萬暦以前は地方が正徳府志の内容を増補することや嘉靖期の時のような修訂を加えることが可能であり、それはどちらも正徳本を底本として使用していることからもうかがえる[13]。そのため、正徳『大同府志』のなかの記事で最も遅いものは、嘉靖十五年(1536)にまで下るのである。萬暦期には、大同地方で2部の新たな地方志が編まれた。ひとつは萬暦二十六年から三十年(1598〜1602)までの間大同巡撫を務めた房守士による十五巻本の『大同府志』である[14]。もうひとつは萬暦三十八年から四十五年(1610〜1617)の間大同や山西などで巡撫を務めた汪可受(?〜1620)による『大同府志』である[15]。ただ、どちらも現存しておらず、文集のなかにその序文が残るのみである。

地方志編纂という行為の目的は基本的に地方史を編むことであったが、異なる時期の地方志編纂の動機を比較してみると、時代の変遷とそれに対応した人々の考え方がうかがえる。隆慶和議以前は、明朝はモンゴルと長期にわたる敵対関係にあり、辺境は緊張し、地方は地方志編纂などの文事に注力するなどできないことを自覚していた[16]。萬暦以後になると、明－モンゴル関係は衝突こそおさまったとはいえ、地方志の序文には緊張緩和が軍備を緩めることへの士大夫の懸念が反映されており、例えば葉向高(1559〜1627)が汪可受の萬暦『大同府志』の序文にて、地方志を編纂する意味として「備戦の心をたゆませない」ことを挙げていることにも見て取れる[17]。軍事的影響は地方志編纂のなかにも表れた。

萬暦以後、大同では新たな地方志編纂は見られず、清の順治年間になって新規の地方志編纂が行われた。これには、地方の動乱と行政区の調整が密接に関係している。清朝の入関後、大同の軍民たちは李自成軍を駆逐し、摂政王ドルゴン(1612〜1650)に降伏を願い出た。ところが順治五年に大同で姜瓖の変が発生し、山西・陝西地区に大きな動揺をもたらした。清朝は大同の反乱鎮圧後、「屠城」によって報復した[18]。戦火の中、軍事と民政の中心であった大同は一朝にして崩壊し、清朝は府治と宣大総督の駐屯地を

170

近くの陽和に移した。地方官員は新たな行政の中心地で地方志編纂を始めたのである。順治八年、時の総督の佟養量(?～1655)は治所をもとの大同城に戻したいと上疏し[19]、その2年後地方志を出版した。すなわち順治『雲中郡志』である。制度上では大同に治所を戻したとはいえ、新たな地方志の編纂は全て陽和で行われていたため、その内容は陽和のことが中心であり、地方史の叙述を再構築している。

　注意すべきは、順治『雲中郡志』の編纂時は、順治五年の屠城の記憶が人々にまだ新しく、戦争の記事がその叙述の中心になっていることである。宣大山陝総督の佟養量は序言のなかで「戊子に(大同の)逆賊が反乱を起こし、皇帝は烈火のごとく怒った。翌年の己丑に反乱は鎮定された。私は鎮台を移して陽和に駐屯し、府治もそれに倣った。ああ、逆賊の手に落ちた故府はとげいばらがはびこり、文書はむざむざと灰燼に帰した。王朝始まって以来の愚かしい惨事ではないか!」という[20]。姜瓖の変とそのもたらした影響が述べられている。その他、地方志編纂の発起人である大同知府の胡文燁も、檔案・文献が戦火で燃えてしまい行政の参考資料を失ったことを述べており[21]、その最たるものとして過去の志書も焼失してしまったという[22]。改めて注意すべきは、官の立場では「屠城」のことに直接言及することはできず、多くの場合戦火とその被害にのみ触れているということである。

　多数の文献が戦火で失われたとはいえ、編纂の過程で前志の痕跡を追い求めることは諦めずに続けられた。胡文燁は散逸した汪可受の明・萬暦『大同府志』の「首尾二三冊だけの」残本を購入し、それを底本に新たな地方志の編纂を開始した[23]。前代の志書だけではなく、当時漕糧管理の命を受けて派遣されていた戸部主事の劉國欽も資料捜索を手伝い、彼が探し出した「制書」1種を『雲中郡志』の中に収録した[24]。劉國欽はその「制書」の内容について何も述べていないが、その名前からは清朝以後の各種政令文書集であろうことが想像できる。明朝の地方志と清朝の制書を資料とすることで、長期にわたる時間的・空間的経緯を形作ることができただろう。

　しかしながら、『雲中郡志』が清代の現状を述べようとするには、まだ難しい事情があった。大同鎮台と大同府は順治五年の事変の後、共に陽和に移った。この移転を描くことこそが、実は最も史実から逸脱することに

## 2.「地方」の何を描くのか

なった。劉國欽は序のなかで「雲中州を大同と言い、その名は遼から始まる。金・元・明の三代に渡り府を設け帥を置き、誠にそびえたつ重鎮であると言えよう」と述べている[25]。歴史的に見て、大同が「大同」である所以は、長らく鎮守の立場を維持してきたことにある。しかし、劉國欽が着任したとき、姜瓖の変はすでに鎮圧され、大同も破壊された後だった。彼が見たのは「市街には人気がなく、辺りは惨憺たるありさま、嘗ての三雲の気象に戻ったどころではなく、眺めると長く嘆息せざるを得ない」様子であり[26]、陽和に移治した際に「大同府」の名前も削除され、一時的に「陽和府」と名乗っていた時である。このような歴史の改変は、満洲族の清朝官員と当時の人が「大同」について述べるときにまま見られるものであり、そこに感じ取られる空気と使われる語彙との間に強烈な断絶感をもたらすものである。

地方志編纂の時点で行政の中心が陽和であったことから、志書にて地方史を描き地方の文献を集めるにあたって、新たな治所である陽和を中心にして考えることが要求された。「芸文」の冒頭は陽和の文献から始まり、明代の「陽和教場碑記」「創建陽和文廟記」から清代の「創建陽和府碑記」「重修陽和衛儒學碑記」と連ねられる[27]。文献の数量は多くないが、武備と文教とを結びつけ、陽和に（本来大同がそれを持っていた）文武長久の繋がりを作り出し、そこが軍事と民政の中心となったことの合理性を表明させたのである。

その他にも、「山川」・「建置」などの記載にて、記載の焦点が大同から陽和に移ったことを読者に印象付けてくる。「方輿志」の掲載する山川は、現存する明代の志書と似た内容になっているとはいえ、その冒頭で特に「起源は陽和に始まる」と表記して[28]、陽和が領域を形作る山水の中心となったことを宣言する。「建置志」の「城池」「倉儲」の項目では「陽和首附」「系重鎮也」「與他衛不同」「系住兵重地」などの表現[29]により現在の陽和の位置づけを表現する。このような地方志の記載とその説明は大同の伝統を引き継いだものであるが、一方でそれは新たに志書を作る際の現実に適合させたものでもあった[30]。

まさに時勢の転変との関係によって、順治『雲中郡志』の新しい地方志としての性質はより鮮明なものになった。このようになった原因はひとえに

当時発生した姜瓖の変であり、どのように地方史のなかに姜瓖の現れる歴史的な場を作り出すかが、当時の人々が同時代史において直面した最重要課題であったと言えよう。

## 2. 「同時代史」の中の暗示と明示

　順治『雲中郡志』に書かれた同時代史において最も衝撃的であったのは、崇禎十七年(1644)に起きた事件、つまり、大同の軍隊と民衆が李自成に帰順した後、速やかに清に降伏した過程と、それに続いて起きた姜瓖の変である。これらの事件はいずれも大同総兵の姜瓖(?～1649)と関係がある。『雲中郡志』では、それらはすべて「国朝」の「逆変」に分類される。その記述から、同時代史を著すときに意図的に隠された内容を読み手は容易に感じ取ることができる。

　「逆変」の該当部分は、李自成の大軍が大同に到着したため、「大同鎮城の城主は出迎えて降伏し」、その後、李自成は張天琳(号は過天星)を大同に留めて鎮守総兵としたと叙述する。しかし、張天琳は民に対して残虐な振る舞いをしたため、2ヶ月後に清軍が入関すると、「陽和の軍民は大同鎮城の軍民と(清軍への)内応を約束し」[31]、大同を取り戻した。

　注目に値するのは、「姜瓖請降題本」と対照すると異なる叙述が見付けられる点で、題本では張天琳の暴政を説明するほか、『雲中郡志』に記された陽和の軍民が鎮城に内応を求める過程も描写する。しかし、題本には、「そこで闔鎮の紳士軍民が、幾度も、涙ながらに訴え続け、どうしても一切の善後事務を処理して欲しいと願ったので、暫く地方を制御した」と記される[32]。言うまでもなく、後に編纂された地方志の記録には、大同の奪還や清への降伏と姜瓖との関係が意図的に隠されている。しかも、主導的な役割が姜瓖から陽和の軍民に置き換えられている。

　もう一つは姜瓖の変のことである。「逆変」には、「大同総兵(姜瓖)はもとより二心を抱いていた(大同總兵素懐反側)」と記され、それゆえ姜瓖は他の長官たちが城から公務に出た時に乗じて、城門を閉ざし清に反旗を翻した。清の大軍が大同を包囲したにも関わらず、姜瓖は「城内で食糧を求めて暴虐をほしいままにし、士民に猜疑心を抱いた(在城中捜糧肆虐、疑忌士民)」。

## 2. 「地方」の何を描くのか

　最後は、城内の兵士が姜瓖を殺し、清軍の入城を出迎えて、「大難は平定された（大難砥平）」とする[33]。『雲中郡志』では、姜瓖にはつとに謀反の心があったことが強調されているので、この論理に照らすと、姜瓖の謀反は早晩起こりうることであった。このほか、『雲中郡志』は姜瓖の敗北前に暴虐のイメージも意図的に作り出し、しかも城内の兵士が中心となって姜瓖を殺害し、この騒乱を終結させたことを強調した。しかし、当時の記録から見ると、地方の役人は姜瓖に対して警戒が必要であるとは全く意識していなかった。檔案の記録から判断すると、総督の耿焞（？〜1660）には全く防備や準備もなかったため、姜瓖が謀反を起こすと、彼はただ慌てふためいて陽和に逃走し、救援を待つよりほかなかったようだ[34]。「もとより二心を抱いていた」という評価は、いささか後知恵の感がある。

　事実と記録との距離には往々にして編纂者の特別な意図が表れる。姜瓖は『雲中郡志』編纂時には既に清に背いていたため、「大同を指揮して清朝に帰順する」役割を姜瓖に負わせることはできなかった。それゆえ、張天琳を破った歴史から、姜瓖は排除されるようになったのである。また、『雲中郡志』は姜瓖が謀反という悪心を抱き、民衆に危害を加えたという道徳的な欠陥を強調したので、「開門して姜瓖の首を献じ（開門獻首）」清軍が反乱を平定したことは、天意に適い時宜に応じた大義の行いとなった。これらの内容は大同の軍民は義を慕って帰順し、清軍もまた正義の軍であると読み手に感じさせる。

　地方志の過度に合理化された叙述の背後には、清朝側の不都合な事実を隠す意図があったのかもしれない。姜瓖が清に背いた当初、大同の要人たちは姜瓖に追随して清に背くか、城を脱出して逃亡したと思われるが、こうした記録も清朝の支配者としてのイメージを損なうものだった。この事件は「開門して姜瓖の首を献じ」る段階に進展したが、事件は終わったわけではなく、続いて起きたのは清軍による大同での虐殺と破壊だった[35]。「屠城」の破壊の最中に、ようやく陽和に治所を移転する決定があり、陽和を中心に『雲中郡志』が編纂されたが、姜瓖の変に関する全ての記述において清軍による虐殺は一言半句も書かれていない。

　大同は反乱の震源地であったので、動乱後の追跡調査はより厳格かつ迅速に行われた[36]。新たな府治となった陽和はまさしく嵐の中心で、『雲中

政治環境と清代・大同における志書の編纂（張）

郡志』の内容にはさらに注目が集まった。したがって、『雲中郡志』の編纂の立場はかなり明確で、事件についての記録も朝廷から見た反乱事件に対する解釈、つまり忠誠と反逆というはっきりと二分された対立関係であり、清のために犠牲となった忠臣には敬意を表し、姜瓖についてはことごとく「姜逆」と貶める[37]立場に率直に従う必要があった。

　しかし、もし単に『雲中郡志』を清朝のプロパガンダと見なせば、歴史上の複雑な立場を簡略化しすぎてしまうようである。注意して『雲中郡志』を読むと、その中に意図的に資料をいくつか残したことがわかる。後世の読み手は文献に残されたわずかな手掛かりから、当時どのようなことが起きたか気付くことができるだろう。例えば、『雲中郡志』の序文や姜瓖の変の記録はどちらも戦火が地方に影響を与えたことに言及するだけで、清軍による虐殺についてははっきりと書いていない。しかし、「芸文」の選文に目を向ければ、当時の文学作品の多くが、清軍が反乱都市に虐殺を行った内容を扱っており、虐殺は大同だけでなく、大同府に属する他の反乱に関わった都市でも行われたことに気が付くだろう。「芸文・碑記」には、知応州の岑紹祖が作った「馬節婦伝」がある[38]。この文章は岑紹祖が朔州の節婦の子である朔州の挙人（順治五年戊子科）、馬東陽の依頼に応じて作ったものだった[39]。馬節婦は夫の死後、舅姑に仕えて遺児を育てるという重責を担った。岑紹祖は馬節婦の慈母と厳父とを兼ねた養育の恩と、節婦の子が母親に孝養を尽くしたことを表現するために、特別に伝の最後にエピソードを一つ加え、天地が感動に報いる次のような話を著した。姜瓖の変の後、朔州にも姜瓖の残党がいたので、清軍が朔州を攻め落とした後、「都市の全員が殺された（全城被戮）」。しかし、馬東陽は母親に付き従って郷里にいたので、災禍を避けることができた[40]。この家史は馬家の「世に知られていない事柄」を皮切りに、清軍の殺戮の歴史まで語り尽くした。こうした筆法は「家史にして真の歴史を兼ねる（家史而兼信史）」という概念とよく似ており[41]、思いがけず歴史の失われた一角を明らかにした。

　「芸文」がこの他に採録した詩の作品には、当時、督糧戸部主事だった劉國欽が著した[42]、「再び雲中に入る（再入雲中）」と題した詩があり、詩題の下の説明には「時あたかも鎮署は陽和鎮に移る（時鎮署移陽和鎮）」と書かれ、劉主事が旧鎮城や旧府治に赴き、感じるところがあって作ったのは明らか

175

## 2. 「地方」の何を描くのか

である。この中で、旧城の戦禍の後の物寂しい状況を「昔を思い起こせば立派な屋敷が百年もの間建っていたのに、どれほどの戦火だったのか、焼き尽くすまで火は消えなかった(憶昔華屋經百年 兵燹幾何燼且熄)」とありのままに伝えている。劉國欽はそのことで慨嘆して「十軒のうち九軒が空き家になり、大乱の後に残された民は年老いた。空飛ぶ鳥がいつものように鱗のごとく群れ集まって行く時、今にも壊れそうな建物が斜陽に照らされている。なおある残照は誰に向けられるのか(十室九空遺民老 飛鳥仍如鱗集時 危樓影照斜陽裡 剰有殘陽影向誰)」と述べた[43]。すなわち、人々はみな死ぬか、逃げるかで、夕日が西に沈む時には、ただ壊れた家の壁が残っているだけ、変わらずあたりをくまなく照らす日光でも誰も照らせない、という意味である。

これらの詩文に共通する特徴は、反乱に加担した城がみな虐殺に遭ったことを描写している点だ。必ずしも呵責の言葉は使われていないものの、虐殺を扱うことを極力避けた地方志に組み込まれたのは、文献を用いて最もむごい地方史を証言するためであることに疑問の余地はない。しかも、「他者の口を借りた(假他人之口)」叙述方法は、当局の懸念を刺激することもなければ、政治に従順で意図的に何らかの歴史上の事柄や著作を埋もれさせ、世間から忘れ去らせたと編纂者が後悔の念を起こすこともない。

特に、康煕・雍正年間の山西地方志には、依然として虐殺の説が見えるので、虐殺についての叙述が当時の禁忌に抵触するとは限らなかったことは明らかである。康煕年間の大同馬邑の霍燿は、山西長子県の教諭の職にあった時、『長子県志』の編纂に参与したことがあった。彼は「兵革」に史論を、つまり郷里の人々の大同府下の虐殺の経験についての歴史的検討を書き残している。康煕年間の『長子県志』の編纂時期は、ちょうど康煕帝が国内の反清勢力を平定した頃にあたるので、霍燿の文章は決して清軍による虐殺を暴き出すものではなく、むしろ読み手に大清の統治に逆らおうと思い上がらぬよう警告しているようだ[44]。

別の例は雍正年間に見られる。雍正年間、大同府の行政区は一度の再編を経ていた。大同右衛を改めて朔平府とし、さらに朔州と馬邑を旧大同府から分割して、朔平府に編入した。雍正十二年(1734)に朔平府所轄の朔州が『朔州志』を編纂した[45]。『朔州志』には岑紹祖「馬節婦伝」が収録されて

政治環境と清代・大同における志書の編纂（張）

いたが、それとは別に、許汝都が著した「馬節婦孟氏伝」一篇も加えられた。許汝都は明の崇禎年間の知州で、馬東陽の母親が旌表された後[46]、許汝都は彼女のために伝記を書いた。しかし、『朔州志』は許汝都の文章を収録しただけで、彼の身分を明示してはいない。

　ここからわかるように、雍正年間まで、清朝には姜瓖の変の記録について検閲の絶対的な基準はまだなく、そのため岑紹祖が清軍による虐殺に論及する余地は残されていた。しかし、許汝都が明の崇禎朝の官員であることを意図的に明かさなかったのは、雍正年間には明末の年号と官職が、姜瓖の変後の虐殺よりも禁忌とされていたことを物語っているようだ。

　今日の読み手は異なる場所の地方志の中に虐殺の情報を見ることができるが、それは決して虐殺を語った情報がこの時代の各種地方志に出現したからではない。例えば、省志の編纂過程では、省レベルであることを理由に地域性のある記録は無視された。康熙年間に編纂された『山西通志』と雍正年間の『山西通志』には、全て馬節婦・馬東陽と岑紹祖の資料が収録された[47]。しかし、彼らは姜瓖の変を経験した寡婦と孝子でも、家史を書くことを口実に真の歴史を伝えた士大夫でもなく、ただ「列女」・「科挙」・「職官」の項目の中の一要素と見なされただけであった。

## 3. 「ポリコレ」地方志の執筆

　清朝の思想統制が厳しくなるにつれ、検閲の範囲は拡大し、清朝初期の歴史的記述、反清志士の著作や、臣節を毀損した官僚の文章は全て禁書となった[48]。（その結果）州県レベルの地方志に残っていた虐殺の記述は、乾隆年間にはほとんど確認できなくなった。

　乾隆三十八年(1773)、知府呉輔宏は、清初以降、大同府の行政区が変動していることに気づき、新たに地方志を編纂する必要があると考えた[49]。さらに、呉輔宏が着任する以前に、大同府の多くの州県で新たに地方志を編纂していたことも[50]、呉輔宏の地方志編纂の着想を強く刺激したと思われる。もっとも、現存する『(乾隆)大同府志』の各巻の冒頭にはすべて「大同府知府呉輔宏纂輯」と標記されていることから、呉輔宏が地方志編纂を自らの知名度を高めるために利用しようとした可能性も否定できな

177

## 2.「地方」の何を描くのか

い[51])。これらのような動機から、『(乾隆)大同府志』は3年の歳月を費やし、乾隆四十一年(1776)に刊刻、出版されたのである[52])。

ここで注目すべきは、呉輔宏が『大同府志』を編纂していた時期が、ちょうど朝廷が『四庫全書』の編纂を開始した時期と重なること、そして朝廷による批判的暗示につながる言葉の禁止方針(寓禁於徴)——乾隆帝が王朝交代の歴史解釈を改め、「当朝(そのときの王朝)」が価値判断する名教、綱常を基準とすることを確立させた時期と重なることである[53])。さらに、乾隆帝は地方志の中に「禁書とされている書名目や道理に反した著者の詩文(應銷各書名目及悖妄著書人詩文)」がしばしば見受けられることに注目し、総督巡撫に管轄内の地方志の調査を進めるよう求めた[54])。

政治的潮流の変化により、各地域において地方志の見直しが開始された。山西巡撫の雅徳(?~1801)は、「各地方志の記録に、もし規定に違反する語句があれば、すべて削除せよ」と命じた[55])。その2年後、満州正白旗の監生・文光が大同知府に着任し、大同府に現存する地方志を正確に調査した。調査の結果、『雲中郡志』と呉輔宏が編纂した『大同府志』との間には、多くの矛盾があることが判明した。そこで文光は『雲中郡志』の書版を破棄すると同時に、改めて『大同府志』の再校閲を行った[56])。

文光が整理を行った後の『大同府志』には、知応州であった岑紹祖が編纂した「馬節婦伝」や劉國欽の「再入雲中」の古詩などが収録されていない。「馬節婦伝」が収録されなかったのは、行政区画整理により、朔州がすでに大同府から分割されていたからかもしれない。しかし、「再入雲中」が削除されたのは、該当の詩が清軍による朔州虐殺の歴史的事実を示しているからであるのは明らかだ。

その上、大同では、明末においても清初においても、この地で起きた出来事すべてが、乾隆帝の定めた「当朝の人々はみな当朝に尽くすべきである」という「当朝」の基準に合致していなかった[57])。この基準において、崇禎十七年(1627)に大同府の軍民が明朝に叛いて(清軍に)降伏したことは、明朝への不忠であり、また順治五年(1648)に大同の軍民が清朝に反旗を翻したことは、明朝復興のために行った清朝への反逆であったとはいえ、乾隆帝の基準でいえば、清朝に叛くことであった。したがって、清朝にとって、大同とは不忠の地であったのである。

178

政治環境と清代・大同における志書の編纂（張）

　このような不忠のイメージをどう払拭するかは、地方志編纂者にとって
喫緊に解決すべき課題であった。『(順治)雲中郡志』には、崇禎十七年から
順治五年までの間で、大同での忠節の事蹟がいくつか記録されているが、
その数は多くない。『(順治)雲中郡志』に記載される明朝に殉死した地方士
人は、わずか生員・李若葵の一家のみである。

　彼の伝記には、次のように記されている。

　　李若葵は、大同の廩生である。崇禎十七年の政変のことを耳にすると、
　　兄の李象葵、弟の生員・李心葵、侄(おい)の柱國と共に衣冠を整え(北
　　京を)拝し終わるや、壁に「一門みな忠義を全うす(一門完節)」と書きつ
　　けてから、一家の婦女も含め五名がみな首を吊って死んだ。ああ、な
　　んと忠烈であろうか。(江萬里のような)曇りない清き心は、今も失われ
　　てはいないのだ(嗚呼！烈哉！萬里止水今再見矣)[58]

　明清交代期の大同における(殉死の)事例は李若葵のみだったため、『(順治)
雲中郡志』では特に李家の忠節を表彰するにあたり、南宋の江萬里が入水
して国に殉じた典故を引用して李家を称揚している。ここで江萬里を引き
合いに出したのは、李若葵は(江萬里とは違って)「職位を持たない(不在位)」に
も関わらず、「祖国に殉じる(與国為存亡)」忠誠心を持っていたことを示すた
めである。『(乾隆)大同府志』は、李若葵の伝記を継承しているが、注意す
べきは、乾隆期の編纂者が、収録された伝記資料から「嗚呼！烈哉！萬里
止水於今再見矣」の部分を意図的に削除している点である[59]。この編纂の
削除行為は、いくつかの現実的な考慮を反映している。まず、典故の江萬
里の事蹟は南宋を滅ぼすために元の軍隊が入城した歴史的事実を含んでお
り、明清交代の過程を暗示することを避けるために、この部分が削除され
た。次に、明朝滅亡を前に、大同の民衆は明朝に叛旗を翻して李自成に降
伏するという合意を得ており[60]、李若葵一家のように(明朝への)忠義に殉
ずるような者はほとんどいなかった。李家の忠義を讃える一方で、この記
録は「職位を持つ(在位者)」者は急ぐように投降し、「職位がない(不在位)」の
に、忠義を尽くす者は李家の5名のみであったことを世に伝えている。し
たがって、「萬里止水」という評価を削除すれば、李若葵一家の史実は忠節
の象徴に過ぎず、他の事実を連想させる「徴」ではなくなるのである。

　地方志編纂者にとって解決必須であったもう一つの問題は、姜瓖の変

179

## 2. 「地方」の何を描くのか

の際、『(順治)雲中郡志』に記された殉死した官人を除いて、清朝に忠節を尽くした地方士人が1人も含まれていないという点である。これに関して、『(乾隆)大同府志』の編纂では、姜瓖の変で忠清であった地方士人が4組書き加えられている。その中には、姜瓖の陣営に投降することを拒否し、抵抗して亡くなった常志強父子と周之屛父子がいる[61]。別の1人は宣府の守備を務めた魯明で、姜瓖の反清活動に呼応しなかったとして志書に記録されている[62]。もう1人は全観吉で、広霊県が姜瓖の部下に占領された際、夜半に清軍の軍営に駆けつけて異変を知らせ、清軍を広霊奪還に導いた[63]。

『(乾隆)大同府志』には、姜瓖の変での「忠臣」が書き加えられているが、このような例があるからといって、過去の志書において姜瓖の変が意図的に疎かにされてきたというわけではない。理由の一つは、順治八年(1651)当時は、姜瓖らに対する調査を行っている最中で、軍禍で死んだ多くの者のうちから、誰が忠臣であるかを決定づけることができず[64]、それらの人を記録できなかったためである。二つ目の理由は、魯明や全観吉たちが、順治八年時点では存命していたということであろう。一般的に、志書では存命中の人間を立伝する慣習はない。そのため、これらの人々は志書に登場しないのである。

『(順治)雲中郡志』が破棄されたことの納得のいく理由は、文光と雅徳にとって、この書とその記載が姜瓖の変が始まった初期の清朝の苦境と、続く虐殺の残忍さを直接明らかにしているのみならず、彼らが当朝への「忠」の価値を見いだせる地方史があまりにも少ないことに気づき、国家と軌を同じくすることができないと感じ、強烈に「違礙」の感覚を抱いたことであろう。

この種の違礙の感覚は、一部の文章を削除しただだけでは改変することができず、地方志の内容をより多く整理、再編することが必要であった。明滅亡の歴史では、記録を李若葵一家の事蹟だけにさせないよう、流賊によって殉死した事蹟を広く集めた。『(順治)雲中郡志』と比較すると、『(乾隆)大同府志』には、李若葵のような事蹟の人物が11名加えられているが、彼らが殉死した場所を確認すると、大同代府儀賓の王爾揚が大同で死んだ記録を除いては、ほぼ全員が大同以外の地域で殉死している[65]。地元の

政治環境と清代・大同における志書の編纂（張）

忠義の人物の記録は依然として少ない。

　地元の忠義の人物があまりにも少なかったため、『（乾隆）大同府志』は、意図的に体例を調整している。そのことが『府志』の「例言」に特に記されている。

　　　史家は列伝のほかに、別に「忠義」「孝友」「循吏」「文苑」の名目を標し、志を作るものは多くこれに倣うが、往々にして「史」と「志」の体例が異なることを知らない。「史」は善行も悪行も並べて記録し、もって訓戒を示す。「志」は悪行を隠して善行を称揚する。史家は爵位を評価するため、爵位の高くない者は、「忠義」「孝友」「循吏」「文苑」に列するしかない。「志」はその地に根付いた人を記すので、「忠義」「孝友」「循吏」「文苑」はみなこの地方の人物であり、さらに名目を分ける必要はない。そのうち、もしなにか一つの孝、なにか一つの義で、人々の間で称賛されて収録に足りる者がいれば、別に「孝義」の一条を立てるものとする[66]。

　『（乾隆）大同府志』の実際の配列を見てみると、巻二十二、二十三の人物は主に編年体方式によって配列されており、特に区分した人物の類別はないことが見て取れる。だが、「人物志」（巻二十三）の最後に「孝義」の伝が附されている[67]。今日、この状態を説明するならば、志書に記録される「忠」の分類を避け、「孝」に置き換えたと解釈するのが適切であろう。

　文光と雅徳の地方志調査における行為は、彼らの政治的鋭敏さを示している。乾隆四十八年（1783、『（乾隆）大同府志』刊行の１年後）、乾隆帝は勅令で『逆臣伝』の編纂を命じ、『逆臣伝』の中でも姜瓖を北方における逆臣の代表人物として挙げ[68]、姜瓖に関連する「人」・「事」・「物」すべてに叛逆の罪名を冠した。こうして地方文献の「違礙」部分を毀棄、修正することが正当化されることとなった。これにより、乾隆朝後期における明清交代期の人物の再評価が強調される中で、大同は叛清の根源地でありながらも、清の朝廷の側に立ち、朝廷の文化的方針に従うことができたのである。

## 4. 失われた歴史を求めて

　乾隆朝期にはまだ厳格な思想の管理があったが、本朝史観の確立を通じ

## 2. 「地方」の何を描くのか

て、多くの明末の反清義士たちは却って朝廷から肯定的な評価を得ることができた。彼らの作品ももはや禁忌の対象ではなく、政府の検査と改削を経て世に留まることができた。規制の網が緩んだ時には、それらの本は多くの士人が争って読むものになったのである。嘉慶以後の社会の動揺にあって、一部の有志が明末の死節や復明の忠節の記述にかりて忠の観念を推進しようとし、明末の文献もまた社会に流通し復活を遂げたのである[69]。ただ、明清交替期の大同における各種選択と、乾隆朝の賛揚の基準は違っており、清初大同の文献はたとえ戦禍を免れたとしても、この基準による保護を受けることは困難だった。乾隆期以後の人が清初大同の歴史を書き改めようとしても、何ひとつ新たな文献を使用することはできなかったのである。

道光十年(1830)の『大同縣志』の編纂はその一例である。『大同縣志』は文中記載について必ずその典拠を示しているが、その主要な典拠文献は本朝の(山西)通志または『(乾隆)大同府志』であった[70]。『(道光)大同縣志』の編者たちは「武事」の項目を編纂する際に、前志が記載を曖昧にしている所を隠さず指摘し、参照すべき文献がない難しさ、特に姜瓖の変についての記載が欠如していることを述べている[71]。このため、『(道光)大同縣志』はわずかに姜瓖の変において殉死した官員・地方士人のための小伝を制作し、宦績と人物を基準に列挙し掲載している[72]。ただ、これらの人物は全て『(乾隆)大同府志』の内容をそのまま一言一句転記したものだった[73]。ここからも、乾隆期に破棄された『(順治)雲中郡志』の資料的な影響は相当なものであり、地方志編纂の時の基礎的参照を根本から変えてしまったことが伺える。

興味深いことに、『(道光)大同縣志』の編者は、『(乾隆)大同府志』に書き留められた情報に満足せず、姜瓖の変の叙述に『(嘉慶)長子縣志』の文章を補完的に引用している。長子県は姜瓖の反乱の際に、姜瓖の側に与して知県の李允昇を殺害した。数か月後、姜瓖が劣勢になると、城中の人々は清朝への帰順を願ったが、主事の衛銀・常壽らに阻止され、抵抗を継続し、結果、落城後清軍の「屠城」に遭った。康熙期に長子県は県志[74]を編んだが、その中には当時の史論と「屠城」の記載が残された。その最たる理由は知県の郭守邦の史論によれば「(記載により)李侯の臣節をあらわし、また衛・常

の賊の許されざる罪をさらす」ことであった[75]。また、県の教諭であった霍燿の撰した別の史論では、彼は自身の故郷である大同府馬邑県と長子県のたどった違う過程を比較して、馬邑が早々に帰順したことで生命を全うできたのに対し、長子県は「数名の欲深の獣が脅迫し従わせたことで、ついには無辜の人々が虐殺された」と述べている[76]。この両段が述べる姜瓖の変に関する史論は、どちらも「屠城」の記載を通じて読者に忠才こそが乱世にて生きる道であることを諭し、そのために嘉慶期の志書にその内容が継承されたのである。参照できる文献が無い状況下、道光期の大同人たちはそれを実体験した人々の描写に驚き、引用したものであろう。

『(道光)大同縣志』が『(嘉慶)長子縣志』の記載を引用したことは、その特殊性を考えるべきものであろう。まずひとつには、嘉慶以後に残った記載は、乾隆朝の検査を通過してきたものであり、内容は清朝の「犯禁」に至らないものと認識されていたことである。もうひとつは、この「引用」という方法が、既に『(順治)雲中郡志』のとった方法でもあり、則ち他人の口を借りることで、大同が歴史にて遭遇したことを映し出す、ということであった。

## 結論

本稿では順治、乾隆そして道光の3つの時期における大同の府県志書の編纂過程を考察した。時間の推移に伴い、それら志書中の明清交替期の記載には改編が発生した。順治八〜九年において、志書は歴史を記載するとはいえ、同時代の問題を述べることに偏っており、現状の分析こそが志書の役割とされており、その記載の大部分は「叛徒」の批評と清朝の反乱平定の正当性に費やされていた。一方で、志書の「芸文」の部分には婦女の伝記や詩歌を収録しながら偶然にも戦争の惨烈さや清軍の残虐が述べられ、幹を避けた枝葉の文献において人々の最も陰暗な記憶——清軍が降伏した大同を「屠城」したこと——が差し込まれたかのようになっている。

乾隆朝は明代から離れること1世紀、志書編者の任務は単純に歴史を述べることではなく、乾隆皇帝の要求する明清交替についての原則的解釈から忠君精神の発現にまで対応することであった。姜瓖の変を語りなおす過

## 2. 「地方」の何を描くのか

程で、新志書は「屠城」などの清朝に不利となる文言を抹消するだけではなく、清朝の政策に従った地方史構築に適応する努力を行った。これにより清代大同における地方史の叙事形式と内容は根本的に改変されたのである。参照可能な文献を欠きかつ清朝の政策に従わざるを得ないという二重の影響のもとで、地方志編者は新たな資料源を模索し、森正夫教授の指摘するように「清代中期以降の地方志編纂者には実見した観察記録がほぼ失われ、皇帝の勅諭や法令を志書の内容に改めるようになった」のである[77]。では、なぜこのような変化が生じたのか？本稿が指摘した「刪修現象」に、答えの手がかりがあるかもしれない。乾隆朝の思想統制が地方史の伝統を変化させ、後の志書が公式の文献のみを根拠に記載するしかない状況を生み出したのである。

思想統制は成功したとはいえ、地方士人が地方史を掘り起こす動機はまだ消え去っていなかった。乾隆朝の地方官が地方文献の伝統を改変した後も、道光期の志書編纂者は清初の史事に関する調査を放棄することはなかった。故に、『（道光）大同縣志』の編者は『（康熙）長子縣志』の述べた「屠城」事蹟の引用を通して、清初の地方史事を再構築したのである。

地方志の編纂は歴史の失われた一角を史籍に呼び戻す機会であるとはいえ、全ての地方志編纂において頻繁に歴史的事実が掘り起こされていくわけではない。光緒六年(1880)山西は丁戊の大凶作による人口の激減と社会の動揺に見舞われ、巡撫の曾國荃は経典の再刊や地方志の編纂を通じた文明的社会の再構成を図って、『山西通志』の編纂に至った[78]。これにより各州県も志書編纂を開始したが、大飢饉の直後でもあり、多くの地方は続修の形式で編纂したため、清初の史事に新たな光が当てられることはなかった。

注意すべきは、光緒の『山西通志』と関連する志書は雍正期の『山西通志』を参考にしており、そのため光緒の志書の「馬節婦」の記載は直接『（雍正）山西通志』の「馬節婦」小伝を継承している[79]。「屠城」を体験した節婦は省志の記載には現れるべくもなかったのである。それ以外にも、志書編纂の原則により多くの人物が省志には記載されなかった。まだ出仕していない者から首席合格ではない挙人まで、省志はなべて記載を省略した。州県の官員も省志には記載されなかった。そのため、挙人合格しながら未出仕の

馬東陽から、(知応州の)岑紹祖、(知長子県の)郭守邦と(長子県教諭の)霍燦ら州県の官員たちまでも、歴史の本流から消え去ってしまったのである[80]。

当時の学者による『(光緒)山西通志』の評価がどれほど良いものだったにせよ、「屠城」を体験し見聞した人々は清末の山西志書の最後の編纂によって歴史から失われた。この省志の中には、ただ姜瓖に対抗した犠牲者である英雄だけが残された[81]。歴史はもはや大同の人々の悲しみの涙と流された血をとどめない。ただそれを書き留めた人々の僅かな痕跡だけが今に伝わるのみである。


注

1) (訳者注)本稿は、旧学習院大学「長安学」研究班有志(小二田章・吉田愛・原瑠美)の分担作業により日本語訳されたものを、小二田と吉野正史の監訳により調整した。なお、張繼瑩「政治情境與地方史書写——以清代大同方志為例」(『清華学報』新50巻2期、2010年)を著者が大幅に修正し改稿したものである。

2) 章学誠(葉瑛校注)『文史通義』下冊(北京:廣文出版社、1985年)巻六「外編」p.588を参照。

3) 地方官は地方志編纂を個人の政治業績の表現としていたが、これは同時にあとの世代の地方官たちの参考にもなるものであった。Joseph R. Dennis, *Writing, Publishing, and Reading Local Gazetteers in Imperial China, 1100-1700*, Cambridge, MA: Harvard University Asia Center, 2015, p.3を参照。

4) 呉密察教授は台湾の地方志を例に、この現象を系統的に研究し、地方志制作と行政需要の関係を述べた。呉密察「歴史的出現」(黄富三・古偉瀛・蔡采秀主編『臺灣史研究一百年:回顧與研究』、臺北:中央研究院臺灣史研究所籌備處、1997年、pp.1-21に収録)を参照。

5) 李光濤『明季流寇始末』(臺北:台灣商務印書館、1965年)pp.76-77を参照。

6) 謝國楨『南明史略』(上海:上海人民出版社、1957年)pp.156-157、顧誠『南明史』(北京:中國青年出版社、2003年)pp.526-546、魏斐德(Frederic E. Wakeman)(陳蘇鎮等訳)『洪業:清朝開國史』(南京:江蘇人民出版社、2003年)pp.533-543、渡邊修「大同總兵姜瓖とその反亂」(『史苑』48巻1号、1988年、pp.1-33)、張繼瑩「清初姜瓖之變與山西社會秩序的重建」(『臺大歴史學報』62期、2018年、pp.103-138)をそれぞれ参照。

7) 呉輔宏修、文光校訂『(乾隆)大同府志』(『中國地方志集成山西府縣志輯』第4冊、南京:鳳凰出版社、2005年、清乾隆四十一年(1776)修・四十七年(1782)重校刻本を影印)巻二十三「人物」5a-5bを参照。同様の状況

2. 「地方」の何を描くのか

　　が、偏関・渾源の士人集団のなかにも発生していた。張繼瑩「祇恐遺珠
　　負九淵：明清易代與《偏關志》書寫」(『明代研究』27期、2016年、pp.159-
　　187)、曾偉「明清易代之際的方志編纂與地方社會──以渾源州為例」(『中
　　國地方志』2018年2号、pp.44-55)をそれぞれ参照。この「表一」に示した
　　編纂者名簿の人名は、この箇所にしか見えないものであり、他の記載
　　には存在しない。

8)　丁原基『清代康雍乾三朝禁書原因之研究』(臺北：華正書局、1983年)、
　　王汎森「權力的毛細管作用──清代文獻中「自我壓抑」的現象」(同『權力
　　的毛細管作用──清代的思想、學術與心態』、臺北：聯經出版社、2013、
　　pp.395-502に収録)をそれぞれ参照。

9)　張欽纂修『(正德)大同府志』(『四庫全書存目叢書』史部地理類第186冊、
　　台南：莊嚴文化事業、1996に収録の明正德(1506～21)刻嘉靖(1522～
　　1566)增修本)巻一「建置沿革」1b-2a。

10)　李侃修『(成化)山西通志』(『四庫全書存目叢書』史部地理類第174冊、台
　　南：莊嚴文化事業、1996年に収録の民國二十二年(1933)影鈔明成化十
　　一年(1475)刻本)巻二「風俗」、「形勝」、13a、16b。

11)　劉緯毅・李裕民「山西方志佚書考」(『山西方志綜錄』(1986) p.171、劉緯
　　毅主編『山西文獻總目提要』p.153を参照)。なお、訳者の考えでは、明
　　中期以降の地方志の刊行が一般化する以前の地方志は稿本として極め
　　て限られた部数しか作成されず、中央への提出や後継地方志の制作な
　　どにより容易に廃棄・逸失しやすいものだったと思われる。

12)　前掲張欽『(正德)大同府志』「張欽大同府志序」1a-4bを参照。

13)　王崇慶撰、孔天胤編『端溪先生集』(臺北：國家圖書館藏、明嘉靖三十
　　一年(1552)建業張蘊校刊本)巻二「大同府志序」5a。

14)　孫承宗『高陽集』(『續修四庫全書』集部別集類第1370冊、上海：上海古
　　籍出版社、1995年に収録の據清初刻嘉慶補修本)巻十一「大同府志序」9a。
　　顧秉謙等修『明神宗實錄』(臺北：中央研究院歷史語言研究所、1966年、
　　國立北平圖書館藏紅格鈔本に拠る)巻三百二十二「萬曆二十六年五月辛
　　卯」總頁5982、及び巻三百六十九「萬曆三十年閏二月辛丑條」總頁6921。

15)　葉向高『蒼霞續草』(『四庫禁燬書叢刊』集部第124冊、北京：北京出版
　　社、2000年に収録の北京大學圖書館藏明萬曆刻本)巻四「大同府志序」
　　18a-20a。『明神宗實錄』巻四百七十一「萬曆三十八年五月戊午」總頁8893、
　　及び巻五百五十五「萬曆四十五年三月乙丑條」總頁10475。

16)　前掲張欽纂修『(正德)大同府志』「王崇文大同府誌序」2a。

17)　前掲『蒼霞續草』巻四「大同府志序」19a。

18)　前掲渡辺修「大同総兵姜瓖とその反乱」、前掲張繼瑩「清初姜瓖之變與
　　山西社會秩序的重建」を参照。

19)　前掲吳輔宏修文光校訂『(乾隆)大同府志』巻一「沿革」7a。

政治環境と清代・大同における志書の編纂（張）

20）　胡文燁纂修『(順治)雲中郡志』(北京：中國國家圖書館藏普通善本、順治九年(1652)年刊本)「佟養量雲中郡志序」2a-b。「戊子(大同)陛罹逆變、宸怒赫濯。明年己丑蕩平。余移鎮駐陽和、府治隨之。嗚呼、淪故府於荊榛、委典冊於灰燼、謂非開闢後一大草昧也乎。」

21）　前掲胡文燁纂修『(順治)雲中郡志』「胡文燁雲中郡新志序」2a-b。

22）　前掲胡文燁纂修『(順治)雲中郡志』「徐化溥雲中志書跋」2a。

23）　前掲胡文燁纂修『(順治)雲中郡志』「胡文燁雲中郡新志序」3a。

24）　前掲胡文燁纂修『(順治)雲中郡志』「劉國欽雲中志書序」5a。

25）　前掲胡文燁纂修『(順治)雲中郡志』「劉國欽雲中志書序」2b-3a。「雲中州為大同、其立名則自遼始矣。金元明三世相因而設府置帥、有明屹然立為重鎮云。」

26）　前掲胡文燁纂修『(順治)雲中郡志』「劉國欽雲中志書序」4a-b。「城邑蕭然、邊方慘淡、非復昔年三雲氣象、環顧而興慨者久之。」

27）　前掲胡文燁纂修『(順治)雲中郡志』巻十三「藝文　碑文」5a-8b。

28）　前掲胡文燁纂修『(順治)雲中郡志』巻一「方輿志　山川」24b。

29）　前掲胡文燁纂修『(順治)雲中郡志』巻三「建置志　城池」「倉儲」3a、31a。

30）　前掲胡文燁纂修『(順治)雲中郡志』「胡文燁雲中郡新志序」3b-4a。

31）　前掲胡文燁纂修『(順治)雲中郡志』巻十二「外志・逆変」12a-b。「陽和軍民約與鎮城軍民内應」。

32）　「姜瓖請降題本」、『中央研究院歷史語言研究所現存清代内閣大庫原藏明清檔案』(以下『内閣大庫』)檔案番号：008603-001。順治元年六月八日(推定)。「是以闔鎮紳士軍民、至再至三、涕請不已、必欲總理善後事務、暫以彈壓地方。」

33）　前掲胡文燁纂修『(順治)雲中郡志』巻十二「外志・逆変」12a-b。

34）　勒德洪等修『大清世祖章皇帝実録』(北京：中華書局、1986年)巻四十一「順治五年十二月戊戌」、總332頁。

35）　前掲勒德洪等修『大清世祖章皇帝実録』巻四十六「順治六年九月戊午」p.365。

36）　前掲張継瑩「清初姜瓖之変與山西社会秩序的重建」pp.123-128。

37）　前掲胡文燁纂修『(順治)雲中郡志』巻六「名宦志・忠烈」6a-7a。

38）　岑紹祖の任期は順治五年から九年であった。前掲呉輔宏修、文光校訂『(乾隆)大同府志』巻十一「職官」27a。

39）　順治八年に馬氏の母親が死去して、朔州に「賢娘孟母坊」の牌坊が建ち、馬氏が伝記の執筆を岑紹祖に依頼したので、「馬節婦伝」が世に出た。侯樹屏纂修『(康熙)朔州志』(北京：中国国家図書館数字方志資料庫、民国二十五年(1936)石印本)巻三「坊牌」3a。汪嗣修纂『(雍正)朔州志』(『中国地方志集成山西府県志輯』第10冊、南京：鳳凰出版社、2005年、清雍正十三年(1735)刻本を収録)巻四「建置・坊表」51a-b。

187

2. 「地方」の何を描くのか

40) 岑紹祖「馬節婦伝」、『(順治)雲中郡志』巻十三「芸文・碑記」71a。

41) 陳寅恪『寒柳堂集』(北京：三聯書局、2009年)、pp.185-188。

42) 都糧戸部主事の官職は清初に設けられ、順治八年に撤廃された。劉國欽は順治七年に就任し、最後の督糧戸部主事となった。前掲呉輔宏修、文光校訂『(乾隆)大同府志』巻十一「職官」39a。

43) 劉國欽「再入雲中」、『(順治)雲中郡志』巻十四「芸文・題咏」37a-b。

44) 郭守邦纂修『(康熙)長子県志』(『稀見中国地方志彙刊』第5冊(北京：中国書店、1992年、清乾隆年間刻本を収録)巻一「兵革」27b-28a。

45) 前掲汪嗣修纂『(雍正)朔州志』。

46) 前掲胡文燁纂修『(順治)雲中郡志』巻十一「人物・貞節」21a。

47) 穆爾賽等修『(康熙)山西通志』、『中国地方志集成、省志輯、山西』(南京：鳳凰出版社、2011年、清康熙二十一年(1682)刻本影印)巻十七「職官下」40b、巻十九「選挙下」13a、巻二十二「列女」47a。覚羅石麟修『(雍正)山西通志』(台北：商務印書館、1986年、景印文淵閣四庫本)巻七十一、11a、巻八十二、10a、巻一百五十四、13a。

48) 丁原基は、乾隆年間の禁書を次のように分類する。1. 廟諱を避けず、君主を誹謗する著作、2. 清朝初期の歴史を記した著作、3. 反清志士の著作、4. 故国を懐古し、怨妄を語った著作、5. 臣節を虧損した者の著作、6. 大臣に諂った著作(倖進大臣之著作)、7. 聖賢を議論した著作。前掲丁原基『清代康雍乾三朝禁書原因之研究』pp.112-314を参照。

49) 前掲呉輔宏修・文光校訂『(乾隆)大同府志』「序」3b-4a、「重輯大同府志奉准原議」1a-b。

50) 雍正年間、山西の新たな州県の多くは、みな地方志の編纂を行っており、前述した朔平府や朔州の地方志もこれにあたる。

51) 前掲Joseph R. Dennis, *Writing, Publishing, and Reading Local Gazetteers in Imperial China*, 1100-1700, p.50.

52) 前掲呉輔宏修・文光校訂『(乾隆)大同府志』「序」1a-7b。

53) 慶桂・董誥等修『大清高宗純皇帝実録』(北京：中華書局、1986年)、巻一千二十二「乾隆四十一年十二月庚子」pp.693-694、永瑢等撰『四庫全書総目提要』(台北：台湾商務、1968年)巻五十八、『欽定勝朝殉節諸臣録十二巻』、pp.1284-1285、前掲王汎森「権力的毛細管作用——清代文献中「自我圧抑」的現象」pp.406-411を参照。

54) 前掲慶桂・董誥等修『大清高宗純皇帝実録』巻一千九十五、689a-689b、「乾隆四十四年十一月甲辰」。

55) 前掲呉輔宏修・文光校訂『(乾隆)大同府志』「重纂大同府志原稟」1a-2a。

56) 前掲呉輔宏修・文光校訂『(乾隆)大同府志』「重纂大同府志原稟」1a-2a。

57) 「当朝化」の解釈については、前掲王汎森「権力的毛細管作用——清代文献中「自我圧抑」的現象」pp.408-409を参照。

58) 前掲胡文燁纂修『(順治)雲中郡志』巻九「人物」9b。

59) 前掲呉輔宏修、文光校訂『(乾隆)大同府志』巻二十二「人物中」49a。

60) 錢海岳編『南明史』(北京：中華書局、2006年)、巻七十、pp.3358-3364。

61) 前掲呉輔宏修、文光校訂『(乾隆)大同府志』巻二十三「人物三」3b-4a。

62) 前掲呉輔宏修、文光校訂『(乾隆)大同府志』巻二十三「人物三」2b。

63) 前掲呉輔宏修、文光校訂『(乾隆)大同府志』巻二十三「人物三」23b-24a。

64) 前掲張継瑩「清初姜瓖之変与山西社会秩序的重建」pp.123-128。

65) 『(乾隆)大同府志』から、流賊の攻掠で忠義を尽くして殉死した人々
の名を以下に挙げる。李茂森(陝西にて死亡)、孫可大(陝西にて死亡)、
曹文昭(寧州にて死亡)、曹文耀(忻州にて死亡)、安懋修(肅寧県にて死
亡)、呉従義(長安県にて死亡)、馬振麟(寧武関にて死亡)、張爾塾(京
師にて死亡)、郭運昌(山陰にて死亡)、劉永昌(江淮地域にて死亡)、王
爾揚(大同にて死亡)。前掲呉輔宏修、文光校訂『(乾隆)大同府志』巻二
十二「人物中」43b-49b。

66) 前掲呉輔宏修、文光校訂『(乾隆)大同府志』「例言十六條」3a-4b。「史
家列傳之外，別標忠義，孝友，循吏，文苑名目，志人物者，往往因之，
不知史之與志，體例各別。史傳善惡並著，以示勸戒；志則隱惡揚善。
史家論爵位，故爵位不尊者，不得不列忠義，孝友，循吏，文苑也。志
則因地紀人，忠義，孝友，循吏，文苑，皆此邦人物，不必復分名目也。
其或一節之孝，一事之義，里巷稱説，間有足錄，別立孝義一條。」

67) 前掲呉輔宏修、文光校訂『(乾隆)大同府志』巻二十三「人物中」15a-62b。

68) 清・國史館編『逆臣伝』巻四「姜瓖伝」1a-3b。

69) 王汎森「道・咸以降思想界的新現象──禁書復出及其意義」(前掲同『權
力的毛細管作用──清代的思想、學術與心態』pp.605-645)。

70) 資料の多くは「府志」に拠っている。

71) 前掲黎中輔纂修『(道光)大同縣志』巻十五「武事」16b。

72) 『大同縣志』に記載された人物には、王度・項一科・張肇斌・佟養升・
管一舉・宋子玉・徐一范・常志強らがある。前掲黎中輔纂修『(道光)大
同縣志』巻十三「宦績」26b-27a、29bと、巻十六「人物」36a-b。

73) 前掲呉輔宏修、文光校訂『(乾隆)大同府志』巻十八「宦績」24a-26aと巻
二十三「人物三」3b。

74) 第二節「「同時代史」の中の暗示と明示」の議論を参照。

75) 前掲黎中輔纂修『(道光)大同縣志』巻十五「武事」17a。「以表李侯之臣節、
且以暴衛・常諸賊不赦之罪云。」

76) 郭守邦と霍燝の史論は前掲黎中輔纂修『(道光)大同縣志』巻十五「武事」
17-18aに引用されている。過程を考えると、道光『大同縣志』の記載は
嘉慶『長子縣志』に由来するのだろう。「但以三五梟獍脅從牽制、遂奪無
辜赤子、悉就屠戮。」

2. 「地方」の何を描くのか

77）　森正夫「明末における秩序変動再考」（同『森正夫明清史論集』第三巻、東京：汲古書院、2006年）p.114 を参照。

78）　曾國荃『曾國荃全集』（長沙：岳麓書社、2006年）冊1「設立書局疏」p.447。

79）　前掲覺羅石麟纂修『（雍正）山西通志』巻一百五十四、13a。曾國荃纂修『（光緒）山西通志』（『續修四庫全書』史部地理類第646冊、上海：上海古籍出版社、2002年、清光緒十八年（1892）刻本を収録）巻一百七十三「列女錄十二」32b。

80）　前掲曾國荃纂修『（光緒）山西通志』巻十六「貢舉譜三」1a と巻十三「職官譜四」1a-42b。

81）　前掲曾國荃纂修『（光緒）山西通志』巻一百九「名宦錄九」1a-47a。

# 朝鮮後期における邑誌編纂事業の概観

## 李 在 斗(訳:金鉉洙)[1]

## はじめに

　朝鮮時代における地方行政は、各郡県(邑)の各種簿帳と地図に基づいている。地図には区域別に戸口・墾田・道里の数字を記載し、賦役と租税の賦課手段にもなっていた。壬辰戦争(訳者注:「文禄・慶長の役」)前後の16世紀末から17世紀には、地方官と士族の主導する私撰邑誌の編纂が盛んであった。私撰邑誌は国家の命令に依らず、郡県単位で地方官と士族が自律的に制作した邑誌という点において官撰邑誌と区分される。その後の17世紀末からは中央政府や地方監營が主導し、定められた基準に従った官撰邑誌が主に編纂された。邑誌は地方官が必ず参考すべき便覧で、『新増東國輿地勝覽』(以下『輿地勝覽』)の収録内容を増補、補完しながら、郡県の地図と行政・財政関連の核心情報を追加したものである。地方官は邑誌の最初の頁に載った地図を通じて郡県の遠近各処を把握することができ、邑誌本文を通じて自身が担当する郡県の歴史と地理情報および行政と財政関連の事項を確認した。各郡県の士族は邑誌に自分の先祖を載せようと尽力し、邑誌収録の内容をそのまま文集に載せたりもした。朝鮮後期の邑誌は『輿地勝覽』と共に、地方の沿革の考察、陵墓や碑閣などの史蹟整備、忠臣・孝子・烈女を褒賞する根拠となる資料であった。

　先行研究と解題作業により朝鮮後期の官撰邑誌に対する理解は深まった。しかし、韓国内の主要所蔵機関の邑誌をその対象とする先行研究と解題が述べる17世紀末から18世紀の邑誌の大部分は、地図の入らない、また界線紙(訳者注:印札井間紙のこと。界線夾郭を印刷して本の形式を整えた用紙)や行

## 2.「地方」の何を描くのか

字数を変えた20世紀初めの後写本であった。また、中央政府の機関から下達された規式や目次、あるいは項目構成の差異に注目して類型化しようとする努力も足りなかった。何よりも国外に散在する邑誌を全数調査して研究した成果ではなかった。従って、先行研究と解題を検討するとともに、国内外の機関や個人が所蔵する邑誌をより多く確保し、その実相をきちんと把握する必要がある。

　韓国の国立古宮博物館に所蔵されている『邑誌』全74冊は、1909年（隆熙三年）に伊藤博文が搬出したものが2011年に返還されたものである。これらは、日帝が大韓帝国の各郡の事情を具体的に把握するために精選して搬出した全国邑誌であり、国権強奪や韓国強占以降の植民支配における戦略の樹立等に活用しようとする意図があった。この『邑誌』には1773年・1780年・1793年・1832年にそれぞれ編纂された『各道邑誌』と、1899年に編纂された『各道邑誌』補遺篇及び1878年に編纂された『（慶尚道）邑誌』が含まれている。元々、『（慶尚道）邑誌』(1878)を除いた『邑誌』全60冊とソウル大学校奎章閣韓国学研究院（以下、奎章閣）所蔵の『慶尚道邑誌』20冊は、元々、『各道邑誌』全80冊としてまとまっていたものであった。これらは1832年に完成した『各道邑誌』全72冊と1899年に製作された『各道邑誌』補遺篇全8冊で構成されていた。『各道邑誌』全72冊は元来摛文院で所蔵していたが、1899年3月に慶運宮の欽文閣に移転する際、補遺篇全8冊を製作した。『各道邑誌』は各郡県や監営、或は奎章閣等で御覧用として集成され、丁寧に清書された善本であり、『新増東國輿地勝覧』、『東國輿地志』、『輿地圖書』の次に古い全国邑誌である。そこには1899年の当時における大韓帝國の行政区域である府・郡の中で、漢城府（京都を含む）を除いた341件の邑誌が含まれている。すなわち各郡県の事情を徹底的に把握するには最適の資料であった。1909年、日帝が搬出した当時の『各道邑誌』は80冊であった。日帝は『各道邑誌』慶尚道篇20冊の代わりに閣古館の『（慶尚道）邑誌』14冊を入れた『邑誌』74冊を搬出した。その理由は、『各道邑誌』の慶尚道篇は類型が画一的であったのに対して、『（慶尚道）邑誌』は多様な類型が収録されていただけではなく、分量もさらに多かったためである。

　最近は研究環境が整備され、朝鮮後期の官撰邑誌に対する接近が容易になった。国内外の各機関では多数の邑誌の原本イメージをネット上に掲載

192

したり、原本の複写サービスを提供しており、先行研究になかった多数の邑誌を確認できるようになった。ソウル大学校奎章閣韓国学研究院地理誌総合情報、国立中央図書館、韓国学中央研究院蔵書閣は原本イメージと解題を提供している。国立古宮博物館・啓明大学校図書館・高麗大学校図書館等では原本イメージを公開している。高麗大学校海外韓国学資料センターでは国外機関所蔵の邑誌の原本イメージが公開され、国立中央図書館では国外流出資料の影印事業の一貫として多数の邑誌の複写本が所蔵されている。

朝鮮後期の官撰邑誌を精密に把握するためにはこれらの資料以外に、国内外の様々な機関や個人所蔵の邑誌まで研究範囲を拡大しなければならない。現在まで解題作成作業さえ正確に行われてない国立古宮博物館、日本

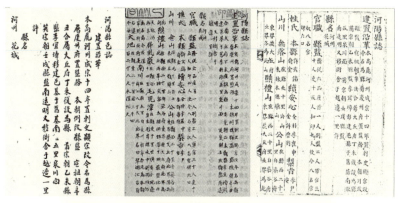

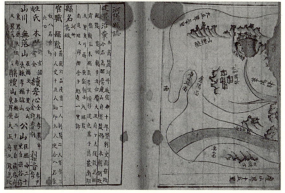

図1　河陽県の1786年誌(左から日本国立国会図書館、奎章閣、今西文庫、琴湖書院所蔵)

193

## 2. 「地方」の何を描くのか

国立国会図書館、天理大学今西文庫の邑誌にも注目する必要がある。日本国立国会図書館の陸軍文庫が江原道・京畿道・慶尚道・全羅道・忠清道・咸鏡道の道誌を所蔵するようになったのは、大韓帝国の主権と領土を強奪して植民地化していく過程において、日本陸軍が各地域の道誌を収集もしくはその写しを備えたからである。

図1は1786年に慶尚道河陽県で編纂された邑誌原本と後写本である。慶山市河陽琴湖書院邑誌は1786年に制作された当時のものであり、今西文庫邑誌は当時収集した邑誌を清書した「慶尚道邑誌」の一部である。日本国立国会図書館陸軍文庫と奎章閣のものは、今西文庫本の後写本である。陸軍文庫本は1890年(皇紀五十[2])に制作された後写本であり、奎章閣の後写本は1910年代初めに制作されたものである。日本の天理大学今西文庫の「慶尚道邑誌」は各郡県で収集した邑誌を道単位でまとめて清書して他の郡県の邑誌と一緒に成冊したものであり、地図は入れていない。ただ、『山南興圖』(京都大学河合文庫)乾左道40枚、坤右道31枚の彩色地図を見ると、それらは「慶尚道邑誌」内の各郡県の最初の頁に収録する用途として制作されたと考えられる。つまり、すべてが四周双辺を刻んだ木板で刷った用紙に、まるで一人の画員が描いたように山・河川・道路・建物・林藪に一定の色を使って、一律的に1枚2面ずつの郡県地図を描いているからである。

本稿では国内に散在する朝鮮後期の官撰邑誌の全数調査に基づいて、全国邑誌と道別邑誌(道誌)に注目し、17世紀末から19世紀末までの朝鮮後期の邑誌編纂の流れを概略的に検討していくことを試みる。現在成冊された状態を基準として個別の邑誌に執着してしまうと、朝鮮後期の各郡県で編纂された多様な類型の邑誌をきちんと把握することが困難となる。したがって全国邑誌や道別邑誌を対象に研究することで、朝鮮後期の官撰邑誌の編纂の実相が正確に浮かび上がると考える。

# 1. 肅宗代における『輿地勝覽』の増補改刊の試み

17世紀末から朝鮮では国家が主導して全国邑誌の編纂を推進した。国家の支配政策がある程度完成していた肅宗初期の1679年(肅宗五)、弘文館では金錫冑を責任者として『輿地勝覽』を増補改刊しようとした。私撰邑誌

朝鮮後期における邑誌編纂事業の概観（李）

に新設された項目を参考にして行政と財政状況を追加した15項目前後を新設して『輿地勝覽』を増補しようとしたが、慶尚道のみの道別邑誌（道誌）を編纂するに止まった。これはかつての『東國輿地勝覽』と『世宗實錄』「地理志」を統合した形態と言える。

　20年後の1699年（肅宗二十五）6月からは備邊司が主導して『輿地勝覽』増補事業を再開した。肅宗中期には行政と財政だけではなく、文科・蔭仕・生進・武科などを項目に追加したが、これらは官職歴任者や候補者らで、各郡県の支配勢力の先祖を取り扱ったものであった。1700年（肅宗二十六）3月には邑誌のほとんどを収集し、纂修廳を設置するなど、出版を急いだ。しかし、作業が半分も進まない状態で『輿地勝覽』増補業務を主導していた領議政崔錫鼎が免職・流配され、編纂は1701年（肅宗二十七）に中止された。図2の『肅寧邑誌』（平安道肅川府）と『咸興志』は1700年を前後する時期に編纂された邑誌である。

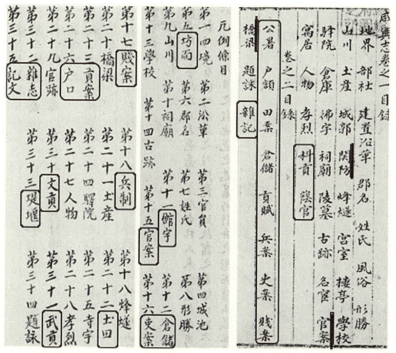

図2　『肅寧邑誌』と『咸興志』の目次（奎章閣所蔵）

195

2. 「地方」の何を描くのか

　崔錫鼎が領議政に復帰した後の1706年(粛宗三十二)から増補輿地勝覧事業が再開されたが、必要とされる人員と費用が負担になった。そのため1707年(粛宗三十三)には『輿地勝覧』の古例を尊重して単純な増補を目標とし、以前に新設した項目を大幅に減らしながら人物と詩文の収録に注力した。しかし、「増補輿地勝覧」は編纂人員確保の困難と財政負担等により結局未完の課題として残されることになった。

## 2. 英祖代における『輿地圖書』の完成と補完

　18世紀半ば、英祖後半期には中央政府が地方に対する統制を強化しながら、賦税収取・軍額確保だけではなく、戸口と地方行政など、変化する全国郡県の情報を正確に把握するために全国邑誌の編纂を推進した。英祖後半期の全国邑誌編纂は国家典籍を整え、国家運営体制を再整備しようとする意図を反映したものである。

　1757年(英祖三十三)の命令は単純に邑誌収集に注力することを求め、具体的な収録規定を下達しなかった。この頃から邑誌の最初の頁に地図を収録するようにしたと考えられる。当時編纂された原型そのままである『懐徳縣誌』・『富平府邑誌』・『慶州誌』・『新増安東府輿地誌』・『青松府邑誌』は地図を収録している。1758年(英祖三十四)12月23日、弘文館には各道郡県から収集した『八道邑誌』新件が揃っていた。それらは粛宗代の邑誌編纂の経験と私撰邑誌を基とし、『輿地勝覧』の古例に従うかもしくは私撰邑誌の形式を借りて『輿地勝覧』に行政・財政・人物の記述を補強したりもした邑誌であった。

　1759年(英祖三十五)末、弘文館は邑誌の標準様式を成立させ、郡県に下達した。この弘文館凡例は最初の頁に彩色地図を載せ、『輿地勝覧』収録項目の中では宮室・学校・塚墓・名宦・題詠を除外し、坊里・道路・官職・公廨・堤堰・倉庫・牧場・關阨・旱田・水田・進貢・糴糶・田税・大同・均税・俸廩・軍兵など、17項目を新設した。この頃に編纂された『輿地圖書』はこの凡例の意図を体し、国家運営に必要な地方行政と財政状況を反映した項目を新設し、詩文収録を制限した実用的な全国邑誌である。しかし、慶尚道篇は弘文館凡例とは異なり、宮室・学校・塚墓・名宦・題詠を

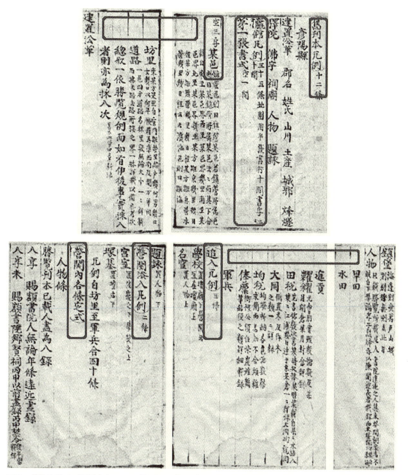

図3 『巘山誌』に収録されている『輿地圖書』編纂関連の指針(蔚山広域市文化院連合会所蔵)

はじめとする『輿地勝覽』の収録項目全体をそのまま残した。咸鏡道篇は学校と撥站の項目を置き、公廨と樓亭等に多くの詩文を載せた。図3は慶尚道彦陽県邑誌である『巘山誌』に収録されている『輿地圖書』の編纂関連の指針の一部である。

『輿地圖書』は1760年(英祖三十六)弘文館がまとめた未完の全国邑誌である。この本には1760年以降に追加された記録がない。『輿地圖書』は『輿地勝覽』収録項目を基に、一部の項目を除きながら、行政と財政関連の項目

## 2. 「地方」の何を描くのか

を多数収録した。私撰邑誌の中で『昇平志』と『苞山志』の収録項目を最も多く反映しており、柳馨遠が『東國輿地志』で提示した問題意識と肅宗代の『輿地勝覽』増補改刊事業時に開発した新設項目を受容していた。

1760年の江華府と八道監營は、各郡県邑誌を集めてそのまま上送した。弘文館では当該時期までに収集した諸邑誌を『輿地勝覽』の道別、郡県別収録順序に従って鎮管別に分類して一定の分量で成冊した。『輿地圖書』全55冊の表紙に元来順序をつけた番号は記載されていなかったが、後に誰かが基準無しに道別の番号をつけたのである。従って、成冊順序の通りに分析してみると、京畿と忠清道の一部の郡県は『輿地圖書』の成冊時点で冊次から漏れていたことがわかるものの、京都・漢城府・開城府邑誌も漏れていたのかは把握困難である。元々最低全60冊が編纂されていたのであり、慶尚道の2冊11件と全羅道の3冊20件の邑誌は遺失したのである。

『輿地圖書』は朝鮮前期の『東國輿地勝覽』のように出版もなされなかった。『輿地圖書』編纂は全国の統計資料を把握するために行った一連の事業であり、租税制度の変化を反映し、行政と実用の側面が強い政策資料であった。戸口と財政関連の情報は可変的であったため、出版して配布する必要はなかったのである。

『輿地圖書』を教化という観点からみるとその要素は『輿地勝覽』より不足していた。坊里・道路と財政関連項目は附録のように編成されており、これらの項目を邑誌内部に適切に配置する必要があった。1768年（英祖四十四）には『輿地圖書』に代わる新たな邑誌収録規定が下達された。具体的には『輿地勝覽』の項目名と収録順序を尊重しながら、『輿地勝覽』と『輿地圖書』の開設項目らをすべて収録し、その上で場市（魚鹽含む）・宦蹟・科擧・碑板（碑文＋冊板）という項目が新設された。英祖執権末期の地方行政と財政はもちろん、商業・人物・詩文・出版に関心が高まった時代相が反映されたのである。この時に下達された規定によって編纂された邑誌は全国の40％程度の郡県で発見されている。君師（人々を教え導く聖人君主）を自任していた英祖は邑誌に先賢らの文章と行跡を多く収録して民を教化しようとした。『輿地圖書』代替類型（『慶尚道邑誌』類型、『輿地圖書』補完類型）は先賢の碑文をはじめ、多くの詩文を収録した。自ら君師になろうとした英祖と儒教社会を具現しようとした士族の欲望が反映されたものであった。郷論に基

づいて邑誌に収録する人物を選定し、先賢の碑文まで収録するためには士族の参加が必要であった。

　しかし、決められた期間内に邑誌を上送しなければならない地方官や郷吏らは以前に編纂したことのある『輿地圖書』類型を選好した。この類型は分量が少なく、人物や詩文の選定による負担も少なく、客観的で実用的な項目を中心に構成されていたからである。それゆえ邑誌のトレンドは1773年(英祖四十九)には『輿地圖書』類型に回帰した。『各道圖書』1773年誌は54件の中で44件(81%)が『輿地圖書』類型であり、『輿地勝覽』類型1件、『輿地勝覽』増補類型3件、『輿地圖書』代替類型5件、『輿地圖書』増補類型1件である。

　1775年(英祖五十一)弘文館から下達した凡例は『輿地圖書』収録項目をそのままにし、末尾に冊板と先生案を新設し、樓亭の後ろに題詠を附記させたのである。『輿地圖書』から一部の項目を追加した『輿地圖書』増補類型と言える。1768年に『輿地圖書』代替類型が普及する以前において、『輿地圖書』収録順序に従いながら宦蹟(先生案)を追加するという形で、一部の郡県で試みられた方式であった。当時、全羅道興德県の黄胤錫は、弘文館凡例の収録項目の位置付けが多く変わり、さらに複雑化したとして『輿地勝覽』を基準とする邑誌収録項目モデルを提示した。

## 3. 正祖代における『海東輿地通載』の編纂の実際

　正祖は英祖の後半期以降、何度も編纂された「海東邑誌」(『輿地圖書』・『各道邑誌』など)と『輿地勝覽』の収録項目を再構成した『海東輿地通載』を出版することによって『新增東國輿地勝覽』に代替することを考えていた。道別・項目別の担当者が決められた1789年(正祖十三)6月を基準にそれ以前を前半期、それ以降を後半期と分けることができる。即位初期に編纂した『各道邑誌』1780年誌を見ると、61件の中の56件(92%)が『輿地圖書』系統(『輿地圖書』類型37件、『輿地圖書』増補類型19件)であり、『輿地圖書』代替類型は5件である。『各道邑誌』を中心に見てみると、1780年(正祖四)は1773年から続いた全国的な官撰邑誌の収集を完了した時点であったということがわかる。1780年誌に対する正祖の評価と反省は、1781年(正祖五)における『輿

## 2. 「地方」の何を描くのか

地勝覧』の古例を尊重しながら『輿地圖書』系統を一つにまとめた新たな邑誌類型の開発へと続き、1782年(正祖六)には『東國文獻備考』の改正を指示することになった。

1786年(正祖十)弘文館では道別に監營が中心になり、各郡県の邑誌を収集するようにした。『慶尚道邑誌』と『關北邑誌』をはじめ、忠清道と全羅道には当時編纂された邑誌が一部残っている。1787年(正祖十一)8月に正祖は、以前収集した官撰邑誌を基に「邑誌作成凡例」を普及させるなど、全国邑誌の編纂を一新した。この時に普及した凡例は道ごとに2つの郡県に示範的に適用された。しかし、正祖は邑誌編纂の業務を担当していた趙鎮宅を流配するなど、全国邑誌の編纂を完了させなかった。弘文館には各郡県が上送した邑誌の旧件と弘文館で修正した新件が残った。1788年(正祖十二)にも全国に邑誌収集令を出したが、一定した基準は下達しなかった。各郡県では1789年の前半期までに旧誌をそのまま写して送るか、新たに編纂したりもした結果、全般的に収録内容が豊富になった。『嶺南邑志』は1786年に続き、1789年に編纂された慶尚道の道誌である。

図4は『嶺南邑志』の慶尚監營・大丘府・草溪郡・義城県・比安県の一部である。図4において見られるように草溪郡(第3-4冊)と比安県(第8-6冊)の内題は1789年(乾隆五十四)5月に編纂した事実を摘示している。この道誌において特記すべき点は「大丘府誌」(第10-1冊)から「慶尚監營誌」(第16冊)を分離したことである。

1789年(正祖十三)6月に正祖は校正堂上である李書九と議論して海東邑誌収録項目を決定し、道別担当者らに項目を分担させた。表1は6月17日と26日に定めた海東邑誌の地域別・項目別の編纂担当者である。

収録項目には題詠・碑板(碑文＋冊板)・科擧が見られないが、これらの文章は収録すべき主要項目であった。この時期に、それまで収集した邑誌と、中央政府に所蔵されていた各種記録に基づいた一定の収録規定を適用し、邑誌の定本を完成しようとした。そのうち最もはやくに完成した京都と漢城府の邑誌は純祖末期に増補した『東輿備考』2巻2冊として現存する。年代記史料には京畿と忠清道を経て慶尚道まで作成が始まったことが確認できる。正祖は1790年初まで校正堂上の李書九に編纂を督励した。しかし、海東邑誌編纂を主導していた李書九を外職に送り流配するなどして、

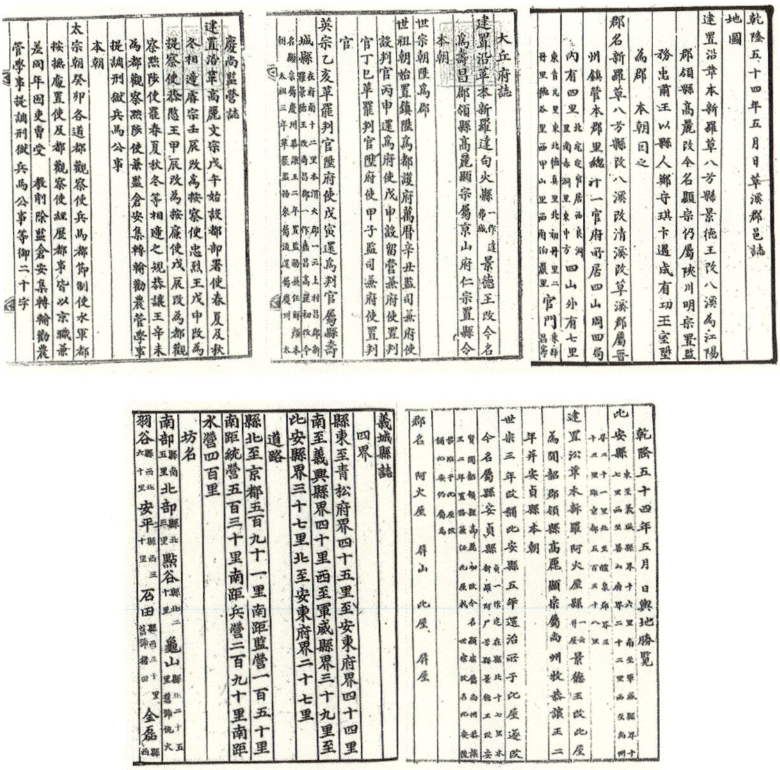

朝鮮後期における邑誌編纂事業の概観（李）

図4 『嶺南邑志』の慶尚監營・大丘府・草溪郡・義城県・比安県の一部（日本国立国会図書館所蔵）

やはりこの全国邑誌編纂も終わらせなかったのである。1790年（正祖十四）奎章閣西庫には『海東邑誌』1件46冊が保管されていたが、これが当時奎章閣で定本化した邑誌と考えられる。

　図5は全羅道光州牧邑誌である『光山邑誌』の表紙・光山誌凡例・巻末である。1792年末（正祖十六）に正祖の指示で承政院では全羅道に嶺南規模の邑誌を編纂することを命じた。当時、全羅監營の都事權訪は『安東府輿地志』（1786）を基に、一部の項目を新設した『湖南邑誌』類型を普及させていた。權訪は1793年（正祖十七）6月に交替したが、8月に李書九が監司として赴任することで規定を正確に反映した『湖南邑誌』を完成させた。土地住宅博物館の『湖南邑誌』と『各道邑誌』の全羅道篇は、全州府と長興府を除いた54郡県の1793年誌を含んでいる。『湖南邑誌』類型は『輿地圖書』収録項目

201

## 2. 「地方」の何を描くのか

表1　海東邑誌の編纂担当者別分担地域と項目

| 執筆担当者 | | | | 分担地域 | 分担項目 |
|---|---|---|---|---|---|
| 氏名 | 官職 | 氏名 | 官職 | | |
| 李晩秀 | 直閣 | 元重擧 | 元縣監 | 京都 | 城池・宮闕・花圃 |
| 李晩秀 | 直閣 | 元重擧 | 元縣監 | 漢城府 | 分野・建置沿革・形勝・風俗・戸口・宮室・山川・坊里 |
| 尹行任 | 副司果 | 成大中 | 校書館 校理 | 京都 | 壇廟・官署 |
| 尹行任 | 副司果 | 成大中 | 校書館 校理 | 漢城府 | 驛站(熢燧 附)・橋梁・寺刹・官蹟・姓氏・人物(寓居・孝子・忠義・烈女 附)・古蹟 |
| 成鍾仁 | 及第 | 朴齊家 | 檢書官 | 京畿 | 各道 建置沿革 |
| 李東稷 | 副司果 | 吳正根 | 五衛將 | 忠淸左道 | 各道 疆域(郡名 附)・形勝・職官 |
| 金熙朝 | 副司果 | 金洪運 | 製述官 | 忠淸右道 | 各道 坊里 |
| 朴奎淳 | 前校理 | 崔粹翁 | 奉常主簿 | 慶尙左道 | 各道 宮室 |
| 李祉永 | 修撰 | 丁倪祖 | 元縣監 | 慶尙右道 | 各道 風俗・城池・學校・土産 |
| 申獻朝 | 元校理 | 南衡秀 | 司䆃主簿 | 全羅左道 | 各道 關防(鎭堡・牧場 附) |
| 李冕膺 | 元修撰 | 李鴻祥 | 元察訪 | 全羅右道 | 各道 橋梁・寺刹・壇廟 |
| 李錫夏 | 副司果 | 李可運 | 掌苑別提(東部都事) | 黃海道 | 各道 宦蹟 |
| 李義鳳 | 元郡守 | 柳得恭 | 檢書官 | 原春道 | 各道 山川 |
| 鄭東觀 | 副司果 | 李德懋 | 檢書官 | 平安道 | 各道 古蹟 |
| 金方行 | 元校理 | 李命圭 | 禮賓參奉 | 咸鏡道 | 各道 陵墓 |
| その他 | 軍額・糶糴・倉庫・堤堰：備邊司抄出後分排 戸口・姓氏：漢城府抄出後分排 田賦：戸曹抄出後分排 祠院：禮曹抄出後分排(『通塞撮要』參考) 驛站(烽燧 附)：兵曹抄出後分排 人物(寓居・孝子・忠義・烈女 附)：從後分排 | | | | |

に場市・島嶼・上納・徭役・軍器・奴婢・先生案・科宦・冊板の9項目を新設したものである。その中でも上納と奴婢の項目が多くの分量を占めている。科宦には文科だけではなく、武科・蔭仕・生進・行誼関連の人物も収録した。郡県の行政と財政情報だけではなく、支配勢力の分布を具体的に把握しようとしたことにもとづく措置であった。しかし、この類型は全羅道以外の地域まで拡大されることはなかった。

　正祖は一定の体裁を揃えた全国邑誌である『海東輿地通載』を編纂しようとしたが、『海東輿地通載』編纂の理想は彼の急死により未完の課題として残されることになった。正祖代に定本化していた『海東輿地通載』60巻は

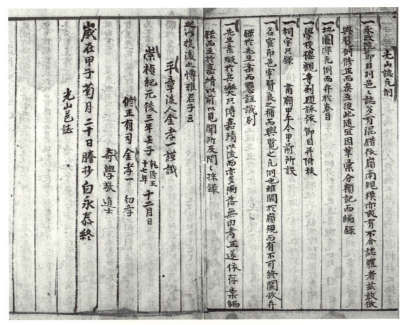

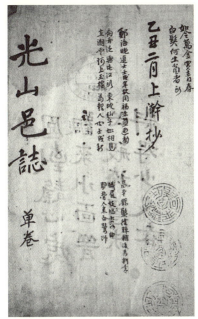

図5 『光山邑誌』の巻末・光山誌凡例・表紙(国立中央図書館所蔵)

## 2.「地方」の何を描くのか

唯一の筆写本でであるが、きちんと管理されなかった。『海東輿地通載』は『嶺南邑志』、『東輿備考』、『湖南邑誌』にもとづいて定本化した痕跡を確認することができる。表2は朝鮮後期邑誌の類型別収録項目と収録順序を比較したものである。

表2　邑誌類型別収録項目と収録順序の比較

| 『輿地勝覧』 | 『輿地圖書』 | 『輿地圖書』代替(『慶尚道邑誌』) | 『海東邑誌』分担項目 | 『湖南邑誌』 |
|---|---|---|---|---|
| 內題 | 內題 | 內題 | | 內題 |
| | 地圖 | 地圖 | | 地圖 |
| 「疆域」 | 「疆域」 | | 疆域 | |
| | ②道路 | ㉔道路 | | ⑤道路 |
| ①建置沿革 | ③建置沿革 | ①建置沿革 | 建置沿革 | ①建置沿革 |
| ①1官員 | ⑦官職 | ③官職 | 職官 | ③官職 |
| ②郡名 | ④郡名 | ②郡名 | 郡名 | ②郡名 |
| ③姓氏 | ⑨姓氏 | ④姓氏 | 姓氏 | ⑧姓氏 |
| ④風俗 | ⑩風俗 | ⑥風俗 | 風俗 | ⑨風俗 |
| ⑤形勝 | ⑤形勝 | ㉛形勝 | 形勝 | ㉔形勝 |
| ⑥山川 | ⑧山川 | ⑤山川 | 山川 | ⑦山川 |
| | | ㉖島嶼 | | ㉕島嶼 |
| | | (⑫林藪) | | |
| | ⑭堤堰 | ㉗堤堰 | 堤堰 | ⑰堤堰 |
| | ⑲牧場 | ㉚牧場 | 牧場 | ㉑牧場 |
| ⑦土産 | ⑯物産 | ㉝土産 | 土産 | ㉖物産 |
| ⑧城郭 | ⑥城池 | ⑪城池 | 城池 | ⑥城池 |
| ⑨關防 | ㉕鎭堡 | ⑯鎭堡 | 鎭堡 | ⑮鎭堡 |
| | ⑳關阨 | ⑮關防 | 關防 | ⑭關阨 |
| ⑩烽燧 | ㉑烽燧 | ⑰烽燧 | 烽燧 | ⑯烽燧 |
| ⑪宮室 | ⑬公廨⑪+2宮室 | ㉒宮室 | 宮室 | ⑬公廨 |
| ⑫樓亭 | ㉒樓亭 | ㉓樓亭 | | ㉓樓亭 |
| ⑬學校 | ⑪+1⑫1學校 | ⑱學校 | 學校 | ⑩學校 |
| | ⑪+1⑫1學校 | ⑱學校 | 祠院 | ⑪書院 |
| ⑭驛院 | ⑱驛院⑱1撥站 | ㉙驛院 | 驛站 | ⑳驛院 |
| ⑮倉庫 | ⑮倉庫 | ⑬倉庫 | 倉庫 | ㊱倉庫 |
| | | (⑭軍器) | | ㊳軍器 |
| | ㉚糶糴 | ⑬倉庫 | 糶糴 | ㊲糶糴 |
| ⑯橋梁 | ⑰橋梁 | ㉕橋梁 | 橋梁 | ⑲橋梁 |
| ⑰佛宇 | ㉓寺刹 | ㉑佛宇 | 寺刹 | ㉒寺刹 |
| ⑱祠廟 | ⑫壇廟 | ⑲壇廟 | 壇廟 | ⑫壇廟 |
| ⑲陵墓 | ⑪陵寝⑫+2塚墓 | ⑳陵墓 | 陵墓 | |
| ⑳古蹟 | ㉔古蹟 | ㉜古蹟 | 古蹟 | ㊹古蹟 |
| ㉑名宦 | ㉕+1名宦 | | | |

| 『輿地勝覽』 | 『輿地圖書』 | 『輿地圖書』代替(『慶尚道邑誌』) | 『海東邑誌』分擔項目 | 『湖南邑誌』 |
|---|---|---|---|---|
| | (㊲先生案) | ㊱宦蹟 | 宦蹟 | ㊶先生案 |
| ㉒人物 | ㉖人物 | ㊳人物 | 人物 | ㊷人物 |
| | | ㊲科擧 | | ㊸科宦 |
| ㉓題詠 | ㉖＋1題詠(㉒樓亭題詠) | ㊴題詠 | | ㉓1付題詠 |
| | ①坊里 | ⑦坊里 | 坊里 | ④坊里 |
| | ①1戸口 | ⑧戸口 | 戸口 | ㉙戸口 |
| | ㉗旱田 | ⑨田賦 | 田賦 | ㉚田摠 |
| | ㉘水田 | ⑨田賦 | 田賦 | ㉚田摠 |
| | ㉙進貢 | ㉞進貢 | 田賦 | ㉗進貢 |
| | | | | ㉘上納 |
| | ㉛田税 | ⑨田賦 | 田賦 | ㉛田税 |
| | ㉜大同 | ⑨田賦 | 田賦 | ㉜大同 |
| | ㉝均税 | ⑨田賦 | 田賦 | ㉝均税 |
| | | ⑨田賦 | 田賦 | ㉟徭役 |
| | ㉞俸廩 | ㉟俸廩 | | ㉞俸廩 |
| | ㉟軍兵 | ⑩軍額 | 軍額 | ㊴軍額 |
| | (㊱冊板) | ㊵碑板 | | ㊺冊板 |
| | | ㉘場市 | | ⑱場市 |
| | | | | ㊵奴婢 |

＊『輿地圖書』系統の中、『輿地圖書』類型は全部で35項目である。円番号の後ろに＋1、＋2を表示した項目は慶尚道篇に追加されたものであり、⑫1學校と⑱1撥站は咸鏡道篇に収録された項目である。括弧の中に表示した㉒樓亭題詠、㊱冊板、㊲先生案は『輿地圖書』増補類型項目であり、『輿地圖書』代替類型の⑫林藪と⑭軍器は⑤山川と⑬倉庫から慶尚監營が1832年に分離した項目である。

# 4. 19世紀初中葉における『各道邑誌』の完成と 道誌の編纂

1832年(純祖三十二)奎章閣は各道に公文を出し、『各道邑誌』に入っていない郡県の邑誌を入れて完本を揃えようとした。『各道邑誌』は以前編纂した邑誌と新たに収集した邑誌の中から選別する過程を経て集成したものである。『各道邑誌』集成以前の1823年(純祖二十三)に江原監營では『關東誌』を編纂した。1832年に編纂された『慶尚道邑誌』の邑誌類型は同一であるが、『湖南誌』の類型は多様であった。こうして『慶尚道邑誌』は『各道邑誌』の慶尚道篇に入った。一方、全羅道は『各道邑誌』1793年誌から漏れていた郡県を中心に『湖南誌』収録邑誌を清書して入れた。『各道邑誌』全羅道篇の47郡県と法聖鎭の邑誌はすべて『湖南邑誌』類型で1793年誌である。しかし、濟州牧・大靜県・旌義県(第26冊)、全州府(第27冊)、長興府・潭陽府・

## 2. 「地方」の何を描くのか

長城府・茂朱府・礪山府(第33冊)の9郡県は、1832年全羅監営から上送された『湖南誌』を受容し、『各道邑誌』1793年誌のように1枚当たり24行20字か、24行24字の赤色界線紙形式に合わせて清書する過程をとった。1832年誌は済州牧・大静県・旌義県・全州府・礪山府の5郡県は『湖南邑誌』類型であり、潭陽府・長城府・茂朱府は『輿地圖書』増補類型であり、長興府は例外類型である。図6は『各道邑誌』と『湖南誌』に含まれている「完山誌」と「済州邑誌」の一部である。

『各道邑誌』には京都と漢城府の邑誌も入っていたと思われる。国立文化遺産研究院の『東輿備考』は、1789年誌を底本にして1832年(純祖三十二)に一部の内容を追加した邑誌を清書したものであろう。『各道邑誌』の集成は正祖代に推進した『海東輿地通載』の編纂を仕上げたものである。しかし、『輿地勝覧』に代替するには郡県別の収録形式と分量の差異があまりにも大きく、出版もされていなかった。『各道邑誌』1832年誌は59冊であるが、『輿地圖書』代替類型86件(54%)、『輿地圖書』系統43件(27%)、例外類型16件(10%、私撰邑誌を含む)、『輿地勝覧』系統9件(6%)、『湖南邑誌』類型5件(3%)である。

憲宗代である1840年代には引き続き慶尚道(1841)・京畿(1842~43)・江原道(1843)・忠清道(1847)・全羅道(1847~48)の順で編纂された道誌が現存する。『嶺南輿誌』は元々全16冊であったが、その半分の8冊が成均館大學校に所蔵されており、散逸した邑誌の一部も確認できる。『京畿誌』全4冊は1842年(憲宗八)から邑誌の編纂をはじめ、1843年(憲宗九)初までに各郡県で編纂された邑誌を成冊した道誌である。陰竹県と振威県の内題の前の部分には「道光二十二年六月日」と「道光二十三年正月日」が記載されており、邑誌の編纂時期が分かる。

今西文庫の『京畿道三十六邑邑誌』全7冊の中、「水原誌」(附廣州)を除いた6冊は『京畿誌』を再筆写したものである。界線紙に1枚当たり24行20字ずつ清書した善本で、郡県のレベルによりいくつかの郡県ずつにて成冊した。日本国立国会図書館陸軍文庫の『京畿道邑誌』全12冊は、『京畿道三十六邑邑誌』を界線のない紙に1枚当たり20行20字ずつ再筆写し、地図を含んでいる。原本とは違って細注を本文と同じ大きさにしており、項目の収録順序と内容を一部加減したりもした。奎章閣後写本邑誌の中に『水原府邑誌』

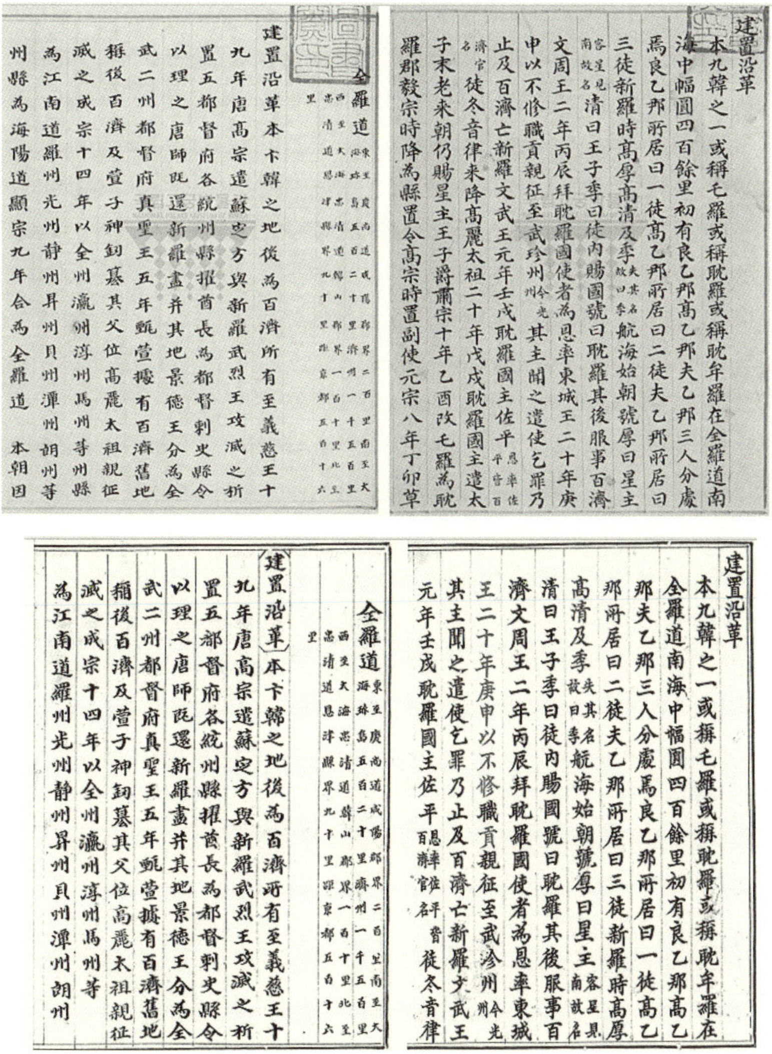

図6　『各道邑誌』（左）と『湖南誌』（右）の「完山誌」（右）と「濟州邑誌」（左）（国立古宮博物館、日本国立国会図書館所蔵）

が含まれていることを考えると、京畿の奎章閣後写本邑誌20冊（奎17355から奎17374まで）はすべて『京畿道三十六邑邑誌』を写したものである。「水原誌」（附廣州）はそれぞれ正祖（1789年頃）と純祖代に編纂された水原府と廣州府の邑誌である。

## 2. 「地方」の何を描くのか

　『關東邑誌』全7冊(東洋文庫)は前間恭作が筆写したものである。界線紙を使用しておらず、1枚当たり20行20字式であり、地図はモノクロである。「襄陽」、「通川郡誌」、「歙谷縣誌」、「平昌郡誌」、「春川誌」、「淮陽誌」、「楊口縣誌」は地図がない。先生案(官案等)の項目を見ると、「杆城郡誌(水城誌)」(第1-2冊)を除いた21件は1843年初め(憲宗九年)に編纂された江原道道誌である。江陵大都護府・三陟府・平海郡・蔚珍県の邑誌は紛失している。『關東圖誌』全8冊(日本国立国会図書館)は東洋文庫の『關東邑誌』を底本として写しながら先生案の地方官在任時期の記述を簡素化している。

　『忠淸道邑誌』全51冊(国立中央図書館)については全義県(第24冊)苻任(朴祥發…壬寅八月任 乙巳八月捐世…)と鎭川県(第16冊)宦蹟(趙命夏 癸卯九月到任 丙午七月移拜韓山郡守)の記録を参考にすると、1847年(憲宗十三)までに編纂された道誌である。丹陽郡・大興郡・恩津県・平澤県の4地域を除いた忠淸道50箇所の郡県と平薪鎭(第39冊)の邑誌を載せている。懷德県(第26冊、丙午五月圖輿誌成、1786)と鎭岑県(第27冊、乙丑五月誌成、1805)の内題を見ると、以前の時期に編纂した旧誌を写したか、原本を再録している。特に陰城県(第5冊)は1708年(肅宗三十四)に『輿地勝覽』を修正増補した際の記述のままである。結城県(第45冊)は巻末に1757年(英祖三十三)に編纂した事実(崇禎後三丁丑改修正)が記録されており、牙山県(第47冊)は1819年に刊行した私撰邑誌を筆写している。類型は『輿地勝覽』増補11件、『輿地圖書』6件、『輿地圖書』増補18件、『輿地圖書』代替14件、例外2件である。一方、『湖西邑誌』全12冊(日本国立国会図書館)は忠淸道54郡県と忠淸監營・忠淸兵營・平薪鎭の邑誌を含めた道誌である。1847年頃、各郡県の邑誌を界線紙に1枚当たり20行20字、或いは20行22字とし、一定の形式で清書した善本である。第1冊「全城誌」(全義県)の苻任は金鳳叙(1845.9〜47.7在任)までであり、「新定牙州誌」の邑先生は金東選までであるが、1845年から47年まで在任した人物である。

　『湖南邑誌』全10冊(大阪府立中之島図書館)は1747年末から1748年初に編纂された邑誌である。萬頃県(第7-2冊)・咸平県(第10-7冊)・高山県(第10-9冊)の内題(道光二十七年十一月日)と興陽県(第9-7冊)に附記された「鹿島鎭鎭誌」の内題(道光二十八年正月日鹿島鎭地品圖畫及鎭誌謄錄報成冊)はこの道誌の編纂時期を伝えてくれる。「鹿島鎭鎭誌」内題は鹿島鎭が編纂した地図と鎭誌

朝鮮後期における邑誌編纂事業の概観（李）

が成冊したことを報告した記録である。第1冊の「全羅道邑誌總録」は全羅
道53郡県と法聖・古群山の民戸・軍摠・結摠・還穀の数値を載せている。
礪山府は『湖南邑誌』類型である2件が含まれている。それは1793年誌を
写したもの（第1-3冊）と1847年に増補したもの（第5-7冊）である。求禮県（第
8-3冊）は1800年（正祖二十四）6月に編纂された私撰邑誌『鳳城誌』上・下を筆
写したものである。濟州牧・旌義県・大靜県は入ってない。營・鎭誌を除
いた各郡県邑誌の類型を見ると、『輿地勝覽』増補4件（7%）、『輿地圖書』14件
（26%）、『輿地圖書』増補9件（17%）、『輿地圖書』代替2件（4%）、『湖南邑誌』21
件（39%）、例外4件（7%、私撰1件を含む）である。

　哲宗代には咸鏡道、全羅道、忠淸道において編纂された道誌が確認で
きる。『關北誌』（1859）、『湖南邑誌』（1859）、『關北邑誌』（1860）、『（忠淸道）邑志』
（1860）、『湖南圖誌』（1862）である。『關北誌』（国立中央図書館）14巻7冊は、1枚
当たり20行20字ずつ清書した良質の道誌である。第1巻の巻頭には咸鏡
監司尹定善が1859年（哲宗十）に書いた關北誌序が収録されていることから、
監營で24の郡県邑誌及び行營事例と3つの驛誌を一律に整理した道誌であ
るといえる。各巻の前には各郡県邑誌の凡例を提示し、邑誌の最初の頁に
は同一の形態の図式（彩色地図）2面を置いた。　邑誌本文は収録項目や順序
が一致しないが、最初の部分には先生案、終わりには題詠に当たる古今藻
華を置いた。「咸興營府誌」上・下は全4巻であり、「永興府誌」上・下と「吉
州牧誌」上・下は他の郡県邑誌と一緒に掲載され、行營事例、高山驛、居
山驛、輸城驛邑誌が載せられている。当時、咸鏡道の各郡県は「咸興府誌
凡例」を基準として該当しない項目を省略した。「咸興府誌凡例」に続く行
には他の所属する郡県もこれを模倣して邑誌を編纂した事実（列邑無別録者
餘皆倣此）を記録しており、咸鏡道地域固有の邑誌の類型であることを示し
てくれる。

　図7は『關北誌』の序文と凡例の一部である。一方、『關北邑誌』（日本国立
国会図書館）全8冊は北靑府・利原県・三水府・長津府の内題に1860年（哲宗
十）4月に編纂されたこと（咸豊十年（庚申）四月日）を述べている。咸鏡道25箇
所のすべての郡県を含んでおり、邑誌の最初の頁には彩色地図が収録され
ている。

　『湖南邑誌』全8冊（東京大学阿川文庫）は「加里浦鎭誌」（第8-7冊）の内題（咸豊

209

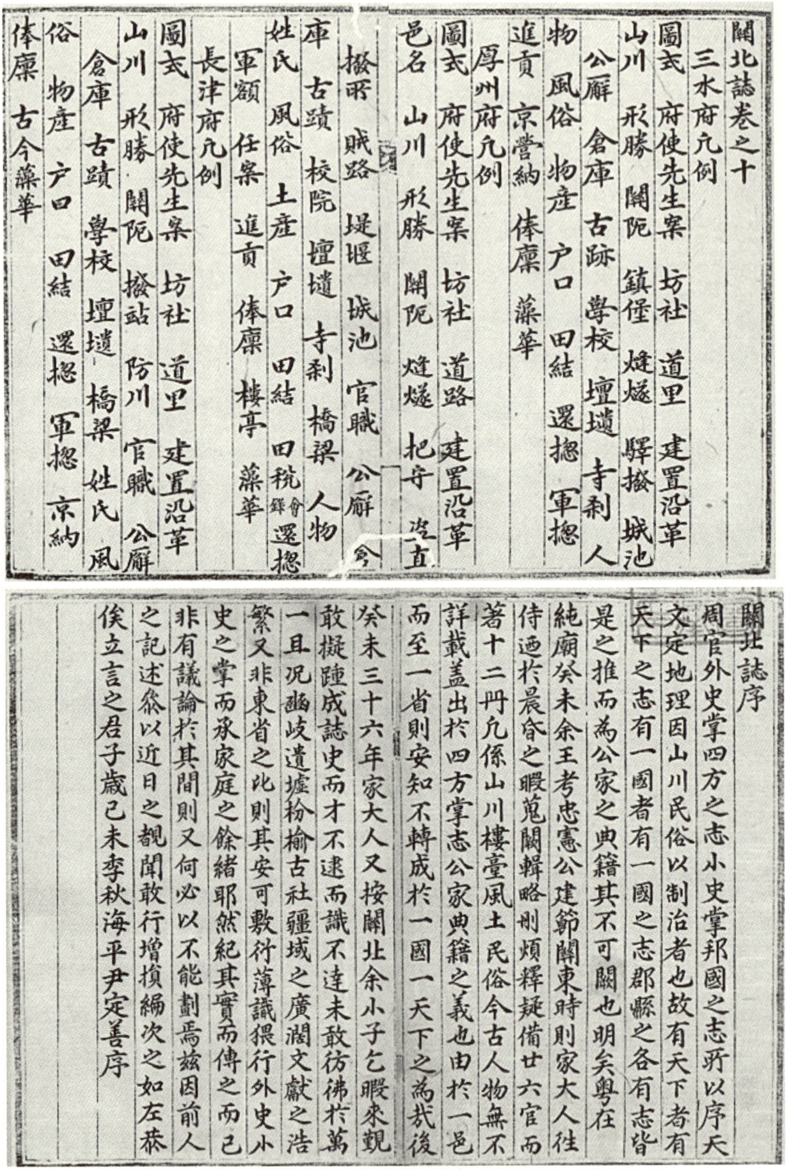

## 2. 「地方」の何を描くのか

關北誌卷之十

三水府九例
府使先生案
坊社　道里　建置沿革
山川　形勝　關阨　鎮堡　燧燧　驛撥　城池　寺刹　人
公廨　倉庫　古跡　學校　壇壝　寺刹
物産　戸口　田結　還摠　軍摠
進貢　京營納　體廩　藥華

厚州府九例
圖式　府使先生案
山川　形勝　關阨　坊社　道路　建置沿革
邑名　山川　形勝　關阨　燧燧　扼守
圖式　府使先生案

長津府九例
圖式　府使先生案
山川　形勝　關阨　撥站　防川　官職　公廨
姓氏　風俗　土産　戸口　田結　田稅　還摠
庫　古跡　校院　壇壝　寺刹　橋梁　人物
撥站　賊路　堤堰　城池　官職　公廨
倉庫　古跡　學校　壇壝　橋梁　姓氏　風俗
俗　物産　戸口　田結　還摠　軍摠　京納
體廩　古今藥華

關北誌序

周官外史掌四方之志小史掌邦國之志羿以序天
文定地理因山川民俗以制治者也故有天下者有
天下之志有一國者有一國之志郡縣之各有志皆
是之推而為公家之典籍其不可闕也明矣學在
純廟癸未余王考忠憲公建節關東時則家大人住
侍迺於晨昏之暇蒐關輯略刪煩釋疑備廿六官而
著十二卌九係山川樓臺風俗公家典籍之義也
詳載盖出於四方掌志公家典籍之義也由於一邑
而至一省則安知不轉成於一國一天下之為哉後
癸未三十六年家大人又按關北余小子乞暇來觀
敢擬陸成誌史而才不逮而識不達未敢彷彿於萬
一旦况函岐遺墟粉榆古社疆域之廣潤文獻之浩
繁又非東省之比則其安可敷衍薄識裒行外史小
史之掌而承家庭之餘緒耶然紀其實而傳之而已
非有議論於其間則又何必以不能割焉茲因前人
之記述於近日之覩聞敢行增損編次之如左恭
俟立言之君子歲己未李秋海平尹定善序

図7　『關北誌』の凡例と序文（国立中央図書館所蔵）

九年十一月日加里浦鎭址）と光州牧、潭陽府、寶城郡、昌平県、康津県、興德県、井邑県、茂長県、谷城県、任實県、同福県、和順県、海南県の先生案（官案）から1859年（哲宗十）に編纂された全羅道の道誌であることが分かる。濟州牧・大靜県・旌義県を除いた53箇所の郡県の邑誌と「法聖鎭鎭誌」、「加里浦鎭誌」、「古群山鎭誌」を含めた計56箇所の邑誌であり、界線紙に1枚当たり24行20字ずつ清書した善本で、郡県のレベルによりいくつかの郡県ずつにて成冊した。53箇所の邑誌は最初の頁に2面、臨陂県・光陽県・咸悅県は1面の彩色地図を載せている。旧誌をそのまま写したり、先生案に追記したものが多いものの、一部の郡県では先生案などの項目を省略したりもしている。順天府は1729年（英祖五）に刊行した『新增昇平志』を抜粋しており、興陽県は1758年（英祖三十四）に編纂された「新增興陽縣邑誌」を収録している。郡県によって1760年、1768年、1775年、1780年、1786年、1789年、1793年の全国邑誌の編纂過程において地域に残された旧誌を底本として活用した場合もあった。

　本文の分量は淳昌郡、順天府、茂長県、羅州牧、光州牧、海南県、興陽県、靈巖郡、求禮県の順となっているが、淳昌郡（「玉川郡誌」）・順天府・求禮県（「鳳城誌」）は私撰邑誌を写したものである。類型を見ると、『輿地勝覽』增補4件（7％）、『輿地圖書』10件（18％）、『輿地圖書』增補11件（20％）、『輿地圖書』代替1件（2％、羅州牧）、『湖南邑誌』21件（37％）、例外9件（16％）、鎭誌3、私撰3を含む）である。『輿地圖書』類型である益山郡、錦山郡、珍山郡、臨陂県、南原都護府の邑誌は『輿地圖書』成冊以降に遺失したもので、該当地域の『輿地圖書』の原型を推定することができるという点から資料的な価値が大きい。錦山・珍山・南原の戸口が戊午帳籍（訳注：戊午年（1768年）に調査した戸口帳籍である。）であることから、これらの邑誌は1768年頃に編纂された邑誌を底本にしたと考えられる。

　『湖南圖誌』全10冊（日本国立国会図書館）は1862年（哲宗十三）頃に編纂された道誌を筆写した後写本で、1910年（明治四十三）7月6日購求とあり、日本陸軍が購入したものである。大体の冊子が最初の頁に彩色地図を載せ、1枚当たり20行20字ずつ清書しているが、界線紙は使ってない。濟州牧・大靜県・旌義県を除いた全羅道53箇所の郡県の邑誌を含んでいる。第4冊の長城府・茂朱府・礪山府・寶城郡・益山郡・古阜郡・靈巖郡の邑誌の中

2. 「地方」の何を描くのか

で先生案(宦蹟)を収録したのは寶城郡のみで、「寶城郡邑誌」先生案(宦蹟)は1862年に赴任した洪翰周までである。

『(忠淸道)邑志』全6冊(慶北大學校中央図書館)は忠淸道50箇所の郡県の邑誌であり、公州牧・淸風府・沔川郡・平澤県の4箇所の郡県の邑誌はない。各郡県が上送した状態のままに成冊したので、郡県毎に行字数もバラバラである。邑誌編纂当時までの先生案(宦蹟)を追記した場合もあるが、旧誌をそのまま写したり、先生案(宦蹟)を省略したりもした。12件は先生案などに地方官を追記したが、1708年頃から1819年まで編纂した邑誌をそのまま写したものが最低でも20件を超える。6箇所の郡県(德山郡・舒川郡・連山県・永同県・全義県・淸州牧)は界線紙を使わず地図も載せなかった。青陽県は地図は収録したが界線紙は使わず、藍浦県・牙山県・稷山県・韓山郡は界線紙を使ったが地図は載せなかった。

「文義縣邑誌」宦跡の最後に収録される李龍夏が1860年(哲宗十一)6月に除授され、先生案の最後に収録された人物の多数が邑誌編纂当時の地方官の前任者であろうことを考慮すると、邑誌が編纂されたのはこの時期だと推測出来る。ただ、淸州牧(第4-6冊)建置沿革の今上の下に細注されている「純祖」の名や1862年(哲宗朝壬戌以逆賊順性金姓降號西原)と1870年(今上庚午復舊)の記録は1860年以降に追記したものである。類型は『輿地圖書』8件(16%)、『輿地圖書』増補15件(30%)、『輿地勝覽』増補7件(14%)、『輿地圖書』代替16件(32%)、例外4件(8%、私撰4を含む)である。

# 5. 高宗代の全国邑誌と道別邑誌の編纂

19世紀末〜20世紀初の帝国主義列強の侵略に直面した高宗執権期の朝鮮・大韓帝国は、近代国家を作り上げていく過程にて郡県の事情を詳細に把握するために、数回にわたって邑誌を収集した。1868年(高宗五)4月に咸鏡道では8年ぶりに道誌を編纂した。『關北邑誌』(韓国学中央研究院蔵書閣)はこの時に編纂された25件のすべての郡県邑誌を7冊構成で成冊したものである。「厚州邑誌」(第5-3冊)は1869年に厚州府が平安道に移属され、江界府兵営の直轄を受ける厚昌郡に変わる1年前に編纂されたものである。甲山府(第5-2冊)、茂山府(第7-1冊)、富寧府(第6-4冊)、北青府(第4-2冊)、三

水府（第5-1冊）、穩城府（第7-4冊）、利原県（第4-3冊）、長津府（第5-4冊）の内題序頭（同治七年四月日）をみると1868年（高宗五）4月に編纂された各郡県の邑誌を集めたものである。しかし、全体的にみると、1859年（哲宗十）に咸鏡監營で普及していた咸鏡道特有の「『關北誌』類型」をきちんと継承出来ていない内容となっている。類型を見ると、『輿地勝覽』増補2件（8%）、『輿地圖書』5件（20%）、『輿地圖書』増補3件（12%）、『輿地圖書』代替1件（4%）、例外14件（56%）である。

1871年（高宗八年）には議政府（訳者注：朝鮮時代行政部の最高機関）の指示で各郡県では邑誌・地図・事例大概と營・鎮・驛誌を編纂した。図8の慶尚道『清河縣邑誌』、江原道『金化縣邑誌』、『江原監營關牒』は全国邑誌編纂当時

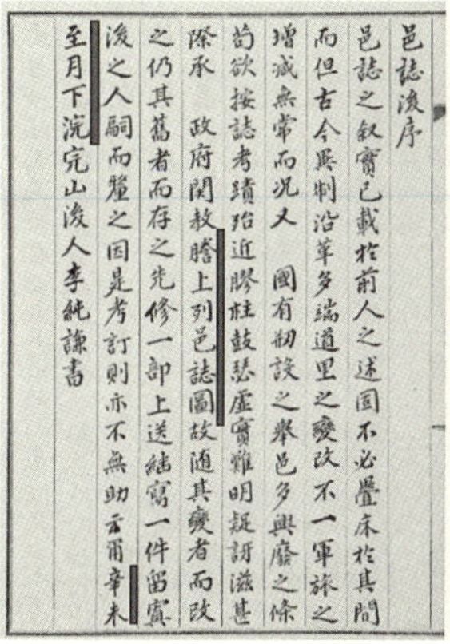

邑誌後序
邑誌之叙實已載於前人之述固不必疊床於其間
而但古今異制沿革多端道里之變改不一軍旅之
增減無常而況又 國有剏設之舉邑多興廢之條
簡欲按誌考蹟殆近膠柱鼓瑟虛實難明疑訝滋甚
際承 政府關敎謄上列邑誌圖故随其變者而改
之仍其舊者而存之光修一部上送繕寫一件留寘
後之人嗣而釐之因是考訂則亦不無助云爾 辛未
至月下浣完山後人李純謙書

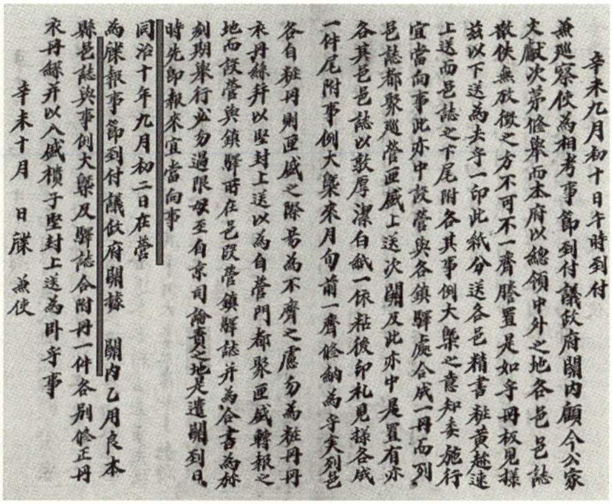

辛未九月初十日午時到付
兼巡察使爲相考事節到付議政府關內顧今公家
文獻次第修擧而本府以總領中外之地各邑邑誌
散佚無攷徵之方不可不一齊謄置是如乎册板見樣
茲以下送爲去乎一印此紙分送各邑精書粧䌙趁速
上送而邑誌之下尾附各其事例大槩之意知委施行
宜當向事此亦中設營與各鎭驛處合成一冊而列
邑誌都聚巡營匣藏上送次關及此亦中是置有亦
各其邑誌以數厚潔白紙一依粘後印札見樣各成
一件尾附事例大槩來月旬前一齊修納爲乎矣列邑
各自粧冊則匣藏之際甚爲不齊之慮勿爲粧冊
來冊縣并以堅封上送以爲自營門都聚匣藏轉報之
地而設營與鎭驛亦在邑設營鎭驛誌并爲合書爲於
刻期擧行必勿過限俾至自京司論責之地是遣關到日
時先卽報來宜當向事
同治十年九月初二日在營
爲牒報事節到付議政府關據 關內乙用良本
縣邑誌與事例大槩及驛誌合附冊一件各別修正冊
來冊縣并以入匣櫃子堅封上送爲卧乎事
辛未十月 日 牒 兼使

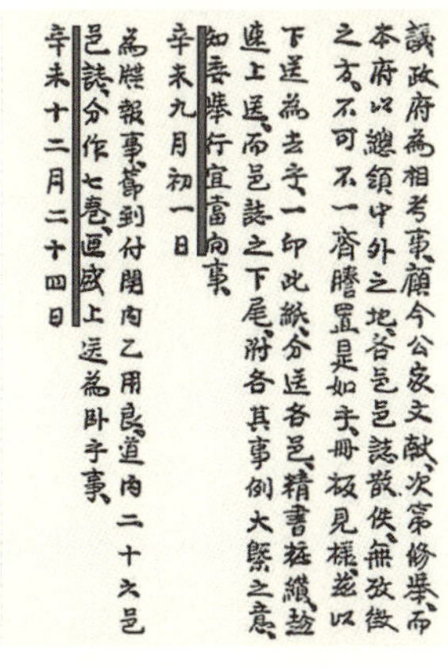

議政府爲相考事顧今公家文獻次第修擧而
本府以總領中外之地各邑邑誌散佚無攷徵
之方不可不一齊謄置是如乎册板見樣茲以
下送爲去乎一印此紙分送各邑精書粧䌙趁
速上送而邑誌之下尾附各其事例大槩之意
知委擧行宜當向事
辛未九月初一日
爲牒報事節到付關內乙用良道內二十六邑
邑誌分作七卷匣藏上送爲卧乎事
辛未十二月二十四日

図8　『清河縣邑誌』邑誌後序、『金化縣邑誌』公文、『江原監營關牒』（奎章閣所蔵）

## 2. 「地方」の何を描くのか

の状況を垣間見ることができる邑誌の序文と公文を載せている。1871年9月1日(『金化縣邑誌』では2日)、江原監営では議政府により、各郡県(邑)に邑誌を編纂するようにという指示がだされた。各郡県では1枚当たり20行である様式に合わせ、地図を載せ、邑誌を編纂した後、成冊していない状態で監営に送った。江原監営では収集した各郡県の邑誌を一定の体裁で成冊した後、12月24日に26箇所の郡県の邑誌7巻を箱に入れて議政府に上送した。実際、『關東邑誌』金化県(第5-2冊)は地図・邑誌・邑事例大概・銀溪道驛誌の順で成冊されている。事例大概は各郡県の行政と財政などの現状を簡単に記録したものである。

奎章閣は当時編纂された『京畿邑誌』6冊、『湖西邑誌』17冊、『嶺南邑誌』17冊、『湖南邑誌』10冊、『海西邑誌』7冊、『關東邑誌』7冊、『北關邑誌』5冊、『關西邑誌』21冊の道誌90冊及び『江華府志』と『廣州府邑誌』を所蔵しており、韓国教会史研究所は『湖南邑誌』1冊を所蔵している。結局、1871〜72年に編纂された邑誌の中で現存しない地域は全国337箇所の郡県の中、漢城府・水原府・開城府と慶尚道8箇所(昌原・尚州・星州・金海・善山・巨濟・居昌・河東)、全羅道3箇所(濟州・大靜・旌義)の全部で14地域の邑誌である。

『湖南邑誌』全15冊(韓国学中央研究院蔵書閣)は1874年(高宗十一)に全羅道で編纂された道誌である。一部の邑誌の内題を見ると、1874年3月から6月の間に編纂されており、合綴した麗水郡(第11-3冊)は1899年(光武三)5月に編纂されたものである。麗水郡まで含めて56箇所の郡県、3箇所の営、4箇所の鎮、6箇所の驛、3箇所の牧場の邑誌が含まれている。これらは1874年に編纂された道誌を1899年以降のある時期に全羅南道と全羅北道に分けて再度成冊したものである。全羅監営と濟州牧及び1896年に新設された智島郡・突山郡・莞島郡の邑誌は見当たらない。営・鎮・驛・牧場誌を除いてその類型を見ると、『輿地勝覽』1件、『輿地勝覽』増補4件、『輿地圖書』15件、『輿地圖書』増補8件、『輿地圖書』代替1件、『湖南邑誌』11件、例外16件で例外類型が多くなったことがわかる。

『黄海道全誌』全8冊(韓国学中央研究院蔵書閣)は界線紙版心の上段に「未老堂蔵」と刻されている。1878年(高宗十五)に編纂時期が異なる黄海道23箇所の郡県と巡営・兵営・水営の邑誌を清書したものである。『黄海道全誌』巻1、巻2に該当する巡営と海州牧は1878年に編纂された『輿地圖書』の

朝鮮後期における邑誌編纂事業の概観（李）

増補類型である。26件の邑誌の中、13件が『輿地圖書』代替類型であるが、すべて英祖末期に編纂された邑誌を筆写している。表3は『黄海道全誌』の中の各郡県邑誌の最後に収録された地方官及び邑誌類型と編纂時期である。

表3 『黄海道全誌』の中の邑誌の最後に収録された地方官及び邑誌類型と編纂時期

| 冊順 | 郡県 | 地方官 | 在任時期 | | 邑誌類型 | 編纂時期 | 冊順 | 郡県 | 地方官 | 在任時期 | 邑誌類型 | 編纂時期 |
|---|---|---|---|---|---|---|---|---|---|---|---|---|
| 3-3 | 長淵縣 | 金履禧 | 丁亥戊子 | 1767〜68 | 代替 | 1770 | 3-1 | 黄州牧 | 金履長 | 1767〜 | 興増 | 1770 |
| 3-4 | 瑞興府 | 李坤 | 丙戌戊子 | 1766〜68 | 代替 | 1770 | 3-2 | 兵營 | 鄭觀采 | [1787〜] | 興増 | 1789 |
| 5-1 | 谷山府 | 金勉行 | 戊子己丑 | 1768〜69 | 代替 | 1770 | 5-4 | 甕津府 | 申混 | 1717〜[18] | 興増 | 1789 |
| 5-3 | 豊川府 | 田光勳 | 戊子己丑 | 1768〜69 | 代替 | 1770 | 5-5 | 水營 | 朴基豊 | 1788〜 | 興増 | 1789 |
| 6-1 | 信川郡 | 金聖休 | 戊子 | 1768〜 | 代替 | 1770 | 6-2 | 金川郡 | | 丙午帳籍 | 興地 | 1789 |
| 6-3 | 鳳山郡 | 李長嫌 | 己丑 | 1769〜 | 代替 | 1770 | 7-1 | 安岳郡 | | 乙巳時期 | 興地 | 1789 |
| 6-5 | 遂安郡 | 權師彦 | 己酉[己丑] | 1769〜 | 代替 | 1770 | 8-3 | 康翎縣 | 洪仁秀 | [1847〜] | 興増 | 1849 |
| 7-3 | 新溪縣 | 韓謇 | 己丑同年 | 1769〜69 | 代替 | 1770 | 1 | 巡營 | 鄭○○ | 1878〜 | 興増 | 1878 |
| 7-4 | 文化縣 | 李遠培 | 丙戌戊子 | 1766〜68 | 代替 | 1770 | 2 | 海州牧 | 成大永 | [1874〜76] | 興増 | 1878 |
| 7-5 | 長連縣 | 具宅柱 | 己丑 | 1769〜 | 代替 | 1770 | 5-2 | 平山府 | | | 興地 | ? |
| 8-1 | 松禾縣 | 崔星鎮 | 丁亥 | 1767〜 | 代替 | 1770 | 6-4 | 載寧郡 | | | 興増 | ? |
| 8-2 | 殷栗縣 | 尹曙 | 甲申己丑 | 1764〜69 | 代替 | 1770 | 7-2 | 白川郡 | | | 勝覧 | ? |
| 8-4 | 兎山縣 | 李益培 | 丙戌己丑 | 1766〜69 | 代替 | 1770 | 4 | 延安府 | | | 例外 | ? |

＊代替は『輿地圖書』代替類型、勝覧は『輿地勝覧』類型、輿地は『輿地圖書』類型、興増は『輿地圖書』増補類型、例外は分類が困難な場合である。

『（慶尚道）邑誌』全14冊（国立古宮博物館の『邑誌』慶尚道篇）も1878年（高宗十五年）に編纂された道誌である。最初の冊の表紙だけに「邑誌」、「共十四」と表示した。『輿地勝覧』増補類型が13件、『輿地圖書』類型が2件、『輿地圖書』増補類型が4件、『輿地圖書』代替類型が51件であり、晋州牧は『咸州志』の収録方式を借用した私撰邑誌がその底本であった。『湖南邑誌』全10冊（京都大学附属図書館）は1879年（高宗十六）に編纂された道誌で43箇所の郡県と11箇所の営・鎮・驛誌が含まれている。『江原道邑誌』全15冊（日本国立国会図

215

## 2. 「地方」の何を描くのか

書館)は1881〜82年頃に編纂された道誌を後写したものだと思われる。

甲午改革期である1894年(高宗三十一)、議政府(内閣)は各道の監營・兵營から府牧郡県・鎭・驛・堡に至るまでの人事と財政に関する邑事例を附記した邑誌を収集した。邑事例は各郡県の財政と行政をはじめ、地方統治全般の規定や状況を収める例規集であった。図9の『牒報存案』を見ると、「1895年1月19日開城府、2月27日慶尚監營、3月3日京畿監營、3月11日廣州府から邑誌と邑事例が上送された。3月18日平安監營には營・邑・鎭・堡の邑誌と事例を速やかに修上することを知らせる公文が到着した。3月22日水原府、4月27日咸鏡監營、5月5日と閏5月7日には平安監營が邑誌と事例を上送した」とある。1894〜95年に収集した全国邑誌は邑事例を詳細に記録しているため分量が多く、道別に正確に確認することが難しい。奎章閣には水原府・春川府・江華府・京畿道・忠清道・慶尚道・全羅道・咸鏡道南兵營・平安道 地域の邑誌が現存する。漢城府・開城府・廣州府と黄海道・江原道・咸鏡道北兵營の邑誌は確認できない。確認可能な地域の道誌もすべての郡県邑誌を収録しているわけではない。全国337箇所の郡県の中、223箇所の邑誌は確認できるが、114箇所の郡県の邑誌は確認できない。各郡県の邑誌と邑事例は監營で集めて成冊したので、道別では同一の表紙を使っており、表題の記載方式もまた同一である。

1897年(光武元)10月に大韓帝国の樹立を宣布した後、1899年(光武三)4月内部(訳者注：大韓帝国期の内務行政を管掌した中央官庁)は、13道の觀察府に各郡の邑誌と地図を各2件ずつ精書して上送するよう、邑誌修上令を出した。当時の地方行政区域は342箇所の府・郡であった。奎章閣の奎10699番から奎11004番までの邑誌の中で、251種311箇所の府・郡、312件の邑誌(竹山郡は2件)は1899年誌である。平安南道成川郡の1899年誌である『成川邑誌』(奎17487)は「後写本邑誌」の間に入っている。韓国学中央研究院蔵書閣が所蔵している江原道26箇所の郡の邑誌は大部分が1899年1月に編纂された邑誌にその後に編纂した邑誌を合わせたものである。つまり、342箇所の府・郡の中、338箇所は1899年誌が現存し、漢城府・慶州郡・寧邊郡・咸興郡の1899年誌4つは確認できない。『邑誌臺帳』と『[奎章閣]圖書出納簿』を確認すると、『寧邊郡邑誌』(奎10938)は奎章閣に所蔵されていたが、紛失している。

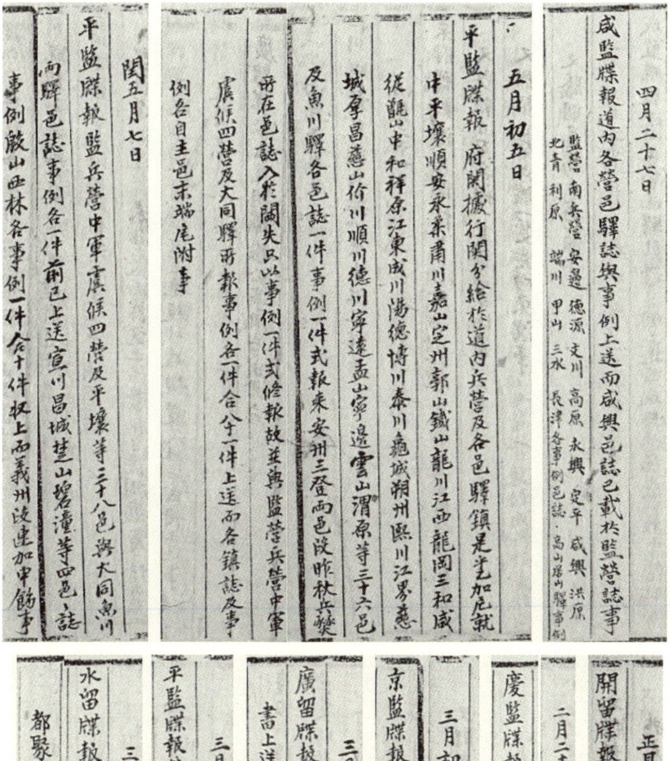

朝鮮後期における邑誌編纂事業の概観（李）

四月二十七日
咸監牒報道内各營邑驛誌與事例上送而咸興邑誌已載於監營誌事
監營　南兵營　安邊　德源　文川　高原　永興　定平　咸興　洪原
北青　利原　端川　甲山　三水　長津　各事例邑誌・咸興營内驛事例

五月初五日
平監牒報府關撹行關分給於道内兵營及各邑驛鎮是乎加尼乥事
中平壤順安永柔肅川嘉山定州郭山鐵山龍川江西龍岡三和咸
從龍川中和祥原江東成川陽德博川泰川龜城朔州煕川江界慈
城厚昌慈山价川順川德川宇遠嘉山寧遠雲山渭原等三十六邑
反魚川驛各邑誌一件事例二件式報案東安州三登兩邑没昨林兵營
西在邑誌入於關失只以事例一件式修報故莫輿監營兵營中軍
廣候四營及大同驛兩報事例各一件合十一件上送而各鎮誌及反
例各目圭邑束端尾附事

閏五月七日
平監牒報監兵營中軍廣候四營及平壤等三九邑與大同魚川
向驛邑誌事例各一件前已上送宣川昌城楚山碧潼等四邑誌
事例嚴山四林各事例一件合十件秖上西義州後連加中餘事

正月十九日
開留牒報事例一卷邑誌六卷上送事

二月二十七日
慶監牒報府關撹道内各營邑驛鎮堡傳来事例與誌堅封輸上事

三月初三日
京監牒報坊山喬桐楊根高陽富平始興南陽安山永宗等九邑鎮事與誌先上送事

三月十一日
廣留牒報根本府邑誌納上大内鎮堡無有事例本營事例只以舊本膽
書上送事

三月十八日
平監牒報營邑鎮堡邑誌事例即速修上事關文刻付事

三月二十二日
水留牒報營邑誌事例各二件修正上送鎮驛堡事例與誌随其
都聚亦速上送計料事

図9　『牒報存案』（奎章閣所蔵）

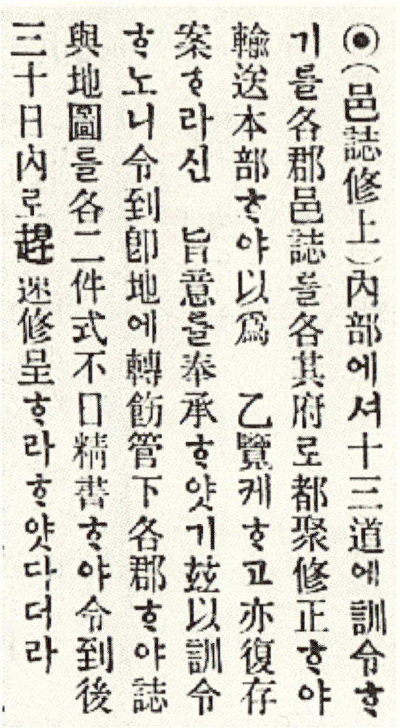

## 2. 「地方」の何を描くのか

（邑誌修上）内部에서十三道에訓令き기를各郡邑誌을各其府로都聚修正きゃ輸送本部きゃ以爲乙覽케きュ亦復存案きゃ라신旨意을奉承きゃ기兹以訓令きノ니令到即地에轉飭管下各郡令到後與地圖를各二件式不□精書きゃ삿더라三十日内로起速修呈きゃ삿다더라

図10　邑誌修上令（『皇城新聞』1899年4月26日、国立中央図書館所蔵）

一方、1899年3月『各道邑誌』72冊を慶運宮欽文閣に移す際に遺失した邑誌は1871・72年誌を写し、新設郡5箇所の邑誌は1899年誌を写して補遺篇8冊を製作した。『各道邑誌』補遺篇は5行と8行の上段の枠に溝が彫られた同一の界線印紙を使った。補遺篇の原本である1871・72年誌と1899年誌には絵画式の彩色地図があったが、『各道邑誌』補遺篇には「○○地図」という題目をつけた方眼式彩色地図がある。当時全国に邑誌修上令を出した状況と関連して宮中に所蔵していた邑誌を点検する過程で行われた措置であった。

## 結論

　この研究は朝鮮後期の粛宗代から高宗代までの約200年の間に編纂された官撰邑誌の実態を明らかにすることに注力した。19世紀末の日本は朝鮮・大韓帝国侵略と植民地支配の基礎資料になる邑誌収集に積極的であった。日本国立国会図書館が所蔵している9種の道誌は19世紀末〜20世紀初めに日本陸軍が収集した陸軍文庫本である。この中で『嶺南邑志』(1789)、『湖南誌』(1832)、『湖西邑誌』(1847)、『關北邑誌』(1860)は邑誌編纂当時のもので、邑誌の原型を良く備えている。また、1909年伊藤博文が搬出した『邑誌』74冊は1773年・1780年・1793年・1832年に編纂された『各道邑誌』と1899年に編纂された『各道邑誌』補遺篇及び1878年に編纂された『（慶尚道）邑誌』で構成されている。一方、国内の奎章閣に所蔵されている17世紀末、18世紀の邑誌のほとんどは地図を入れずに界線紙や行字数を変形した20世紀初の後写本で、日本の天理大学今西文庫本などが底本である。

朝鮮後期における邑誌編纂事業の概観（李）

　朝鮮は17世紀末から中央政府が主導して全国的な邑誌編纂を継続的に推進した。概ね邑誌は分量が膨大であり、収録項目がそれぞれ異なる要素をもっているので『新増東國輿地勝覽』(以下、『輿地勝覽』)や『輿地圖書』以外には一定の収録規定(規式・凡例)を見つけることは難しい。空間的に全国各地の郡県で編纂されており、時期的にも様々な時期にわたっている。しかし、全国邑誌や道別邑誌に収録された各郡県邑誌を類型化して見ると、該当邑誌が最初に作られた時期を推定することや、収録内容の理解に大いに役に立つ。

　邑誌の最初の頁に載せられる彩色地図はすでに英祖代である1757年(英祖三十三)に邑誌収集令を出した時から邑誌に収録すべき基本事項であった。先生案(宦蹟)は私撰邑誌や肅宗代の『輿地勝覽』増補改刊事業の時期において収録されたこともあったが、1760年(英祖三十六)『輿地圖書』編纂の際には廃棄された項目であった。しかし、1768年(英祖四十四)『輿地圖書』代替類型が普及することによって、再び収録され始めた。こうして『各道邑誌』に載せられた1832年誌を見ると、80%近くの郡県の邑誌に先生案(宦蹟)が収録された事実を確認することができた。19世紀の官撰邑誌の中には17世紀末や18世紀後半に編纂された旧誌をそのまま写したり、一部内容を加減しただけのものが多い。

　憲宗代である1840年代には慶尚道(1841)・京畿(1842〜43)・江原道(1843)・忠清道(1847)・全羅道(1847〜48)の順で編纂された道誌が現存する。哲宗代の道誌は咸鏡道(1859、1860)、全羅道(1859、1862)、忠清道(1860)のものが存在する。高宗代には1868年咸鏡道、1874年全羅道、1878年慶尚道と黄海道、1879年全羅道、1881〜82年江原道で編纂された道誌が残されている。特に、高宗代には1871〜72年、1894〜95年、1899年の3回にかけて全国邑誌編纂事業が推進された。1871・72年誌は全国337箇所の郡県の中で14箇所の邑誌が確認されず、1894・95年誌は全国337箇所の郡県の中で223箇所の邑誌ほどが現存する。大韓帝国樹立以降の1899年当時の地方行政区域である342箇所の府・郡(5箇所の新設郡を含む)の中で、1899年誌が確認できない地域は漢城府・慶州郡・寧邊郡・咸興郡の4箇所だけである。なお、『寧邊郡邑誌』は保管過程で紛失された。

　この研究は朝鮮後期に編纂された官撰邑誌の実態を明らかにすることに

219

2. 「地方」の何を描くのか

注力したことから、時期別の邑誌編纂の背景やその意義などを扱うことが出来なかった。そのことを検討するためには奎章閣と蔵書閣の邑誌はもちろん、様々な機関の邑誌と文集資料や邑誌の序・跋文なども確認しなければならない。今まで調査した国内外の資料だけではなく、個人や機関所蔵邑誌関連資料を多く発掘し、分析することで朝鮮後期官撰邑誌の実状がより鮮明になると考えている。日帝強占期に邑誌の出版が活発であった理由についても、日帝の植民地支配戦略と地域内の新旧の支配勢力の地域社会における立場など、多様な次元から検討する必要がある。同時に、解放以降の伝統的な邑誌の衰退と日帝強占期から由来する地方誌の拡散と定着、そして地域学と連携しての邑誌研究も必要である。

注
1) (編者注)朝鮮邑誌の研究は、東アジアの地方史誌を比較研究する上で必要不可欠のものだが、韓国語以外で伺うことのできる研究は極めて限定的であり、今回の李在斗氏の包括的な研究を紹介できることは研究の今後において重要な一歩である。李在斗氏をご紹介いただいた辻大和氏(横浜国立大学)、シンポジウムの質疑通訳や翻訳者のご紹介をいただいた梁仁實氏(岩手大学)の両氏について、特に記して感謝申し上げる次第である。
2) 皇紀五十は皇紀2550年(天皇紀年)を意味する。

付記　本稿は李在斗の『朝鮮後期における邑誌編纂の系譜』(ソウル：民俗苑、2023年)を要約したものである。

# 近世ベトナム王朝の地方誌に見る
# 知識人の世界観
—— 『興化処風土録』から『興化記略』へ

岡 田 雅 志

## はじめに

多くの国でそうであるように、前近代のベトナムにおいて、記録され
るべき「地方」は常に伸縮し、また、政治中心の移動や分裂に伴い、中央と
地方の関係は再定義され続けてきた。その中で、特定の地方を体系的に記
述した現存最古の書物とされるのが、莫朝期の文人楊文安(生没年：1514〜
1591)が1553年に撰述を始め1555年に完成したとされる『烏州近録』で、ベ
トナム中部(現在のクワンチ、トゥアティエン—フエ省)のことが描かれている[1]。
この地域はチャンパ王国の旧領にあたり、越(ベト)人(キン人)が主宰するベ
トナムの王朝にとって新しい領域であった。それゆえに、地方の情報は高
い関心をもって迎えられたと考えられる。

『烏州近録』はベトナムの地方誌の嚆矢と言えるが、漢文チューノム研究
院所蔵の地理書を整理・分析したチン・カック・マインによれば、地方
誌の総数92種の内、年代の記載があるものが61種あり、『烏州近録』を除く
と18世紀に属する年代を持つものが3種で、残りの58種は19世紀〜20世
紀初頭に成立したものである[2]。つまり、実質的には地方誌が編まれるよ
うになるのは18世紀以降であり、19世紀に入ってその数が急増しており、
ベトナムの地方誌編纂の問題を考える上でこの時期が鍵となることがわか
る。

そこで、本稿では、『興化処風土録』と『興化記略』という、それぞれ18世
紀と19世紀に書かれた興化(フンホア)地方の地方誌に注目する。特に『興化
記略』については、近年、英語圏で重要な研究が発表されており、王朝支

## 2. 「地方」の何を描くのか

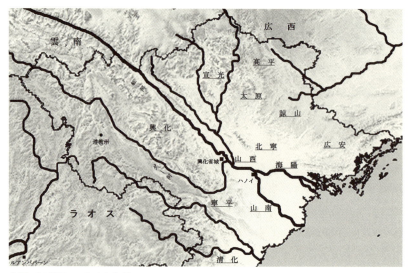

地図　19世紀のベトナム北部

配との関係や、地方誌を編纂したベトナムの儒教知識人の意識の観点から研究が進められている[3]。それらの研究を手掛かりにしながら、18世紀から19世紀にかけての地方誌編纂の背景とそこに見られる変化について論じることとしたい。

## 1. 興化地方と地方誌編纂

### (1) 興化地方について

興化地方は、現在、西北(タイバック)地方と呼ばれる地域にほぼ相当し、首都ハノイがある紅河デルタ地域(紅河大平原)の西北に広がる広大な山岳地域を指す[4]。北は中国雲南省と接し、西はラオス北部につながっている。本地域の大部分は、2000〜3000m級の山々を擁するホアンリエンソン山脈をはじめとする険しい山々とその間に無数に存在する山間盆地と小規模な河谷平野によって構成される。近代以前においては、越人がほとんど居住しない地域であり、盆地空間で水田耕作を行っている黒タイ、白タイなどのタイ系民族(現在のベトナムにおける民族分類ではターイ(Thái)族と総称される)及びムオン族が、盆地空間を基礎単位としたムオン(ムアン)と呼ばれる自

律的政体を形成していた空間である。

　10世紀にベトナムが中国から独立して以降、実質的には上記のタイ系在地世襲権力の支配下にある当該地域には、沱江路(沱江はダー河のこと)、天興鎮などの名目上の行政地名が与えられてきたが、15世紀に成立した黎朝の下で、本格的な行政区が設置される。聖宗期(1460～97年)に興化承宣という行政機構が設置され、その下に府と、府をされに細分化した州・県という行政単位が設定されたことにより、興化地方は王朝の行政支配が及ぶべき空間範囲として認識されるようになった[5]。それも束の間、16世紀の内乱を経て武人の鄭氏が実権を握ると、黎朝の地方行政機構は形骸化し、承宣は鎮に再編され、ハノイから遠く離れた山岳地帯の興化地方(鎮)の大部分は事実上、王朝の支配から脱する状態となった。しかし、17世紀後半以降、ハノイの黎朝鄭氏政権によって再び山地への勢力拡大が起こる。17世紀には、広南地方を含めた中南部で自立した阮氏政権(広南阮氏)と激しい抗争を繰り広げていた鄭氏政権であったが、1672年を最後に休戦状態となると、その軍事力を北部山地に振り向け、北部山地に割拠していた高平莫氏、宣光武氏の地方政権を併合していった。さらに、興化地方とラオスの境界にあたる芒青(ムオン・タイン、後の寧辺州。現在のディエンビエンフー)に拠点をおいた黄公質の反乱勢力を鎮圧した1769年以降、黎朝鄭氏政権は本格的に興化地方の支配に乗り出すこととなった。『興化処風土録』[6]が撰述されたのはこの頃である。

## (2)『興化処風土録』編纂の背景

　作者黄平政(仲政)による1778年の自序には、『興化処風土録』作成の背景について次のように記されている。

　　丁酉〔1777年〕春正月、命を受けて興化督同として赴任し、地図を開いて確認すると、その〔興化の〕地の境界は見たところ、全て山林であるが、四方に広がる平野にはまだ華風が存在する、しかし〔山間に位置する〕諸州は皆、蛮俗である。古典を調べてみても、〔この〕鎮に関する書籍は明らかではない。『史記』〔大越史記全書〕によれば、陳朝の時代に沱河道が置かれたのに始まり、黎朝初めに嘉興・帰化二路が置かれ、洪徳年間にかつての復礼州を安西府とし、それにより〔嘉興・帰化をあわ

## 2. 「地方」の何を描くのか

せた〕三府が興化承宣に属することとなったとのことである。その地は広漠であり、山林は険阻、夷蛮がひしめきあい、中土と政治のあり方が異なる。そこで地方の豪目・土酋を広く訪ね調べて、山川の険易、日程の遠近、人物の稠耗、地産の有無、水土の美悪、風俗の厚薄について、おおよそ一二の情報を得た。そこで聞いた内容を記録し、辺境の経略の参考とし、その一を挙げて残りの例となるようにした。民情は辺境の事であってもその梗概を知っておくべきである。以上を序とする。（※史料中の〔　〕は引用者による注、以下同様）

黄平政は、山南地方の出身で、1775年、40歳で進士に合格し、序に記載の通り、1777年、興化督同（鎮のトップである鎮守（督鎮）に次ぐ官職）として赴任している。王朝の中核領域の平野部とは異なる風俗を持つ山地社会については、情報が少なく、政治のあり方も異なるので、現地で知りえた情報を記録して、「辺境の計略の参考と」されることを企図して本書が書かれたことが述べられている。

ハノイの政権が再び山地世界に進出し、支配を維持するにあたって、現地の情報が希求されていたことは想像に難くない。当時の興化地方は、成長する中国市場を背景に、中国から東南アジアの辺境地域へ大量の移民が流入し、経済開発ブームが生じていた。こうした移民の活動は、同地域の経済を活性化させた一方で、従来の政治秩序を動揺させた[7]。ハノイの政権としては、秩序回復と財源確保のためにこの山地世界の統治を必要としており、辺境統治の任を受けた地方官は未知の世界の情報を収集する必要があったである。

前述の18世紀に成立した地方誌4種（『海東志略』『興化処風土録』『撫邊雑録』『諒山團城圖』）のうち、『海東志略』は従来からの中核支配エリアの紅河デルタに属する海陽地方について記述したものであるが、『興化処風土録』を含む残る3種は新たに領域に加わった地域の地方誌であり、政治上の要請の下で成立したことが想像される。『諒山團城圖』が扱う諒山地方も中国との境界地域の山岳地帯（東北地方）に当たっており、辺境の地であるからこそその情報が記録されることが必要とされていたのである[8]。

『興化処風土録』は自序以下、興化地方全体について記した「興化風土総録」と各州県毎に記事が立てられた「興化処三府四県二十三州風土録」から

構成されている。また、興化及びその南方の清華・乂安地方の内陸山地の路程を記した「山行各条路」(甲寅年の調査記録とある[9])、や、A.974写本のみに付属する霊祠、税額、職官、関権、吏軍、蠻人村峒(高地民の集落)、堪廠(鉱山)に関する記述があるが、これらについては別テキストを混入させたものである可能性が高い。

「興化風土総録」では、興化地方の沿革、四至、府県州数、地勢、山川、土産、風俗が概述され、各州県の風土録においては、地名のタイ語名称、四至、峒(ムオン)の数、丁数、地勢・産物・風俗などに関する記述、輔導(首長)の姓、兵号、鎮莅(興化鎮の官庁所在地)からの路程が記されている。

このように、『興化処風土録』は興化地方の山地社会の具体的な情報を伝える非常に貴重な史料であり、興化地方の地方官のハンドブックたるにふさわしい内容であるといえる。ベトナムの地図・地誌の発展を論じたウィットモアは、地図・地誌の制作は、統治機構制度(中国的官僚制度の導入が伴う)と結びついて、国家が資源・人へのアクセス獲得を容易にするために行われてきたと述べているが[10]、まさに18世紀の地方誌の編纂は、ハノイの政権の統治領域拡大と合わせて進められたといえるだろう。

## (3)『興化記略』編纂とその特徴

『興化記略』は『興化処風土録』の約80年後に成立した地方誌である。作者は、興化地方の遵教州知州であった范慎遹(生没年：1825〜85)であり、嗣徳10(1856)年の自序を持つ。范慎遹が遵教州知州の任についたのが前年であるため、1855年〜56年にかけて撰述したということになろう。范慎遹は寧平出身の文人官僚で、1850年の挙人(26歳の時、郷試に初受験で合格)で、遵教州知州の後は、北部の地方官を歴任し、中国人匪賊やフランス軍の侵略に対処した。1878年、フエ宮廷に戻ると、刑部尚書ついで国史館副総裁・兼管国子監となり、『欽定越史通鑑綱目』の校閲を行った。1879年には機密院大臣となり、阮朝において位人臣を極めたといえよう。阮朝がフランスの保護国となると、1885年の抗仏勤王運動に参加してフランス官憲に逮捕され、タヒチ配流途上の船中で客死した。そのため、ベトナム国内では愛国政治家として知られ、全集も出版されている[11]。

『興化記略』も、地方官によってものされたという点では『興化処風土録』

225

## 2. 「地方」の何を描くのか

と同じであるが、范慎遹は、遵教州(タイ語名はムオン・クワーイ)という興化地方(当時は省)の一州の長官である点が注目される。『興化処風土録』が編まれた18世紀には州レベルに越人の地方官が派遣されることはなかったからである。『興化処風土録』の成立から半世紀を経て、王朝による山地支配の実態は大きく変化していた。

広南阮氏の後裔の阮福暎が1802年に建てた阮朝は、旧広南阮氏と黎朝の領域を併せ、現在のベトナムにほぼ相当する南北に広がる国家空間を実現した。また、清朝にならった中央集権化政策を推し進めた第二代皇帝明命帝期(1820〜41)には、全国の行政改革がなされた。北部においては黎朝以来の鎮をハノイの北城総鎮が総覧する形であったのを、清朝と同様、鎮を省に改めてフエ中央の直轄とした上で、数省を監督する総督を置き、地方行政機構を整備した。同時に、興化地方を含む北部山地地域においては、清にならった改土帰流を実施し、在地首長(土官)による世襲支配を廃し、代わりに中央から地方官(流官)の派遣を試みた。

その結果、范慎遹のように州レベルに越人の官僚が赴任することになったわけである。ただ興化地方においては、遥任や一部地域における土官の復活など、改土帰流政策の実効性には限界があり、またこのような平野権力の伸張に対する度重なる武装蜂起(1833年に起こった農文雲の叛乱など)や、社会・経済の混乱が続いた。そのため、阮朝による興化地方の統治体制は十分な完成を見ないまま、19世紀後半には、黒旗軍など中国から武装勢力が侵入する事態となり、最後にはフランスによる植民地化によって王朝支配は終焉を迎える。

『興化記略』は、黒旗軍の侵入前で、阮朝の地方行政機構が機能していた時代の後半期に書かれたものである。『興化処風土録』と比べると、記述の分量は、字数にして約3倍となっており、内容の解像度も大きく異なる。上述のように行政機構が伸張し、現地情報がより多く収集されるようになったことを反映したものと考えられる。内容の構成は、自序、目録に続いて、沿革、疆域、丁田税例、山川、祠寺、城池、古蹟、気候、土産、習尚、土字、土語の12項目に分かれている。『大南一統志』や中国の地方志のフォーマットに類似した項目立てであるが、独自の項目として目を引くのが、土字、土語である。これは、興化地方の多数派住民であるタイ人の

226

近世ベトナム王朝の地方誌に見る知識人の世界観(岡田)

文字・語彙を記録したものである。このような特徴を持つ『興化記略』が生まれたのはどのような背景によるものであろうか。次節において19世紀のベトナムにおける地方誌編纂の特徴とあわせて考えたい。

## 2. 『興化記略』と19世紀の地方誌編纂

### (1) 一統志編纂事業と地方誌

先に述べたように、19世紀には、地方誌の編纂数が急増する。このことについて、19世紀の地方誌の編纂は、阮朝による全国地誌『大南一統志』編纂事業と関係するのではないかという見解がある[12]。その例として挙げられるのが、海陽地方(現在のハイズオン省)の地方誌である『海陽地輿』である。

『大南一統志』(以降、一統志)は、1849年の大臣裴樻の建議をきっかけに、1855年に嗣徳帝の上諭を受け、国史館で編纂が始まった[13]。『海陽地輿』は、その形式・内容が一統志と基本的に一致しているのみならず、当時の海安(海陽・安広)総督潘三省の上呈文がついており、そこから一統志編纂事業の一部として作成されたものであることが分かっている。一統志は、1865年に初編が完成するも、行政区画及びその沿革などの情報が不正確であることが問題視され、全国各省に命じて補訂作業が行われることになった(1882年の草本完成後も再び各省で再補訂が命じられる)。その補訂作業の結果、作成されたのが『海陽地輿』なのである[14]。19世紀後半に編纂された地方誌には、この『海陽地輿』のように国家の全国地誌編纂事業の派生物が複数含まれると考えられている。

一方、『興化記略』は、嗣徳10年(1856)の自序を持ち、また范慎遹が遵教州知州の任についたのが前年であるため、1855～56年にかけて撰述したということになろう。したがって、『海陽地輿』のように一統志の草稿として作成されたものであるとは考えにくい(項目の立て方も一統志とは一致しない部分があり、後述の序からも個人の著述であることがわかる)。しかしながら、ちょうど国史館での編纂事業が始まった時期に当たることから、事業の一部として編纂されたものでないにしても、范慎遹が本書を撰述するにあたって、一統志が念頭にあった可能性は高いのではないかと思われる。

227

2. 「地方」の何を描くのか

嗣徳3年(1850)には、一統志編纂を建議した裴樻自身が『清化州志』を上進し、一統志編纂の参考とされたことが、『大南寔録』(寔は実の避諱字)に記されており[15]、一統志の編纂を見据えて、当時の知識人の間で地方誌編纂の機運が一層高まっていたことが想像される(後掲の表にある通り、『興化記略』は、裴樻が著した「海天裴氏地興志」を引用している)。官途についたばかりの范慎遹にとって、『興化記略』の完成は文人官僚として名を上げる機会となったと思われる。ただし、一統志の興化省の記事では、『興化処風土録』は多く引用されているが、『興化記略』の内容が反映された様子はない。

### (2)『興化記略』撰述の経緯

ここからは、『興化記略』の自序に基づき、撰述の背景を確認する。次のように自序の冒頭には、『興化記略』に先行する地方誌の存在が記されている。

> 儒学の先達が言うには、口で言おうとすることは既に古人の口より発せられており、手で書こうとすることは既に古人の手により書かれているものである、そもそも古人の作るものは極めて後世に備えたものであり、余計なことを繰り返すことはしない方がよいと。私は、昨年、遵教州赴任の辞令を受けてから、黄督同をはじめ、阮朝の陳協鎮、魏撫院が興化録を撰述しているので、それらを購入しようとしてかなわかったが、その後、幸運にも嗣徳四年省咨翰林院冊一集を入手することができ、また最近、陳協鎮の興化録を手に入れた。そこでこれを書棚に大事にしまい、取り出しては考察した。

このように、黄督同(黄平政)の『興化処風土録』以外にも、阮朝期に陳協鎮と魏撫院による興化地方の地方誌が存在したことがわかる。魏撫院は、1837年～1843年まで興化布政護理巡撫の任にあった魏克循(生没年：1799～1854)を指すと考えて間違いないだろう。陳協鎮は誰を指すか不明であるが、協鎮は、鎮が廃止された1831年以前の官職であり、『大南寔録』に見える、興化協鎮の職にあった陳姓の人物は、陳文禄、陳正徳、陳文通の3名であるので、そのうちのいずれかと思われる。

ここでもう一つ注目すべきは、范慎遹が遵教州知州として赴任するに際して、これら諸本の存在を知りつつも、手に入れることができなかったと

228

記している点である(陳協鎮の興化録については後に入手)。このことは、当時、地方官が地方誌を作成することは一般的であったことを示すとともに、あくまで個人の営為であったということである。その上で、范慎遹もまた、前任者達に続こうとしたのである。このような地方誌のあり方は、地方官のマニュアルとして版を重ねた同時代の中国の地方志とは大きく異なるものと言え、少なくとも興化地方については、地方に関する知識が体系的に蓄積されてゆく状況には必ずしもなかったようである。

念願の興化録に加えて嗣徳四年省咨翰林院冊(詳細不明だが興化省から翰林院に提出された台帳類か)を入手したはずの范慎遹は、続けて、自ら新たな興化録を撰述することにした理由を次のように説明する。

> 酔っても寝ても目が覚めてしまう有様であったが、古人の口、古人の手はここにあるのだろうかと思うようになった。陳協鎮の興化録は丁田額籍については詳しいが、その他の記述は簡略で、翰林院冊も内容は陳協鎮の興化録と変わるところがない。また、ましてや、辺遠の地である興化地方は漢人〔引用者注：越人〕と蛮族が混じり合っており、山川の地形は険しく、実際に足を運び、目を届かせることができないようなところであるので、内容の疑わしいところは少なくない。そこで私は、この2冊を、史冊、諸家伝記、村里常談とあわせて参照して、12の項目に分けて編述し、『興化記略』と題した。恐れるところ、私見が一、二入っているが、自ら事実を問い質しながら仮に記述したものである。疑わしいところは君子の教えを待ちたい。以上を序とする[16]。

このように『興化記略』撰述の理由として、先行する興化録の内容が丁数・田土面積といった行政情報に偏っており、それ以外の情報が粗略であることと、伝聞情報に依っていて内容に信頼がおけない部分があることの2点をあげている。陳協鎮の興化録は、改土帰流以前に書かれたものであることを考えれば、この評価も当然と言えよう。平野に近い省城にいて(地図参照)、現地の州・県を治める土司から折に触れての報告を受けるのみの協鎮では、得られる情報量も正確性も限られたものとなったと推測される。

改土帰流により土司が廃止された後も、中央から官員が派遣されたのは基本的に知州・知県のみであり、実際の業務の多くは、現地の首長層に委

2.「地方」の何を描くのか

託する状況であったかと考えられるが[17]、直接統治への転換により州・県の業務そのものが拡大した中において、知州であった范慎遹は、自身の足で領内を視察する機会も多かったであろうし、日常的に首長たちと折衝をする必要があったと思われる。こうして自身の見聞により現地の事情に通じるようになった范慎遹にとって、自身の知識と先行する興化録との懸隔は大きなものであったに違いない。

　このように、19世紀前半における地方誌編纂の潮流と、山岳地域への行政権の拡大が、わずか1州を知するのみの立場であった范慎遹に『興化記略』を撰述する野心を掻き立てたと言えるだろう。

# 3.『興化記略』における「地方」へのまなざし

## (1) 考証学の発展と「儒教共同体」

　前節で、『興化記略』撰述の背景について述べたが、本節では、それをふまえ、あらためて、『興化処風土録』と『興化記略』を比較しつつ、『興化記略』の地方誌としての性格について考えたい。

　まず、両者の叙述形式の違いとして、気がつくのが文献の引用数の違いである。『興化処風土録』では、『大越史記全書』と『禹貢』がそれぞれ1回言及されているのみである。黄平仲は、「序」において、興化地方に関する古典籍がないゆえ、「地方豪目土酋」から自身が得た情報をもとに記述したことが述べられており、現地の情報を記録することに重点が置かれていたものと理解される。それに対して、『興化記略』では、表の通り、46種の文献が140箇所にわたって引用されている。

　また、46種の文献の内、24種は中国文献である。興化地方について直接記録しているわけではない中国の文献を多く引用していることについて、バルダンザは、ベトナムにおける考証学の発展と、当時のベトナム知識人がベトナムと中国をつなぐ「儒教共同体(Confucian commonwealth)」の中に生きていたことが背景にあると指摘している[18]。

　文献の引用が特に多いのは沿革と古蹟の項目である。これは、同時代の全国誌である『大南一統志』においても見られる特徴であり、とりわけ、興化地方を含む、中国と境界を接する地域の沿革には、多くの紙幅が割かれ、

表　『興化記略』中の文献引用

| （ベトナム文献） | | （中国文献） | |
|---|---|---|---|
| 文献名 | 引用回数 | 文献名 | 引用回数 |
| 大越史記全書 | 14 | 元史 | 1 |
| 本紀続編 | 1 | 明史 | 3 |
| 興化実録 | 17 | 御批(歴代)通鑑輯覧 | 2 |
| 嗣徳四年省咨翰林院冊 | 14 | 本草綱目 | 8 |
| 芸臺類語 | 7 | 酉陽雑俎 | 1 |
| 見聞小録 | 5 | 西遊記 | 1 |
| 天南余暇 | 3 | 滇南遊記 | 1 |
| 退食記聞(公暇記聞) | 6 | 後漢書 | 1 |
| 平興実録 | 7 | 三国志 | 1 |
| 平寧実録 | 4 | 博物志 | 1 |
| 野史 | 1 | 山堂肆考 | 1 |
| 皇越地輿志 | 6 | 淵鑑類函 | 1 |
| 皇越詩選 | 6 | 医学入門 | 2 |
| 阮伯璘家譜 | 2 | 馮氏錦嚢 | 1 |
| 海天裴公地輿志 | 2 | 嶺表録異 | 1 |
| 三字史 | 2 | 周禮 | 1 |
| 高平風土賦 | 1 | 詩經 | 2 |
| 抑齋越南禹貢 | 1 | 益州記 | 1 |
| 藍山実録 | 2 | 呉録 | 1 |
| 嵩陽奇遇記 | 2 | 孟子 | 1 |
| 日用常談 | 1 | 新論 | 1 |
| 裴家訓孩 | 1 | 祛疑説 | 1 |
| | | 風雅統編 | 1 |
| | | 通天曉 | 1 |

出典：Kathlene Baldanza. "Books without Borders: Phạm Thận Duật (1825-1885) and the Culture of Knowledge in Mid-Nineteenth-Century Vietnam," *The Journal of Asian Studies* 77(3), 2018, pp. 719-723を元に筆者作成。文献名及び引用回数の一部は筆者が補訂した。

雄王時代に遡って行政区画の変遷が記されている。過去に遡らせて王朝の領域支配の正統性を表現するための考証が行われていたことがわかる[19]。范慎遹が地方官の立場で地方誌を編纂するに当たっても、その点は意識されていたと考えられる。また、文献に基づく考証のみならず、古老への聞き取りや碑文の原碑を調査するなど、15世紀の黎太祖の碑文について、原碑を訪ねて他文献との字句の異同を明らかにするなどしている（古蹟の項目）[20]。

　考証学は18世紀頃からベトナムにおいても発展し、多くの著作をものした大学者黎貴惇を輩出した。『興化記略』に引用されている『芸臺類語』『見聞小録』も彼の手になる。類書というべき『芸臺類語』においては、中国

## 2. 「地方」の何を描くのか

の典籍に現れる事物とベトナムの事物との比較考証が盛んに行なわれており、朱子学の格物致知の影響を受け、天の下、自らを取り巻く万物を理解しようという考えが広がり、中国と天を同じくするという価値観があったことがみてとれる[21]。

各地の産物について、『興化処風土録』では、県・州の項目にその地の産物が記されるのみだが、『興化記略』では、土産の項目が立てられている。そこであげられた25種の産物それぞれについて、『本草綱目』を中心とする中国の文献や『芸臺類語』に依拠した比定が行われている。ここでも単に文献による比定のみならず、現地語(タイ語)での呼称や生産法、使用法などについても詳細に述べられている[22]。

また、土語の項目では、タイ語語彙について、漢語と対照させる形で、漢字あるいはチューノムで表記されている(例：頭・花〔「頭」を意味するタイ語が「花」の漢越語音hoaで示される〕)。各語彙は、天文門、地理門、人倫門、身体門、宮室門、食品門、衣服門、什物門、禽虫門、草木門、雑話門に分けられているが、この分類は、中国の類書や『華夷訳語』で用いられているものであり、ベトナムの博物書の代表作とされる鄧春榜(生没年：1828～1910)の『南方名物備考』においても同様の分類が採用されている。前出の裴樻が上進した『清化州志』に対して、嗣徳帝が「我らが地志を編纂するにあたっても、(『清化州志』のように)その天文分野・草木・禽蟲を考訂すべきである」と評価していることも注目される[23]。前述のように朱子学的世界観においては、その地の事物の名前を中国のそれと比定する行為(いわゆる名物学)が非常に重要であり、そのことが地方誌のフォーマットにも影響していることがわかる。これは、『興化処風土録』においてどちらかというと経済資源として産物が注目されているのとは大きく異なる。

### (2) 住民の描かれ方

『興化記略』の習尚の項目には多数の民族集団の名称のその風俗が記され、また彼らの姿を描いた図も掲載されている(図1)。これらの情報と認識はフランス植民地期に先んじた民族誌として注目されてきた。デイヴィスは、ヨーロッパ人によって書かれた民族誌が住民を可視化し、植民地統治に資するものとなったのと同様、『興化記略』の民族誌的叙述の目的は、阮朝下

で進んだ王朝権力の山地への浸透を確実なものとするために「高地空間の民族誌的なイメージを作り出すこと」にあったとする[24]。

しかし、デイヴィスの議論に大きな問題がある。それは、『興化記略』に出てくる民族集団の名称の多くは、18世紀に書かれた黎貴惇の『見聞小録』にすでに見られるという点である。筆者は以前、『見聞小録』の民族集団の記述に注目し、18世紀以前には山地の住民は「蛮獠」と見なされていたのが、18世紀になると、王朝権力との関係に応じて山地住民を「土人」「儂人」「蛮人」などに区別して把握するようになったことを指摘し、その背景に王朝権力の山地への拡大や、中国からの移住民の増加があったことを論じた。デイヴィスの議論はむしろ18世紀の『見

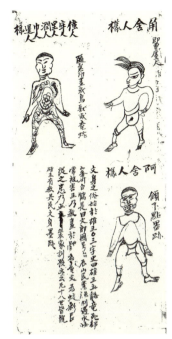

図1 『興化記略』「習尚」に描かれた山地住民

聞小録』についてあてはまるといえる。なお、黎貴惇が山地住民を分類した際に用いた「種人」という表現には雲南などの中国辺境地域の地方志の影響があると考えられる[25]。

デイヴィスはまた、『大南一統志』や『同慶地輿志』といった阮朝編纂の全国地誌に見られる(行政上も徴税方法などで区別される)画一的な民族カテゴリーに比べて、『興化記略』における民族集団の描写が興化地方という多文化地域の実情を反映した多彩なものであり、中央の宮廷とは異なる地方へのまなざしが存在することに注目している[26]。阮朝の全国地誌に見られるカテゴリーは、上述のような18世紀の実態をふまえ形成されたものであるが、『興化記略』では、確かに新たなラベルが加えられている。例えば、土人と呼ばれていた盆地で定住稲作を行う住民(土語の項目にて見えるように、主にタイ系の言語を話す)について、以下のように、黒抬と白抬(抬はタイを指す)という集団がいることを述べている。

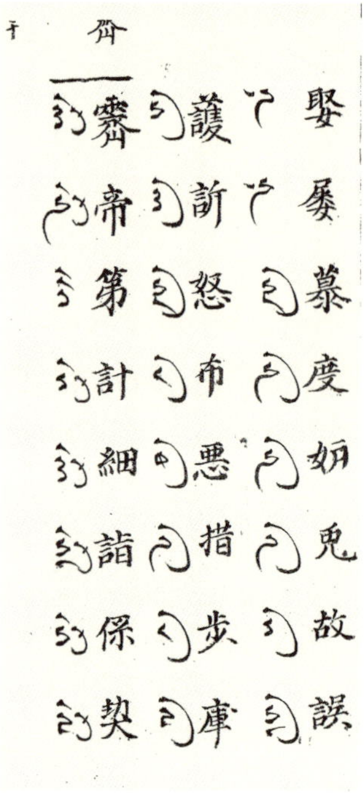

## 2. 「地方」の何を描くのか

図2 『興化記略』「土字」

省莅に近い地方は中華〔越人〕の土地とだいたい同じようであるが、あとの地方は黒白二つの抬がおり、その風俗は大同小異である。昭晋州・水尾州・萊州・文盤州・倫州・瓊崖州の抬を現地では白抬(現地の言葉ではタイ・チャンという)と呼び、寧辺州・山羅州・順州・枚山州・遵教州の抬を現地では黒抬(現地の言葉ではタイ・デンという)と呼び、その他は黒抬・白抬の居住地が重なっている。世間でいうところでは、白色の服を好むものを白抬といい、黒色を好むものを黒抬という。また一説には中華の礼に則った風俗を知るものを白抬といい、蛮夷の風俗のままいるものを黒抬という。(『興化記略』第76葉表、習尚)

黒タイ、白タイは、同地方のタイ人のサブグループの名称として現在でも知られている。編年が明らかな史料としては、おそらく『興化記略』が、黒タイ、白タイの名称を記した最古の史料である。また、土字の項目にはタイ文字も掲載されており、ひとかたならぬ関心が示されている(図2)。前述した通り、范慎遹が州務を執る上で、日常的に在地(土人)の有力者の協力を必要としていた。その有力者というのは多くがタイ人であったはずであるため、特に詳しく取り上げるのも当然かもしれない。とはいえ、統治をする上で意味のない(行政上区別されていない)、黒タイ、白タイという差異を記述している点は興味深い。白タイ、黒タイの区別を衣服の色による区別とするような今も存在する俗説が紹介され、また儒的(中国的)文化の影響が濃いのが白タイであるというのも植民地期の民族誌にある記述と同じである。

また、『興化記略』の「習俗」の記事には、同時代に両廣総督の任にあった労崇光の『風雅統編』を引用し、辺境統治の使命を、「蛮獠」を徳化し「文献之

近世ベトナム王朝の地方誌に見る知識人の世界観（岡田）

邦」にすることであると述べているところがあり、バルダンザは、ここに西洋による「文明化の使命」と同じ視点が存在していることを指摘する。もちろん、蛮夷の徳化は、中国や中国の影響を受けたベトナムにおいて普遍的なロジックであるが、バルダンザは、同時代に清朝側で辺境統治にあたっていた労崇光への共感にも「儒教共同体」の存在をみている[27]。

### （3）人か獣か

ただし、「中土」（平野の越人世界）との違いが強調される記述が目立つ一方で、異民族を描いた図に見られる文身（入れ墨）の習俗について、雄王文郎国の時代に始まる習俗であることが説明されている[28]。雄王文郎国は、伝説的な越人の最初の王国であり、興化地方の住民が自分たちと共通の祖先である可能性を指摘していると言える。なお、文郎国を建国した雄王については、竜王貉龍君と山の仙女嫗姫が結婚し、100人の子が生まれたが、それぞれ50人の子を連れ、平野と山に分かれて暮らすことになり、貉龍君の後を継いで平野で国を建てたのが雄王であるという伝説が存在し（山に帰った嫗姫の子が雄王となったとする伝承もある）、現在のベトナムにおいても、平野の民と山地の民の関係を示す逸話としてしばしば言及される。

このように、范慎遹は、山地の住民に対して、中華文明の受容を基準とした差異化の視点と、北の中国とは異なる越人世界の兄弟とする同一化の視点をあわせもっていたといえる。さらに、『興化記略』中の民族名称に用いられる漢字に注目すると、もう一つの視点が見えてくる。『興化処風土録』や『見聞小録』など18世紀の史料の出てくる集団名では獣偏を用いた漢字を用いられることはほとんどない（『見聞小録』には玀㺓（ロロ人を指す）が出てくるが、これは中国側史料における表記を引き継いだものである）。一方の『興化記略』においては、多くの集団名が出てくる中で、「猫」と「狪」という獣偏の漢字をあてた2つの集団名がでてくる。これはそれぞれミャオ（モン）とタイ語ではホーと呼ばれる雲南ムスリムを指し、中国側史料では苗、回などの表記が使われるので敢えて獣偏の漢字を用いていることがわかる。

この2つの集団に共通するのは、当時の地域社会の安全を脅かす存在であったということである。同地は、18世紀以来、漢人・非漢人を問わず中国からの多くの移住を受け入れてきたが、1856年には雲南の回民蜂起

235

2. 「地方」の何を描くのか

が起こり、その余波は興化地方にも及んでいたようであるし、ミャオは焼畑移住耕作を行う高地民の中でも、しばしば盆地住民との間で衝突を起こす存在であった[29]。他方で、同じ高地民であるヤオ（ミエン）のことは人偏をつけた「猺」の字で表記されており、明確に区別されている。このような区別は上述のような中華を基準とした尺度とは異なり、越人世界の内と外の論理でも解釈されえない。この地域の統治を担った范慎遹独自の価値基準によるものといえよう。また、范慎遹にとっての守られるべき地域社会というのは盆地に定住する土人（タイ人）社会であったはずである。より詳細な分析が必要であるが、ミャオや雲南ムスリムを他の山地住民と区別する視点は、彼の統治を助け、『興化記略』撰述のインフォーマントとなった土人の認識を反映したものでもあったのではないだろうか。


# おわりに

　以前、拙稿において、『大南一統志』（全国地誌）が編纂されるようになった背景に、18世紀から19世紀にかけての政治変動（越人世界の拡大に伴う世界観の変化、政治勢力分立の解消）があったことを指摘するとともに、そこで表現される世界観は、単なる小中華的世界観によるのではなく、同じ天をいただく北方の中国とのつながりを過剰なまでに意識したものであったことを明らかにした[30]。そして、その背景には、知識人エリートの間で儒学的価値観が密に共有されていた東アジアの近世的状況があるのではないかと推察したが、それはまさに本稿で言及した「儒教共同体」であるといえる。

　18世紀以降、多くの地方誌が編纂されるが、その背景には明らかに王朝の支配空間の拡大がある。興化地方について最初に書かれた地方誌である『興化処風土録』は、18世紀の王朝権力の伸張を背景に、それまで情報が少なかった山地の統治を円滑に進めるためにまとめられたものと考えられる。それに対して、19世紀に撰述された『興化記略』は、阮朝の山地支配の進展を反映して同地方に関する非常に豊富な情報を収録する一方で、ベトナム・中国の様々な文献を引用し、中華世界を貫く修辞法や事象の切り取り方を採用することによって、著者である范慎遹が「儒教共同体」の知識人としての面目を施すような内容であった。国家事業として編纂される

一統志と異なり、個人の営為として作成されることが多く、他の知識人に読まれることを想定した地方誌であればこそ、そのような価値観が自由に表現される可能性があったのではないだろうか。

同時に、『興化記略』は、現地の主要住民が用いている言語(土語)・文字(土字)を記録した極めて珍しい地方誌であり、著者范慎遹が現地社会に強い関心を持っていたことがわかる。山地住民の描かれ方からは、中華文明を基準とした華夷意識が見られる一方で、越人世界の同胞とみなす視点も存在することが確認される。そもそも文明化のロジックは差異化と同化のプロセスをともに内包しているが、普遍的な中華文明に還元されない「越人世界」という世界観は、山地住民を(北の中国ではなく)阮朝の臣民として位置付ける上で必要なロジックであったと思われる[31]。この点は、「儒教共同体」の中で「越人世界」を主宰する阮朝の領域をいかに叙述するかというベトナムの地誌に共通する問題も提起するものであり、革命と戦争を通じて国民統合を進めてきた現在のベトナム国家における地方や異民族の認識のルーツを考える上でも重要な論点となるだろう。一方で、『興化記略』には、地域社会(現地の多数派であるタイ人社会)の視点に立った記述も多くみられる。インフォーマントの影響による点が大きいと思われるが、地方誌が編纂され、それが読まれてゆく中で、このような地域社会の視点や価値観が王朝やそれを支える知識人エリートの地方認識に影響を与えた可能性も今後検討されるべき課題であると考える。

注
1) 現伝しているのは18〜19世紀に作成されたテキストで、後世の加筆が認められる。
2) Trịnh Khắc Mạnh, "Khảo sát tài liệu Hán Nôm về dư địa chí hiện lưu giữ tại Viện Nghiên cứu Hán Nôm," *Tạp chí Hán Nôm* 3 (94), 2009. 他にも、正確な年代は不明なものの、18世紀に成立しているとされる地方誌としては、乂安督視陳名琳(生没年：1705〜1777)が撰述した『驩州風土記』や、潘黎藩(生没年：1735〜1798)が撰述したとされる『高平実録』などがある。『高平実録』は、19世紀に修訂されたテクストのみが残っている。
3) Bradley C. Davis, "The Production of Peoples: Imperial Ethnography and the Changing Conception of Uplands Space in Nineteenth-Century Vietnam," *Asia*

2. 「地方」の何を描くのか

*Pacific Journal of Anthropology* 16（4），2015. Kathlene Baldanza. "Books without Borders: Phạm Thận Duật（1825-1885）and the Culture of Knowledge in Mid-Nineteenth-Century Vietnam," *The Journal of Asian Studies* 77（3），2018.

4） 2024年現在の行政区画で言えば、イエンバイ、ソンラー、ディエンビエン、ホアビン、ライチャウ、ラオカイの各省を含み、この6省の面積を合わせればベトナム全国土の約15%を占める。

5） 承宣は明の承宣布政使司にならったもので、光順7年（1466）に全国に12道承宣が置かれ、聖宗が親征してチャンパの領域の北半を支配下に置いた後にはそこに13番目の広南道承宣が置かれた。

6） 漢文チューノム研究院には旧極東学院の記号を有する『興化処風土録』の2種の写本（A.90, A.974）があり、A.974本には『興化風土誌』の表題が付されている。他にも、地理書を集めた『備考』中巻（A.956/2）にも『興化処風土録』のテキストが採録されている。本稿ではA.974本を底本としている。

7） 岡田雅志「近世ベトナム国家の異民族観の変容と越境者――内なる化外たる儂人をめぐって」（『待兼山論叢（史学篇）』50、2016年）1-42頁。

8） 『撫邊雑録』の編者の黎貴惇が撰述した『見聞小録』にも興化地方に関する地誌記述がある。12巻からなる箴警、體例、篇章、才品、邦域、禅逸、霊逸、方術、叢談の各篇からなり、封域篇（第6～8巻）のうち、第6巻は山西・宣光・興化の各地方に関する地誌的記述に充てられている。知戸番在職時、財務監査のため、自らもタイバック地域に赴いた経験もあることから、その内容は詳細、豊富であり、『興化風土誌』と並んで18世紀の興化地方の情報を得る上で最重要の史料である。

9） 1734か1794年だが、黄平政の生没年（1736～85）とは合わない。

10） John K. Whitmore, "Cartography in Vietnam," in: *The History of Cartography*, Volume 2, Book 2: *Cartography in the Traditional East and Southeast Asian Societies(The History of Cartography Series)*,. Illinois: University of Chicago Press, 1994, p. 507. ただし、ウィットモアは、地方誌には注目しておらず、それゆえ、統治機構の強化と結びついて地図・地誌作成が盛んになった時期として15世紀後半、17世紀後半、1830年代、1860年代を挙げている。

11） Trung tâm Unesco thông tin tư liệu lịch sử và văn hóa Việt Nam, *Phạm Thận Duật toàn tập*, Hà Nội: Nhà xuất bản Văn hóa thông tin, 2000.

12） 山本達郎「安南の地誌に就いて――同慶地輿誌解説」（『同慶御覧地輿誌圖』上冊、東洋文庫、1943年）。

13） 八尾隆生「『大南一統志』編纂に関する一考察」（『広島東洋史学報』9、2004）1-35頁。

14) 韓周敬「越南《大南一統志》編撰的相関問題研究」(『中国歴史地理論叢』33-3、2018年)。

15) 『大南寔録正編第四紀』巻5、第27葉、嗣徳3年秋7月(慶應義塾大学言語文化学研究所影印本)。

16) 『興化記略』には多くの写本が残っているが、本稿においては、漢文チューノム研究院の写本A.1429を底本としつつ、漢文チューノム研究院所蔵のA.91本、A.620本、史学院所蔵写本HV.205本を参照して補っている箇所がある。

17) 19世紀の興化地方における地方支配の実態については、岡田雅志「タイ族ムオン構造再考——18-19世紀前半のベトナム、ムオン・ロー盆地社会の視点から」(『東南アジア研究』50-1)、武内房司「デオヴァンチとその周辺——シプソンチャウタイ・タイ族領主層と清仏戦争」(塚田誠之(編)『民族の移動と文化の動態——中国周縁地域の歴史と現在』風響社、2003年)など参照。

18) Baldanza, op.cit. なお、「儒教共同体」という語を最初に用いたのは、19世紀の阮朝の中国化を論じたウッドサイドであり、バルダンザは、それを援用して議論を展開している。Cf. Alexander Woodside, *Vietnam and the Chinese Model: A Comparative Study of Vietnamese and Chinese Civil Government in the First Half of the Nineteenth Century*. Cambridge, Mass.: Council on East Asian Studies, Harvard University, [1971]1988, n.p.

19) 岡田雅志「周縁から見た一統志——南の小中華と『大南一統志』」(小二田章・高井康典行・吉野正史編『書物のなかの近世国家——東アジア「一統志」の時代』勉誠社、2021年)。

20) *Ibid.*, pp. 731-734. ただし、原碑についての記述は、後から書き込まれたと思われるものが多く、范慎遹自身によるものかどうか今後の検討が必要である。

21) 岡田雅志「近世ベトナムにおける本草・博物書と植物資源——近世日本との比較の視点から」(岡田雅志・柳澤雅之編『CIRAS discussion paper no.104 アジアの薬用植物資源の生産・流通・利用の歴史に関する学際的研究 (II):ベトナム・日本の薬用植物資源流通と情報』京都大学東南アジア地域研究研究所、2021年)。

22) *Ibid.*, pp. 734-736.

23) 『大南寔録正編第四紀』巻5、第27葉、嗣徳3年秋7月。

24) Davis, *op.cit.*

25) 岡田雅志「近世ベトナム国家の異民族観の変容と越境者——内なる化外たる儂人をめぐって」(『待兼山論叢(史学篇)』50、2016年)。

26) *Ibid.*, pp. 335-336.

27) Baldanza, *op.cit.*, pp. 728-729.

## 2. 「地方」の何を描くのか

28) 『興化記略』85葉表。

29) 武内房司「フンメーザン訊問調書 1911年ヴェトナム北部苗族反乱指導者の供述」(『ベトナムの社会と文化』1、1999年)。岡田雅志「(焦点)近世後期の大陸部東南アジア」岩波講座世界歴史12 東アジアと東南アジアの近世──一五〜一八世紀』(岩波書店、2022年)238-240頁。

30) 岡田「周縁から見た一統志」(前掲)。

31) このロジックは、近代におけるネーション建設においても受け継がれた。古田元夫「ベトナム人の伝統的「南国」意識とフランス領インドシナの出現」『ベトナム人共産主義者の民族政策史──革命の中のエスニシティ』(大月書店、1991年)など参照。

# 3. 「地方史誌」の向かう先

# 18世紀後半〜19世紀初頭に成立した
# ベトナム北部山地関連史料について
## ——『諒山団城図』・『高平実録』を中心に

吉 川 和 希

## はじめに

　北部ベトナムで15世紀初頭に成立した黎朝(前期：1428〜1527年／後期：
1533〜1789年)は、15世紀後半に明朝の制度を模倣して官制改革を進めたが、
16世紀になると内乱が勃発し最終的に莫朝(1527〜1592年)によって帝位を
奪われることになる。その後復興黎朝と莫朝の間で内戦が続いたが、最終
的に黎朝が莫朝を駆逐して北部ベトナムを掌握する。しかしまもなくして
中南部ベトナムで阮氏政権が自立し、黎朝は事実上南北に分裂する。一方
北部では黎朝朝廷が形骸化し、鄭氏が王府を開設して独自の政権を構築
していた(以下、黎鄭政権)。18世紀末には西山勢力により黎朝が滅亡し、西
山勢力の阮恵が皇帝位について西山朝が成立するが(1789年)、メコンデル
タに拠った阮福暎が1802年に西山朝を打ち破って北部ベトナムを掌握し、
阮朝(1802〜1945年)が史上初めてほぼ現代ベトナムの領土に相当する領域
を支配下に置いた。しかしその支配下にはエスニシティや言語の面で多様
な地域が存在しており、のちに近代国家が直面することになる国家統合の
難しさを、阮朝は先駆けて経験したと言われる。北部山地は、黎鄭政権や
阮朝が統治上の困難に直面した地域の一つである。

　筆者はこれまで、北部山地の中でもベトナム東北地域[1]に位置する諒
山鎮(現ランソン省)[2]を中心に黎鄭政権によるベトナム北部山地における支
配の変遷および在地首長[3]の動向を考察してきた。諒山鎮では18世紀初
頭に鎮官(諒山鎮の場合は督鎮)が任地に直接赴任することが決定されて以降、
末端の行政単位である社ごとに税額と兵数が設定され、遅くとも1740年

243

## 3. 「地方史誌」の向かう先

までには藩臣や輔導などの称号を王朝権力から授与された在地首長が各社の税課と兵役を管轄していた。こうして「鎮官(督鎮) ―在地首長―社」という構図が形式上は出来上がる。同時に在地首長を組み込む形で文書行政が確立し、また軍事面でも、諒山鎮官は現地民部隊を号という単位で編成し、首長に統率させていた[4]。このような統治が同時期の他の北部山地諸鎮ではどの程度見られたのかを詳細に論じることは史料の制約により不可能だが、諒山鎮と同様にベトナム東北地域に位置する高平鎮(現カオバン省)でも諒山鎮と同様の軍政がおこなわれていたと思われる[5]。阮朝期の19世紀前半に現地民部隊が編成されたベトナム西北地域[6]と比べると、ベトナム東北地域では比較的早い18世紀後半からベトナム王朝権力(鎮官)の影響力が増大し始めていたといえよう。リーバーマンが18世紀後半～19世紀前半における東南アジア大陸部諸国(シャム・ビルマ・ベトナム)の急速な政治統合と領域拡大を論じたように[7]、18世紀後半はベトナム王朝権力が北部山地への支配拡張を画策し始めた時期だった。

本稿が取り上げるのは、如上の歴史的背景のもとで黎鄭政権期の18世紀後半から阮朝初期[8]の19世紀初頭において成立した二点の史料である。一点目は諒山鎮官の立場から諒山鎮における地方行政について記した『諒山団城図』[9]である。本稿で詳述するように本史料は景興19年(1758)の序を持つが、後に様々な情報が増補され、最終的に1820年代に成立した可能性が高い。二点目は嘉隆9年(1810)の序を持つ『高平実録』[10]である。本書は高平鎮(現カオバン省)出身者により執筆されたものであり、現在に内容が伝わる史料の中では北部山地の現地住民が編纂した最初の書物である。両書はそれぞれ諒山鎮・高平鎮に関する貴重な情報を記しており、18～19世紀の両鎮に関する研究においてしばしば引用されてきた。しかしながら、従前の研究において両書の性格や成立の背景が十分に論じられたとは言い難い。北部山地の研究を進めるうえで貴重な史料であるからこそ、史料自体の性格を確認しておくことは必要だろう。

そもそもベトナムでは、特定の地方を主題として漢文・チュノムで書かれた史料[11]は全体として僅少であり、現在に内容が伝わるのは大半が18世紀後半以後に編纂されたものである。本稿で取り上げる『諒山団城図』と『高平実録』は、それらの史料の中で比較的早くに作成されたものであり、

その背景に18世紀以降のベトナム王朝権力と北部山地の地域社会との接触の増加があることは間違いない。

ただしベトナムの特定の地方を主題とした漢喃史料は、中国の地方志とは異なり、その体裁や構成は一貫性がなくバラバラである[12]。そのため、一点ごとに史料の性格や成立の背景などを考察する必要がある。本稿が考察対象を『諒山団城図』と『高平実録』に限定する所以である。しかし矛盾するようだが、近年ベトナムでは特定の地方を主題とした漢喃史料を一括して一部の研究者が研究するという状況が生じている。日本では、このようなベトナムの学界の状況はほとんど知られていないだろう。そこで本稿では、まず関連する研究状況について概観する。


# 1. 研究状況

## (1) 現代ベトナムにおける漢喃史料研究と「地方誌」

前述のように、ベトナムの特定の地方を主題とした漢喃史料については、中国の地方志とは異なり、その体裁や構成には一貫性がない。しかし現代ベトナムではこれらの史料が「地方誌(志) địa phương chí」[13]と呼称され、一ジャンルとして認識されている。そして近年、これらの史料について漢喃研究院(現在のベトナムにおいて最大の漢喃史料所蔵機関かつ研究機関)に勤務するゴ・ティ・タイン・タム Ngô Thị Thanh Tâm が相次いで論考を発表している[14]。このような、漢喃研究院において一研究者が特定のジャンルの史料群を「担当」する状況は、漢喃研究院および同院が標榜する漢喃学のあり方とも関わっているため、簡単にベトナムの学界の状況について概略する。

ベトナム民主共和国では初等・中等教育で漢文教育が廃止される一方、1970年にベトナム社会科学委員会(現ベトナム社会科学院)所属で漢喃班(漢喃研究院の前身)が設立され、また1972年にはハノイ総合大学語文学科(現ハノイ国家大学人文社会科学大学)に漢文チュノム専攻が設置されるなど、漢喃史料を専門的に読解・翻訳するための人材は歴史学とは別に養成されるようになった。南北ベトナム統一後の1979年に正式に設立された漢喃研究院は、こうして漢喃学という独自の学問領域を掲げることとなった[15]。

245

3. 「地方史誌」の向かう先

　草創期の漢喃学を担ったチャン・ギア Trần Nghĩa が記すように、「漢喃の翻訳が漢喃研究院とその他の研究機関とを区別する指標」[16]であり、漢喃史料を読める人がほとんどいない状況下で独自の分野として漢喃学を確立するために、漢喃研究院は漢喃史料の現代ベトナム語への翻訳に特化していくことになった。このようにベトナムでは漢喃学と歴史学が分断されたため、歴史研究者は原史料を読まず主に現代ベトナム語訳された編纂史料を使用して研究をおこなうようになり、原史料に基づく精緻な分析が不可能になる一方で[17]、漢喃学者は漢喃史料の翻訳と紹介に特化し、国内外の歴史学の動向には無関心という状況が定着した。

　歴史学と漢喃学が分離すると同時に、漢喃研究院内では史料の種類、テーマごとに特定の研究者に対して特定の研究課題を割り当てる「分業」が採られることがある。そもそも漢喃研究院には設立当初から史料の種類、テーマに応じて研究班／室(Ban / Phòng)が設置され全体として緩やかな分業体制が敷かれているが[18]、特定の史料群(近年では版木、タイー人のチュノム資料、「后碑文」(bia hậu)と呼ばれる寄進碑文など)に関する研究プロジェクトがおこなわれる場合は数名の研究者に関連する研究課題が割り当てられることが多い。このような「分業」方式は、ベトナムでほぼ唯一の漢喃史料研究機関として、ベトナム国内に残る多様な漢喃史料を数少ない研究者で効率よく研究するために採られた戦略だったといえる。

　このような背景で、漢喃研究院が所蔵する特定の地方を主題とした漢喃史料を近年担当することになったのが前述のゴ・ティ・タイン・タムである。しかし前述のように、これらの史料は体裁が類似しているわけではないため、本来なら個々の史料の歴史的文脈に即した分析が必要である。加えてゴ・ティ・タイン・タムは歴史学の知見を踏まえているわけではないため[19]、必然的に分析の限界が生じることになる。本稿が取り上げるベトナム北部山地について、以下に述べるように歴史学では注目されるようになっているが、歴史学から分離した現代ベトナムの漢喃史料研究は概してそのような研究潮流に無関心である。

## (2) ベトナム北部山地の歴史学的研究

ベトナム北部山地は西南中国から東南アジア大陸部に及ぶインドシナ半

18世紀後半〜19世紀初頭に成立したベトナム北部山地関連史料について（吉川）

島北部山地に含まれるが、近年の研究ではインドシナ半島北部山地とその在地住民が注目を浴びており[20]、その中で山地世界の歴史研究も進められつつある。ベトナム北部山地の歴史学的研究も蓄積されつつあるが、この背景のもとで北部山地の中の特定の地方を主題とした漢喃史料を取り上げ、史料自体の性格について考察する論考も現れている。代表例が、ベトナム西北地域の興化省について19世紀半ばの地方官が記した『興化記略』を民族学の書物として分析し、植民地期の民族誌の先駆けとして位置づけたデーヴィスの論考である[21]。このように重要な研究も現れ始めているが、ベトナム国外の研究者にとって北部山地関連史料へのアクセスには限界があるため、概して北部山地の中の特定の地方を主題とした漢喃史料の研究は遅れているといえる。本稿が『諒山団城図』と『高平実録』を取り上げるのも、以上の背景を踏まえてのことである。

# 2. 『諒山団城図』

## (1) 概要

本史料は現在漢喃研究院に所蔵されており、所蔵記号がAで始まる（A.1220）ため、フランス極東学院が収集し、その後漢喃研究院に移管された史料である。チャン・ヴァン・ザップ Trần Văn Giáp が夙に指摘したように、本史料は元々一部の書物ではなかった様々な事柄に関する記述を統合したものであり、諒山団城図は諒山鎮城について記した冒頭の部分から取った名称で、本来は書名ではない[22]。ただし現在漢喃研究院では諒山団城図という名称で分類・保管されているため、本稿でも諒山団城図と呼称する。

本史料は冒頭に諒山鎮城の概要と1750年代における重修の経緯が記され、続いて守屯と駅の記載があり、その後に「増補以下」と記して交通路などの情報が記載されている。この「増補以下」より後の箇所が、後に増補された箇所であり、交通路、土地・人丁の情報、税額、使者の往来など様々な情報が記載されている。

『諒山団城図』の最終的な成立時期について、増補部分に記載される地名の考証などから、チャン・ヴァン・ザップは嘉隆年間（1802〜1820年）以後

247

3.「地方史誌」の向かう先

と推測した[23]。筆者も、北部で鎮の廃止と省の設置がおこなわれた明命
12年(1831)[24]以後の情報は記載されていないこと、および嘉隆18年(1819)
に清朝へ派遣された使節の嘉隆19年(1820)の帰国について記されている
((3)⑧参照)ことから、最終的に1820年代に成立した可能性が高いと考えて
いる[25]。

　『諒山団城図』はかかる性格の史料であるため、各項目の情報がどの時期
のものなのかを逐一考慮する必要がある。そこで「増補以下」の前後で分け、
項目ごとに考察する。


## (2) 増補以前

　『諒山団城図』ではまず諒山鎮城の概要と重修についての記事が収録され
ている[26]。ここでは諒山督鎮枚世準[27]により丙子年(1756)12月に築城が
開始され、景興19年(1758)に竣工したことなどが記されている。諒山鎮城
が1750年代後半に重修されたのは、1740年頃から北部ベトナム全域で起
こった動乱が、少なくとも諒山鎮ではある程度鎮圧され治安が回復したた
めだろう[28]。またその後に、「賜辛未科黄甲…阮希思撰」とあり、希思は阮
儼(1708〜1775年)の字であることから撰者が阮儼であることがわかる。た
だしチャン・ヴァン・ザップが既に指摘するように、阮儼は辛未科ではな
く辛亥科(1731)の黄甲であり、仏領期の誤写と思われる[29]。

　続いて守屯と駅の情報が記載される[30]。駅3箇所は、仁里站(温州仁里
社)、枚坡站(温州枚坡社)、核芇站(脱朗州洛陽社)である。このうち核芇站は
後述する阮朝初期の駅伝にはみられないため、ここで記されているのは黎
鄭政権期の情報だろう。おそらくは1720年代に設置された駅路に当たる
と思われる[31]。

　守屯19箇所がいつ頃の情報かは不明だが、以上の考察から、「増補以下」
より前の箇所は黎鄭政権期の18世紀後半頃の情報と考えてよいのではな
いだろうか。


## (3) 増補部分
①交通路[32]

　増補部分の冒頭では諒山鎮城〜京北鎮保禄県嘉観社、同登屯〜油村隘、

ついで陸路(鎮城〜京北鎮保禄県先麗社、鎮城〜同登屯、同登屯〜鎮南関、同登屯〜高平鎮)と水路(鎮城〜広安処先安州定立社、鎮城〜内地平兒隘)に分けて交通路が記載されている。

諒山鎮と接する京北鎮の地名として保禄県の嘉観社と先麗社が挙がっているが、『北使通録』に収録される諒山督鎮枚世準らの景興20年(1759)4月某日付啓に、乙巳年(1725)以降先麗・嘉関(観)・綺席・和楽4社が京北鎮に帰属することになったことが記されている[33]。この時点から先麗社や嘉観社が諒山鎮との境界になったのだろう。この嘉観社は、先述の枚世準らの景興20年の啓では「嘉関」と記されているが[34]、一方阮朝初期に編纂された『各鎮総社名備覧』では「嘉観」と記されている[35]。ここから、黎鄭政権期には「嘉関」という名称だったが、遅くとも阮朝初期までには「嘉観」と改称されたと推測できる。また京北鎮は明命3年(1823)に北寧鎮に改称している[36]。以上から、この交通路に関する記述は早くとも嘉隆年間、遅くとも明命3年(1823)の情報であることがわかる。

後述するように『諒山団城図』末尾⑨においても再度交通路の情報が記されているが、⑨は駅路(京北鎮和楽駅〜鎮城〜同登屯〜鎮南関)を中心に記載されているのに対して、ここでは当時の主要な交通路を並べただけである。①⑨はいずれも交通路に関する記述であるが、相互に記述の方針が異なるといえる。


②諒山鎮の「員軍」[37]

諒山鎮に勤務している官吏・軍隊が記載されている。ただし官僚は記載されていない。阮朝初期まで諒山鎮では在地首長が徴税・徴兵を担っており、鎮官を除けば官僚が諒山鎮内に赴任していないためだと思われる。問題はこの情報がいつ頃のものかだが、諒山鎮における雄捷奇(奇は軍隊の部隊)の初出は昭統元(1788)年である[38]。また「雄捷奇土兵及守隘各校員軍」に「実授」の官職だけでなく「便宜」の官職が見られるが、「便宜」を冠する官職は黎鄭政権期の首長の肩書には見られず、阮朝初期に見られるものである[39]。これらを踏まえると、阮朝初期の情報と考えてよいのではないだろうか。

3. 「地方史誌」の向かう先

### ③各項銃口[40]

おそらくは諒山鎮城に保管されている銃や銃弾、火薬の量が記されているが、いつ頃の情報なのかは不明である。

### ④税額[41]

田数、丁数、および土民(水稲耕作に従事する現地住民)、儂人(新来の移民)や北客(華人)、蛮人(焼畑民)それぞれに対する税額が記載されている。また、鉱山税として硇税・鉄子税・金税、商業流通に対する課税として、「庚寅年」(1770年ないし1830年)の巡司税が記載されている。ここに記載される税額については別稿で取り上げる予定なので詳細は省略するが、なお税額については、阮朝期の山地諸省ではしばらく黎鄭政権期の丁簿が使用されたため[42]、基本的に黎鄭政権末期～阮朝初期の北部山地における税額に大きな変化はなく、『諒山団城図』に記載される税額もこの時期のものだと考えられる。なお儂人に対する課税についてこの箇所を利用した岡田雅志の論考がある[43]。

### ⑤支出[44]

税額に続いて支出も記載されている。ただし一年ごとの収入と支出を記載する方式ではなく、毎年の官吏や軍隊に対する俸給(「俸餉」)と同時に、使者の往来に際する経費(「使事」・「求封使事」[45])や各種建造事業の経費(「理作」)も記されている(表1)。

「使事」は清朝への使節派遣を指し、道中(おそらく諒山鎮内)の霊祠への謁告、および「内地」すなわち清朝の鎮南関の「隘目」に支給する「江銀」を購入するための費用が記載されている[46]。前者の霊祠への謁告については、『北使通録』に収録される五府府僚官の景興20年8月二十某日付啓および『歴朝憲章類誌』巻47、邦交志、貢聘之礼において昇龍城～鎮南関の道中で儀礼をおこなう祠廟およびその経費が記されている[47]。ここに記載される経費は鄭王府からの支出額と思われるが、これとは別に諒山鎮からも支出していたことがわかる。また後者の「江銀」については、『阮朝硃本』に収録される北城副総鎮潘領らの明命10年12月15日付咨呈に引用される諒山鎮員の申において、諒山鎮は如清使節が鎮南関に進む際や帰還する際、

250

18世紀後半〜19世紀初頭に成立したベトナム北部山地関連史料について(吉川)

表1 『諒山団城図』に記載される諒山鎮における支出

| 項目 | | 時期 | | 人数 | 粟 | 銭 | 銀 |
|---|---|---|---|---|---|---|---|
| 俸餉 | (毎年) | 六箇月俸(一期) | | 2 | 138斛 | 56貫6陌 | 3笏8錠 |
| | | 三箇月俸(一期) | | 32 | 189斛 | 140貫余 | 銀錠17錠、片25片 |
| | | 一箇月俸餉(一期) | | 364 | 350斛余 | 150貫余 | |
| | | 合計(一年) | | | 5240斛余 | 2760貫余 | 24笏余 |
| 礼例 | | | | | | 176貫 | 5笏7錠 |
| 使事 | | | | | | 80貫6陌 | 13錠 |
| 理作 | 己巳(1809) | 望宮二座 | | | | 2102貫3陌2文 | |
| | | 公庫二座 | | | | 1684貫8陌34文 | |
| | 辛未(1811) | 文廟七座 | | | | 2940貫5陌49文 | |
| | 乙丑(1805) | 会同廟二座 | | | | 1811貫6陌13文 | |
| | 丁卯(1807) | 仰徳台三座 | | | | 3237貫7陌14文 | |
| | 丁卯(1807) | 毛将軍祠一座 | | | | 314貫7陌14文 | |
| 求封使事 | 癸亥(1803) | 砑紙画薬幷雑物各項 | | | | 1457貫6陌11文 | |
| | | 器皿 | | | | 1689貫2陌22文 | |
| | | 食物 | | | | 1328貫4陌53文 | |
| | | 合計 | | | | 4475貫3陌26文 | |

典拠:『諒山団城図』第10葉裏〜12葉表(漢喃研究院所蔵A.1220)

鎮南関の開門にあたって清朝の「隘目」に江銀1笏を支給していること、近年の銀価の上昇により支出しなければならない庫銭が増大していること、などが記されている[48]。ここからも清朝側で鎮南関を管轄していた「隘目」に支給する銀が「江銀」と呼ばれていたこと(語源や由来は不明)、「江銀」の購入のために諒山鎮から経費を支出していたことがわかる。

『諒山団城図』の性格に関連して注意すべきは、「理作」では嘉隆4(1805)年の会同廟建造から同10年(1811)の文廟建造まで、5件の建造事業に要した費用が続けて記載されていることである。複数年の事例が一括して記載されていることは、『諒山団城図』は単に時系列に増補されたわけではなく、なんらかの記録に基づいて項目・種類ごとに増補されたことを示唆する。

⑥霊祠[49]

諒山鎮に存在する霊祠17箇所およびその所在地が列挙されている。

⑦冊封使・求封使[50]

「欽使官」すなわち清朝からの冊封使が到来した際に儀礼をおこなった霊

3. 「地方史誌」の向かう先

祠、および癸亥年(1803)の求封使派遣の際に使用した公館・站舎について記載されている。

　前者の冊封使の到来については、『大南寔録』では嘉隆3年(1804)正月条に記録されている[51]。後者の求封使について、『大南寔録』では嘉隆元年(1802)11月条で請封のために黎光定らを清朝に派遣したことが記されており[52]、おそらくはこの使節団が翌嘉隆2年(1803)に諒山鎮から清朝へ入国したのだろう。また『大南寔録』嘉隆元年11月条ではその際に諒山鎮を含む道中の公館を建造したことが記されているが、『諒山団城図』に記載される京北・諒山二鎮の駅計7か所(嘉橋・梂檽・美棣・芹営・和楽・仁里・枚坡)と合致する。

⑧己卯(1819)年の遣使[53]

　嘉隆19年における阮春晴ら使節団の派遣および帰還に際する諸事が記載されている。この事例については以前取り上げたことがあるので詳細は省略するが[54]、諒山鎮官の立場から、遣使前の清朝との文書のやり取り、使節団の清朝入国時の儀礼、使節団が清朝滞在時に阮朝に送付した報告文書、嘉隆20年2〜3月における使節団の帰還について概略が記載されている。

⑨交通路[55]

　交通路に関する記述は①にもあるが、こちらのほうがより詳細であり、単に交通路、地名、距離だけでなく、駅や神祠などの情報も記載している。全体的に嘉隆5年(1806)に完成した『皇越一統輿地志』[56]の内容と類似しているが、『皇越一統輿地志』には記されない情報も含まれている。たとえば冒頭のキークン河の情報は『皇越一統輿地志』には記されない独自の情報と思われる。続いて記載される和楽站(京北鎮)〜同登站の駅路、同登站〜鎮南関、同登站〜高平鎮は『皇越一統輿地志』と類似しているが、そこには記されない情報も含まれている[57]。おそらくは『皇越一統輿地志』を参照しつつ独自の情報を追加したものと思われる。

18世紀後半～19世紀初頭に成立したベトナム北部山地関連史料について（吉川）

## （4）『諒山団城図』の性格

　以上論じてきたように、『諒山団城図』の内容は地方行政のために必要な（ただし最低限の）情報を並べただけであり、それは増補以前の箇所が鎮城・守屯・駅の情報を並べただけであることからも窺える。そのため、本研究プロジェクトが提唱する「地方を歴史的に描く総合的書物」という地方史誌の定義には合致しないように思われる。しかしベトナム王朝権力が北部山地への支配拡張を画策し始めた18世紀後半～19世紀初頭の時代性を強く反映しているといえる。直接赴任した鎮官による統治がおこなわれて間もない時期には、地方行政のために必要な情報を蓄積することが鎮官にとって重要だったはずである。おそらく本史料は鎮城で保管され、中央から赴任してきた鎮官によって参照されたのだろう[58]。

　増補以前に元々存在した内容は18世紀後半の情報と思われるが、増補部分は多くが阮朝初期の情報だった（(3)①②⑤⑦⑧⑨）。そのため、増補部分は基本的に阮朝初期に追加されたと考えるのが自然だろう。(3)⑤で指摘したように、阮朝初期の増補はなんらかの記録をもとにおこなわれたと思われる。ただし、増補部分の中でも交通路に関する情報が二カ所に分かれているなど（(3)①⑨）、増補の際に各種情報を整理して一冊の秩序立った書物にしようという意図は感じられない。本史料が作成された最大の目的は情報の蓄積だったということだろう。

# 3．『高平実録』

## （1）概要・著者

　『高平実録』は高平鎮について記した現存する最古の書物である[59]。本書は『諒山団城図』と異なって序文があり、嘉隆9年（1810）に阮祐俤によって作成されたことが明記されている。

　『高平実録』は「諸神録」、「奇事禄」、「山川録」、「疆界風俗」から構成されている。ただし後半部分では「山川録」に巡屯、寺院、名藍、黎朝軍政、各総の社数や兵数、「疆界風俗」に高平鎮の沿革、土産、太古から西山朝までの政治的事件などが記載されるなど、多様な情報が無秩序に配置されている。前述のように本書は高平鎮出身者により執筆されたものであり、現在に内

253

## 3.「地方史誌」の向かう先

容が伝わる史料の中では北部山地の現地住民が編纂した最初の書物である。そこで、まず著者について考察し、そのうえで著者の執筆方針が窺える序、「諸神録」、「疆界風俗」の中の風俗に関する記述を取り上げる。

本書の著者阮祐倜は、高平鎮石林州博渓社の首長集団阮祐(閉)氏の一員である。すでに多くの研究で指摘されているように、阮祐倜は元々閉姓であった。18世紀末に西山勢力が昇龍を掌握し黎朝昭統帝が高平鎮から清朝へ逃れた際に昭統帝に従って清朝にわたり、嘉隆3年に帰国して阮祐姓を賜ったとされる[60]。

阮祐氏には『閉門家譜』(維新9年(1915)書写)と題された家譜がある。そこでは黎朝復興に貢献した阮淦の弟阮宗泰を始祖としており、阮宗泰は博渓社で閉氏の娘を娶り閉氏に改姓、閉氏は復興黎朝の莫氏打倒に貢献したとされる[61]。家譜に平野部出身の始祖が17世紀後半における黎朝の莫朝残党に対する遠征の際に功績を立てて高平鎮に移住したと記載されているのは、高平鎮の首長集団の特徴である[62]。また18世紀末に昭統帝に従って清朝にわたった者の中には阮祐倜以外にも高平鎮の在地首長が何人か含まれていた[63]。このように高平鎮の首長集団の特徴として、黎朝との関係を自身の権威の源泉とみなしている点が挙げられよう。

加えて注目すべきは、高平鎮の在地首長である阮祐倜が『高平実録』という書物を(おそらく自力で)執筆できるほどの漢文能力を有していることである。遅くとも18世紀半ばから首長を組み込む形で文書行政がおこなわれていた諒山鎮では、ベトナム王朝の支配下に入ることで自身の権威を保持しようとした首長が19世紀初頭までには漢文文書作成能力を習得していた[64]。同時期の高平鎮で在地首長を組み込む形で文書行政がおこなわれていたかを知る手掛かりはないが、高平鎮でも黎鄭政権の地方支配の影響により漢文で書物を執筆できるほどの漢文能力を習得した首長が現れたのではないだろうか(阮祐倜の場合は、十数年に及ぶ清朝での生活の影響もあったのかもしれない)。

## (2) 序

序では、「諸神録」で挙げられる神々を挙げながら、歴史上高平鎮に優秀な人材、優れた人物がいたことを述べる(注68)。そのうえで、本書編纂の

18世紀後半～19世紀初頭に成立したベトナム北部山地関連史料について(吉川)

目的として、以下のように記している[65]。

　　成人して謹んで世襲の職を継承し、この土地にこれまで記録がなかっ
　　たことを憂えるようになった。そこで過去の事実を拾い集めて修正し、
　　残った文書を集めて見聞した事柄と対照したところ、制度は改まって
　　新しくなっており、沿革はますます異なっている。もしすみやかに探
　　し求めることができなければ、古跡や名勝は日に日に埋もれてしまい、
　　後に書籍を手に取った者は、特に拾い集めるのが困難だろう。いま喜
　　ばしいことに我が朝の盛世であり、そのため事実の記録を探し集めて
　　書とした。

　誤字があるようで文意を汲み取りづらい箇所もあるが、これまで高平鎮
に関する記録がなかったため、古跡や名勝が忘れ去られてしまわないよう
に過去の事実を記録しておくことが記されている。阮祐俻のこの意図は書
名にも反映されている。序の冒頭で「そもそも録というものは、その事実
をつまびらかにして記すものである」[66]と記し、『高平実録』という書名を
採用していることからも、阮祐俻が本書で高平鎮に関する事実を記録する
ことを最大の目的としていることがわかる。この序文を踏まえ、神々の事
跡や伝承を記載した「諸神録」、「奇事禄」を本書冒頭に配置していることを
考慮すると、本書を作成した最大の目的は、自身が調べ得たこれらの内容
をまとめて記録し後世に伝えていくことにあると考えられる。

### (3)「諸神録」

　本書の特徴は、中国の一般的な地方志などと異なり、行政単位の変遷・
沿革などではなく神々の事績や伝承を記載した「諸神録」・「奇事禄」を冒頭
に配置している点である。これらの二項目では、神々の事跡や「奇事」の概
要を記した後に著者のコメントが付されている。

　また本書の記述によれば「諸神録」で挙げられている神祠(表2)はすべて
国家祭祀(上等神・中等神・下等神)に登録されていると記されており(ただし
黎鄭政権期の情報か阮朝期の情報かは不明)[67]、「諸神録」と「奇事禄」の違いは国
家祭祀に登録されているか否かだと思われる。これらの神祠は阮朝初期の
北部ベトナムに関する地理書である『北城地輿誌録』にも記載されているが、
ただし歴代王朝が国家祭祀に登録したり福神に追贈したりしたことが明

255

### 3. 「地方史誌」の向かう先

表2 『高平実録』諸神録に記載される神祠

| No. | 名称 | 祭祀対象 | ランク | 所在地 | 『高平実録』に記される事跡 | 『北城地輿誌録』 |
|---|---|---|---|---|---|---|
| 1 | 丘岑祠 | 農(儂)智高 | 上等神 | 石林州匠勒社半銀村 | 10年あまりにわたり勇敢に宋と戦った | 記述あり |
| 2 | 婆皇祠 | 阿濃(儂) | 上等神 | 石林州金坡社扶万村 | 儂智高の母親 | 「歴朝皆受冊封」 |
| 3 | 核共祠 | 陳堅 | 下等神 | | 陳堅と陳貴は兄弟。妖怪・妖蛇・ | 記述あり |
| 4 | 揀鄰祠 | 陳貴 | 中等神 | 石林州孟泉社 | 怪鳥の「三怪」を倒し、民に安寧をもたらした | 記述あり |
| 5 | 観朝祠 | 官朝 | 中等神 | 石林州春嶺社 | 前黎朝期に神衣を着用して宋軍の駆逐に貢献した | 記述あり |
| 6 | 清忠祠 | 阮廷伯 | 中等神 | 鎮所の左 | 1740年代に高平督鎮として黄齒賊などの反乱を征討した | 石安金甲社に位置。黎朝が福神に封じる |
| 7 | 江州祠 | 符勝・符鉄 | 下等神 | 石林州孟泉社 | 1660年代に莫氏に従わず、黎朝の莫氏征討に貢献した | 黎朝が福神に追贈 |
| 8 | 淇瀝祠 | 陳公 | 下等神 | 石林州春嶺社 | 莫氏に従わず、正和3年(1682)黎朝の莫氏征討に貢献 | 「累朝皆有祀典」 |
| 9 | 朔洪祠 | 儂智遠 | 下等神 | 石林州朔洪社 | 儂智高のオジ。儂智高と共に宋と戦った | 記述あり |
| 10 | 隴淀祠 | 黄陸 | 下等神 | (上琅州)隴淀社 | 宋軍が儂智高を撃退している際に、宋に攻め込んだ | 記述あり |

〈凡例〉
『高平実録』:漢喃研究院所蔵A.1129／『北城地輿誌録』:漢喃研究院所蔵A.1565

　記されているのは一部のみである(表2No.2, 6, 7, 8)。「諸神録」で記述される神霊は、序においても歴史上の優秀な人物として取り上げられている[68]。「諸神録」が本書冒頭に配置されていることを併せると、阮祐俤が本書を作成した最大の目的は、前述のようにこれらの神々の事跡を記録し後世に伝えていくことにあると考えられる。このように中国の一般的な地方志と異なり、行政単位の変遷や沿革などではなく現地住民が信奉する神々の事跡を冒頭に配置している点は、地方官ではない現地住民が作成した書物ならではの特色といえよう。同時にそこで記載されるのが国家祭祀に登録されている神祠であることから、国家権力との関係を重視する著者の視座を看取できよう。

　なお「諸神録」には莫氏に与しなかった人物を祭祀する祠堂2点(表2No.7, 8)が挙げられており(莫氏を駆逐した黎鄭政権によって国家祭祀に登録された場合は当然といえるが)、各地の伝承を記録した「奇事禄」にも莫氏に与しなかった人物1人の事跡[69]が記載されている一方で、莫氏に与した人物は挙げら

18世紀後半～19世紀初頭に成立したベトナム北部山地関連史料について(吉川)

れていない。復興黎朝の莫氏打倒に貢献した閉氏の政治的立場に合致する人物の事跡が本書に採録されたと考えられる。

　興味深いのは、儂智高を祭祀する丘岑祠[70]について記載していることである。儂智高は11世紀半ばに宋と大越の双方に反旗を翻し、皇帝を称して独自の国を建てようとした人物である[71]。「諸神録」に記載されている儂智高の事跡においてもこのことは言及されているが、そこに付された阮祐儦のコメントでは宋と戦ったことのみが言及されており[72]、それは序でも同様である(注68)。また他史料で裏付けが取れないが、『高平実録』での記述が正しければ、儂智高(丘岑祠)は母阿儂と共に黎鄭政権から上等神に認定され、また儂智高のオジ儂智遠も下等神に認定されていたという。現在もカオバン省北部に儂智高を祀る祠堂が幾つか存在するが[73]、国家祭祀に認定されたことで儂智高信仰が残った可能性もあるだろう。丘岑祠は『北城地輿誌録』にも記載されているため、19世紀初頭に官の側が儂智高信仰の存在を認識していたのは確実である。ただし、19世紀末に編纂された『大南一統志』[74]では、儂智高らの祠堂は一切記述されていない。『大南一統志』編纂者の考証により儂智高が李朝に反旗を翻した点が認識され、全国的な地誌からは排除されてしまったのかもしれない。

　なお不可解なのは、この時期の高平鎮において間違いなく国家祭祀に登録されていた黎太祖高皇帝(黎利)祠[75]に関する記載が『高平実録』にないことである。確かに黎太祖は高平鎮出身ではないが、清忠祠で祭祀される18世紀半ばの高平督鎮阮廷伯(表2No.6)も高平鎮出身ではない。高平鎮における黎太祖高皇帝祠の存在は、高平鎮の住民の黎朝に対する忠誠を示す証拠にもなり、閉氏の政治的立場とも合致するはずである。あるいは情報が失われやすい神々の事跡の記録を残すことが『高平実録』の編纂目的だったため、あまりに著名な黎太祖の事跡は省略されたのかもしれない。

## (4)「疆界風俗」

　風俗の箇所では、石林州上畔(石林州北部、すなわち高平鎮城付近か)、石林州下畔(石林州南部か)、広淵州、上琅州、下琅州ごとに記載されている。そのうち阮祐儦の貫博渓社が位置する石林州上畔については「風俗は質朴で義侠心があり、田は広く人は勤勉で、婚礼と葬礼には文公(朱子)を用い」

3. 「地方史誌」の向かう先

と記されており、住民が義理に厚く勤勉で農耕に従事していること、婚礼
と葬礼については朱子すなわち朱子家礼[76]に倣っていることが述べられ
ている。高平鎮城付近の住民がすべて朱子家礼を遵守していたとは考えづ
らいが、少なくとも著者にとって朱子家礼が遵守すべき規範として認識さ
れていたことがわかる。義俠心があり勤勉であると記されることからも、
石林州上畔の住民が平野部のキン人と同様の価値観や文化を受容している
ことを(その真偽はともかく)阮祐偬は読者(平野部の為政者や知識人か)に伝えよ
うとしたのではないだろうか。

　一方、石林州下畔では「民俗は多くの人が狡猾」、広淵州では人々が「巫」
すなわちシャーマニズムを信奉し、「病気を患えば鬼に祈り、口はうまい
が心の中では狐を信仰し」ていると記されている。また上琅州では「民は巫
を崇拝し薬を重んじていない。みな妖怪を信じ、婦は病を患うと猪・鶏を
殺して祈り、言語は叫び声のようであり、胸中は詐欺を企んでいる」、下
琅州では「民俗が依然として鬼(を信奉しており)、病を患えばシャーマンに
問い、その心はけち臭くて狡猾で、揉め事が好きである」などと記されて
おり[77]、石林州南部・広淵州・上琅州・下琅州についてはいずれも風俗
の異質性が強調されている。官撰史料や儒教知識人の著作に、しばしば山
地住民に対する蔑視の記述がみられることはよく知られているが、如上の
『高平実録』の書きぶりも、そのような官撰史料や儒教知識人の著作に見ら
れる視座と類似しているといえよう。

## (5)『高平実録』の性格

　記録を残し後世に伝えるべき内容として国家祭祀に登録されている神祠
の事跡を重視していることや自身以外の山地住民の風俗の異質性を強調し
ていることなど、著者は平野部の為政者や儒教知識人と同様の視座を身に
着けているといえる。一方中国の一般的な地方志と異なり、行政単位の変
遷や沿革などではなく神々の事跡や伝承を記載した「諸神録」・「奇事録」を
冒頭に配置している点、およびこれらの項目において著者が見聞した内容
を豊富に記載している点は、地方官ではない現地住民ならではの特色とい
えよう。

　また著者は、本書の読者として地方官をはじめとした儒教知識人を想定

258

していたのではないだろうか。「疆界風俗」において石林州上畔の住民が平
野部のキン人と同様の価値観や文化を受容していることを記しているのは、
平野部の知識人に対するアピールとも解釈できる。また本稿では取り上げ
られなかったが、各総の社数・兵数や巡屯といった地方行政関連の情報も
記載されている。このように平野部の為政者や儒教知識人の影響を受けつ
つ現地住民ならでは視座も残しているのが本書の特徴といえよう。

## おわりに

　ここまで繰り返し述べてきたように、ベトナムの特定の地方を主題とし
た漢喃史料は、体裁や構成に一貫性がないため、一点ごとに著者の意図や
成立の背景などを考察する必要がある。そこで本稿は『諒山団城図』・『高
平実録』という18世紀後半〜19世紀初頭に成立した書物二点に限定して考
察してきた。本稿で論じた通り両書は異なる性格の史料だが、いずれもベ
トナム王朝権力が北部山地への支配拡張を画策し始めた18世紀後半〜19
世紀初頭の時代性を強く反映しているといえよう。本稿では各史料の性格
を論じることを目的としたため、各記述の詳細な分析には至らなかった。
この点は今後の課題としたい。


　　注
1)　現在のベトナムの地理区分では、北部山地(miền núi phía Bắc)は一般
　　的に西北地域(vùng Tây Bắc)と東北地域(vùng Đông Bắc)に分けられる。
　　本稿が分析対象とする18〜19世紀にこのような地理区分や行政単位は
　　存在しないが、説明の都合上、本稿では現在の地理区分を想定して西
　　北地域と東北地域という呼称を使用する。
2)　黎鄭政権期から省が設置された明命12年(1831)まで、最上級の地方行
　　政単位は「承宣」「鎮」「処」「道」と呼ばれ、諒山はその一つである。本稿
　　では煩を避けるため、当該時期の最上級の地方行政単位は「鎮」、鎮レ
　　ベルの地方官は「鎮官」と呼称する。
3)　本稿で(在地)首長という語を用いる場合、黎鄭政権期〜阮朝初期に藩
　　臣や輔導と呼ばれた者を指す。
4)　拙稿「十八世紀のベトナム黎鄭政権と北部山地——諒山地域の在地首長

## 3. 「地方史誌」の向かう先

の動向を中心に」(『東南アジア研究』57-1、2019年) 3-30頁および拙稿「18世紀のベトナム北部山地における軍政と在地首長——諒山地域を中心に」(『東南アジア——歴史と文化』49、2020年) 85-105頁。

5) 前掲拙稿「18世紀のベトナム北部山地における軍政と在地首長」94頁。

6) 宇野公一郎「ムオン・ドンの系譜——ベトナム北部のムオン族の領主家の家譜の分析」(『東京女子大学紀要論集』49(2)、1999年) 179-185頁および岡田雅志「タイ族ムオン構造再考——18-19世紀前半のベトナム、ムオン・ロー盆地社会の視点から」(『東南アジア研究』50-1、2012年) 32頁。

7) Victor Lieberman, *Strange Parallels: Southeast Asia in Global Context, c. 800-1830*, vol. 1: *Integration on the Mainland*, Cambridge: Cambridge University Press, 2003.

8) 本稿では、阮朝の北部掌握から明命帝(在位1820〜1841年)による本格的な行政改革が始まる1820年代後半より以前を阮朝初期と呼ぶ。

9) 漢喃研究院所蔵A.1220.

10) 漢喃研究院所蔵A.1129.

11) 現代ベトナムでは漢文・チュノムで記された史料を「漢喃史料(tư liệu Hán Nôm)」と呼ぶのが一般的であり、以後この呼称を使用する。なお本研究プロジェクトでは「地方史誌」という呼称が使用されているが、後述するようにベトナムで作成された特定の地方を主題とした漢喃史料は体裁や構成がバラバラであるため、安易に特定の呼称を用いて一括すべきではないと考える。実際、本稿で取り上げる『諒山団城図』は、「地方を歴史的に描く総合的書物」という地方史誌の定義に合致しない可能性が高い。そのため、本稿では「地方史誌」という呼称を使用しないことにする。

12) 現代ベトナムでは、行政単位ごとにクオックグー(アルファベット表記のベトナム語)の「地誌(địa chí)」を作成する風潮がある。本稿では漢喃史料のみを考察対象とする。

13) 管見の限り、現代ベトナム語の文献において最初にこの呼称を使用したのはチャン・ヴァン・ザップTrần Văn Giápの著作である (Trần Văn Giáp, *Tìm hiểu kho sách Hán Nôm: Nguồn tư liệu văn học, sử học Việt Nam* (漢喃書庫の考察：ベトナム文学・歴史学の資料), tập 1, Hà Nội: Thư viện Quốc gia, 1970, tr.350-383)。かつてフランス極東学院で勤務し、中国の目録学の知見にも精通しているチャン・ヴァン・ザップが本書でđịa phương chíの呼称を採用したのは、ベトナムの漢喃史料を分類するという現実的な必要性からだったと思われる。結果として、このđịa phương chíの呼称は、その後の漢喃研究院の研究者にも継承されることとなった。一例としてTrịnh Khắc Mạnh, "Khảo sát tài liệu Hán Nôm về dự địa chí hiện lưu giữ tại Viện Nghiên cứu Hán Nôm"(漢喃研究院に現在保管

される輿地誌に関する漢喃史料の考察）*Tạp chí Hán Nôm* 94, 2009, tr.11-28や、グエン・ティ・オワイン「ベトナム地方誌の編纂史について――漢喃研究院所蔵資料を中心に」（小二田章編『地方史誌から世界史へ――比較地方史誌学の射程』勉誠社、2023年）140-154頁など。

14）　ゴ・ティ・タイン・タムの論考のうち、本稿の内容と関連するものとして Ngô Thị Thanh Tâm, "Bước đầu khảo cứu tư liệu địa phương chí ghi chép về phong tục của một số tỉnh miền núi phía Bắc"（北部山地の一部の省の風俗を記した地方誌資料の初歩的考察）*Nghiên cứu Hán Nôm 2022*, Hà Nội: Nhà xuất bản Thế giới, 2022, tr.788-801および ibid., "Tìm hiểu tư liệu địa phương chí Hán Nôm tỉnh Cao Bằng"（カオバン省の漢喃地方誌資料の考察）*Tạp chí Hán Nôm* 180, 2023, tr.46-66がある。特定の地方を主題とした漢喃史料を取り上げたゴ・ティ・タイン・タムの論考としては、ほかに Ngô Thị Thanh Tâm, "Giới thiệu văn bản *Ban thành đại đáp*"（『班城代答』の紹介）*Tạp chí Hán Nôm* 169, 2021, tr.62-72などがある。

15）　岩月純一「現代ベトナムにおける「漢字・漢文」教育の定位」（『中国――社会と文化』28、2013年）28-30頁。

16）　Trần Nghĩa, "Nhận thức lại ngành Hán Nôm sau 20 năm công tác"（20年勤務後漢喃研究を振り返る）*Tạp chí Hán Nôm* 42, 2000（http://www.hannom. org.vn/web/tchn/data/0001.htm、最終閲覧日2024年3月31日）．

17）　2015年から漢喃研究院院長を務めるグエン・トゥアン・クオン Nguyễn Tuấn Cường がベトナム国内のプロフェッショナルな漢喃研究者の総数は150人を超えないと推測しているが（Nguyễn Tuấn Cường, "Lĩnh vực nghiên cứu Hán Nôm nhìn từ bối cảnh đầu thế kỷ XXI"（21世紀初頭の背景から見た漢喃研究の領域）*Tạp chí Hán Nôm* 141, 2017, tr.7）、グエン・トゥアン・クオンが漢喃研究者として挙げる中に歴史研究者は含まれていない。ごく少数の例外を除いて、大多数の歴史研究者は漢喃史料を読めないと考えてよいだろう。ベトナムの人文学者の多くが漢喃史料を読解できない状況に対する危機感は、ベトナムの人文学者からも提起されている。前掲岩月純一「現代ベトナムにおける「漢字・漢文」教育の定位」30-32頁参照。

18）　何度かの改組を経て、2024年3月時点では、研究室として書籍学室（Phòng Thư tịch học）、銘文学室（Phòng Minh văn học）、文字学室（Phòng Văn tự học）、版本学室（Phòng Văn bản học）、比較文献学室（Phòng Văn hiến học so sánh）が設置されており、本稿脱稿時点で一室ごとの構成員は5～6人ほどである（http://www.hannom.org.vn/default.asp?CatID=3、最終閲覧日2024年3月31日）。過去の漢喃研究院の研究班／室の変遷や研究成果については、前掲 Trần Nghĩa, "Nhận thức lại ngành Hán Nôm sau 20 năm công tác" および Trịnh Khắc Mạnh, "45 năm Viện Nghiên cứu Hán

## 3. 「地方史誌」の向かう先

Nôm"（漢喃研究院の45年）*Tạp chí Hán Nôm* 133, 2015, tr.7-8 を参照。なお「地方誌」の研究を進めるゴ・ティ・タイン・タムは書籍学室所属である。

19）　たとえば近年の論考でゴ・ティ・タイン・タムは高平鎮（省）に関する漢喃史料を取り上げているが（前掲Ngô Thị Thanh Tâm, "Tìm hiểu tư liệu địa phương chí Hán Nôm tỉnh Cao Bằng"）、阮朝期の高平省に関するグエン・ティ・ハイの研究は参照されていない（Nguyễn Thị Hải, *La marche de Cao Bằng: la cour et les gardiens de frontière, des origins aux conséquences de la réforme de Minh Mạng*, Paris: Press de l'Inalco, 2018）。また北部山地に関する漢喃史料を取り上げた論考においても、筆者の研究を含め北部山地に関する歴史学的研究は一切参照されていない（前掲Ngô Thị Thanh Tâm, "Bước đầu khảo cứu tư liệu địa phương chí ghi chép về phong tục của một số tỉnh miền núi phía Bắc"）。

20）　代表的論者が、山地を平野部国家による支配を逃れた人々が集う地域と捉え、山地住民の独特な行動原理や生存戦略を論じたスコットである。James C. Scott, *The Art of Not Being Governed: An Anarchist History of Upland Southeast Asia*, New Haven: Yale University Press, 2009.

21）　Bradley Camp Davis, "The Production of Peoples: Imperial Ethnography and the Changing Conception of Uplands Space in Nineteenth-Century Vietnam" *The Asia Pacific Journal of Anthropology* 16(4), 2015, pp.323-342. なお『興化記略』については、同書の考証学的側面を論じた Kathlene Baldanza, "Books without Borders: Phạm Thận Duật (1825-1885) and the Culture of Knowledge in Mid-Nineteenth-Century Vietnam" *The Journal of Asian Studies* 77(3), 2018, pp.713-740 もある。

22）　前掲Trần Văn Giáp, *Tìm hiểu kho sách Hán Nôm*, tr.381-382.

23）　前掲Trần Văn Giáp, *Tìm hiểu kho sách Hán Nôm*, tr.381-382.

24）　Nguyễn Minh Tường, *Cải cách hành chính dưới triều Minh Mệnh*（明命朝下の行政改革）. Hà Nội: Nhà xuất bản Khoa học xã hội, 1996, tr.124-127 を参照。

25）　Võ Vinh Quang, "Tìm hiểu văn bản *Lạng Sơn Đoàn thành đồ* của Nguyễn Nghiễm"（阮儼『諒山団城図』の考察）*Thông báo Hán Nôm học năm 2014*, Hà Nội: Nhà xuất bản Thế giới, 2015, tr.679-687 は本史料全体が阮儼によって編纂され、20世紀初頭にフランス極東学院によって書写されたとしているが、ここで述べた如清使節など阮儼死後の情報が含まれているため、この説は成立しない。

26）　『諒山団城図』表紙。

27）　『大越史記全書続編』巻4、景興14年（1753）3月条にも「以香嶺侯枚世準督鎮諒山」とある。

28）　諒山鎮の動乱については拙稿「十八世紀のベトナム黎鄭政権と北部山

18世紀後半～19世紀初頭に成立したベトナム北部山地関連史料について（吉川）

地」15-16頁。

29） 前掲Trần Văn Giáp, *Tìm hiểu kho sách Hán Nôm*, tr.381.

30） 『諒山団城図』第2葉表～裏。

31） 『大越史記全書続編』巻2、保泰2(1721)年8月条で駅法が定められている。

32） 『諒山団城図』第3葉表～5葉表。

33） 『北使通録』巻1、第71葉表～裏（漢喃研究院所蔵A.179）。

34） 諒山鎮禄平州屈舎社韋氏家譜「韋家譜記」（ランソン省博物館所蔵）に収録される景興6(1745)年の諒山督鎮宛ての申式文書でも同様である。拙稿「十八世紀のベトナム黎鄭政権と北部山地」20頁。

35） 『各鎮総社名備覧』京北鎮、保禄県、住佑総（漢喃研究院所蔵A.570）。

36） 『大南一統志』巻38、北寧省上、建置沿革、第2葉裏～3葉表（東洋文庫所蔵X-2-28）。なお水路についての記述において鎮城からキークーン河を遡り「広安処」先安州定立社に至ることが記されているが、広安は黎鄭政権期には安広という名称であり、明命3年に広安に改称している（『大南一統志』巻30、広安省、建置沿革、第103葉表～裏）。すなわち京北鎮と広安処という名称は同時に存在しないことになり、おそらく広安処は安広処の誤写だと考えられる。

37） 『諒山団城図』第5葉表～6葉裏。

38） 前掲拙稿「18世紀のベトナム北部山地における軍政と在地首長」90-93頁。

39） 黎鄭政権期の首長の肩書は前掲拙稿「18世紀のベトナム北部山地における軍政と在地首長」90-93頁を参照。阮朝初期の「便宜」を冠する官職については拙稿「19世紀初頭のベトナム北部山地における阮朝の支配の変遷」（『東南アジア研究』60-2、2023年）140-144頁を参照。

40） 『諒山団城図』第6葉裏～7葉表。

41） 『諒山団城図』第7葉裏～10葉裏。

42） 桜井由躬雄『ベトナム村落の形成――村落共有田＝コンディエン制の史的展開』（創文社、1987年）393-395頁および嶋尾稔「阮朝――「南北一家」の形成と相克」（池端雪浦など（編）『岩波講座東南アジア史第5巻 東南アジア世界の再編』岩波書店、2001年）30頁。

43） 岡田雅志「近世ベトナム国家の異民族観の変容と越境者――内なる化外たる儂人をめぐって」（『待兼山論叢』（史学篇）50、2016年）23-29頁。

44） 『諒山団城図』第10葉裏～12葉表。

45） 「求封使事」は通常の「使事」と別項目になっており、かつ支出額も通常の「使事」より莫大であるため、清朝から派遣された冊封使（後述）の迎接・歓待に要した費用が含まれているのかもしれない。

46） 「内准使事銭八十貫六陌、由謁告霊祠諸礼与買江銀打発内地南関隘目、

263

3. 「地方史誌」の向かう先

又銀十三錠」(『諒山団城図』第11葉表)。

47) 『北使通録』巻1、第39葉表～40葉裏および『歴朝憲章類誌』巻47、邦交志、貢聘之礼(東洋文庫所蔵X-2-38)。なお『歴朝憲章類誌』記載の情報は、黎鄭政権期の特定の使節団の事例をそのまま引き写したものと考えられる。

48) 『阮朝硃本』明命第36集、第477葉表～478葉裏。

49) 『諒山団城図』第12葉裏。

50) 『諒山団城図』第13葉表～裏。

51) 『大南寔録』正編、第一紀、巻23、嘉隆3(1804)年正月条、第1葉表～4葉表。

52) 『大南寔録』正編、第一紀、巻19、嘉隆元(1802)年11月条、第9葉裏～10葉裏。

53) 『諒山団城図』第13葉裏～15葉表。

54) 拙稿「十八世紀におけるベトナム黎鄭政権の文書行政と対清関係——中越境界地帯の在地首長の役割を中心に」(『東アジアの思想と文化』12、2021年)12-13頁および拙稿 "Report Documents of Vietnamese Diplomatic Envoys Dispatched to the Qing During the Eighteenth and Nineteenth Centuries" *Thang Long Journal of Science : Van hien and Heritage,* 4(10), 2023 , pp.1-17.

55) 『諒山団城図』第16葉表～28葉表。

56) 『皇越一統輿地志』巻4、諒山鎮駅路および巻10、諒山鎮実録(重慶：西南師範大学出版社、2015年)。

57) たとえば鎮南関について記した「関上有飛楼、楼上扁外題「鎮南関」三字、内題「中外一家」四字」(『諒山団城図』第24葉表)の下線部分など。

58) 増補された内容が阮朝初期で終わっているのは、阮朝による1820～1830年代の行政改革以後は行政文書制度が整えられ前例を記録しておく仕組みが確立されたため、鎮官がわざわざ自身で情報を記録しておく必要性が減じたためかもしれない。

59) ただしチャン・ヴァン・ザップが記すように、『高平実録』が作成される以前に作成された潘黎藩(1734～1809年)『高平録』なる書物の存在が『歴朝憲章類誌』に記載されている。その内容は現在に伝わっていないが、『歴朝憲章類誌』によると3巻からなり、巻一は莫氏残党の事跡、巻二は山川・神霊、巻三は物産・風俗について記述していたという。前掲 Trần Văn Giáp, *Tìm hiểu kho sách Hán Nôm,* tr.361.

60) 前掲 Trần Văn Giáp, *Tìm hiểu kho sách Hán Nôm,* tr.363 および前掲 Nguyễn Thị Hài, *La marche de Cao Bằng,* pp.113-116. 嘉隆3年の帰国については『大南寔録』正編では第一紀、巻25、嘉隆3(1804)年8月条、第5葉表～裏に記録されている。なお清朝側の史料によれば、清朝亡命後閩阮偱(阮祐偱)は江南へ送られたという。綿貫哲郎「安南黎氏佐領編設始末

264

考」(『史潮』64、2008年)49-52頁。

61) 前掲Nguyễn Thị Hải, *La marche de Cao Bằng*, pp.113-116.

62) 前掲Nguyễn Thị Hải, *La marche de Cao Bằng*, pp.103-134.

63) Nguyễn Duy Chính, *Việt-Thanh chiến dịch*(越清戦役), Hồ Chí Minh : Nhà xuất bản Văn hóa-Văn nghệ, 2016, tr. 31.

64) 前掲拙稿「19世紀初頭のベトナム北部山地における阮朝の支配の変遷」130-136頁。

65) 「余少時従師、間観章句、略知其蘊奥。但円冠絢褸、実慚難補於章縫。年及日成、欽襲世職、惴以期[斯]土従無記録。遂撼旧実而削正之、彙来遺紙参訂見聞、乃改玉維新沿革益異。若其不亟蒐輯、則名跡日湮、後之執簡者、殊囍於攎拾矣。茲喜逢我朝盛世、因蒐索実録彙成書。且措辞未工、権作飛鴻爪印、敢浴筆以竢後之君子、或一二同志、有所参考云耳」(『高平実録』第2葉表〜裏)。

66) 「夫録者、詳其事実而記之也」(『高平実録』第1葉表)。

67) ただし本書とほぼ同時期の阮朝初期に成立した祭祀台帳『南越神祇会籙』には、これらの神祠は記されていない。なお『南越神祇会籙』は景興24(1763)年の年紀を持つが、実際は阮朝初期の成立であることがTrần Trọng Dương & Dương Văn Hoàn (biên dịch và khảo cứu), *Nam Việt thần kỳ hội lục*, Hà Nội: Nxb Đại học Sư phạm, 2022で指摘された。

68) 「観其智高之勲宋英勇無雙、智遠之堅心忠誠不二、陳堅・陳貴除害安民、徳沢永銘而不朽、符勝・符鉄秉心帰正、英雄氣胆以非常、陳公之勇敢尤嘉、黄陸之雄心最烈、烈快沢侯廉明為政、無一人之私言当世声名、有四州之戴徳、与夫官朝以魚潤得奇遇也、神解衣而衣之偸庫帑給豪俠之財、駆宋兵贓穿蔵之咎、卒建大勲、而洪[紅]蓮公主得以乗龍栄配。即此諸神有挺秀之俊奇、皆精英之鍾毓、保国盤[盂]安、斯民永奠享血食者、故其宜矣」(『高平実録』第1葉裏〜2葉表)。

69) 『高平実録』第31葉表〜裏には「天和事跡」と題し、莫氏が高平鎮を占拠した際に抵抗した石林州峙和社人農貴虎の事跡が記載されている。

70) 現カオバン市ヴィンクアンVĩnh Quang社に位置するキーサムKỳ Sầm祠に当たる。

71) 儂智高については河原正博『漢民族華南発展史研究』(吉川弘文館、1984年)313-345頁参照。

72) 「夫一智高也、与宋争衡十有余年、宋之君臣深以為憂、以天下之大而力不能制、則智高之英雄驍勇、大過於人者矣。迹其智高之氣勢強哉矯強哉矯、是智高之強歟、抑南方之強歟。然智高所有五十余州之土宇、統有十万鉄突之雄兵、而後反為狄青所敗、蓋天猶有宋、而限南北故也。其運数必有以待夫有為之君者乎」(『高平実録』第8葉裏〜9葉表)。

73) 現代ベトナムにおける儂智高信仰については伊藤正子『エスニシティ

265

3. 「地方史誌」の向かう先

〈創生〉と国民国家ベトナム──中越国境地域タイー族・ヌン族の近代』
(増補改訂版、三元社、2022年)335-357頁参照。

74) 『大南一統志』巻42、高平省、祠廟、第61葉表〜62葉裏。

75) 『南越神祇会籙』第5葉裏〜6葉表では上列で黎太祖高皇帝祠が挙がっ
ており、高平鎮石林州那呂芳[坊]に位置すると記されている。阮朝初
期の情報を記載する『北城地輿誌録』巻12、高平鎮、第10葉表〜裏(漢
喃研究院所蔵A.1565)にも黎太祖皇帝廟として記載されている。

76) ベトナムにおける朱子家礼の受容については、嶋尾稔「ベトナムの家
礼と民間文化」山本英史(編)『アジアの文人が見た民衆とその文化』(慶
應義塾大学言語文化研究所、2010年)101-143頁および同「ベトナムにお
ける家礼の受容と改変──祝文を中心に」吾妻重二・朴元在(編)『朱子
家礼と東アジアの文化交渉』(汲古書院、2012年)221-238頁など参照。

77) 「石林州上畔之民、風俗質朴、心存義氣、田広人勤、婚葬礼用文公、
農竣以漁、夫張網婦掉筏、年壮者遊佃于野。石林州下畔民俗人多巧詐、
勤於織絹。広淵州、其州多石嶺田坎高低、民俗尚巫、病禱鬼、口利而
心中狐信、常有果敢之人。上琅州、聯州山石、田畔夷平、民崇巫而不
重薬。皆信于魅、婦有病宰猪鶏而禱、言語嘔呴、胸中狙詐。…(中略)
…下琅州也民俗尚鬼、病則問巫、其心偏吝譎詐、好訟也。…(後略)…」
(『高平実録』第52葉裏〜53葉裏)。

# オスマン帝国における「一統」の在り方
―― 『国家年鑑』と『州年鑑』

大河原知樹

## はじめに

中国では、「一統」の原義である「天下」という地理空間が「一つの政権」のもとに統一されたときに、王朝が自らの領域の全体を明示すべく、各地域の歴史とデータを集積し作り上げた総合的書物を「一統志」という[1]。小二田の提唱する一統志と地方史誌の世界的な比較の材料を、イスラーム世界から提供することが本稿の主たる目的である。イスラーム世界では、羽田の定義する地理書の古典時代(西暦9〜10世)に、バルヒー学派と称される学者たちが、主として古代ギリシアの世界地理概念を継承し、アッバース朝カリフの都が所在するイラクを「世界の中心」とする「イスラームのくにmamlakat al-islām, bilād al-islām」を扱う地理書を著したが、そこには明確な「一統」意識は見受けられない[2]。

史上稀に見る時間と空間を有するオスマン帝国(1300頃〜1922)では、遅くとも17世紀末にはオスマン帝国の公式の歴史を編纂する修史官vakʿanüvisがおり、彼らの手になる「正史」がオスマン王朝の正統性や世界観を表した[3]。そのオスマン帝国でも、一統志に比すことのできる書物は19世紀より前には存在しなかった[4]。

タンジマート改革期(1839〜1876)、オスマン帝国は1846年から帝国全体を扱う『国家年鑑』、1866年からは、地方州ごとに編纂させた『州年鑑』の刊行を開始する。これらの年鑑こそ、オスマン帝国の「一統志」と言いうる史料だと筆者は考える。無論、19世紀という時代、オスマン帝国という場所、西洋化、近代化の圧力の下という状況、どれをとっても一統志と単

純に比較することはできない。そこで、筆者は、オスマン帝国が、年鑑の編集刊行で、いかなる「一統」イメージを読者に発信しようとし、それが地方においてどう受容され、どのような反応を見せたかというテーマに絞って考察する。

このようなテーマは、年鑑を使った研究に関しては、管見の限り存在しない。なぜなら、『国家年鑑』および『州年鑑』は、そこに収録されている詳細な行政機構の役職・人名一覧、地図、豊富な各種統計データが、主に政治、社会、経済研究のために用いられ、「歴代君主一覧」「世界諸史総合」「王統譜」といった部分は、研究者には「無用」のデータであった。本稿は、こうした「無用」のデータを、「一統」という観点から研究することで、オスマン帝国の年鑑研究の新たな可能性も提示したい。

# 1. オスマン帝国の年鑑

## (1)『国家年鑑』

オスマン帝国の年鑑は、サルナーメ salname という。これは、ペルシア語由来のオスマン・トルコ語の「年 sal」と「書 name」の合成語である[5]。最初に刊行されたのは、『国家年鑑 Salname-i Devlet, Devlet Salnamesi』である。年鑑刊行は、アブデュルメジト（在位1839〜1861）治世下のタンジマート改革の一事業として開始されたが、既に先代マフムト2世（在位1808〜1839）が試みていた洋式改革の継承事業ともいえる[6]。

『国家年鑑』は、ヒジュラ暦（イスラーム太陰暦：以下AH）1263（1847/48）年を扱う第1巻以降、AH1336（1917/18）年を扱う第68巻まで、約70年にわたって刊行された。携帯に便利な小型サイズで、第35巻までは石版印刷（リトグラフ）、以降は活版印刷である。第1巻は173頁で、その構成は掲載順に次のとおりである：緒言、暦、政府高官、帝室掛、行政官僚、軍人、司法官僚、非ムスリム聖職者、地方官吏、外国駐在オスマン大使・領事等、帝国駐在外国大使、通貨、郵便・船便、月食・日食、欧州各国元首、欧州各国事情。

まずは緒言をみよう。

　帝王御代の幾多の偉業に加えるべく、帝の恩寵を得たこの年鑑を編纂

オスマン帝国における「一統」の在り方（大河原）

編集し、通信ほかの業務に関して、何人でも簡易簡便に使用することができるよう、至高国家の閣僚および帝都や地方の政府高官・官吏ならびに諸外国の駐在大使・官吏をそれぞれ一覧とした。国外についても、一般的な知識を与えるべく、欧州の国家元首・大臣および概括的な社会状態 bir nebze ahval-ı mülkiye を説明した。さらに、月日を示す暦 takvim のようなものを加え、帝国の地方のいくつかで開催される大市や祝祭を一覧にした。紙面節約のためギリシア［教会］はレ(R)、アルメニア［教会］はエリフ(A)、東方典礼カトリック［教会］はカフ(Q)、ユダヤ［教会］はイェ(Y)、ローマ・カトリック［教会］はラム(L)の文字で示した。欧州諸国の収支は、原表示を換算して理解可能になるように、オスマン通貨の換算金額を、通貨価値は国家造幣局規則に依って示した。帝国地方で業務を行う陸路郵便および帝国・外国船舶の往来をそれぞれ掲載した。この年鑑は毎年印刷刊行し、本年のみで完結しないがゆえに、将来に期待を込めて敢えて言えば、より完成度が増すであろうことは明白である[7]。　　　　（［　］は筆者による挿入。以下同じ）

「暦」の部は23頁(全体の約13%)で、ヒジュラ暦(AH)、財務暦、西暦の3つの暦を対照することができ、曜日およびムスリムの礼拝時刻を記載するほか、イスラーム、キリスト教、ユダヤ教の主要な祝祭日、定期開催の大市、雨風等の気候や冬眠啓蟄等の歳時記も書かれている[8]。次いで帝国官吏の官位と名前を記す人名録が72頁(約42%)掲載され、その末尾には帝国駐在外国大使の人名録もついている。

巻末には、41頁(約24%)に及ぶ欧州元首および各国事情の項目があり、欧州の王族・貴族、行政、軍隊、外交使節の人名録および国別の統計データがある。たとえばギリシア王国の項目では、閣僚名、国土面積、人口、国家歳入、陸海軍規模が記載されている。緒言にもある通り、読者に対して、国内のデータを提供するとともに、国外情勢についても、基本的な情報を読者に提供する意図があった。

第2巻以降に追加された内容を、筆者なりに分類すれば、次のようになるだろう：官吏の業務に役立つ情報(当該年の暦、各種暦の年換算表、官職に用いるべき敬称一覧)、世界情勢(当初は欧州のみ、後に他の地域情勢も加えられる)、イスタンブルや地方の情報(イスタンブルの学校一覧、都市評議会、図書館

269

3.「地方史誌」の向かう先

一覧、劇場一覧、一年間の出版物・新聞雑誌一覧、地方都市の刊行物や新聞一覧、学校一覧、地方行政区分一覧)、世界諸史総合、オスマン朝歴代君主一覧、その他。これらの情報の中では、行政の手引きの域を超えると思われるほどの、過剰なイスタンブル情報が特筆に値する[9]。

『国家年鑑』の構成として、最終巻まで一貫していたのは、「暦」と帝国官吏の官位と名前を記す「人名録」のみであり、ほかの内容は巻によってさまざまであった。第1巻緒言では「この年鑑は毎年印刷刊行し、本年のみで完結しない」との表現があるが、「より完成度が増す」ように、最後まで試行錯誤がつづけられたと考えることもできよう。

### (2) フランスの王国年鑑

オスマン帝国の『国家年鑑』には「お手本」があった。第1巻刊行からほどない1848年、そのフランス語訳をパリで刊行したフランスの東洋学者ビアンキ Thomas Xavier Bianchi (1783〜1864)[10]は、『国家年鑑』を「形式的にも実質的にも、昔の王国年鑑 Almanach Royal の模倣である[11]」と分析している。

年鑑 Almanach は、中世ヨーロッパで歳時記、季節暦といった意味で用いられてきた語であり、暦 Calendrier と言われることもあった。語源は不明で、一説には、アラビア語の「気候 al-manākh」に由来するともいう。フランスの王国年鑑は、1683年以来刊行されていた。当初は暦や季節に関する情報を主とし、フランスの地名一覧などを付した簡素な冊子だったが、1700年にルイ14世によって「王国年鑑」のタイトル使用を許されたときから、民間の出版事業ながらもフランス王室や王国の高位高官、高位聖職者、元帥や軍将校ほかの人名一覧を掲載し、「準」公的な性格を有する出版物となった。

図1 フランス『王国・国家年鑑』(1831年)表紙 (*Almanach royal et national pour l'an MDCCCXXXI [1831]*, Paris: A. Guyot et Scribe, 1831, 東北大学図書館所蔵)

270

タイトルは時代によって変遷があり、ビアンキが翻訳を出版したのはフランス七月王政(1830〜1848)時代であるが、当時の年鑑は、『王国・国家年鑑 Almanach Royal et National』と呼ばれていた。たとえば1845年の年鑑は、全体で1119頁もある大部な冊子であり、当該年の暦のほか4部構成で、第1部がフランス王室と欧州を中心とした君主・元首、枢機卿、外国大使、フランス大使、閣僚、ドイツ連邦議員、第2部が廷臣 Maison du Roi、第3部が政府 Gouvernement、第4部が省庁ほかの諸々の機関であり、最後にアルファベット順の簡易索引が付いている[12]。

### (3)『国家年鑑』の編集を担った人々

オスマン帝国の『国家年鑑』刊行事業を担っていたのは、どのような人々だったのか。上述のビアンキは、この刊行事業が「政府の翻訳局首席通訳の下、主に通訳官ヴェフィク・エフェンディの良識ある熱意 zèle éclairé により進んでいる[13]」と記している。この通訳官ヴェフィク・エフェンディとは、後にタンジマート期の重要官僚となるヴェフィク・パシャ Ahmet Vefik Paşa(1823?〜1891)である。ヴェフィクは、やはり通訳であった父の勤務地のフランスで教育を受けた後、外務省翻訳局に入り、諸外国との外交交渉を担当した後に、行政、司法、立法を含む幅広い分野で政府に関わった人物である[14]。ほかの編集者に、同じくタンジマート期の重鎮ジェヴデト・パシャ Ahmet Cevdet Paşa(1822〜1895)がいる[15]。

当初は外務省翻訳局が中心となって実施された刊行事業は、1870年代、おそらく AH1290(1873/74)年を扱う

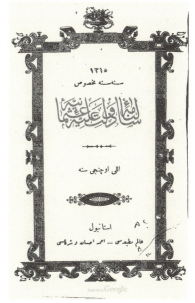

図2 『国家年鑑』第53巻(AH1315年)表紙
(*Salname-i Devlet-i Aliye-i Osmaniye*, vol.53, AH1315, https://www.google.co.jp/books/edition/Salname_yi_Devlet_i_Aliye_yi_Osmaniye/kckpAAAAYAAJ?hl=ja&gbpv=1&dq=salname&printsec=frontcover)

第28巻の編集から教育省に移管され[16]、AH1306(1888/89)年を扱う第44巻の編集からは、人事局Sicill-i Ahval Dairesiの管轄となった。人事局は、閣僚、軍人、官吏等の人名録を見やすくしてレイアウトを刷新したほか、それまでやや過剰であった帝都イスタンブルの情報掲載を止めた。最後に、AH1315(1897/98)年を扱う第53巻から、編集が国家年鑑局Salname-i ‘Umumi Te’sisiに移管され、レイアウトや目次などにさらなる刷新が加えられた。

### (4)「歴代君主一覧」と「世界諸史総合」──「一統」イメージ発信の試み

「歴代君主一覧」

半世紀余りのあいだに外務省翻訳局から教育省、人事局、国家年鑑局と、めまぐるしく編集担当部局が変わった『国家年鑑』だが、その中で、フランスの王国年鑑には存在しないが、オスマン帝国の『国家年鑑』には掲載されている項目は、編集担当が特に重視していた可能性がある。本稿は、そのうちの「歴代君主一覧」と「世界諸史総合」に着目する。両者は、『国家年鑑』の読者層である配布先の官吏、軍人および販売先の臣民に、帝国政府の描く「一統」イメージを発信する目的があったと思われるからである。

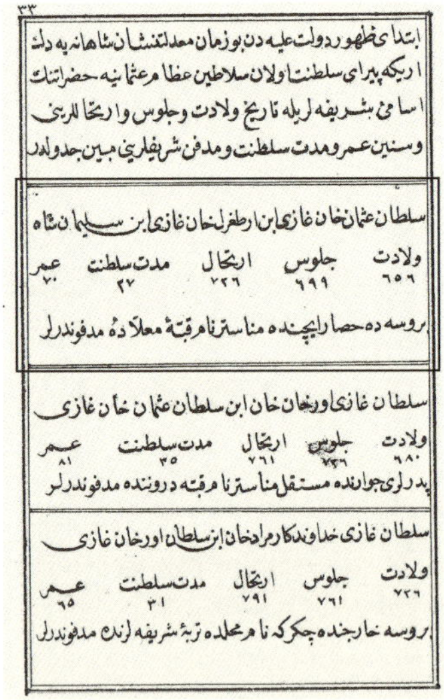
٣٣

ابتداء ظهور دولت علیه دن بو زمان معدلتنشان شاهانه یه دك اریکه پیرای سلطنت اولان سلاطین عظام عثمانیه حضراتنك اسامی شریفه لریله تاریخ ولادت وجلوس وارتحاللرینی وسنین عمر ومدت سلطنت ومدفن شریفلرینی مبین جدوللر

سلطان عثمان خان غازی ابن ارطغرل خان غازی ابن سلیمان شاه

| ولادت | جلوس | ارتحال | مدت سلطنت | عمر |
|---|---|---|---|---|
| ٦٥٦ | ٦٩٩ | ٧٢٦ | ٢٧ | ٧٠ |

بروسه ده حصار ایچنده مناستر نام قبهٔ معلاده مدفوندرلر

سلطان غازی اورخان خان ابن سلطان عثمان خان غازی

| ولادت | جلوس | ارتحال | مدت سلطنت | عمر |
|---|---|---|---|---|
| ٦٨٠ | ٧٢٦ | ٧٦١ | ٣٥ | ٨١ |

پدرلری جوارنده مستقل مناستر نام قبه درونده مدفوندرلر

سلطان غازی خداوندکار مرادخان ابن سلطان اورخان غازی

| ولادت | جلوس | ارتحال | مدت سلطنت | عمر |
|---|---|---|---|---|
| ٧٢٦ | ٧٦١ | ٧٩١ | ٣١ | ٦٥ |

بروسه خارجنده چکرکه نام محلده تربهٔ شریفه لرنده مدفوندرلر

図3 「歴代君主一覧」囲み箇所がオスマン1世の事績(*Salname[-i Devlet-i Aliye-i Osmaniye]*, vol.8, AH1270, p.33, courtesy of: İslam Araştırmaları Merkezi (İSAM) Kütüphanesi)

「歴代君主一覧」掲載以前、「暦」の部には日付の左余白欄に「特記すべき有名な日」として季節の到来、祝祭や市場の開催日が設けられていたが、AH1266(1850/51)年を扱う第4巻から、一部の君主の誕生・即位・崩御や戦勝などの情報が加えられた。たとえば、ムハッラム月4日に「スルタン・マフムト1世誕生、[AH]1108[1696年]」、同月6日に「ガージ・スルタン・ムラト[2世]崩御、[AH]855[1451年]」、同月16日に「スルタン、征服者メフメト[2世]即位、[AH]855[1451年]」と書かれている[17]。その4年後のAH1270(1854/55)

年を扱う第8巻において、君主の基本的な情報だけを別項目とする形で、「歴代君主一覧」が登場した。たとえば、始祖オスマン1世は「スレイマン・シャーの子エルトゥールル・ハーン・ガージの子スルタン・オスマン・ハーン・ガージ、［AH］656［1258年］誕生、［AH］699［1299/1300年］即位、［AH］726［1326年］崩御、在位27［年］、享年70［才］、ブルサ市壁内マナストゥルという名の高い丸屋根の場所に埋葬された[18]」と書かれている。

このように、「歴代君主一覧」は、ごく簡単な系譜と生没年、在位年数、享年、墓廟の在処からなる。これは、臣民がオスマン王家歴代君主の概要を理解するのに都合がよい。墓廟の場所が書かれているのは、臣民が君主の廟に「参詣」する際の手引だと考えられる。

ただし、「歴代君主一覧」は、オスマン王家の正統性や由緒正しさを証明する目的で掲載されたものではない[19]。かつての、15世紀、16世紀といった時代にあっては、オスマン王家の高貴な血統を示すことに関心が払われ、聖書に由来する系統（ヤペテまたはエサウ）やトルコ民族に由来するオグズの系譜をオスマン王家の祖とする系譜操作が盛んにおこなわれたこととは対称的である。ただし、これは後にみるように時代とともに変化する。

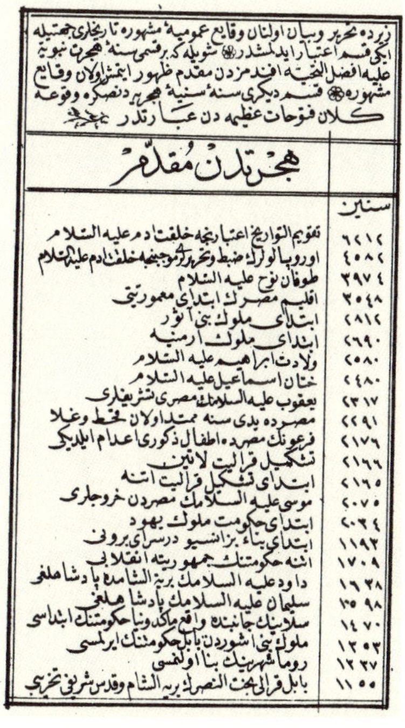
زبده تحریر وبیان اولنان وقایع عمومیه مشهوره تاریخلری جمعیله ایکی قسم اعتبار ایدلمشدر ❀ شویله که برقسمی سنه هجرت نبویه علیه افضل التحیه افندمزدن مقدم ظهور ایتمش اولان وقایع مشهوره ❀ قسم دیکری سنه سنیه هجریه دنصکره وقوعه کلان فتوحات عظیمه دن عبارتدر

| هجرتدن مقدم | سنین |
|---|---|
| تقویم التواریخ اعتبارنجه خلقت آدم علیه السلام | ٦٢١٢ |
| اوروپالولرك ضبط وتحریرلری موجبنجه خلقت آدم علیه السلام | ٤٥٨٢ |
| طوفان نوح علیه السلام | ٣٩٧٤ |
| اقلیم مصرك ابتدای معموریتی | ٣٠٤٨ |
| ابتدای ملوك بنی آثور | ٢٨١٢ |
| ابتدای ملوك ارمنیه | ٢٦٩٠ |
| ولادت ابراهیم علیه السلام | ٢٥٨٠ |
| ختان اسماعیل علیه السلام | ٢٤٨٠ |
| یعقوب علیه السلامك مصری تشریفلری | ٢٣١٧ |
| مصرده یدی سنه ممتد اولان قحط وغلا | ٢٢٩١ |
| فرعونك مصرده اطفال ذکوری اعدام ایلدیکی | ٢١٧٦ |
| تشکیل قرالیت لاتین | ٢١٦٦ |
| ابتدای تشکیل قرالیت آتنه | ٢١٦٥ |
| موسی علیه السلامك مصردن خروجلری | ٢٠٧٥ |
| ابتدای حکومت ملوك یهود | ٢٠٦٤ |
| ابتدای بناء بزانسیو درسرای برونی | ١١٩٣ |
| آتنه حکومتنك جمهوریته انقلابی | ١٧٠٩ |
| داود علیه السلامك بریة الشامده پادشاهلغی | ١٦٢٨ |
| سلیمان علیه السلامك پادشاهلغی | ١٥٩٨ |
| سلانیك جانبنده واقع ماکدونیا حکومتنك ابتداسی | ١٤٧٠ |
| ملوك بنی آشوردن بابل حکومتنك آیرلمسی | ١٣٠٣ |
| روما شهرینك بنا اولنمسی | ١٢٣٧ |
| بابل قرالی بخت النصرك بریة الشام وقدس شریفی تخریبی | ١١٥٥ |

図4　「世界諸史総合」（*Salname[-i Devlet-i Aliye-i Osmaniye]*,vol.28, AH1290, p.18: https://www.google.co.jp/books/edition/Salname_yi_Devlet_i_Aliye_yi_Osmaniye/29YpAAAAYAAJ?hl=ja&gbpv=1&dq=salname&printsec=frontcover）

## 「世界諸史総合」

『国家年鑑』の時代、オスマン王家の正統性の問題は複雑であった。バルカンでは諸民族のナショナリズムが勃興し、1820年代のギリシア独立戦争がギリシア王国の成立に終わり、ほかの民族も不穏な動きを見せる中、オスマン帝国が

### 3. 「地方史誌」の向かう先

その支配の正統性を示すには、単なる王家の血統の正統性でなく、帝国臣民が共有可能な「歴史」をこそ提示する必要があった。聖書やトルコ系の子孫を示す系譜では、支配下の諸民族を統べる正統性を示すのには十分ではない。

「世界諸史総合Takvim-i tevarih」の部は、オスマン帝国の歴史を世界史に関連させる年表であり、AH1267(1851/52)年を扱う第5巻から掲載された[20]。この「世界諸史総合」は、イスラームの預言者ムハンマドのメディナ聖遷であるヒジュラ紀元の暦を用い、ヒジュラ紀元前(BH)6212(BC5406/05)年のアダム創造(世界創世)から始まる41の事件と、ヒジュラ紀元後AH1263(1847)年のリュシュディエ校[21]設置までの109の事件の計150の事件を、世界史上の事件の中から選んで掲載している[22]。内容を分類すると、文明、国、王朝の興亡43事件(28.7%)、戦争や征服活動35事件(23.3%)、文化・学問、発明・発見27事件(18%)、都市や建物の建設17事件(11.3%)、自然災害等16事件(10.7%)、人物の誕生・逝去12事件(8%)である。重複はあるものの、オスマン帝国に関する項目は41事件(27.3%)と多く、(ビザンティウム、コンスタンティノープルを含む)イスタンブル市関連の項目も20事件(13.3%)と目を引く。

聖書の事件(アダムの創造やノアの洪水など)、ペルシアやギリシア、ローマなどの歴史、イスラーム史のほか、主にヨーロッパにおける事件(諸王国の建国など)も適宜記載する形で事件を年表形式で示している[23]。ほかにも、さまざまな発明(ガラス、羽根ペン、紙、時計、火薬、眼鏡、アストロラーベ、大砲、印刷術、新聞、気球、電信、鉄橋、蒸気船)や地理上の発見(ヴァスコ・ダ・ガマの喜望峰ルート発見、コロンブスのアメリカ発見)のほか、オスマン帝国とロシア帝国における法典制定が年表に加えられていることも特徴である。これらは近代文明や文化に相応しい項目と考えられたからであろう。ただし、イスラーム勃興期の西暦600年前後にまとめてヨーロッパ諸王国(ポーランド、スコットランド、イギリス、スペイン)の成立を記載するなど、根拠の怪しい項目も少なからず存在する。

「世界諸史総合」の出典は複数あると思われるが、その核となった書は17世紀の著名な文人キャーティプ・チェレビKatip Çelebi(1609〜1657)の『世界諸史総合 *Takvimü't-tevarih*』である[24]。これは、アダム創造以来の諸事

件の年代を、さまざまな年代（失楽園の年代tarih-i hubut、ノアの洪水の年代tarih-i tufan、ユリウス暦の年代tarih-i rumi、エジプトのコプト暦の年代tarih-i kıpti、ヒジュラ暦の年代tarih-i hicri、古代ペルシア暦の年代tarih-i furs-u kadim、セルジューク朝時代のジャラーリー暦の年代tarih-i celali）を比較対照して、重要な事件の年代を確定takvimしたもので、アダムの創造を第1年とする、世界創造紀元暦を用いた歴史書である[25]。

　実際にキャーティプ・チェレビが執筆した事件はAH1058(1648)年までで、その後、AH1146(1734)年までの事件を加筆した印刷本をイブラヒム・ミュテフェッリカ İbrahim Müteferrika(1674〜1745)が出版した[26]。それでも、『国家年鑑』の「世界諸史総合」掲載まで110年以上の空白期間があるが、追加された事件は16、その内、オスマン帝国の事件はAH1213(1798)年のフランス軍のエジプト占領、AH1216(1801)年のオスマン帝国のエジプト奪還、AH1241(1826)年のイェニチェリ軍廃止と新軍の編成、AH1255(1839)年のアブデュルメジト即位ならびにギュルハーネ勅令の5つの事件、制度設置や建設事業の5つの事件である。なお、この部のタイトルは、後に「有名な歴史事件vekayi-i meşhure-i tarihiyeに変更された。

　『国家年鑑』への「世界諸史総合」掲載にも、前述のヴェフィクが関わっていると思われる。たとえばヴェフィクは、1863年に大学Darü'l-fünunで「歴史の学hikmet-i tarih」の題で集中講義を実施したり、1869年には『オスマン史要諦Fezleke-i Tarih-i Osmani』と題した高等小学校用教科書を刊行するなど、公教育における世界史、オスマン史の役割を重視していた[27]。19世紀後半には、公教育とそれ以外の場で世界史やオスマン史に関する著作が順次刊行されていくが、その中心テーマは「オスマン王家」から「オスマン人」へと移っていく[28]。この動向は『国家年鑑』や『州年鑑』の内容にも影響を与えることとなるが、それについては後述する。


## (5) オスマン帝国憲法

　『国家年鑑』の構成を大きく変えた事件として、オスマン帝国憲法公布があげられる。AH1294(1877/78)年を扱う第32巻には、前年の1876年12月23日に公布されたオスマン帝国憲法全文が掲載されている。「暦」の部よりも前の巻頭に掲載されたことから、憲法をいかに重要視していたかがわか

る[29]）。ただし、当時の君主アブデュルハミト 2 世（在位 1876〜1909）は、憲法により自らの権力が制限されることを嫌い、すぐにこれを機能不全の状態とした。それにも関わらず、憲法条文がほぼ毎年『国家年鑑』に掲載されたことからも、憲法制定を『国家年鑑』編集方針の画期とすることは妥当だと思われる[30]）。

1908 年 7 月に青年トルコ革命が起き、同月 23 日には憲法が再布告された。この日は後に国民の祝日 id-i milli-i osmani と定められた。立憲制復活、統一派の政権掌握とともに、『国家年鑑』の構成がさらに刷新された。青年トルコ革命の記念日は、君主の即位等に用いられてきた太陰暦のヒジュラ暦ではなく、太陽暦の財務暦テンムズ月 10 日が祝日と定められたことから、『国家年鑑』も革命につづく 3 巻にわたって財務暦を基本として刊行された。『国家年鑑』の構成も、巻頭に国民の祝日、次いで憲法全文、その後にオスマン朝君主という配置となった。これをもって、オスマン国家の重点が、専制政治から立憲君主政へと回帰し、憲法を再宣言することに成功した統一派の意志に沿った編集がなされたと見ることもできるだろう。財務暦 1328（1912/13）年を扱う第 67 巻刊行のあと、第一次世界大戦勃発の影響か、刊行が途切れた。大戦末期にようやく財務暦 1333/1334（1917/18）を扱う第 68 巻が刊行されたが、それがオスマン帝国『国家年鑑』の最終巻となった[31]）。


# 2. 『州年鑑』

## (1)『州年鑑』の概要

『州年鑑 *Salname-i Vilayet, Vilayet Salnamesi*』は、『国家年鑑』に遅れること約 20 年、1866 年に刊行がはじまった。ここでは、AH1285（1868/69）年を扱う『シリア州年鑑』第 1 巻をとりあげる。これは全体で 77 頁、その構成は次のとおりである：緒言、暦、歴代君主一覧、第 5 軍幕僚、書簡に用いる敬称一覧、州行政官人名録、県行政官人名録、軍人名録、その他。

緒言を見てみよう。

太陽を規則正しく運行するよう創造された御神よ［中略］帝王の諸国土における主要な方針として現れた諸改革の一環として、刷新 ibda され

オスマン帝国における「一統」の在り方（大河原）

た州の1つがシリア州である。設置の時から現在まで、ここで大いに文明と知識の影響を受けるに至り、帝王陛下の輝かしき知識の陰の下、[AH12]85年聖ムハッラム月初日から、州の名を冠した年鑑も編集されることとなった。ただし、第1巻であることを考慮して、紙幅の縮約に努めた。

　この年鑑掲載の暦は、ダマスカスの経度と緯度に依って計算されていることを注記する[32]。

「刷新」された州とは、1864年に公布された州組織法により再編された州のことである。シリア州に先立ち、AH1283(1866/67)年にもっとも早く『州年鑑』を刊行したボスニア州がこの法で再編された最初期の州である。その後、順次『州年鑑』を刊行したアレッポ州、コンヤ州、ドナウ州も再編された州であり、『州年鑑』の刊行と州の再編の間には強い関係があった。

　1864年当時、オスマン帝国にはバルカンに11州、アナトリアほかの西アジアにかけて17州、アフリカにも3州が存在した[33]。中にはセルビアやワラキアなど、実質的には独立しているが、形式的にオスマン帝国の「州」である地域があり、そこでは年鑑は刊行されなかった。逆に、1878年にオーストリア・ハンガリー帝国の実質的支配下に置かれた後も、オーストリア・ハンガリー帝国の行政単位としてではあるが、オスマン・トルコ語の『州年鑑』が刊行された例もある[34]。オスマン帝国滅亡までに、36州と2県、約500巻に及ぶ年鑑が刊行された[35]。

　中でも、『シリア州年鑑』は第1巻から最終巻のAH1318(1900/01)年を扱う第32巻まで中断なく毎年刊行され、帝国州中でも屈指の長さを誇る。『シリア州年鑑』第1巻は「暦」と州政府の官僚と軍人の「人名録」の部のみだったが、第2巻は『国家年鑑』の転載と思しき、帝国全体を扱う項目も掲載するようになる。さらに巻が進むと、シリア州独自の情報である地理、産業や農産物、偉人、歴史的建造物、慣習等が追加されていく。具体的には、ダマスカスから聖地メッカまでの駅逓一覧[36]、シリアの特産品や著名人墓廟の一覧[37]、産業や地理的状況など、シリアに関する独自項目や各種統計[38]、シリアの名所写真[39]等がある。第12巻からは目次が付き、頁数も大幅に増える。最終の第32巻は最大の416頁であった。

　暦の計算がダマスカスをもとに算出されていることや当該地域独自の自

277

## 3. 「地方史誌」の向かう先

図5 「歴代君主一覧」のセリム1世の事績。囲み箇所が独自に追加された部分（*Salname-i Vilayet-i Haleb*, vol.30, AH1320, p.48, 筆者蔵書）

然や地理条件、人口構成や産業、歴史の記述は、オスマン帝国滅亡後にシリア、レバノン、ヨルダン、イスラエル、パレスチナなどの後継国家や自治区が成立すると、その国民史観や地方地誌を編纂する際の基本データとして利用されることとなる。ただし、今日「大シリア Greater Syria」または「歴史的シリア Historical Syria」などと訳されるシャームという地名が示す地理的な範囲は、帝国末期にはシリア州、アレッポ州、ベイルート州といくつかの独立県sancakに分かれており、帝国滅亡後に成立する上記の後継国家の境界とは異なることに注意する必要がある。

### (2)『アレッポ州年鑑』——独自編集と『国家年鑑』への影響

オスマン帝国の『州年鑑』には、『国家年鑑』の一部、具体的には帝国全体に関わる部分が転載されているが、そうした部分にこそ、オスマン政府の「一統」イメージの核があると言うことができる。だが、時として中央政府の意図を越える「一統」イメージが込められることもあった。そのような例として、ここでも「歴代君主一覧」と「世界諸史総合」の部をとりあげる。

『アレッポ州年鑑』は、『国家年鑑』から転載した「歴代君主一覧」に独自の編集をおこなった。そのひとつは、いわゆる「スルタン＝カリフ制」に関わる内容である。AH1302(1884/85)年を扱う『アレッポ州年鑑』第14巻に掲載された「歴代君主一覧」では、8代目までの歴代君主の記述は『国家年鑑』とほぼ同じだが、第9代セリム1世の称号に「偉大なるカリフ halife-i azam」が加えられ、彼の事績の記述にも「AH923(＝1517)年に、彼はイスラームの偉大なカリフ位をも獲得されて」という一文が挿入されている[40]。さらに、セリム1世以降の君主にはすべてカリフの称号が付された。1876年公布のオスマン帝国憲法において既に、オスマン帝国君主がカリフであることは

規定されている[41]。しかしながら、『アレッポ州年鑑』が、『国家年鑑』の「歴代君主一覧」の部の記述を、大きく逸脱している事実は動かない。

そもそも、1517年におけるセリム1世のカリフ就任は、オスマン帝国が失地を重ねた18世紀後半に出現した言説とされ[42]、それ以前の史料では確認することができない。『国家年鑑』が「歴代君主一覧」にカリフ就任の事績やカリフ位を明記しなかった理由として、それが考えられる。

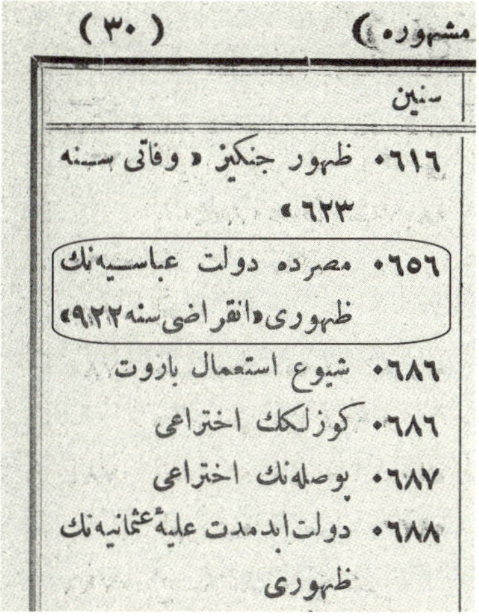
(٣٠) مشهوره
سنين
٠٦١٦ ظهور جنكيز « وفاتی سنه ٦٢٣ »
٠٦٥٦ مصرده دولت عباسیه‌نك ظهوری « انقراضی سنه ٩٢٢ »
٠٦٨٦ شیوع استعمال باروت
٠٦٨٦ كوزلكك اختراعی
٠٦٨٧ پوصله‌نك اختراعی
٠٦٨٨ دولت ابدمدت علیهٔ عثمانیه‌نك ظهوری

図6　エジプトにおけるアッバース朝の成立（囲み箇所）を独自に記載した「世界諸史総合」（*Salname-i Vilayet-i Haleb*, vol.30, AH1320, p.30, 筆者蔵書）

さらに、『アレッポ州年鑑』は、「世界諸史総合」にも改変をおこなった。カリフ位の関連ではアッバース朝滅亡をどう記述するかが問題となる。1258年にアッバース朝最後のカリフであるムスターシムがバグダードでモンゴル軍に殺害された後、その叔父がマムルーク朝カイロでアッバース朝カリフを称し、1517年にオスマン帝国がマムルーク朝を滅ぼした当時のカリフ、ムタワッキルは短期間イスタンブルに滞在し、カイロに戻って死去した後、次代のカリフが即位しなかったのも事実である。この史実から、18世紀に至ってセリム1世のカリフ位継承という言説が生まれることとなる。

ただし、『国家年鑑』には、1258年と1517年をつなぐ記述は存在しない。もちろん、セリム1世のカリフ就任に固執しなければ、問題はない。『アレッポ州年鑑』も当初は『国家年鑑』の「世界諸史総合」と同じく「[AH]656［1258年］アッバース朝滅亡」と記述してきた。しかし、AH1309（1891/92）年を扱う第20巻でその事件の記述を抹消し、代わりに「[AH]659［1261年］エジプトでアッバース朝成立、その滅亡は[AH]922［1517年］」という事件を新規に追加した[43]。他の事件は『国家年鑑』と同じであることから、アレッポ州が独自に編集したことが明らかであり、それは『アレッポ州年鑑』が「歴

## 3. 「地方史誌」の向かう先

代君主一覧」を改変したことから生じた矛盾を解消するための措置だったと考えられる。

『アレッポ州年鑑』の独自編集のさらなる例としては、AH1320(1900/01)年を扱う第28巻において、人類の祖アダムからオスマン王家に至る王統譜を掲載したことをあげることができる。前述のとおり、オスマン王家の系譜にはいくつかの伝承が存在するが、『アレッポ州年鑑』は、聖書的世界観の系譜のエサウ(イサクの息子)とトルコ的世界観であるオグズ系カユを同一視する、小笠原が「カユ＝エサウ説」と呼ぶ系譜を掲載している[44]。実は、これは16世紀初頭のごく短期間のみ普及したが、その後主流になったヤペテ(ノアの息子)始祖説のために廃れた系譜である[45]。わざわざこの系譜を州年鑑に掲載したこと自体には何か理由があるはずである。

当時、一部のアラブ系知識人はアブデュルハミト2世の専制支配への批判を強めていた。そもそも、1876年に帝国憲法が公布された際、その第4条「皇帝陛下は、カリフ位によりイスラーム教の守護者であり、全オスマン臣民の元首hükmdarにして皇帝padişahである[46]」の文言に対して、すぐにイギリスの記者や学者、国会議員が「トルコ人がカリフ職を担っていることは不自然である。クライシュ族の血を引くアラブ人であるべきではないか」と主張し、一部のフランス人やアラブ人も「トルコ人カリフ」への攻撃に加わった[47]。

中でも、アレッポ出身のジャーナリストのカワーキビー ‘Abd al-Raḥmān al-Kawākibī(1855〜1902)は、1877年に創刊した新聞『シャフバー al-Shahbā’』紙でオスマン支配への攻撃を開始した。1886年には、彼の弁護士がアレッポ州知事暗殺未遂事件を起こし、連座して収監されている。1899年にカワーキビーはエジプトへ亡命し、1902年にカイロで死去する[48]。『アレッポ州年鑑』の一連の改変は、1880年代半ばと世紀転換期の2つの時期におこなわれており、カワーキビーの反政府的運動と時期が一致する。少なくとも、王統譜の操作により、オスマン王家がアラブ人ではないにしても、セムの系譜であることをアレッポ州の「公式見解」として示すことができる。『アレッポ州年鑑』における執拗な内容の改変の背後には、このような事情があったと思われる。

なお、パーディシャーの称号に関して言えば、AH1316(1898/99)年と

280

AH1317(1899/1900)を扱う『アレッポ州年鑑』第26巻と第27巻において、初代オスマン1世以降のすべての君主に「皇帝padişah」の称号が付されることとなった[49]。

小笠原の研究によれば、1870年代以降、王統譜の聖書的由緒も年代も、ヨーロッパの近代的歴史叙述の影響を受けたトルコ系知識人から痛烈に批判を受け、否定されていた[50]。

他方、『アレッポ州年鑑』に触発されたかのように、『国家年鑑』でもいくつかの内容改変がおこなわれていた。まず、AH1307(1890/91)年を扱う『国家年鑑』第45巻「歴代君主一

図7 アッバース朝とセルジューク朝の滅亡を記載している「世界諸史総合」(*Salname[-i Devlet-i Aliye-i Osmaniye]*, vol.28, AH1290, p.20, https://www.google.co.jp/books/edition/Salname_yi_Devlet_i_Aliye_yi_Osmaniye/29YpAAAAYAAJ?hl=ja&gbpv=1&dq=salname&printsec=frontcover)

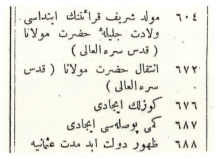

図8 両朝の滅亡の記載が抹消された後の「世界諸史総合」(*Salname-i Devlet-i Aliye-i Osmaniye*, vol.61, AH 1323, p.23, courtesy of: İslam Araştırmaları Merkezi (İSAM) Kütüphanesi)

覧」のセリム1世の称号に「エジプト征服者fatih-i Mısr」が付け加えられた[51]。その5年後のAH1323(1905/06)年を扱う『アレッポ州年鑑』第33巻でも、セリム1世のカリフの称号が抹消され、代わりに「エジプト征服者」の称号が付され、彼の事蹟の中にあったカリフ位獲得の記述も抹消された[52]。これらの編集は中央政府の指示であった可能性が高い。

次に、『国家年鑑』の「世界諸史総合」において、AH1320(1902)年を扱う58巻までは記載されていたアッバース朝滅亡の記述が、翌59巻以降は完全に抹消される。それと同時にAH667(1288/89)年の「セルジューク朝滅亡」の記述も抹消されている。実は、セルジューク朝滅亡が、なぜこの年に設定されたのか筆者は確認することができなかった。ただし、翌AH668(1289/90)が「オスマン朝の勃興zuhur-u devlet-i osmaniye」とされていることから、オスマン帝国をセルジューク朝の正統な後継国家と示す意図があっ

3. 「地方史誌」の向かう先

たと考えられる。いずれにせよ、アッバース朝とセルジューク朝の滅亡という2つの重要事件を「世界諸史総合」に掲載することが不都合であると判断されたことは確かである。

最終的に、財務暦1326(1910/11)年を扱う『国家年鑑』第65巻に至って、「世界諸史総合」の部の掲載そのものがなくなる。前述のとおり、第65巻はヒジュラ暦を財務暦に変えた『国家年鑑』の最初の巻であり、その編集には青年トルコ革命を主導し、アブデュルハミト2世を廃位した統一派の意図が強く反映されているとみることができる。すなわち、統一派が『国家年鑑』における「世界諸史総合」の掲載を問題視したのである。「歴代君主一覧」は残されたが、歴代君主の最後は、先に廃位されたアブデュルハミト2世であり、その事績の末尾には「[AH]1327年第2ラビー月7日[1909年4月27日]、聖なる法意見fetva-yı şerife に拠り附託された国会meclis-i umumi-i milli の議決により廃位された[53]」と記述される。この部分には、オスマン王家の権威の失墜と憲法、議会制の権威づけの両方の意図が込められていたと思われる。

# 3. 『ベイルート州』と『レバノン』──年鑑から総覧へ

## (1)『ベイルート州』(1917、1918)

『国家年鑑』刊行から70年余り、オスマン帝国最後の『国家年鑑』が刊行された第一次世界大戦末期、年鑑刊行事業のノウハウをつぎ込んだ書籍が相次いで刊行された。それが、本節で検討する『ベイルート州』と『レバノン:科学・社会調査』である。

『ベイルート州 Beyrut Vilayeti/ Wilāyat Bayrūt』は、第一次世界大戦勃発後の1916年に、ベイルート州政府が実施した2ヵ月間の現地調査をもとに、州南部(ベイルート、アッカ、ナーブルス)を扱う第1巻には88の文献資料(多い順にフランス語37、アラビア語29、ドイツ語9、英語8、オスマン・トルコ語5[54])を加えて1916年末までに執筆を完了し[55]、州北部(トリポリ、ラタキヤ)を扱う第2巻には152の文献資料(フランス語75、アラビア語33、英語22、ドイツ語15、オスマン・トルコ語7[56])を加えて1917年9月までには執筆を完了し[57]、それぞれ1917年と1918年に刊行したものである。その構成は、大きく2つ

オスマン帝国における「一統」の在り方（大河原）

に分かれる。第1巻最初の85頁が州南部全体、第2巻最初の202頁が州北部全体をそれぞれカバーし、行政上の境界、面積、人口、住民、宗教、自然、地質、鉱物、樹木、植物、動物、農業生産、公共施設、小史[古代、中世、近代]、遺跡を記述する [58]。一方、第1巻の87頁以降、第2巻の203頁以降は州の下位区分に属する行政地区をそれぞれカバーし、地区の外観、地区内の様子、一般状況、社会状況(住民構成、服装、収入、社会慣習、娯楽・競技)、精神状況(倫理・性質、思想状況、感覚)、衛生環境、言語・知的活動等を扱う [59]。

　これほど詳細な内容となった理由の一つは、これまでの『州年鑑』の編集や内容に対する反省である。その緒言は「官吏の肩書と人名録からなる『州年鑑』は、政府当局ですら怠惰と放縦という欠点を免れ得ないことを我々に教える [60]」としている。すなわち、人名録が中心の『州年鑑』では、地方の実情を理解するには内容が不十分というわけである。調査の目的は「地理、歴史、考古、教育、農業、商業、公共施設、産業、地質、民族、宗教、精神、倫理、社会、衛生、言語、知的活動、諸団体の貴重な産物」であり、その地方の地理条件から歴史、農産業などの経済から、社会集団や宗教思想にまで及ぶ。結果、2巻(南部456頁、北部603頁)併せて1000頁を越える大著となった [61]。

## (2)『レバノン——科学・社会調査』(1918)

　『レバノン——科学・社会調査 Lubnān: Mabāḥith ʿIlmiyya wa-Ijtimāʿiyya：以下『レバノン』)』は、ベイルート市東方の独立行政区であるレバノン山岳県を対象として編集され、大戦最末期の1918年8月に刊行された。こちらは『ベイルート州』とは違って、現地調査を実施せず、既存の資料、統計や研究文献を利用する形で編集された。現地調査を実施するだけの物的・時間的余裕がなかったと考えられる。『ベイルート州』のように公用語のオスマン・トルコ語ではなく、全編アラビア語であることも特徴で、トルコ系の人物が執筆した項目までアラビア語であった。

　『レバノン』の構成は、レバノンの自然・行政地理、地質、植物、動物、気候、遺跡、気質・慣習、民族、宗教宗派、歴史、農業概観、農業、産業、農業・商業・産業状況と経済、経済概観、科学・文芸、教育、道路、庁舎

283

3. 「地方史誌」の向かう先

建築、財務、司法、人口、公衆衛生、シーア派(補遺)、ドルーズ派(補遺)
である。中でも、特に歴史の部には80頁(約13.9%)と、かなりの分量が割
かれている。

## (3)『ベイルート州』『レバノン』の編集を担った人々

『ベイルート州』の編集には、当時のベイルート州知事アズミ・ベイ
Hüseyin Azmi Bey(1876～1944)が深く関わっていた。イスタンブル出身で、
統一派政権の有力メンバー、イスタンブル警察長官として近代的な治安組
織の設立に尽力し、国会議員やアナトリアの重要州であるコンヤ州知事な
どを経て1915年7月にベイルート州に着任した[62]。

ベイルートは行政、経済のみならず軍事的にも非常に重要な位置にあり、
そのような時期に知事に任じられたアズミが、非常に信用されていたこと
が窺える。たとえばベイルートでは1916年5月にアラブ民族主義者17人
が公開処刑された(同時にシリア州都ダマスカスでほかの7人の処刑が執行された)。
それを主導したのは統一派3頭政治の一角、当時エジプト戦線でイギリス
軍と対峙していた陸軍第4軍司令官で、シリア州知事と海軍司令官も兼務
していたジェマル・パシャ Ahmed Cemal Paşa(1872～1922)だった。アズミ
は、兵站や連合国による海上封鎖、蝗による凶作が重なってベイルートや
レバノンに飢餓が広がる中、治安を維持しつつ、ベイルート市や周辺のイ
ンフラを整備したと評価されている。ベイルート州全体調査の目的も、戦
時体制下での資源や人心の調査、その後のより良き統治のための情報収集
の一環だった。

『レバノン』編集に関わったレバノン山岳県知事イスマイル・ハック・ベ
イ Müftüzade İsmail Hakkı Bey(1870～1922)は、ディヤルバクル(現トルコ東南
部)の名家の出で、イスタンブルの行政学院mekteb-i mülkiyeを修了した後、
アブデュルハミト2世の宮廷に仕え、青年トルコ革命後にイスタンブル市
の行政区長、国会議員、エジプト駐在高等弁務官を経て、1917年3月にレ
バノン山岳県に着任した[63]。後述のように、時期的には、『レバノン』編集
は、ベイルート州知事アズミの要請だった可能性が高い。

編集には現地の人物の協力が不可欠であった。『ベイルート州』の現地
調査および編集・執筆を主に担当した者は2人である。レフィク・ベイ・

テミーミ／ラフィーク・ベイ・タミーミー Refik Bey Temimi/ Rafīq Bey al-Tamīmī(1889～1957)は、ベイルート州南部ナーブルス(現パレスチナ自治区)の地主の家に生まれ、現地の高等小学校、イスタンブルの高等小学校で優秀な成績を修め、行政学院在籍中にパリに派遣されてソルボンヌ大学の学士号(歴史)を得た。帰国後、マナストゥル(現北マケドニアのビトラ)、ハルプト(現トルコ東部)の高等中学校mekteb-i sultani歴史学教官、ベイルートの高等中学校の歴史学・地理学教官を経て、1915/16年にベイルート商業学校mekteb-i ticaret校長となった。統一派でありつつ、アラブ独立派の青年アラブ協会Jamʿiyya al-ʿArab al-Fatāt の創設メンバーでもあり、1916年からのアラブの反乱ではファイサル軍に参加したという複雑な立場の人物である64)。

　ベフジェト・ベイ／バフジャト・ベイ Mehmed Behcet Bey / Muḥammad Bahjat Bey(1890/91～?)はアレッポ生まれで、母はイスタンブル出身である。高等小学校に在籍中、控訴裁判所判事であった父のセラーニク(現ギリシアのテッサロニキ)赴任に伴い転校、優秀な成績で高等小学校を卒業してイスタンブルの法律学校に入り、1910/11年にイスタンブル大学法学部を最優等で卒業し、司法省統計局第2書記となった。法律学校在学中にトルコ文学に傾倒し、1908年青年トルコ革命以降はさまざまな新聞雑誌に寄稿しつつ、『司法省官報Ceride-i Adliye』編集を経てベイルートの高等中学校のオスマン・トルコ語文学教官、哲学教官となった。大戦勃発後はダマスカスの軍幼年学校の文学教官も務め、1915/16年にベイルートの高等中学校副校長として文学と哲学を講義していた。

　2人はそれぞれ「大シリア」北部のアレッポ、南部のナーブルス出身であり、現地で初等教育を、長じては帝都イスタンブルで高等教育を受けた。卒業後は帝国各地の学校教官の経歴を歩み、調査の時点で、それぞれベイルートの商業学校長、高等中学校副校長であった。オスマン帝国支配下のバルカンでの滞在経験も含め、いくつもの共通点をもつ典型的なオスマン人エリートであった。

　『レバノン』には、県知事イスマイル・ハック自らも教育行政と財務を執筆し、政治家であり統一派の機関紙『タニンTanin』創刊者でもあったヒュセイン・キャーズム・カドリ Hüseyin Kazım Kadri (1870～1934)がイスラーム

### 3. 「地方史誌」の向かう先

史概観と農業概観を[65]、他に当時の行政官と思しき4人[66]がそれぞれ森林・農業、道路、人口、公衆衛生を執筆している。これ以外の項目執筆には、現地の知識人が多数参加している。23項目と補遺2項目を15人が執筆し、3項目についてはアメリカ人3人の論文のアラビア語訳を掲載した[67]。主としてキリスト教徒知識人が執筆を担当していることも特徴である。その理由の一つは、著名な東洋学者、神学者であるカルデア派カトリックのイエズス会修道士ルイス・シェイホ Louis Cheikho（1859〜1927）が編集責任者だったことが大きいと思われる。シェイホを含む7人がキリスト教徒であり、他の2名はイスラーム少数派のシーア派とドルーズ派であった[68]。

## (4)『ベイルート州』と『レバノン』の意義

前述のように、『ベイルート州』と『レバノン』は、それまでの『州年鑑』の欠点を克服すべく、官吏ほかの読者がその地方を詳細に理解するための「手引書」となることを意図して編集された。年鑑では必須であった「暦」と「人名録」がないことも大きな特徴であり、『ベイルート州』は地理、歴史、考古、教育、農業、商業、公共施設、産業、地質、民族、宗教、精神、倫理、社会、衛生、言語、知的活動、諸団体の貴重な産物、『レバノン』は自然、行政地理、地質、植物、動物、気候、遺跡、気質・慣習、民族、宗教宗派、歴史、農業概観、農業、産業、農業・商業・産業状況と経済、経済概観、科学・文芸、教育、道路、庁舎建築、財務、司法、人口、公衆衛生を扱っている。もはや年鑑と言うよりもヨーロッパにおける博物誌 Naturalis Historia または地誌 Description、対象の地方を観察し研究した成果としての、その地方の「総覧」とも称すべき内容を備えた書、小二田の意図に沿う形で表現すれば、「近代的一統志」ともいうべき書と理解することができる[69]。

『国家年鑑』においては既に削除されていたが、『州年鑑』には依然として掲載されていた「歴代君主一覧」と「世界諸史総合」も、これらの書には存在しない。『ベイルート州』と『レバノン』はオスマン版の「一統志」と呼ぶに相応しい内容を備えていたにも関わらず、その中にオスマン王家の存在を発信しようとした形跡はない。『レバノン』「歴史」の部の最後の文章は、いま

286

だ厳しい検閲の下にあったと思われる状況にあっては信じがたいほど、現地の知識人の痛烈な戦時体制批判の表現となっている。

> 現今の戦争は、栄あるこの[レバノン]地方にさまざまな災厄をもたらした。これら[の災厄]を速やかに収束し、偉大なスルタン、高貴な主君であるムハンマド・ラシャード陛下 ─神が彼に、良き国々と善き人々を与えんことを─ の蔭の下、レバノンがかつての輝きを取り戻さんことを、神に対して我々は乞い願い奉ります[70]。

戦時の戒厳令下、官吏向けの「手引書」に、反政府的とも読める内容を掲載できたこと自体が驚きだが、「大シリア」におけるオスマン支配が終焉を迎えつつあったことと無縁ではないだろう。実際、『ベイルート州』と『レバノン』が、編集当初の目的である、オスマン帝国のベイルート州、レバノン山岳県支配の「手引書」として十全に機能する前に、アズミは『レバノン』の刊行を待たずして1918年7月にベイルート州を離任し、その後任にはレバノン山岳県知事イスマイル・ハックが就いた。そのイスマイル・ハックも3ヵ月後の10月、シリア戦線が急速に崩壊し、連合軍が迫る中、ベイルートを離れた。ここにオスマン帝国の支配は終結する。

ベイルート州とレバノン山岳県における「総覧」編集事業とは何だったのであろうか。この事業にアズミが積極的に関わっていたことは確かである。ダマスカスの著名なジャーナリストで歴史家のクルド・アリー Muḥammad Kurd ʿAlī (1876〜1953) は、第一次世界大戦末期、アズミから、シリア内陸部に関する『ベイルート州』に相当する書の編集を依頼されたことを回想している。ただし、金銭的に折り合いがつかず、この事業は実現しなかったという[71]。アズミが、シリア州とアレッポ州の「総覧」編集・刊行を意図していたこと、それはオスマン帝国の支配が今後もつづくという前提に立っていたことに疑いはない。

# おわりに

オスマン帝国が1846年から刊行した『国家年鑑』は、フランスの王国年鑑を範とするもので、暦、政府人名録、国内外の情勢等を内容とした、官吏と軍人のための「手引書」であり、当時のオスマン帝国にとって革新的な

### 3.「地方史誌」の向かう先

出版物であった。『国家年鑑』の刊行が進むと、帝都におけるさまざまな情報、さらには帝国全体の状況を地方に発信する役割を果たすようになっていく。1866年から刊行が始まった『州年鑑』は、『国家年鑑』に掲載された情報のうち、帝国全体に関する重要項目を再録すると同時に、地方独自の個別的情報を帝国の内外に発信した。いわば『国家年鑑』と『州年鑑』は、帝国内の情報を相互補完する役割を果たしたのであった。

本稿は、これまでの年鑑では注目されることがなかった、「歴代君主一覧」「世界諸史総合」に注目した。これらの項目は、簡素ながらもオスマン帝国の公定史観を反映したものであり、その構想の中心にいた人物は、公教育の歴史教科書を執筆した、タンジマート期の官僚ヴェフィク・パシャであった。年鑑編集とヴェフィクの歴史観形成の間に大きな関わりがあることも、本稿が強調したいことである。

『州年鑑』は、当初は「暦」や官吏・軍人の「人名録」だけを掲載していたが、『国家年鑑』同様、徐々に現地の農業や商業、産業ほかの独自情報を掲載するようになっていく。本稿が注目したのは、『アレッポ州年鑑』が『国家年鑑』の「歴代君主一覧」「世界諸史総合」を独自に改変し、さらには『国家年鑑』には掲載されなかった「王統譜」まで掲載したことである。『アレッポ州年鑑』におけるこれらの改変や独自編集が、『国家年鑑』の内容にも影響した形跡も窺える。青年トルコ革命と統一派の政権掌握の過程で、オスマン帝国君主の権威は損なわれ、最終的に『国家年鑑』における「一統」的な内容は、財務暦1326(1910/11)年を扱う第65巻に至ってほぼ消滅する。

帝国最末期、ベイルート州知事アズミ・ベイによる『ベイルート州』、レバノン山岳県知事イスマイル・ハック・ベイによる『レバノン』の編集と刊行は、オスマン帝国の年鑑刊行事業の一つの到達点であった。これらの書は、行政機関と学者たちが協力して実施した情報収集の成果であり、「オスマン的帝国主義Ottoman imperialism」[72]の具現化とも言いうる。ただし、統一派の有力メンバーであったアズミが、地方統治の実務者向けの内部文書である「手引書」に、オスマン王家の「一統」を掲載しなかったことは当然であった。

フランス委任統治下の1925年、アラブ・アカデミー総裁となり、シリア教育相も経験していたクルド・アリーは、ダマスカスで『大シリア地誌

*Khiṭaṭ al-Shām*』を刊行した。シリアに関する古今東西の文献資料に加えて『シリア州年鑑』『アレッポ州年鑑』も利用して編集したこの地誌は、今はシリア、レバノン、パレスチナ、トランス・ヨルダンに分裂してしまった「大シリア」統一構想を強く反映した書であり、その後形を変えて何度も出現しては挫折する同様の構想の「手引書」の役割を果たすこととなる。

　その意味では、この書こそ、「大シリア」の見果てぬ統一を探求した書と評価されることが一般的である。しかしながら、本稿が明らかにしたように、この書をアズミのプロジェクトの「副産物」、いわばオスマン的帝国主義の「遺産」とも見なすことも可能だろう。今後は、アラブ民族主義や大シリア主義ではなく、オスマン的帝国主義の観点から、この書を再検討する必要があるのではないだろうか。


注
1)　小二田章・高井康典行・吉野正史編『書物のなかの近世国家——東アジア「一統志」の時代』(勉誠社、2021年)、小二田章編『地方史誌から世界史へ——比較地方史誌学の射程』(勉誠社、2023年)。
2)　それより前のイブン・フッラードビ(911没)は、アッバース朝宮廷の高官の要請で地理書を執筆したが、それにも関わらず、記述をアッバース朝の政治的な支配領域に限定しなかった。羽田正「ムスリムの地理的知見と世界像」(林佳世子・枡谷友子編『記録と表象——史料が語るイスラーム世界』東京大学出版会、2005年)87頁。
3)　小笠原弘幸「修史官年代記(Vakanüvis Tarihi)」(http://tbias.jp/ottomansources/vakanuvis-tarihi) (2022年3月5日閲覧)
4)　小笠原弘幸「地理書 (Coğrafya Literatürü)」(http://tbias.jp/ottomansources/cografya-literaturu) (2022年3月5日閲覧)
5)　秋葉淳「年鑑Salname」(http://tbias.jp/ottomansources/salname) (2022年3月5日閲覧)　なお、主要な年鑑は、次のサイトからダウンロードが可能である。(http://ktp.isam.org.tr/?blm=araosmsln&navdil=tr)
6)　マフムト2世期においても、たとえばオスマン・トルコ語の官報『タクヴィーミ・ヴェカーイー *Takvim-i Vekai*』が1831年に創刊されている。長谷部圭彦「官報」(http://tbias.jp/ottomansources/official_gazette) なお、タクヴィムtakvimは「暦」と訳されることが多いが、適宜訳し分けるべきだと考える。タクヴィムの原義は「正しく推し量ること」である。タクヴィーミ・ヴェカーイーのタクヴィムは、少し前にフランス語で創刊

3. 「地方史誌」の向かう先

　　されたオスマン帝国の官報『モニトゥール・オトマン *Moniteur Ottoman*』のモニトゥール（観察者）の意を汲んだものと思われる。したがって、オスマン・トルコ語版官報の訳も「事報」などとするのが妥当である。

7）　Salname [-i Devlet-i Aliye-i Osmaniye: 以下 *Salname-i Devlet*], vol.1, [İstanbul]: Tabhane-i amire, AH1263, [pp.1-2].

8）　詳細は不明ながら、私的な暦と歳時記のような書がAH1258（1842）年にヤフヤ・エルヘキム Yahya el-Hekim という人物により出版されている。*Takvim-i Salyan*, n.p., [AH1258].

9）　そのようなデータを用いた研究の例として次を参照。佐々木紳「ジャーナリズムの登場と読者層の形成──オスマン近代の経験から」（秋葉淳、橋本伸也編『近代・イスラームの教育社会史──オスマン帝国からの展望』昭和堂、2014年）113-137頁。

10）　Bianchi, Thomas Xavier, 1783-1864（https://islamansiklopedisi.org.tr/bianchi-thomas-xavier）

11）　Bianchi, Thomas Xavier, *Sālnāme, Le premier Annuaire Impérial de l'Empire Ottoman, ou tableau de l'état politique, civil, militaire, judiciaire et administratif de la Turquie depuis l'introduction des réformes opérées dans ce pays par les Sultans Mahmoud II. et Abdul-Medjid, actuellement régnant*, Paris: Imprimerie Nationale, 1848, p.2

12）　*Almanach royal et national pour MDCCCILV [1845]*, Paris: A. Guyot et Scribe.

13）　Bianchi, *Sālnāme*, p.88　このことは年鑑自体においても確認される。「至高のオスマン国家の名による最初の年鑑は、イスタンブルの玉座におわしますスルタン、アブデュルメジト・ハーン陛下の御代、すなわち[AH]1262年、世に知られた故ムスタファ・レシト・パシャの大宰相期に、故アフメト・ヴェフィク・パシャ元大宰相によって編集されました。」*Salname-i Vilayet-i Suriye*, 29, AH1315, p.80.

14）　Çakıroğlu, Ekrem（ed.）, *Yaşamları ve Yapıtlarıyla Osmanlılar Ansiklopedisi*, vol.1, İstanbul: Yapı Kredi Kültür Sanat Yayıncılık, 1999, pp.166-167.

15）　Aydın, Bilgin "Salnâme", Türkiye Diyanet Vakfı, Türkiye Diyanet Vakfı *İslam Ansiklopedisi*, vol.36, İstanbul: Türkiye Diyanet Vakfı Yayın Matbaacılık, 2009, pp.51-54. *Salname-i Vilayet-i Suriye*, vol.29, AH1315, p.80. ジェヴデト・パシャについては、とりあえず次を参照。Çakıroğlu, *Yaşamları ve Yapıtlarıyla Osmanlılar Ansiklopedisi*, vol.1, pp.114-115.

16）　根拠として、目次の後の中表紙に教育省刊行物matbuat-ı maarifと押印されていることをあげる。

17）　*Salname-i Devlet*, vol.4, AH1266, p.3.

18）　*Salname-i Devlet*, vol.8, AH1270, p.33.　なお、オスマン1世の誕生年が実際にこの年であるかどうかは不明だが、この年はバグダードのアッ

バース朝最後のカリフ、ムスターシムが殺害された年であり、そのことと関連させた可能性も考えられる。

19) この分野においては、既に小笠原の優れた論考がある。小笠原弘幸「王家の由緒から国民の由緒へ——近代オスマン帝国におけるナショナル・ヒストリー形成の一側面」(歴史学研究会編『由緒の比較史』青木書店、2010年)125-158頁、同著者「歴史教科書に見る近代オスマン帝国史の自画像」(秋葉淳、橋本伸也編『近代・イスラームの教育社会史——オスマン帝国からの展望』昭和堂、2014年)165-185頁。小笠原によれば、オスマン帝国古典期の歴史家たちは、オスマン王家の系譜と血統を、(1)トルコ系オグズ伝承(始祖：カユまたはギョク)、(2)セルジューク朝との同族意識、(3)聖書伝承(始祖：ヤペテまたはエサウ)の3つの材料を、ムスリムの伝統的な伝承の内容に照らして適合的か否かという「伝統」と、系譜における始祖や先行王朝が権威をもつか否かという「権威」という2つの軸をもとに、取捨選択し、ときには「融合」させる王統譜を16世紀初頭まで書き綴っていた。イスラーム世界の中核たる旧マムルーク朝領(シリア、エジプト、ヒジャーズ)を版図に加え、正統スンナ派であることを正統性の根拠に据える16世紀中葉、王統譜の重要性は薄れていくが、19世紀に再発見される。　小笠原弘幸『イスラーム世界における王朝起源論の生成と変容——古典期オスマン帝国の系譜伝承をめぐって』(刀水書房、2014年)126-135頁。

20) *Salname-i Devlet*, vol.5, AH1267, pp.4-14.

21) 当時の教育制度で中等学校、後に高等小学校と位置づけられることになる新式学校。秋葉淳「オスマン帝国の新しい学校」(秋葉淳、橋本伸也編『近代・イスラームの教育社会史——オスマン帝国からの展望』昭和堂、2014年)88-94頁。

22) すべてヒジュラ暦。紀元前(BCE)はBH年×0.97 − 622、紀元後(CE)はBH年×0.97 ＋ 622で概算値が得られる。例：BH6212 ＝ BCE5404。
　ヒジュラ紀元前(BH)の事件：
　BH6212 アダム創造、BH4582 ヨーロッパ人算定のアダム創造、BH3974 ノアの洪水、BH3548 エジプト文明の勃興、BH2812 アッシリア王統の勃興、BH2690 アルメニア王統の勃興、BH2580 アブラハム誕生、BH2480 イシュマエルの割礼、BH2317 ヤコブのエジプト行、BH2291 エジプトで7年間の飢饉、BH2176 エジプトでファラオが男児を殺害、BH2166 ローマ王制の成立、BH2165 ギリシア王制の成立開始、BH2075 モーセの出エジプト、BH2034 ユダヤ王国の勃興、BH1793 サライブルヌにおけるビザンティウムの建設開始、BH1709 アテネ国政の共和制革命、BH1638 大シリア地方におけるダビデ即位、BH1598 ソロモン即位、BH 1470 テッサロニキ地方でのマケドニア国の勃興、BH 1353 アッ

## 3. 「地方史誌」の向かう先

シリア王国からバビロニア国の分離、BH 1337 ローマ市の建設、BH 1155 バビロニア王ネブカドネザル[2世]のダマスカス、エルサレム荒涼、BH 1110 ペルシア帝国でカヤーン朝革命、ペルシアのエジプト征服、BH 916 大アレクサンドロス、エジプトをペルシアから奪還、BH 915 アレクサンドロスのペルシア征服とダリウス[3世]の殺害、BH 717 マケドニア王国のローマ共和国への併合、BH 613 エジプト地方のローマ属州化、BH 583 イエスの代理にローマで任命された教皇、BH 484 ガラスの発明、BH 368 ペルシア帝国ササン朝の勃興、BH 334 アヤソフィア[大聖堂]建設、BH 301 [コンスタンティノープルの]地下貯水池建設、BH 163 フランス王国の勃興、BH 83 アラビア語のフランス語への翻訳、BH 53 世の誉[ムハンマド]の誕生、BH 40 羽根ペンの発明、BH 33 ポーランド王国の成立、BH25 スコットランド王国の成立、BH 14 イギリス王国の成立、BH11 スペイン王国の成立

ヒジュラ紀元後(AH)の事件：

AH10 別離の巡礼、10 預言者の死去、11 アブー・バクルのカリフ就任、13 ウマルのカリフ就任、14 バスラ市建設、14 大シリア征服開始、カイサレア征服開始、20 エジプト征服開始、24 ウスマーンのカリフ就任、27 キプロス島征服開始、35 アリーのカリフ就任、36 イスタンブル攻囲開始、40 ギリシア火薬の情報出現、41 ウマイヤ朝の成立、49 ガラタでアラブ・モスクの第1回建設、60 カルバラー事件、75 イスラーム貨幣の発行開始、80 大イマーム[法学者アブー・ハニーファ]生誕、82 シチリアとメッシーナ海峡の征服、92 ムスリムによるスペイン諸王国の平定、95 ガラタ・モスクの再建設、120 紙の発明、121 アラブ人の間で化学が普及、133 ウマイヤ朝の滅亡、133 アッバース朝の成立、150 大イマーム[法学者アブー・ハニーファ]の死去、166 ハールーン・ラシードのウスキュダル僭倖、182 デンマーク王国成立の開始、297 マグリブでファーティマ朝の成立、362 ロシア帝国の成立、422 アンダルシアでウマイヤ朝の滅亡、432 セルジューク朝の成立、455 ハンガリー王国の成立、516 時計の発明、529 ポルトガル王国の成立、565 ナポリ王国の成立、567 アイユーブ朝の成立、616 キプロス王国の成立、620 ヨーロッパで大学の設立、631 メヴラーナ[ルーミー]の生誕、656 アッバース朝の滅亡、685 火薬使用の普及、686 眼鏡の発明、687 アストラローべの発明、687 セルジューク朝の滅亡、688 オスマン朝の成立(699 独立)、709 スペインがナーシルッディーン[ナスル朝第4代君主ナスルの誤記か？]に敗北、717 オスマン・ガージのブルサ征服開始、727 アラエッディン・パシャ発案でオスマン法典制定、728 オスマン貨幣の発行開始、735 [サファヴィー朝の祖]シャイフ・サフィー・アルダビールの死去、740 シャーム沿岸に天空から火球落下、758 皇太子スレイマン・パシャ

のヨーロッパ進出とガリポリ征服の開始、762 大砲の発明、763 スルタ
ン・ムラト[1世]の治世のエディルネ征服、780 ズルカドル侯国の成立、
784 エジプトでチェルケス[ブルジー]・マムルーク朝の成立、791 コソ
ヴォの征服、791 [スーフィーの]ムハンマド・バハーウッディーン・ナ
クシュバンドの死去、793 雷王[バヤジト1世]のワラキア遠征、796 雷
王のテッサロニキ、イェニシェヒル[ラリサ]征服、797 ブルサで大モ
スクの建設、798 ニコポリス征服、835 イオアンニナ征服、851 印刷術
の発明、856 金閣湾にルメリヒサル建設、857 イスタンブル征服、858
イスタンブルで旧宮殿建設、862 コロンブスのアメリカ発見、865 ア
イユーブ朝の滅亡、868 イスタンブルでメフメト[2世]・モスク建設、
873 新宮殿の建設、880 [クリム・ハンの]メングリ・ギライ・ハンのオ
スマン朝への臣従、892 ケマル・レイス艦隊がスペイン遠征、903 バ
ヤジト[2世]・モスク建設、903 アフリカ最南端で喜望峰ルート発見、
921 ズルカドル侯国征服、922 イスタンブルで海軍工廠建設、923 クル
ド諸侯のオスマン朝への臣従、918 懐中時計の発明、922 スルタン・
セリム[1世]の治世にアレッポ、ダマスカス征服、923 エジプト征服、
936 スルタン・スレイマン[1世]による第1次ウィーン攻囲、944 スレ
イマン[1世]の治世の紅海アデン平定、957 ハンガリー王国のオースト
リア帝国併合、984 アルメニア語の文字印刷の発明、985 ムスリムのア
ンダルシア退去、987 ガラタでテキユッディンの天文台建設、999 サパ
ンジャ湖におけるサカルヤ川水流のためのフェルハト・パシャの事業、
1012 イスラーム諸国におけるタバコ喫煙の起こり、1050 イスタンブル
で嗅ぎタバコ使用の普及、1051 ヨーロッパで新聞の発明、1095 メフメ
ト[4世]の治世における第2次ウィーン攻囲、1116 ピョートル大帝の治
世におけるロシア法典の制定、1135 トルコ語の文字での印刷術の発明、
1199 気球の発明、1206 電信の発明、1214 鉄橋の発明、1213 フランス
のエジプト占領、1215 石版印刷の発明、1216 フランスからエジプト奪
還、1222 蒸気船の発明、1233 ヨーロッパでウィーン体制、1241 イェニ
チェリ軍廃止と正規軍編成、1243 砲兵工廠設置、1253 旧橋建設、1254
検疫制度設置、1255 タンジマート、1260 新橋建設、1263 ルシュディエ
校設置

その後、年鑑に追加される項目は以下の通りである。

1259 アブデュルメジトの新通貨発行計画、1265 アヤソフィア・モスク
改修、1269 [トプカプ宮殿]聖遺物の間新設、1277 [メディナ]聖域増
築、1277 ブルサ大モスク改修、1278 魚雷の発明、1281 地方州再編の開
始、1281 普墺[戦争]のサドワの戦い、1283 農業信用組合の設立、1283
ボルトアクション式銃の発明、1286 スエズ運河の開通、1287 普仏戦
争、1287 ドイツ帝国[建国]宣言、1287 イタリアのローマ併合、1288 イ

293

スタンブルで路面鉄道の導入、1289 タバコの専売、1289 海軍工廠ドックヤードの稼働、1290 ガラタで地下鉄開通、1290 イズミト鉄道の建設、1293［オスマン帝国］憲法の制定、1293 行政学院の正式開校、1293 最新の対ロシア戦争、1295 ベルリン会議、1296 大宰相府人事局設置、1297 イスタンブルで博物館の公式開設、1305 農業銀行の設立、1312 イスタンブルで港湾の基本整備、1313 イスタンブルで養老院の開設、1315［オスマンの］至高の国家とギリシアの間で勃発した戦争と勝利、1316 ハミディエ小児病院の開設、1316 大学の［第4回］開校、1318 ヒジャーズ電信線の開通、1318 ハミディエ・ヒジャーズ鉄道の基本整備、1319 ダールルヘイル高等学院の開校、1320 キャーウトハーネ水路の開通と給水場の建設、1320 ハミディエ・ヒジャーズ鉄道のマアーン区間が開通、1322 バグダード鉄道のコンヤ-エレーリ-ブルグルル区間が開通、1322 聾啞学校の基礎整備、1323 ハミディエ・ヒジャーズ鉄道のハイファ支線が開通、1323［ペルシア沿岸］ファーウ電信線の延長

23) 出典を示していないが、ヨーロッパ人の算定する世界紀元「ヒジュラ紀元前4582年」を併記する。*Salname-i Devlet*, vol.5, AH1267, pp.4-14. その後、第22巻（*Salname-i Devlet*, vol.22, AH1284）において復活するまで「世界諸史総合」は掲載されなくなるが、以後は毎年掲載されている。

24) 「『世界諸史総合』に拠る *Takvimü't-tevarih* itibarince」との記載がある。*Salname-i Devlet*, 5, AH1267, p.4.

25) すなわち、世界創造は太陰暦でヒジュラ紀元前（BH）6212年と書かれる。したがって、この年鑑の刊行年1267年は紀元前6212年を加算した7479年ということになる。ただし、キャーティプ・チェレビのアダム創造はBH6216年であり、4年ずれる。
キャーティプ・チェレビ、国家年鑑のこの部の補遺である、ジャーナリスト、思想家アリ・スアーヴィ Ali Suavi（1839-1878）の『世界諸史評価補遺』でも BH6216年 である。Ali Suavi, *Takvimü't-Tevarih Zeyli*, Süleymaniye Yazma Eser Kütüphanesi, Mikrofilm 711, 43v. 計算を間違った、インド数字では似た形の「٦(6)」と「٢(2)」を編集・印刷の際に誤った活字を使用した等の可能性が考えられる。

26) ミュテフェッリカが印刷した書物の出版自体が「トルコ語の文字 huruf-u türkiye の印刷術の成立」という AH1135（1722/23）年の事件として記載されている。

27) 小笠原「歴史教科書に見る近代オスマン帝国史の自画像」167頁. なお、『オスマン史要諦』というタイトルは、キャーティプ・チェレビの『歴史と情報の学問における選良の語りの要諦 *Fezleketü akvali'l-ahyar fi ilmi't-tevarih ve'l-ahbar*』の頭の一語である「要諦 *Fezleke*」を採用するなど、キャーティプ・チェレビを強く意識していることが窺える。

オスマン帝国における「一統」の在り方（大河原）

28）　小笠原「歴史教科書に見る近代オスマン帝国史の自画像」171-182頁.

29）　*Salname-i Devlet*, vol.32, AH1294, pp.1-26.

30）　*Salname-i Devlet*, vol.35, AH1297, pp.3-30; vol.36, AH1298, pp.3-27; vol.37, AH1299, pp.3-27; vol.39, AH1301, pp.89-112; vol.40, AH1302, pp.109-132; vol.41, AH1303, pp.99-119; vol.42, AH1304, pp.101-129; vol.43, AH1305, pp.99-119; vol.44, AH1306, pp.71-103; vol.45, AH1307, pp.85-116; vol.46, AH1308, pp.85-111; vol.47, AH1309, pp.95-121; vol.48, AH1310, pp.93-119 ; vol.49, AH1311, pp.93-119; vol.50, AH1312, pp.95-121; vol.51, AH1313, pp.97-123; vol.52, AH1314, pp.97-123; vol.53, AH1315, pp.67-83; vol.54, AH1316, pp.33-49; vol.55, AH1317, pp.33-49; vol.56, AH1318, pp.35-51; vol.57, AH1319, pp.35-51; vol.58, AH1320, pp.35-51 ; vol.59, AH1321, pp.37-53; vol.60, AH1322, pp.45-61; vol.61, AH1323, pp.47-63; vol.62, AH1324, pp.47-63; vol.63, AH1325, pp.47-63; vol.64, AH1326, pp.47-63; vol.65, R1326, pp.15-32; vol.66, R1327, pp.15-32; vol.67, R1328, pp.15-32; vol.68, R1333-1334, pp.19-47. なお、第33, 34, 38巻は確認する限り、掲載がないと思われる。

31）　なお、タイトルは財務暦1333〜1334年を扱うことになっているが、暦の部はAH1336年を扱っており、実質的にはヒジュラ暦編集への回帰と見ることもできる。

32）　*Salname-i Vilayet-i Suriye*, vol.1, AH1285, p.1.

33）　翌年の第20巻ではバルカン11（エディルネ州、ドナウ州、エフラク州、ウスキュプ州、セルビア州、ボスニア州、ルメリ州、ヤンヤ州、セラーニク州、クレタ州、地中海諸島州）、アナトリアほかの西アジア17（ヒュダーヴェンディギャール州、アイドゥン州、カラマン州、アダナ州、ボゾク州、カスタモニュ州、シヴァス州、トラブゾン州、エルズルム州、ヴァン州、クルディスタン州、ハルプト州、アレッポ州、シリア州、バグダード州、ハベシュ州、イェメン州）、アフリカ3（エジプト州、トリポリ州、チュニジア州）*Salname-i Devlet*, vol.20, AH1282, pp.150-183.

34）　たとえば次を参照。*[Salname – Bosna ve Helsek]*, [n.p., AH1308].

35）　ドゥーマーンが刊行したカタログのアルファベット順で、州と県の名を列挙すると次のようになる。アダナ州、アンカラ州、アイドゥン州、バグダード州、バスラ州、ベイルート州、ビトリス州、ボル県、ボスニア州、レバノン山岳県、地中海諸島州、ディヤルバクル州、エディルネ州、エルズルム州、クレタ州、アレッポ州、ヒジャーズ州、ヒュダーヴェンディギャール州、イシュコドラ州、イズミル州、カレスィ州、カスタモニュ州、コンヤ州、コソヴォ州、マムーレトゥルアジズ州、マナストゥル州、モスル州、プリズレン州、セラーニク州、シ

3. 「地方史誌」の向かう先

ヴァス州、シリア州、トリポリ州、トラブゾン州、ドナウ州、ウス
キュプ州、ヴァン州、ヤンヤ州、イェメン州の36州、2県となる。
Duman, Hasan (ed.) *Osmanlı Salnameleri ve Nevsalleri Bibliyografyası ve
Toplu Kataloğu = A Bibliography and Union Catalogue of Ottoman Yearbooks*,
2 vols, Ankara: T.C. Kültür Bakanlığı, 1999.

36) *Salname-i Vilayet-i Suriye*, vol.8 AH1293, p.144.

37) *Salname-i Vilayet-i Suriye*, vol.10, AH1295, pp.122-133.

38) *Salname-i Vilayet-i Suriye*, vol.12, AH1297, pp.220-261.

39) 160頁と161頁の間に3枚、168頁と169頁の間に1枚、224頁と225頁
の間に4枚の写真が掲載されている。*Salname-i Vilayet-i Suriye*, vol.24,
R1308, pp.160-161, 168-169, 224-225.

40) *Salname-i Vilayet-i Haleb*, vol.14, AH1302, p.46.

41) 大河原知樹、秋葉淳、藤波伸嘉訳「〔全訳〕オスマン帝国憲法」［報告書/
Research Paper］5頁（http://doi.org/10.24739/00007560）（2022年3月15日閲
覧）；高松洋一「多言語社会の中のオスマン憲法」（野田仁編『翻訳される
信頼』東京大学出版会、2024年）160-164頁。

42) Deringil, Selim "Legitimacy Structures in the Ottoman State: The Reign of
Abdülhamid II（1876-1909）" *International Journal of Middle East Studies*,
vol.23-3, 1991, pp.345-346.

43) *Salname-i Vilayet-i Haleb*, vol.20, AH1292, p.10. この巻ではAH569年と記
載されるが、後にAH656年に書き換えられる。

44) *Salname-i Vilayet-i Haleb*, vol.28, AH1300, pp.43-45.

45) 小笠原『イスラーム世界における王朝起源論の生成と変容』49-82頁。

46) 大河原、秋葉、藤波訳「〔全訳〕オスマン帝国憲法」5頁。

47) 岡崎弘樹『アラブ近代思想家の専制批判──オリエンタリズムと〈裏返
しのオリエンタリズム〉の間』（東京大学出版会、2021年）90-94頁。ただ
し、オスマン帝国君主のカリフ位を擁護する論調もあったことに注意
を払う必要があろう。エジプト民族主義運動指導者で弁護士のムハン
マド・ファリード Muḥammad Farīd（1868-1919）は1893年刊の『至高のオ
スマン国家の歴史 Tārīkh al-Dawla al-ʿAliyya al-ʿUthmāniyya』で、セリム
1世がカイロのアッバース朝カリフから位を得たことを主張している。
Muḥammad Farīd, *Tārīkh al-Dawla al-ʿAliyya al-ʿUthmāniyya*, Bayrūt: Dār
al-Jīl, 1977 [rep. of 1 ed. 1893] pp.34-38.

48) 1902年にカイロで『専制の性質と奴隷化への闘争 Ṭabāʾiʿ al-Istibdād wa-
Ṣarāʾiʿ al-Istiʿbād』を刊行した後のことであった。毒殺と言われる。
岡崎『アラブ近代思想家の専制批判』1-3頁。

49) なお、アレッポ州年鑑第26巻と第27巻では、初代オスマン1世以降
のすべての君主に「皇帝 padişah」の称号が加えられている。*Salname-i*

296

*Vilayet-i Haleb*, vol.26, AH1316, pp.43-54; *Salname-i Vilayet-i Haleb*, vol.27, AH1317, pp.43-54.

50）小笠原「王家の由緒から国民の由緒へ」131-139頁。

51）*Salname-i Devlet*, vol.45, AH1307, p.25.

52）*Salname-i Vilayet-i Haleb*, vol.33, AH1324, p.52.

53）*Salname-i Devlet*, vol.65, R1316, p.43.

54）*Beyrut Vilayeti*, vol.1, pp.438-441; *Wilāyat Bayrūt*, vol.1, pp.418-421.

55）第1巻末に「ベイルート、[財務暦]1332年第1カーヌーン月15日[1916年12月28日]」とある。*Beyrut Vilayeti*, vol.1, AH1335/R1333, p.435; *Wilāyat Bayrūt*, edited by Muḥammad Rafīq Bey and Muḥammad Bahjat Bey, vol.1, Bayrūt: Dār Luḥḥad Khāṭir, 1987 [rep. of 1917], p.415.

56）*Beyrut Vilayeti*, vol.2, pp.580-587; *Wilāyat Bayrūt*, vol.2, pp.490-497.

57）第2巻末に「ベイルート、[財務暦]1334年、1918年第2カーヌーン月23日[1918年1月23日]」とある。*Beyrut Vilayeti*, vol.2, AH1336/R1333, p.578; *Wilāyat Bayrūt*, edited by Muḥammad Rafīq Bey and Muḥammad Bahjat Bey, vol.2, Bayrūt: Dār Luḥḥad Khāṭir, 1987 [rep. of 1918], p.488. ただし、9頁の前言では「ベイルート、[財務暦]1333年、1917年エイルル月19日[1917年9月19日]」とあることから、その4ヵ月前に脱稿していたことになる。*Beyrut Vilayeti*, vol.2, p.9; *Wilāyat Bayrūt*, p.9.

58）*Beyrut Vilayeti*, vol.1, pp.444-454; *Wilāyat Bayrūt*, vol.1, pp.425-435.

59）*Beyrut Vilayeti*, vol.2, pp.591-603; *Wilāyat Bayrūt*, vol.2, pp.506-518.

60）*Beyrut Vilayeti*, vol.1, mukaddime; *Wilāyat Bayrūt*, vol.1, muqaddima.

61）歴史の部の記述は少ないように思えるが、理由は明らかではない。州都ベイルートを中心に、北は現在のシリア最北部のラタキア、南は現在のイスラエルのアッカに至る長大な海岸部を擁するベイルート州の歴史を古代から執筆することが難しかった可能性は考えられる。

62）アズミ・ベイの経歴とベイルート州知事としての活動については、次の研究を参照。Tepe, Cemal, *Azmi Bey: İttihatçıların Meşhur Polis Müdürü ve Beyrut Valisi*, Erzincan Üniversitesi, 2013（Yüksek Lisans Tezi）, pp.5-6. 86-117.（なお、この学位論文にもとづく書籍も刊行されたが、筆者は未見）

63）Sharif, Malek, "Hakkı, İsmail Bey#, *1914-1918-online. International Encyclopedia of the First World War*, ed. by Ute Daniel, Peter Gatrell, Oliver Janz, Heather Jones, Jennifer Keene, Alan Kramer, and Bill Nasson, issued by Freie Universität Berlin, Berlin 2015-09-17. DOI: http://dx.doi.org/10.15463/ie1418.10728.（2024年11月25日閲覧）

64）戦後は委任統治領パレスティナで教育する傍ら政治活動をつづけ、第1次中東戦争でダマスカスに避難し、そこで生涯を終えた。（https://www.palquest.org/ar/biography/32865/فريق-التحميمي）（2024年11月25日閲覧）

297

3. 「地方史誌」の向かう先

65) Çakıroğlu, *Yaşamları ve Yapıtlarıyla Osmanlılar Ansiklopedisi*, vol.1, p.586.

66) ジャラール・ベイ Jalāl Bey(森林・農業)、サーミー・ベイ Sāmī Bey (道路)、サリーム・ビッラーン(?) Salīm BLAN(人口)フスニー・ベイ Ḥusnī Bey(公衆衛生)の4名だが、経歴は不明である。*Lubnān, Mabāḥith ʿIlmiyya wa-Ijtimāʿiyya*, edited by Ismāʿīl Ḥaqqī, vol.1, Bayrūt: Dār Luḥḥad Khāṭir, 1993, 3rd ed.[1st ed. 1918], pp.viii-ix.

67) アメリカの動物・植物・地質学者アルフレッド・デイ Alfand Ely Day (1867〜1930)、アメリカの外科医、植物学者ジョージ・ポスト George Edward Post(1838〜1909)、アメリカの宣教師、医師、聖書翻訳者コーネリウス・ヴァン・ダイク Cornelius Van Alen Van Dyck(1818〜1895)の3人と思われる。*Lubnān*, vol.1, pp.vii-ix.

68) ほかの5人は、シリア・カトリックのイエズス会修道士、言語学者アントゥーン・サーリハーニー Anṭūn Ṣāliḥānī al-Yasūʿī(1847〜1941)、マロン派ブールス・ヌジャイム Būlus Nujaym(1880〜1931)、ギリシア・カトリックの建築家ユースフ・アフティモス Yūsuf Aftīmūs(1866〜1952)、ギリシア・カトリックの歴史家、法律家、詩人イブラーヒーム・アスワド Ibrḥīm al-Aswad(1885〜1940)、ギリシア正教の歴史家、作家イーサー・イスカンダル・マールーフ ʾĪsā Iskandar al-Maʿrūf(1869〜1956)である。宗派は不明だが、天文学者、数学者マンスール・ジュルダーク Manṣūr Jurdāq(1881〜1964)、サリーム・アスファル Salīm al-Aṣfar(1921没)とアルビル・ナッカーシュ Albir Naqqāsh(1884〜1954)もキリスト教徒だと思われる。シーア派はアフマド・リダー・アーミリー al-Shaykh Aḥmad Riḍā al-ʿĀmilī(1871〜1953)、ドルーズ派はアーリフ・ベイ・ナカド ʿĀrif Bey Nakad(生没年不明)である。*ibid.*

69) ナポレオンのエジプト遠征の結果として刊行された『エジプト地誌 *Description de l'Égypte*』は、その代表的な例であろう。アレッポについても、18世紀末に公刊されたイギリス人ラッセルの『アレッポ自然誌 *Natural History of Aleppo*』がある。

70) *Lubnān*, vol.1, p.304.

71) Kurd ʿAlī, Muḥammad, *al- Mudhakkirāt*, vol.1, Dimashq: Maṭbaʿat al-Turkī, 1948, pp.312-315.

72) 「オスマン的帝国主義」とは、19世紀後半にオスマン帝国中央政府エリートがヨーロッパ帝国主義国の思想を受容し、帝国の「辺境」を植民地と捉え、その地域を「文明化」するために推し進めた一連の政策をいう。概要としては次を参照。Deringil, Selim, *The Well-protected Domeins: Ideology and the Legitimation of Power in the Ottoman Empire, 1876-1909*, London and NewYork: I.B.Tauris, 1999; Makdisi, Ussama "Rethinking Ottoman Imperialism: Modernity, Violence and the Cultural Logic of Ottoman

reform"in Jens Hanssen, Thomas Philipp and Stefan (eds.), *The Empire in the City: Arab Provincial Capitals in the Late Ottoman Empire*, Beirut: Orient-Institut der DMG Beirut, 2002, pp.29-48; 秋葉淳「近代帝国として のオスマン帝国――近年の研究動向から」(『歴史学研究』798、2005年) 185-214頁.

# 近代移行期中央アジアにおける
# 歴史叙述の転換
　　——ユースポフ『歴史』を中心に

塩 谷 哲 史

## はじめに

　ウズベキスタン、カザフスタン、タジキスタン、キルギス、トルクメニスタンからなる現代中央アジア諸国の領域的な祖型が成立したのは、1924年から1936年にかけてソ連中央政府が断行した、中央アジアにおける民族・共和国境界画定の過程であった。その過程において、ロシア帝国の支配下に形成された行政区分は解体された。そしてともに帝国の保護国となっていたブハラ・アミール国、ヒヴァ・ハン国もまた完全に解体され、その中心地域はウズベク共和国に、周辺地域はトルクメン共和国、タジク共和国にそれぞれ編入された。

　中央アジアの民族・共和国境界画定は、マルクス・レーニン主義の枠組みの中での、ソ連による中央アジアに対する上からの近代化政策の一環であった。その際に現地社会に自生的な近代化に向けた努力は、当局に圧殺されるか、形を変えてソ連の枠組みで再解釈された。本稿は、20世紀初頭のヒヴァ・ハン国における歴史叙述の転換を、ハン国のムスリム改革派知識人の中心人物の1人であったパフラヴァーン・ニヤーズ・ユースポフが著した『歴史』に注目しながら、そこに彼が描き出そうとしたハン国の自生的な近代化に向けた努力とそれが直面した困難について叙述してみたい。

## 1. ヒヴァ・ハン国／ホラズムの歴史叙述

　16世紀初頭ウズベク遊牧集団の一支がアム川下流域のホラズム・オア

301

### 3. 「地方史誌」の向かう先

シスを征服し、ヒヴァ・ハン国(1512〜1920年)を建国した。17〜18世紀転換期に創始王朝(アラブシャー朝)の血統が途絶えたあたりから、ハン国は内憂外患を抱えた。内部ではウズベクの有力部族であったコングラト、マンギトを中心とした諸部族の有力者(アミール)たちの内訌が続いた。また隣国のブハラ・ハン国、北からはオイラト(ジューンガル部やトルグート部)、カザフ、南からはイランのナーディル・シャーの介入や征服を受け、国土は荒廃した。1770年コングラト族のムハンマド・アミーン・イナクがハン国の実権を握ると、こうした混乱状況は収束に向かい、1804年ムハンマド・アミーンの孫エルトゥザルが自らハン位に就き、コングラト朝を創始した。コングラト朝は、1855年から1867年にかけて支配下諸集団の度重なる反乱を経験したのち、ロシア帝国が中央アジアの軍事征服の過程(1865〜1881年)で実施した遠征の結果、1873年ブハラ・アミール国とともにその保護国となった。コングラト朝は、1917年の革命によるロシア帝国の解体後も存続したが、1920年赤軍の支援を受けた青年ヒヴァ人によって打倒された。このときホラズム人民共和国の樹立が宣言されたが、1921年赤軍によるクーデターが発生し、青年ヒヴァ人の主要メンバーは新共和国の中枢から排除された。そして1924年ソ連中央政府が開始した中央アジアの民族・共和国境界画定により、ホラズム人民共和国(1922年ホラズム人民ソヴィエト共和国に改称)は、ウズベク共和国(1991年の独立後はウズベキスタン共和国)への合流を決定し、こうしてホラズムにおける独立した政治権力は消滅した。

　ヒヴァ・ハン国では、すでに16世紀ウテミシュ・ハッジーの『チンギズ・ナーマ』(Ötämiš Ḥājī 2008)、17世紀中葉アブルガーズィー・ハン(在位1644〜1663／64年)の『テュルク系譜』('Abū al-Ghāzī Bahādur Khān 1970)と『トルクメン系譜』('Abū al-Ghāzī Bahādur Khān 1958)に代表される、チャガタイ・トルコ語による歴史叙述の伝統があった。アブルガーズィーは執筆の動機について、以下のように語っている。「我々の父祖たちの思慮のなさ、ホラズムの民たちの知識のなさという二つの理由から、〔シャイバーン朝の〕アブドゥッラー・ハンの先祖から我々の〔先祖が〕分かれたときから、当代に至るまでの我らが集団の歴史書(ターリーフ)は未完である。この歴史を、誰かを招いて書かせようと何度も考えた。〔しかし〕それに相応な人物は見つ

けられなかった。〔歴史を書くことは〕不可欠であった。そのために、朕が書いた」（'Abū al-Ghāzī Bahādur Khān 1970：2；塩谷2023：94〜95）。

18世紀の混乱期を経てコングラト朝が成立すると、その宮廷において シール・ムハンマド・ミーラーブ・ムーニス（生没1778〜1829年）とその甥ム ハンマド・リザー・ミーラーブ・アーガヒー（生没1809〜1874年）が、チャガ タイ・トルコ語で6編のヒヴァ・ハンたちの歴史書を編纂した。ロシアの 東洋学者バルトリド（生没1869〜1930年）は、「ムーニスとアーガヒーの著作群 には、文学作品ないし歴史文献としていささかの欠点があるにせよ、そ の諸著作は記述の詳細さと事実に関する史料の豊富さにおいて、ブハラ やコーカンドの諸ハン国の歴史に関する現存の著作群をはるかに凌駕し ている」と高い評価をしている（バルトリド2011：273）。さらに、ムッラー・ バーバージャーン・マンギト・サナーイーの『ホラズムシャーたちの歴史 *Tavārīkh-i Khvāramshāhiyya*』（1864年完成）のように、ムーニスとアーガヒー の諸著作を人々に広める目的で執筆された歴史書も現れた（塩谷2023：97〜 98）。

1873年のロシア帝国によるヒヴァ・ハン国の保護国化後も、コングラ ト朝宮廷での文芸活動は盛んで、チャガタイ・トルコ語による歴史書編纂 の伝統も途絶えることはなかった。サイイド・ムハンマド・ハンの王子で、 宮廷史家でもあったサイイド・ハミードジャーン・トラ・カームヤーブの 『諸ハンの歴史 *Tavārīkh al-khavānīn*』（1886年以降完成）、ムハンマド・ユース フ・ベク・バヤーニーの『ホラズムシャーの系譜 *Shajara-yi Khvārazmshāhī*』 （1913／14年完成）、ムッラー・ハサン・ムラード・カームカールの『幸福の 花園 *Gulshan-i sa'ādat*』（完成年不詳）は、それぞれヒヴァ・ハン国の同時代 の諸事件について記述した歴史書の代表例である（塩谷2023：98〜99）。

こうした歴史書においては、ハン国の君主であるハンの事績に対する批 判的な姿勢はほとんど見られない。しかし青年ヒヴァ人の登場とともに、 ハンやコングラト朝宮廷に対して辛辣な批判をする歴史書が現れる。青年 ヒヴァ人は、1890年代、ハン国の商業都市ウルゲンチ出身の商人たちや、 宮廷の進歩的な人々が形成したムスリム改革派知識人グループである。そ の1人であったジュマ・ニヤーズ・ハッジー（生年1878／79年）が記した『覚 書 *Risāla*』は、イスファンディヤール・ハンの治世と1919年までの諸事件

に至る、未完成の歴史書である。この歴史書は、イスファンディヤール・ハンの大宰相イスラーム・ホジャ(生没1872〜1913年)の暗殺事件は、ハン自らがならず者を集めて組織した事件であると評価し、また宮廷の高官がロシア帝国陸軍省の高官に対して賄賂を贈っていたことを批判的に記すとともに、君主専制を打破しようとした青年ホラズム人(青年ヒヴァ人のこと)たちの革命精神の高揚を描いている(塩谷2023：99)。

## 2. ユースポフの『歴史』

　パフラヴァーン・ニヤーズ・ユースポフ(1861〜1936年)は、青年ヒヴァ人の指導者の一人で、1920年のホラズム革命後、1920年5月1日から1921年3月5日までホラズム人民共和国の初代人民ナーズィル委員会議長を務めた人物である(Aliakberov 1968：71)。

　彼は自筆の回想録、つまり本稿で扱う『歴史』を残した。その史料的価値について初めて言及した研究者の一人であるアリーアクバロフは、この回想録に書かれた内容を紹介しつつ、「ユースポフの手稿には批判的な態度が必要であるものの、関心のある研究者にとっては少なからぬ情報や事実を見出すことができる」と評価している(Aliakberov 1968：74)。ランダもその主観的叙述には注意が必要だが、その唯一無二の史料的価値を認めている(Rakhimov 1996：80)。しかしムハンマドベルディエフは、史料的価値はなく、ユースポフ自身のルポルタージュに過ぎないと主張した(Rakhimov 1996：80)[1]。ソ連解体前後から、歴史学がイデオロギーの制約から解放されていくと、ラヒモフは再びその史料的価値に注目し、ムハンマドベルディエフの見解を批判しつつ、「この貴重な文献がホラズム・オアシスの諸民族のみならず、我国の歴史全般に関する重要な史料として大きな意味を持っている」と評価している(Rakhimov 1996：80-81)。本史料は、その出版の必要性が長らく説かれてきたが、1999年ウルゲンチにおいてキリル文字のウズベク語表記で出版された(Yusupov 1999)。

　筆者は2009年8月に、この回想録に関する調査を行った。現在ユースポフの子孫が所有している。イチャン・カラ博物館の研究者カーミルジャーン・フダーイベルガノフ氏の協力により、本写本の撮影に成功した。写

近代移行期中央アジアにおける歴史叙述の転換（塩谷）

本の大きさは19.5×26cmである。奥付によれば、本書はヒジュラ暦1344
年ムハッラム月(1925年7〜8月)に執筆された(Yūsufov：645)。アラビア文字
表記のウズベク語ホラズム方言で記されている。また本文は、57頁か
ら228頁までは紫色のインクで書かれ、他の頁は黒インクで書かれてい
る(Aliakberov 1968：72)。なお各葉には、葉数ではなく頁数が書かれていて、
すべてで645頁である。アリーアクバロフは、おそらく1968年以前の時点
において、「写本の保存状態はよく、破損したり切り取られた葉はない。」と
述べている(Aliakberov 1968：72)。フダーイベルガノフ氏によれば、写本を
以前見たときは欠損がなかったものの、それ以降何度か保管場所から持
ちだされた結果、写本の状態は以前より悪くなっているとのことであった。
なお、本書にはタイプ打ちのロシア語訳原稿が存在する(Mukhamedberdyev
1978：61)。このロシア語訳は直訳ではなく、また固有名詞が誤って訳され
ている箇所が散見される。たとえば、トルキスタンやヴォルガ・タタール
の著名なジャディードたちの名が誤記されている。つまりロシア語訳本に
頼った研究からは、ユースポフや他の青年ヒヴァ人のメンバーと彼らとの
交流を明らかにすることは難しい。

## 3. ユースポフの経歴と執筆意図

　まずユースポフ『歴史』の序文を読みながら、彼の経歴を確認し、その後
彼の見た1910年代のヒヴァ・ハン国の情勢を追っていきたい。

　ユースポフは、ヒジュラ暦1278／西暦1861〜62年に生まれた(Yūsufov：
1)。10歳まで父母のもとに暮らし、13歳のときからヒヴァの旧式マクタ
ブ[2])で読み書きや宗教書に記された教訓を学んだ(Yūsufov：2)。

　ヒジュラ暦1293年(1876／77年)に商人であったおじのユースフ・バイに連
れられて、初めてロシアを訪れた。このときモスクワの壮麗さに心打たれ
たユースポフは、それとホラズムの現状を対比させて以下のように述懐し
ている。「この国〔ロシア〕の人々が公正さと教育のおかげで、国土がこれほ
ど寒さに厳しいにも関わらず、努力によって、都市をこれほどまでに繁栄
させているのに対して、我々は無知の汚れにより、ホラズムの天国のよう
な気候とアム川の澄んだ水のほとりにいながら、食べるためのパンや、着

305

### 3.「地方史誌」の向かう先

る服が手に入らないほどに堕落した」(Yūsufov：3)。また彼はタタール語新聞を通じて、世界の情勢を知り、ホラズムの置かれた状況を認識するようになった。さらに毎年ロシアを商用で往来するようになって、ロシア語を学び、ロシアの知識人とも親交を結んだという(Yūsufov：4)。ヒジュラ暦1323年(1905〜06年)には、メッカ巡礼を果たした。メッカ、メディナの両聖都、イスタンブル、エジプト、シリアの諸地方を旅したというが、そのときのことを次のように述懐している。「この旅において、オスマン・トルコ人やエジプトのアラブ人が汽車、電信、汽船のような文明の象徴を自らの手で運転し、利用しているのを見て、我々ムスリムも教育を受けて学べば、どのようにも進歩できる力と能力があることを、私は理解した」(Yūsufov：4-5)。ロシアへの旅とメッカ巡礼の旅双方の述懐を比較すると、ロシアへの旅においてはただその先進的な文明への驚き、教育の必要性、そしてホラズムの「堕落」を認識したのに対し、メッカ巡礼の旅においては、自分たちムスリムも教育を受ければ先進的な文明の担い手たりうるという認識がうかがえる。ユースポフは、ロシアから直接ではなく、ムスリム諸国の営みを通じて先進的文明を受容すべきと考えるようになったようだ。

　本書は果たしてソ連期の研究者たちが呼んだように、回想録なのだろうか。序文の文言に注目してみたい。「我々の国では日々様々な変化が起きているものの、その独自の歴史を執筆しようとする人物さえいなかった。〔中略〕過去の歴史家のように信用に値し、詳細で全般的な歴史を著すために、私は才能も能力も十分ではないにも関わらず、我々の時代に、自ら目撃した諸事件を、とくにホラズムにおいてウズベクのコングラト族出身の統治者11人のうちの10人目であるイスファンディヤール・ハンの治世の諸事件と、彼の没後に起きた革命の諸事件を、私の知る限り不足なく、偏らず、一つの姿にまとめ叙述することにした」とある(Yūsufov：5)。変革の只中にあるホラズムで生起した諸事件を記録しようと考えたが、それに相応しい人物がいなかったために、十分な能力はないにもかかわらず自ら執筆の労をとったと書かれている点は、上述のアブルガーズィー・ハンが『テュルク系譜』の序文に記した執筆動機を彷彿とさせる('Abū al-Ghāzī Bahādur Khān 1970：2)。ユースポフは、本書をイスファンディヤール・ハンの治世から革命期にかけての歴史書と位置づけていることが読みとれる。

さらにユースポフは、この著作が歴史書 tārīkh たらんことを望み、そのための条件として「歴史家、著述家が公平であり、ある人物、ある集団の賞賛や賛美、もしくは誹謗中傷を書く目的を持たないこと」「各人が述べた言葉から可能な限りその嘘や誤りを消し去り、その真実を知と教養という道具の助けにより解明し、敬意にとらわれず正直に書くこと」(Yūsufov：5-6)を挙げ、次のように述べている。「この二つの条件が見当たらない書物は、ただ賛歌、寓話、絵空話、逸話のたぐいであって、歴史書の名にふさわしい資格を持っていないために、読んで信ずるに値しない。それゆえ本書は雄弁さや修辞に欠くとはいえ、誹謗中傷の埃や錆を取り去り、誠実さと正しさの道を歩ませるために私は努力を惜しまなかったのである」(Yūsufov：6)。これまでの先行研究は本書を回想録として評価してきた。確かに本文中にはユースポフの考えや、ハンやハンの高官たちといった彼の敵対者に対する公平さを欠く叙述があることは確かである。しかしユースポフは序文において、本書を歴史書として執筆したことを明確に述べているのであり、本書を回想録と位置づけるのは適切ではない。

## 4. ユースポフの見たロシア革命直前期の　ヒヴァ・ハン国の改革

　次に、ロシア革命直前に至るまでのヒヴァ・ハン国、ホラズムの歴史を叙述した第1章を見ていこう。

### （1）ヒヴァ・ハン国の改革とその後

　1873年ロシア軍がヒヴァを占領し、ハン国は帝国の保護国になった。当時、中央アジアは陸軍省管轄の軍政下にあり、1867年タシュケントに設置されたトルキスタン総督府がロシア帝国政府の現地代表であった。この総督府はシルダリヤ、セミレチエ、フェルガナ、サマルカンド、ザカスピの5州からなっていた(時代により管轄に変遷がある)。ヒヴァ・ハン国から割譲されたアム川東岸には、シルダリヤ州に属するアムダリヤ分区が設置され、その長官は割譲された地域の行政と、ヒヴァ・ハン国とロシアの関係の監督を行った。

　1910年8月、ロシア軍のヒヴァ占領以前からハン位にあったサイイド・

307

### 3.「地方史誌」の向かう先

ムハンマド・ラヒーム・ハン(在位1864〜1910年)が没し、その息子イスファンディヤール・トラが即位した。ヒジュラ暦1328年ラマザーン月10日(1910年9月2日)付でイスファンディヤール・ハンは、国庫の収支の明確化、政府役人の俸給確定、税制改革、先進的施設の導入などを目標とした改革の勅令を発布した。この改革を主導したのは、大宰相に任命されたイスラーム・ホジャ(1913年没)であった。まず先進的施設の導入が図られた。つまり、病院、郵便電信、獄、新方式学校とマドラサ、風の宮殿であるヌールッラー・バイ宮殿の建設、ヒヴァの北門にあたるコシュ・ダルヴァーザの改築が行われた。また、ハン国の幹線運河に架かる鉄橋の建設も決定された。ハン国政府は、こうした改革の実施にともなう財政難を克服するために、国内全土で土地の測量を実施し、土地所有者にその所有面積に応じて一律に課税する税制改革を実施した。しかしこの試みは、大土地所有者のみならず、トルクメン諸部族の有力者たちの反発を受けた。なぜならば、当時トルクメンが納めていた定額地税は、1873年の保護国化以降に導入され、ハン国政府と彼らの長老たちとの交渉により納税額が決定されたものでされており、他の定住民比してその負担が軽かったためである(塩谷2012：61〜62)。

1913年8月、イスラーム・ホジャは不可解な状況の中、ヒヴァ近郊で暗殺された。この暗殺事件には、イスファンディヤール・ハン自身が関わっていたという噂が流れた。その後ハン国政府の実権を握ったのは、ムハンマド・ヴァファー・カラヴァンバシであった。彼は、イスラーム・ホジャの一族と並ぶ権勢を振るうとともに、対トルクメン政策決定に影響力を持っていたフサインベク・ディーヴァーンベギの一族(フサインベクとその兄弟シャイフ・ナザル、アマーンゲルディ)とも宮廷内での権力争いを繰り広げた。

1913年にシャミケル、1914年にシャームラード・バフシ率いるトルクメンの反乱が起き、1915年にはトルクメンのヨムート族によるヒヴァ周辺の襲撃事件も発生した[3]。こうした状況に対し、アムダリヤ分区長官のルィコシン(在任1912〜1914年)、コロソフスキー(1915〜1916年)は積極的な介入をすることができなかった。1916年にはジュナイド・ハン率いるトルクメン軍が一時的にヒヴァを占領し、タシュケントから派遣されたガルキン率いるロシア軍が介入し、ジュナイドたちは撤退した。こうした混乱が

続く中、1917年ロシア二月革命により帝政が崩壊し、ヒヴァ・ハン国は
ロシア帝国の保護国の立場から脱することになった。

　ユースポフはこの改革の経過と行方に関して、①イスラーム・ホジャの
改革努力と臣民を想う姿勢を評価しつつ、イスラーム・ホジャ暗殺以後に
宮廷で力を持った高官たちの無能、高官たちを競わせて自己の権力を維持
しようとするイスファンディヤール・ハンの圧制を対置させ、叙述してい
る。②そうしたヒヴァ宮廷の動向と結びついた、ハン国高官たちのトルク
メンの度重なる反乱に対する無策、ロシア帝国の陸軍省および総督府に属
する高官、軍政官の収賄行為や失政を批判している。以下、時系列に沿っ
てその叙述を見ていきたい。

## (2) ハン国高官、ロシア帝国軍政官たちの収賄と無策

　1912年イスファンディヤール・ハンとイスラーム・ホジャ、フサイン
ベク・ディーヴァーンベギらのハン国高官たちは、サンクト・ペテルブル
グに向かい、ニコライ2世(在位1894〜1917年)に謁見を果たした。このとき
ハンは大臣たちに多くの贈物をしたという(Yūsufov：8)。さらにペテル
ブルグからの帰還後、ハンはニコライ2世の息子であったアレクセイ皇太子
に寄付を行おうとした。このときイスラーム・ホジャはその寄付金を、皇
太子の名でヒヴァに病院を開設する費用に充てさせた(Yūsufov：12)。ユー
スポフは、「イスラーム・ホジャは国を発展させるために尽力した。いく
つかの新方式学校を開設した。国庫の資金を国の民のために費やすよう努め
た」(Yūsufov：12)と賞賛しつつ、ハンによる国庫の浪費を批判している[4]。

　1912年、フサインベク・ディーヴァーンベギらが突如逮捕され、家屋
や財産を没収される事件が起きた。ハンはサンクト・ペテルブルグから帰
還したのち、改革を進めるイスラーム・ホジャに不満がある者たちがあれ
ば、署名を持参するように命じていた(Yūsufov：11)。それに応じて署名を
した高官たちが、このとき逮捕されたのである。この事件は、トルキスタ
ン総督府のガルキンやアムダリヤ分区長官ルィコシンが介入して、フサイ
ンベクらが釈放されることで解決した。ユースポフもこのときフサインベ
クらに連座して逮捕された(Yūsufov：13-17)。

　1913年8月、ハン国の改革を主導していたイスラーム・ホジャは不可解

### 3. 「地方史誌」の向かう先

な状況の中で、ヒヴァの外城(ディシャン・カラ)で暗殺された。首謀者や暗殺の背景はいまだに明らかではない。ユースポフによれば、イスファンディヤール・ハンは、イスラーム・ホジャが病院、郵便局、鉄橋など先進的な設備をハン国に導入するために税を使用することに不満を持ち、彼の暗殺を企てたという。ユースポフはそうしたハンの企てを非難している (Yūsufov：20-21)。

　暗殺後の調査にハン国を訪れたロシア帝国陸軍参謀本部長ツェイリは、イスファンディヤール・ハンからその高官ムハンマド・ヴァファーを通じて現金4万ルーブルと多くの贈物を秘かに受け取り帰還した。このときツェイリは自らその金品を持ち帰ることを恐れ、ムハンマド・ヴァファーの側近に送り届けさせた。ムハンマド・ヴァファーはこの時の功で、「筆頭宰相 katta vazīr」になったのだという (Yūsufov：22-23)。さらに1914年夏、ムハンマド・ヴァファーはサンクト・ペテルブルグに行き、スホムリノフ陸相にも2万5000ルーブルを献金した。この旅にはユースポフ自身も途中まで同行したという (Yūsufov：23-24)。

　このようにユースポフは、ハンが相互の対立を煽りつつ突出した高官が出ないように権力にしがみつき、ロシア側にも収賄を通じてそれらを隠ぺいしていたと非難している。そしてユースポフはそうしたハンの姿を、臣民を想い、改革に努めたイスラーム・ホジャの姿と対照させている。

### (3) トルクメンの反乱

　1913年以降急速に悪化したハン国とトルクメンとの関係に関連して、ユースポフはハン国高官の無為やロシア帝国の軍政官の腐敗と失策を批判する。

　たとえば、1914年にシャー・ムラード・バフシが反乱を起こすと、ヨムート族の有力者であったジュナイド・ハンはこれに介入し、バフシを捕らえてヒヴァに送った。ハン国政府は彼を拘禁状態に置いた。その後バフシの一族郎党がジュナイド・ハンを通じて赦免を請うが、ハンはそれを受け入れなかった。面子をつぶされた形になったジュナイド・ハンはヒヴァ近郊を襲撃した。これを受けてアムダリヤ分区長官コロソフスキー (在任1914〜1916年)がこの紛争に介入し、ハン国政府とジュナイド・ハンら

310

近代移行期中央アジアにおける歴史叙述の転換（塩谷）

の間で和平が結ばれた。しかしこのとき、ムハンマド・ヴァファーはヨ
ムート族の長老たちを客人として迎え、様々な贈物を贈った(Yūsufov：24-
26)。そのことをユースポフは「〔ムハンマド・ヴァファー・〕カラヴァンバ
シはヨムートに対する政策を知らず、ヨムートの様々な嘘を信じた。〔ヨ
ムートたちは〕何でも行うようになった。ヒヴァのハンがどのような人物
かを知ったからである」と批判している(Yūsufov：26)。ここでユースポフは、
フサインベク・ディーヴァーンベギの一族が、トルクメン・ヨムート族の
反乱に対しては武力行使で鎮圧しつつ、ヒヴァ側に味方する長老たちは厚
遇するという、いわば「飴と鞭」の政策を採っていたのに対し、ムハンマ
ド・ヴァファーが反乱者に対しても過剰な懐柔策を採るのみであったこと
を批判している。

　1915年トルクメン・ヨムートによる襲撃事件が頻発すると、イスファ
ンディヤール・ハンはトルクメンとの和平成立に努めるとともに、タシュ
ケントのトルキスタン総督府に情勢を報告した。これに対し、タシュケン
トからゲッペネルが、アムダリヤ分区長官コロソフスキーをともなってヒ
ヴァにやってきた。ゲッペネルと会見をしたムハンマド・ヴァファーは、
自らに反対するであろうフサインベク・ディーヴァーンベギの一族数人を
タシュケントに追放することに同意させ、自らはハン国の宰相にあたる
「メフタルとなり、ホラズムを統治した」(Yūsufov：28)。

　1916年、イスファンディヤール・ハンは、ハン国内諸都市の太守(ハー
キム)たちに、ハンの後宮に入れる女性を差し出すよう命じた。これに対
し、太守たちは共同で命令の撤回を求める請願を行った。ユースポフによ
ると「ムスリムたちは呆然とした。ある日、グルレン〔の街〕の長老たちが
来て、次のように上奏した。〔ムハンマド・ヴァファー・〕カラヴァンバシ
を正気づかせ、ヒヴァより追放するように、と。イスファンディヤール・
ハンの圧政は民を大いに立腹させた」(Yūsufov：29)。その後各地の太守たち
も同様の上奏を行った。これに対してムハンマド・ヴァファーは、「この臣
民たちの攻撃はよろしくない。対策を講じるべきである。指導的な者た
ちのうち何人かを捕えて、拘禁し、〔他の〕臣民たちは退去させなければな
りません」とハンに進言し、ハンはこれを受け入れた。ムハンマド・ヴァ
ファーはこの事件をアムダリヤ分区長官に報告するとともに、請願のため

311

### 3. 「地方史誌」の向かう先

にヒヴァに来た人々を投獄した (Yūsufov：29-30)。

1916年、ジュナイド・ハン率いるトルクメンは、再度ヒヴァを攻撃し、これを占領した。ヒヴァを占領したジュナイド・ハンは、ムハンマド・ヴァファーを捕らえ処刑した。ユースポフは、このときヒヴァ奪還のために駆けつけたガルキン率いるロシア軍の行動を批判している。つまり、この戦争が終わった後に、ガルキンがヒヴァ臣民から武器を押収してしまったため、その後ヒヴァ人の手に武器が残らなかった。ユースポフは、このとき5,000丁以上の銃が持ち去られたと主張する (Yūsufov：55-56)。この結果、ハン国の臣民による自衛が困難になり、ロシア軍の介入がなければ、首都ヒヴァ一帯は無防備な状態に置かれることになった。

このようにユースポフの記述からは、ハン国政府もロシア軍も、トルクメンの反乱に対して、適時に懐柔や強硬策を行うことができなかった様子がうかがえる。そしてその過程で、ハン国の高官たちとロシア帝国陸軍省および現地軍政機関の高官たちとの間で、収賄が繰り返し行われていた。ユースポフはイスラーム・ホジャの改革努力や臣民を想う姿勢とこうした諸事件を対置させながら、ハン国の近代化が思うように進まない状況を描き出そうとしたのではないだろうか。

## おわりに

宮廷の保護を受けたヒヴァ・ハン国の歴史叙述の伝統は、1873年ロシア帝国によるハン国の保護国化以降も継続した。そうした歴史叙述の主眼は、諸ハンの事績を韻文と散文を織りまぜて記述することにあった。しかし19〜20世紀転換期にハン国内のムスリム改革派知識人グループである青年ヒヴァ人が登場したあたりから、ハンの事績を批判する歴史が書かれるようになった。ユースポフの『歴史』では、その序文において、16世紀のアブルガーズィー・ハンの『テュルク系譜』の序文の内容に類似した執筆動機が示されている。そして執筆目的もまた、ヒヴァ・ハン国の諸年代記同様、もっぱらハンの治世の諸事件を記述することだった。当然ユースポフの視点で書かれた各記述が事実をどの程度反映しているかは、他の史料との突合せによってはじめて明らかになる。しかしユースポフは、イス

近代移行期中央アジアにおける歴史叙述の転換（塩谷）

ファンディヤール・ハンのハン国高官たちを相互に競わせ、自己の権力を維持しようとする態度を批判するとともに、ハン国宮廷とトルクメンとの熾烈な争い、それに対するハン国高官たちの無策、さらにロシア帝国軍政機関やその監督機関である中央省庁の要人たちの腐敗を批判している。その中にあって唯一彼が同情的であり、かつ賞賛をしたのは、1910年からハン国の改革を担い、青年ヒヴァ人の一人とも目されていたイスラーム・ホジャの事績であった。

　ユースポフの歴史叙述は、1917年ロシア革命以前のヒヴァ・ハン国における封建的な圧制と民族間対立、その上部に君臨するロシア帝政の腐敗、それを解決に導いたソ連体制の確立というソ連の公式の歴史叙述と一致しているように見える。しかし彼がその『歴史』の中で強調したかったのは、オスマン帝国やエジプトで目にした、新たな文明を自分のものとしつつあるムスリムたちと、彼らと同じムスリムであるホラズム人が、自らの発展を志向していたこと、およびそれを阻むハン国宮廷のハンと高官たち、そして彼らと結託していたロシア帝国陸軍省の官僚たちやトルキスタン総督府の軍政官たちによる圧制だったのではないか。それはウズベク共和国の成立によって封建的な圧制と民族間対立が解消に向かったとするソ連の公式の歴史叙述とは異なり、ホラズム人の自立と自身の手での発展、文明化への闘い、そしてその挫折を描いていくことになる。ユースポフは『歴史』の最後を以下のように締めくくっている。「〔1925年2月のウズベク共和国第1回クリルタイから〕数日経って、ロシア人とトルキスタン人の労働者たちが、100人ずつ、50人ずつとやって来始めた。ホラズムの労働者たちは全員解職され、新たにやってきた労働者たちがその職に就いた。ただ地元の労働者たちにはただ御者、車引き、馬の世話人、郵便配達人といった仕事だけが残った。それ以外の高位の職は〔ボリシェヴィキの〕同志たちに独占された」(Yūsufov：644)。


　注

1)　ムハンマドベルディエフは、共産党員の役割が記されていないこと、1918年ユースポフが、フェルガナに成立したムスリム改革派知識人を中心としたトルキスタンの自治を目指すトルキスタン自治政府（ソ連期

313

3. 「地方史誌」の向かう先

　　の呼び方では「コーカンド自治体」）の指導層のもとに行ったこと、ファ
　　イズッラ・ホジャエフとともにモスクワに行くことを断念したこと、
　　ホラズム人民ソヴィエト共和国のナーズィルたちに対する敵意が記さ
　　れていることなどを挙げ、ブルジョア民族主義者の手になる史料ゆえ
　　にその史料的価値は乏しいと批判した。ただしムハンマドベルディエ
　　フは、「この文献の最重要の部分は、〔中略〕パフラヴァーン・ニヤーズ・
　　ユースポフではなく、バーバー・アーホンド・サーリモフが記した部
　　分である」と述べ、1922年にあったサーリモフとレーニンとの会見の記
　　録は参照に値するとしている（Mukhamedberdyev 1978：63-64）。

2)　　この場合の旧式マクタブとは、新方式学校に対置した、伝統的な寺子
　　屋式のマクタブという意味だろう。新方式学校とは、イスラームの基
　　礎に加え、母語とロシア語の読み書き、算数、歴史、地理などの世俗
　　科目を教科書を用いて学年別に教える近代的な初等学校である。クリ
　　ミアから始まり、ロシア帝国内のジャディード（ムスリム改革派知識
　　人）たちの手によって広められていった。当時のヒヴァの教育環境につ
　　いては、小松2022に詳しい。

3)　　すでに1894年から始まったハン国中部での新ラウザーン運河の建設工
　　事失敗と、それに起因するトルクメンの一集団のハン国政府に対する
　　抵抗運動が起きていた（塩谷2014：143〜175）。しかし1913年以降、ト
　　ルクメンの抵抗は毎年の継続的な反乱、ヒヴァ近郊への度重なる襲撃
　　事件へと大規模化した。

4)　　なおこうした建築事業は、1912年に起きたハン国内の不作と穀物価
　　格の高騰を受けての救貧事業としての性格もあわせ持っていたとも考
　　えることができる。当時の宮廷史家によると、「穀物の市価は25タン
　　ガ、タンガは32ホラズム銅貨と等価であるが、きわめて高かった。窮
　　した臣民たちはやってきて〔建設の〕日雇い仕事をし、〔ハンは〕日当とし
　　て毎日5つのナンと3タンガを〔彼らに〕与えた。窮した臣民たちは一つ
　　のナンを食べ、残った四つのナンをその子どもたちに与えて食べさせ、
　　ハンのために祈念し、安心して食事をした」（Mullā Ḥasan Murād Qārī
　　Kāmkār：14）。

参考文献

['Abū al-Ghāzī Bahādur Khān], *Rodoslovnaia Turkmen [Shajara-yi Tarākima]:
　　Sochinenie Abu-l-Gazi khana khivinskogo*, A. N. Kononov (ed.), Moscow,
　　Leningrad: Izdatel'stvo Akademii nauk SSSR, 1958

['Abū al-Ghāzī Bahādur Khān], *Shajara-yi Türk, Histoire des Mongols et des
　　Tatares*, P. I. Desmaisons (ed.), St. Leonards: Ad Orientem, 1970

Aliakbarov, M. Kh., "O memuarakh Polvonniiaza Iusupova," *Obshchestvennye nauki v Uzbekistane*, 1968-2

Mukhamedberdyev, K. B., "Stoit li vozvelichibat' Palvaniiaza Iusupova?," *Vestnik Karakalpakskogo filiala AN UzSSR*, 1978-4, pp. 60-64

Mullā Ḥasan Murād Qārī Kāmkār, *Gulshan-i saʿādat*. Institut vostokoveniia Akademii nauk Respubliki Uzbekistan, Manuscripts, inv. no. 7771

Ötämiš Ḥājī, *Čingīz-nāma*. Introduction, annotated Translation, Transcription and Critical Text by T. Kawaguchi and H. Nagamine, Research Institute for Languages and Cultures of Asia and Africa, 2008

Rakhimov, R., "Istoriia Khorezmskoi Respubliki v svete novykh issledovanii," *Obshchestvennye nauki v Uzbekistane*, 1995-7, pp. 90-93

Rakhimov, R., "Khorezmskii istorik Palvanniiaz Iusupov i ego memuary," *Obshchestvennye nauki v Uzbekistane*, 1996-1

Yūsufov, Pahlavān Niyāz Ḥajjī, *Tārīkh*. Private Collection of Yusupov's Family in Khiva

Yusupov, P. N. H. 1999. *Yosh Xivaliklar tarixi (xotiralar)*. M. Matniyozov (ed.), Urgench: Xorazm nashriyoti

小松久男「トルキスタンの地歴教科書(タシュケント、1918年)を読む」(『日本中央アジア学会報』18、2022年)1-25頁

塩谷哲史「ハンと企業家——ラウザーン荘の成立と終焉1913-1915」(『東洋史研究』71(3)、2012年)58-84頁

塩谷哲史『中央アジア灌漑史序説——ラウザーン運河とヒヴァ・ハン国の興亡』(風響社、2014年)

塩谷哲史「19世紀ヒヴァ・ハン国の年代記」(野田仁編『近代中央ユーラシアにおける歴史叙述と過去の参照』東京外国語大学アジア・アフリカ言語文化研究所、2023年)93-106頁

バルトリド、V. V.、小松久男監訳『トルキスタン文化史』第1巻(平凡社、2011年)

# 編集後記

　プロジェクト「地方史誌研究の現在」において、論文集を2編出版し、それらを通じて議論をより深めて行くという計画を当初から立てていた。前編『地方史誌から世界史へ』を編集しながら、次はどのような論文集にしようかなと、まさしく狸の皮算用に心を躍らせていた。ところが、3年のあいだに世界は大きく揺れ動き、編者や執筆者の立場にも変化が生じ、最初に考えていたものからは異なる展開を遂げた。それでも、本書を出版できたこと、そしてその「ワクワク」を留めることができたのは、ひとえに関係諸氏の助力のおかげである。

　まず、3篇続けて編集と原稿チェックのお手伝いをいただいた、大元大明研究会の高井康典行・吉野正史のお二人に心より感謝申し上げたい。次に、執筆をいただいた方々にはもちろん、シンポジウムなどプロジェクト「地方史誌研究の現在」に参加・ご協力いただいた方々に、心より御礼申し上げたい。特に、企画自体に関するご相談・ご教示をいただいた方々、赤坂恒明・近藤一成・佐藤仁史・白井哲哉・村井誠人・森山央朗・吉田光男・梁仁實・巫仁恕の各氏に別して感謝を申し上げたい。

　そして、本書刊行において、入口と出口を作ってくれた昭和女子大学歴史文化学科と放送大学人間と文化コース、資料と場を提供いただいた早稲田大学文学学術院・研究班「多元グローバル」、そして刊行の実務を（それこそ獅子奮迅の勢いで）行っていただいた、勉誠社の吉田祐輔氏に、改めて心より感謝申し上げたい。

　序論で述べたように、「地方史誌学」の議論はまだ途についたばかりである。今回の議論においても尽くせなかったことは多いが、まずはこれを読んでいただいた読者の方に新たな視点を提供できればと考えている。もちろん、収めることのできなかった内容については、継続して議論を行っていくほか、来年度から「地方史誌学」の研究会を発足させるので、今後とも足をお運びいただければ幸いである。

　改めて、願わくは、皆さまが本書を通じて、新しい議論とその場所に参加されますように。

2025年1月　小二田　章

本研究は、JSPS科研費JP21K00813の助成を受けたものです。

# Summary

### Introduction: Advancing from "Local" to "Global"

KONITA Akira

This book is a compilation of papers that performed a comparative study of "local historiography" (a comprehensive portrayal of the history of a specific area). "Local historiography" is a standard form of history that is used to describe the history of a region. By describing the history of the place of their origin, people can establish a personal connection to history. However, they are generally recognized merely as historical documents for examining certain matters within a specific "region," and their own historicity has not been explored comprehensively. To make comparative studies of "local historiography" more explicit, we will clarify the historical nature of the "local" depicted and place it within the context of history. Finally, the purpose of this book is to determine a link between the "local" and "global."

The term "local historiography" is derived from East Asian texts, which are grounded in East Asian traditions and culture, and their content is strongly associated with the elements of state and governance. In order to apply the concept of "local historiography" to discuss regions beyond East Asia, and explore why books describing "local" history are compiled in various regions of the world, it is essential to discard this assumption.

The most likely reason for writing "history" is to provide a basis for the legitimacy of a dynasty, regime, or group, as represented, for example, in Chinese "history books." People in various regions write "histories" of their "localities," partially to clarify the position of the part within the whole, and elucidate the value of the existence of the part as the embodiment of some kind of whole.

In order to clarify the significance of describing "the local," it is important to consider what local historiography describes about it. In the pre-modern period, it attempts to depict the connection between the "local" and "central" or "world" through "depicted history," while in the modern period, it depicts the connection between the "local" and "modern."

319

Through local historiography, "local" forms a "world" with itself as the "core" (center). Therefore, the "local" can be considered as both "local" and "global." This is something that "regions" cannot attain. How, then, are "individuals (locals)" influenced and how do they define themselves? Clarifying these questions is the most important task for us, as "local historiography" researchers.

### *Ta'rīkh* and *Khiṭaṭ* in Pre-Modern Arabic World: Those Development in Egypt

ARAI Yuta

This article surveys the development of *Khiṭaṭ* in pre-modern Egypt. Many writings on local history and geography were written in the pre-modern Arabic world. In Particular, *Khiṭaṭ*, a type of Arabic literature that systematically combines historical and geographical information, has emerged and is highly developed in Ayyubid and Mamluk Egypt. This article mainly focuses on three Egyptian authors, Muḥyī al-Dīn Ibn 'Abd al-Ẓāhir, Taqī al-Dīn al-Maqrīzī, and Jalāl al-Dīn al-Suyūṭī, each of them compiled a unique *Khiṭaṭ*s, however, those authors have been evaluated as historians rather than geographers.

First, a methodological problem regarding the concept of "region" is discussed. In the field of Arabic historiography, historians have described "regions," combining historical and geographical information in various ways and this conception is elastic. Therefore, the conception of "region" in Arabic historiography cannot be simply compared with that in Eastern- Asia.

Next, the following points became clear through reading three *Khiṭaṭ*s. Even their *Khiṭaṭ*s also contain a large amount of geographical information, when they wrote them, they had a clear consciousness that they wrote history rather than geography. Early *Khiṭaṭ*s contained limited information, however, later authors added their original information to their *Khiṭaṭ*s while following in their predecessors.

### A Note on the local histories of 13th-14th century Ilkhanid Iran: How the Mongol rule was viewed from the local perspective?

WATABE Ryoko

This paper attempts to discuss aspects of Persian local historiography in West Asia during the Islamic period, focusing on Iran under the Ilkhanate, the Mongol dynasty in the 13th and 14th centuries. The first chapter discusses the compilation of local histories under the Ilkhanate and during the period of its dissolution. The nine existing works were compiled on behalf of the local rulers who were vassals of the Ilkhanate. This reflects the important role of the local rulers in the patronage of Persian literature and their expectations of strengthening their legitimacy through historical works. Local histories for the dynasties were compiled in the format of Muslim dynastic histories based on the Islamic historiography, but also significantly influenced by the various forms of local historiography that had been transmitted from Arabic to Persian and developed before the Mongol invasions. It is also noteworthy that the local histories had close relationship to the literary patronage and historiographical activities of the Ilkhanid court. The second chapter examines the representation of the Mongols in local histories from two perspectives. Local histories followed the narratives established by the Ilkhanid court historiography that accepted and justified the Mongol conquest and rule. On the other hand, however, the realities of how each region faced the Mongol conquest and Ilkhanid rule led to unique representations of the Mongols different from the court historical narratives.

## Byzantine Commonwealth and Intellectuals in Medieval Balkans: A Study on the Relation between the *Center* and *Peripheries* on the Occasion of Cultural Diffusion.

KARASAWA Koichi

In this article we examined Obolensky's thesis "Byzantine Commonwealth" in regard to the cultural integrity in medieval Balkans from the first half of 13th century to the middle of 15th century. Points of analysis are as follows. 1) Discourses of political orthodoxy of governors of Byzantine Empire, 2) Significance of Pilgrim to Jerusalem and Constantinople, 3) The formation of multi-ethnic groups in the monastery of Zographou and Hilandar. Rulers and churchmen of high rank in medieval south Slavs idealized the way of exercising sovereignty over the people, and they thought they rule over them in harmony. There was no opposition between seculars and church authority in orthodox world. Medieval intellectuals in the Balkans had regarded Jerusalem and Constantinople as the centers of this world, so they frequently went on pilgrimage to these two cities. As we saw in this article, St. Sava in the early 13th century was one of these cases. He made pilgrimage to Jerusalem two times (1229-1230, 1234-1235). We also pointed out that the apocalyptic literature in Byzantium had stronger influence in Bulgaria than in Serbia in the middle age, that is, there were variations in the history of cultural diffusion from Byzantium to South Slav nations in accordance with regions. Finally, we surveyed the cultural contact between various ethnic groups in monasteries on mount Athos. We may consider these phenomena as the cases of "Byzantine Commonwealth".

## Probability of Existence of Topography in Medieval Japan; A Study on 'Mineaiki"

KARIKOME Hitoshi

This paper uses "Mineaiki", written in the 14th century, as an object of consideration, and aims to study the possibility of the existence of topographies in medieval Japan, which lacked clear centralization and local control, "Mineaiki" was written by a monk who studied the Tendai sect Buddhism and shows many legends of Buddhists' temples and Shinto shrines in Harima province. It inherited the descriptive attitude of the ancient "Fudoki", but its purpose of the description is to give an overview of temples and shrines to younger monks who would start to study and train at a temple in Harima province. This attitude is unique to Medieval Japan, when religion was more powerful than in other periods, and it was important for monks to be informed the legends of temples and shrines in advance, in order to preach there. Preaching was an important opportunity for monks to bring in donations, and in some cases lords of the lands would give them the temple or shrine itself. In contrast, the nobility and warrior clans were aware of information about the countryside, but were reluctant to describe it in prose form. Medieval Japan had an imperfect system of feudalism and incomplete territorial control. In this context, it was temples and shrines that were able to record local information in prose form.

## *Yamatai-guo* 邪馬臺国 and *Yamayi-guo* 邪馬一国: The Historical Sources of the Contents of Japan in *Daming Yitongzhi* 大明一統志 and Scholarship in Middle Ming China

TAKAI Yasuyuki

This paper analyzes the historical sources of the contents of Japan in *Daming Yitongzhi* 大明一統志. Comparison of the various editions of historical materials, reveals that the majority of the contents are based on *Wenxian Tongkao* 文献通考 and *Taiping Huanyuji* 太平寰宇記. This fact indicates that compilers did not quote directly from Official histories, but instead quote from Category books such as *Wenxian Tongkao* 文献通考. This compilation style is shared by Ribenguo kaolü 日本国考略 and *Daxue yanyi bu* 大学衍義補, which were also established in the middle Ming. This compilation style is influenced by scholar's reading method and publishing environment in middle Ming.

Summary

## On the descriptions of the Crimean khans in the supplement to the three manuscripts of the *Shajara-yi Turk*

NAGAMINE Hiroyuki

This paper examines the descriptions of the Crimean khans in the supplement to the three manuscripts (Edinburgh, Manchester, and Kiev) of Abu'l-Ghāzī's *Shajara-yi Turk*. Written in Ottoman Turkish, this supplement covers from Mengli Giray Khan to Kaplan Giray Khan in the early 18th century.

We will first provide an overview of the historiography of the Crimean Khanate as background for the descriptions found in the supplement. Through the analysis of the descriptions in the supplement, we consider the tradition of historiography in the Crimean Khanate and how this historical knowledge/memory was retained and disseminated in the Crimea and its surrounding areas.

## An Analysis of *Yatsushiro Meishoshu* 八代名所集

MASHIMA Nozomu

*Yatsushiro Meishoshu* (collection of famous places in Yatsushiro), owned by Mirai no Mori Museum, Yatsushiro City Museum, Kumamoto Prefecture, is a collection of haiku about famous places in Yatsushiro written by a haike poet named Kan-U 菅宇 in 1672, during the early Edo period. Based on a bibliographical study of the collection, this study establishes the editor Kan-U as a haiku poet from the Ryuhomon 立圃門 branch of Teimon 貞門 school based on his own-written tanzaku and some applied haiku in haiku collections. It also analyzes other colleagues involved in the same collection, suggesting a connection between this collection and the aggressive expansion of influence of the Teimon schools on the locals.

By comparing the descriptions of famous places in the topographies of the Higo 肥後 that followed, this book possesses uniqueness and value and serves not only as a haiku book but also as a topography of the Yatsushiro. The notable sites and narratives associated with Prince Kanenaga 懐良親王, a leader of the Southern Court in Kyushu, serve as important elements of historical perspective within the topographies of Higo.

The interest in famous places and the focus on the countryside in this book correlate with the historical reorganization of the ruling class during the Kanbun 寛文 period, alongside a growing interest in famous places within their own regions, as evidenced by the topographies and anthologies of famous places from the same period. This book was also positioned within this context during the early Edo period.

## Political Circumstances and Historical Writing in the Qing Dynasty: A Case Study of Datong Gazetteers

Chang Chi-ying

In this article, I discuss historical writing on the Ming-Qing transition from a local perspective, taking the gazetteers of Datong 大同 edited during the Qing period as an example. In 1644, the people of Datong surrendered to the new regime established by the Manchus. However, not long after their surrender, at the end of 1648, they rebelled. Unfortunately, their uprising was swiftly put down and they did not succeed in overturning the Qing government. After the uprising, the Qing conducted close political surveillance and intervened extensively in local affairs, even to the point where officials collected historical data and edited local history. Local elites, who were under surveillance and embarrassed by their past, could not write directly about what they had experienced. However, in 1652 they managed to leave behind some clues about what actually happened in an effort to circumvent the Qing's destruction of the historical record. As time went on, the Qing regime rigorously suppressed any signs of intransigence, and officials in Datong destroyed all data that reflected negatively on Qing rule, including some messages left behind in 1652. Rather than writing from a local perspective, officials instead created standardized accounts of the Ming-Qing transition. After this whitewashing of the historical record, local elites had no means of learning about the anti-war sentiment in Datong during the early Qing. When re-editing the 1830 Datong gazetteer, the compilers discovered that trustworthy historical data from the Ming-Qing transition was scarce. They therefore decided to search through gazetteers from other districts in Shanxi in order to find concealed messages that expressed local points of view. The gazetteers of Datong, composed over different periods in the Qing, thus reveal not only how the people of the time engaged in historical writing; they also show how they responded to political circumstances.

## Overview of the Eupji Compilation Projects in the Late Choseon Dynasty

Lee, Jaedoo

This study focused on revealing the status of Gwanchan-eupjis(official county gazetteers), which was compiled between 200 years from the end of the 17th century to the end of the 19th century. In the 19th century, the previous eupji was copied as it was, or some contents were added or subtracted. Five provincial eupjis compiled in the 1840s during the reign of King Heonjong and five types of eupjis of three provinces compiled in the late 1850s and early 1860s during King Cheoljong were identified. In King Gojong's reign, six type eupjis of five

Summary

provinces were identified and three national eupjis.

The colored map, which enters the first chapter of the Eupji, was already a basic matter to be included in the Eupji from 1757 when the Eupji was issued nationwide. The list of county governors from the past has been included since the compilation of Sachan-eupjis(private county gazetteers) and King Sukjong era's supplementary project for *Yeoji Seungram*, but it was discarded when *Yeojidoseo* was compiled in 1760. However, it began to be included again in 1768, and it was confirmed that among the *Gakdo Eupji*, the Eupji in 1832 contained the list of county governors in nearly 80% of the counties.

## Shifting Worldviews of Intellectuals in Early Modern Vietnamese Dynasties: Analyzing *Hưng Hóa xứ phong thổ lục* (興化処風土録) and *Hưng Hóa ký lược* (興化記略)

OKADA Masashi

This chapter examines the worldview and shifting perspectives of intellectuals on Hưng Hóa province, as reflected in two local gazetteers: *Hưng Hóa xứ phong thổ lục* (興化処風土録) and *Hưng Hóa ký lược* (興化記略), written during Vietnam's early modern period. Both gazetteers focus on Hưng Hóa, a mountainous area on the dynasties' northern frontier, corresponding to the Northwest region of present-day Vietnam. In the 18th century, the Vietnamese dynasty sought to re-established its control over the region; however, there was a lack of information necessary for administration. The first gazetteer was written in 1778 by Hoàng Bình Chính (黄平政), a local official in Hưng Hóa province. *Hưng Hóa xứ phong thổ lục* is a concise summary of the information necessary for local administration, and as Hoàng Bình Chính (黄平政) himself states, it was written as a manual for the region's local officials. The second gazetteer, *Hưng Hóa ký lược* was written by Phạm Thận Duật (范慎遹), another local official. The way in which the region is described differs greatly from the first gazetteer. In addition to the information necessary for administration, Phạm Thận Duật also cites various classical texts from Vietnam and China, as Kathlene Baldanza points out, to express a Confucian worldview that links Vietnam and China. In addition, his detailed descriptions of ethnic groups further demonstrate a strong interest in and empathy for the social order of mountain communities. This study's analysis of two local gazetteers of Hưng Hóa province reveals the changes in intellectuals' worldview due to exchanges with different cultural societies that accompanied the expansion of Vietnamese dynastic rule into the mountainous regions as well as greater contact with China through books.

## Historical Sources on Vietnam's Northern Uplands Compiled in the Late Eighteenth and Early Nineth Centuries: *Lạng Sơn Đoàn thành đồ* and *Cao Bằng thực lục*

YOSHIKAWA Kazuki

The inconsistency in style and composition of historical sources written in classical Chinese and Nôm characters in specific regions in Vietnam necessitates that the characteristics and background of the development of each of those sources be investigated.

*Lạng Sơn Đoàn thành đồ* [Figure of Lạng Sơn Castle] has the preface dated 1758, but it is probable that various pieces of information were added later, and that it was only finalized in the 1820s. *Lạng Sơn Đoàn thành đồ*'s contents merely include a patchwork of information about local administration, which reflects the period from the late eighteenth to the early nineteenth century when the Vietnamese authorities attempted to extend their reach to the northern uplands.

*Cao Bằng thực lục* [Veritable Record on Cao Bằng] and its preface was written in 1810 by a native of Cao Bằng Province. Its contents and expressions indicate that the author held a similar viewpoint as the local administrators and Confucian intellectuals in the plain areas. Unlike local Chinese gazetteers at large, the author has placed descriptions of traces of gods and various oral traditions at the beginning of the book, rather than discussing the transition of Cao Bằng as an administrative unit. The author included many details personally observed and heard everywhere in these sections, which is characteristic of the work of local inhabitants, not local officials.

## The Ideal Images of 'Unified Realm' in the Ottoman Empire: The Imperial Yearbooks and the Provincial Yearbooks

OKAWARA Tomoki

The Imperial Yearbooks, published by the Ottoman Empire from 1846, were an innovative publication, a 'handbook' for officials and military personnel, containing calendars, government directories and information on national and international affairs. The Imperial Yearbooks gradually took on the role of disseminating information on various topics in the imperial capital, as well as on the situation in the empire as a whole, to the provinces.

The Provincial Yearbooks, published from 1866, began to include information on agriculture, trade, industry and other unique aspects of the regions. The Imperial Yearbooks and Provincial Yearbooks complemented each other with information from across the empire. Some Provincial Yearbooks made their own

Summary

changes to the Imperial Yearbooks' 'List of Sultans' and 'Comprehensive History of the World', which showed ideal images of 'Unified Realm' and sometimes influenced contents of the Imperial Yearbooks. The authority of the Sultans was undermined in the wake of the Young Turk Revolution and Unionists' seizure of power, and by 1910 such content of the Imperial Yearbooks had almost disappeared.

The compilation and publication of *Beirut Province* and *Lebanon*, published in the last years of the empire, was one of the achievements of the Ottoman Yearbook Publishing Project. These books were the result of information gathering in cooperation between administrative bodies and scholars and were the embodiment of 'Ottoman imperialism'.

## Changes in Historiography of Central Asia in the Transitional Period to Modern: A Focus on Pahlavan Niyaz Yusupov's "History"

SHIOYA Akifumi

The tradition of historiography of the Khanate of Khiva or Khorazm under the protection of the khan's court continued after the Russian Empire converted the Khanate into its protectorate in 1873. The main focus of Khivan historical narratives was to praise the achievements of the khans with mixed text of rhyme and prose. However, at the turn of the nineteenth and the twentieth centuries, history critical of Han's achievements began to be written by the Muslim reformists group in Khiva. Yusupov's "History" was intended to describe the reign of Isfandiyar Khan and the events that followed, with a motive reminiscent of the preface to Abul Ghazi Han's "Geneology of Turks " in the 16th century. Yusupov, however, criticizes Isfandiyar Khan's attempt to maintain his own power by forcing high court officials to compete with each other, as well as the fierce antagonism between the Khanate and the Turkmens with the inaction of the court officials in response to them, and the corruption and ineptitude of key figures in the Russian military administration and its supervisory bodies, the War Ministry and the General Staff. The only exception was Islam Hodja, who had been an initiator of the Khanate's reform since 1910 and was considered to be one of the members of the Young Khivans.

# 執筆者一覧（掲載順）

小二田　章（こにた・あきら）
編者略歴を参照。

荒井悠太（あらい・ゆうた）
1990年生まれ。京都大学大学院アジア・アフリカ地域研究研究科研究員。専門は中世アラブ・イスラーム史。
著書・論文に「歴史叙述におけるアサビーヤ――イブン・ハルドゥーン『実例』の分析」（『イスラム世界』87号、2017年）、『或る中世写本の旅路――イブン・ハルドゥーン『イバルの書』の伝播』（ブックレット《アジアを学ぼう》別巻23）（風響社、2021年）などがある。

渡部良子（わたべ・りょうこ）
1969年生まれ。東京大学文学部ほか非常勤講師。専門は、前近代イラン史、13〜14世紀モンゴル時代のペルシア語官僚技術。
著書・論文に「イルハン朝の地方統治――ファールス地方行政を事例として」（『日本中東学会年報』12、1997年）、『サファヴィー朝祖廟と廟不動産目録――財の運営から見るイスラーム聖者廟』（責任編集、東京外国語大学アジア・アフリカ言語文化研究所『アジア・アフリカ言語文化研究　別冊』1、2022年）、『ラシード・アッディーン――モンゴル帝国期イランの「名宰相」』（山川出版社、2024年）などがある。

唐澤晃一（からさわ・こういち）
1967年生まれ。香川大学教育学部准教授。専門は中近世バルカン半島史・ビザンツ＝スラヴ交流史。
著書・論文に『中世後期のセルビアとボスニアにおける君主と社会――王冠と政治集会』（刀水書房、2013年）、「『ビザンティン・コモンウェルス』論再考（1）――ビザンツ・東ヨーロッパ世界モデルの可能性」（『エクフラシス（ヨーロッパ文化研究）』第9号、2019年）、「『ビザンティン・コモンウェルス』論再考（4）―バルカン半島のスラヴ諸国における政治文化の視点から」（『エクフラシス（ヨーロッパ文化研究）』第13号、2023年）などがある。

**苅米一志**(かりこめ・ひとし)

1968年生まれ。就実大学人文科学部教授。専門は日本中世史。

著書に『荘園社会における宗教構造』(校倉書房、2004年)、『殺生と往生のあいだ』(吉川弘文館、2015年)、『日本史を学ぶための古文書・古記録訓読法』(吉川弘文館、2015年)などがある。


**高井康典行**(たかい・やすゆき)

1967年生まれ。早稲田大学文学学術院・日本大学文理学部非常勤講師。専門は契丹[遼]史。

著書・論文に『渤海と藩鎮——遼代地方統治の研究』(汲古書院、2016年)、「契丹[遼]の東北経略と『移動宮廷(行朝)』——勃興期の女真をめぐる東部ユーラシア状勢の一断面」(古松崇志・臼杵勲・藤原崇人・武田和哉編『金・女真の歴史とユーラシア東方』勉誠出版、2019年)などがある。


**長峰博之**(ながみね・ひろゆき)

1974年生まれ。小山工業高等専門学校一般科准教授。専門は中央ユーラシア史、ジョチ・ウルス史。

論文に "Eshche raz o sochinenii Kadyr-Ali-beka («Dzhami at-tavarikh / Sbornik letopisei»)," *Zolotoordynskoe obozrenie* 7/1, 2019、「サライはどこに？——ジョチ・ウルスの「首都」サライをめぐる近年の研究動向によせて」(『西南アジア研究』95、2022年)、「ジョチ・ウルス後裔政権史料は何を参照し、ジョチ・ウルス再編をいかに認識したのか？」(野田仁編『近代中央ユーラシアにおける歴史叙述と過去の参照』東京外国語大学アジア・アフリカ言語文化研究所、2023年)がある。


**真島望**(ましま・のぞむ)

1980年生まれ。熊本県立大学文学部日本語日本文学科准教授。専門は日本近世文学、特に地誌・説話と俳諧。

著書・論文に「『事蹟合考』と江戸の地誌」(日本文学協会編〔兼発行〕『日本文学』第69巻第10号、2020年)、『近世の地誌と文芸——書誌、原拠、作者』(汲古書院、2021年)、「地誌を「読む」ということ」(『読まなければなにもはじまらない』文学通信、2021年)などがある。


**張繼瑩**(ちょう・けいえい)

1977年生まれ。國立清華大學通識教育中心暨歷史所 合聘副教授。専門は明清社会史、環境史。

論文に「祇恐遺珠負九淵——明清易代與《偏關志》書寫」(『明代研究』27、2016年)、「山西湖泊的資源辯證——以文湖為例的討論」(山西大學中國社會史研究中心主編『社會史研究(第十一輯)』社會科學文獻出版社(北京)、2021年)、「生態與治理——以

明王朝（1368-1644）蝗災為例」（『清華學報』、2024年近刊）などがある。

**李在斗**（イ・ジェドゥ）
1966年生まれ。慶北大學校嶺南文化研究院研究員。専門は朝鮮時代史。
著書・論文に「조선전기 열녀의 존재 양상과 열행 인식（朝鮮前期における烈女の存在様相と烈行認識）」（慶北大学校嶺南文化研究院編『嶺南学』第70号、2019年）、「1798년에 편찬한『영남인물고』와 그 위상（1798年に 編纂した『嶺南人物考』とその位相）」（ソウル大学校奎章閣韓国学研究院編『奎章閣』第58号、2021年）、『조선후기 읍지편찬의 계보（朝鮮後期における邑誌編纂の系譜）』（民俗苑、2023年）などがある。

**金鉉洙**（きむ・ひょんす）
1973年生まれ。明治大学兼任講師。専門は近現代日韓関係史、在日朝鮮人運動史。
著書・論文に『일본에서의 한일회담 반대운동 —— 재일조선인운동을 중심으로（日本における日韓会談反対運動 —— 在日朝鮮人運動を中心に）』（先人出版社（ソウル）、2016年）、共著「在日朝鮮人学生の「祖国」認識に関する小考」（『歴史認識から見た戦後日韓関係「1965年体制」の歴史学・政治学的考察』社会評論社、2020年）、共著「韓日会談中断期にける大村収容所問題に対する日本政府の対応」（共著『日韓会談研究のフロンティア ——「1965年体制」への多角的アプローチ』社会評論社、2021年）などがある。

**岡田雅志**（おかだ・まさし）
1977年生まれ。防衛大学校人間文化学科教授。専門は東南アジア近世史、大陸部山地社会史。
著書・論文に『越境するアイデンティティ —— 黒タイの移住の記憶をめぐって』（風響社、2014年）、「肉桂と徳川期日本 —— モノから見るグローカルヒストリー構築へ向けて」（秋田茂・桃木至朗編著『グローバルヒストリーから考える新しい大学歴史教育 —— 日本史と世界史のあいだで』大阪大学出版会、2020年）、「周縁から見た一統志 —— 南の小中華と『大南一統志』」（小二田章・高井康典行・吉野正史編『書物のなかの近世国家 —— 東アジア「一統志」の時代』勉誠社、2021年）、『一冊でわかるベトナム史』（河出書房新社、2024年）などがある。

**吉川和希**（よしかわ・かずき）
1988年生まれ。関西大学准教授。専門は近世ベトナム史。
論文に「十八世紀北部ベトナムにおける政治的主体としての村落 —— 皂隷・守隷を中心に」（『史学雑誌』130-6、2021年）、「19世紀前半〜半ばにおけるベトナム阮朝の地方支配の変遷と土司 —— 諒山省を中心に」（『歴史学研究』1022、2022年）、

「19世紀初頭のベトナム北部山地における阮朝の支配の変遷」(『東南アジア研究』60-2、2023年)などがある。

## 大河原知樹(おおかわら・ともき)

1966年生まれ。東北大学大学院国際文化研究科教授。専門はシリア近現代史。論文に「現代国家の枠組み」(後藤明、木村喜博、安田喜憲編『西アジア』朝倉世界地理講座6、朝倉書店、2010年)、"Reconsidering Ottoman *Qāḍī* Court Records : What Are They? Who Produced, Issued, and Recorded Them?" *Lire et écrire l'histoire ottomane*, sous la direction de Vanessa Guéno et Stefan Knost, Beyrouth - Damas: Institut Français du Proche-Orient, Orient-Institut Beirut, 2015, 「イスラーム財産法・手続法の「法典化」：メジェッレ(オスマン民法典)を中心に」(鮎京正訓、島田弦、桑原尚子編『多様な法世界における法整備支援』旬報社、2021年)などがある。

## 塩谷哲史(しおや・あきふみ)

1977年生まれ。筑波大学人文社会系准教授。専門は中央アジア近現代史。著書・論文に『転流──アム川をめぐる中央アジアとロシアの五〇〇年史』風響社、2019年)、「ラクダと都市が支えた草原の移動──18〜19世紀の中央アジアとロシア」(今村薫編『中央アジア牧畜社会──人・動物・交錯・移動』京都大学学術出版会、2023年)、"Shi'ite Captive Release Negotiations in Khiva: A Nexus of Khivan-Iranian and Anglo-Russian Relations" *Acta Slavica Iaponica*, 43, 2023などがある。

編者略歴

小二田　章（こにた・あきら）

1979年生まれ。放送大学人間と文化コース准教授。専門は近世中国史、宋代以降の地方志編纂、東アジアの地方史誌。

著書・論文に「『咸淳臨安志』の位置——南宋末期杭州の地方志編纂」（『中国——社会と文化』第28号、2013年）、『書物のなかの近世国家——東アジア「一統志」の時代』（共編、勉誠社、2021年）、「「地方史誌」研究事始——近世日本の比較検討から」（『史観』第186冊、2021年）、『地方史誌から世界史へ——比較地方史誌学の射程』（編著、勉誠社、2023年）などがある。

地方史誌から世界を読む

2025年1月31日　初版発行

編　者　小二田　章

発行者　吉田祐輔

発行所　㈱勉誠社
　　　　〒101-0061　東京都千代田区神田三崎町2-18-4
　　　　TEL：(03)5215-9021（代）　FAX：(03)5215-9025

印　刷
製　本　中央精版印刷㈱

ISBN978-4-585-32064-7　C3020

## 地方史誌から世界史へ
### 比較地方史誌学の射程

「ある地方（地域）を描くこと」という人間の普遍的営みに着目し、各地域の地方史誌形成・再解釈における歴史的展開を検討・比較。地域・領域を越えて、相互の関係性を検討するための視角を提示する画期的な一書。

小二田章 編
本体 8,000 円（＋税）

## 書物のなかの近世国家
### 東アジア「一統志」の時代

中国王朝が自らの領域の全体を明示すべく、各地域の歴史とデータを集積し作り上げた総合的書物「一統志」。編纂前史から、王朝三代にわたり編纂されたそれぞれの一統志のあり方、周辺諸国や後代に与えた影響をも考察し、「一統志の時代」を浮かび上がらせる。

小二田章・高井康典行・吉野正史 編
本体 3,000 円（＋税）

## パブリック・ヒストリー入門
### 開かれた歴史学への挑戦
### 〔オンデマンド版〕

歴史学や社会学、文化人類学のみならず、文化財レスキューや映画製作等、さまざまな歴史実践の現場より、歴史を考え、歴史を生きる営みを紹介。日本初の概説書！

菅豊・北條勝貴 編
本体 4,800 円（＋税）

## 自己語りと記憶の比較都市史

自己語りと記憶が幾重にも往復・交差する近世都市という「場」を、複合的な視角から比較し捉え返し、人と社会との関係性を考えるための新たな歴史研究の扉を開く。

渡辺浩一／ヴァネッサ・ハーディング 編
本体 4,500 円（＋税）